HISTORY OF KOREAN POLICE SYSTEM

韓國警察制度史

한국경찰제도사

허 남 오

지구문화사
JIGU PUBLISHING Co.

책머리에

한국의 근·현대사는 치욕과 격랑 속에 왜곡된 부분이 적지 않습니다. 특히 경찰이 때로는 일제의 앞잡이로, 독재정권의 시녀로 인식되어 국민들 가슴에 응어리를 만들기도 하였지만, 국란에는 희생과 사회질서안정에 최선을 다해 왔습니다.

이제 현대 경찰은 오명과 압제에서 벗어나 성찰과 개혁으로 국민의 안녕과 사회질서를 위해 독립성을 갖고 다시 태어나야 할 때입니다.

대한민국이 건국된 지 65년이 지나고 자유화의 물결이 세계를 덮고 있는 오늘날 우리 경찰제도에 대한 개혁 또한 거세게 일고 있습니다. 최근 전면적인 자치경찰시행이 다가오자 국가경찰에 익숙해진 시민·경찰관은 물론, 식견을 가진 학자·식자층에서도 자못 고개를 갸우뚱거리는 모습입니다.

경찰은 근대 이전에도 한민족 국가 형성과 더불어 엄연히 존재해 왔으며, 백성의 안전을 위해 그 제도가 점차 정비되어 왔습니다. 특히 조선조의 포도청은 순찰을 하며 도둑을 체포하는 전문 경찰로서, 근대 경찰제도의 효시인 런던경찰청이나 파리경찰청보다 훨씬 앞서 정착된 제도입니다.

갑오개혁에서 이 포도청을 경무청으로 개편하여 근대 경찰제도를 이식하였고, 해방 이후 미군정 당시에 현대 경찰제도를 도입하여 건국을 지원하기도 했지만 기본적으로는 군정을 위한 경찰로 키워졌고, 그것은 패전 후의 일본처럼 대륙형 제도에다 영미식 운영만 가미한 기형적 경찰제도로 남았습니다.

대한민국 건국 당시의 경찰은 제도상으로 보면 최악의 상황으로, 종래 경무부에서 내무부 치안국으로 격하된 국립경찰로 태어난 것입니다. 여기서 비롯된 경찰의 정치화, 부패는 국민의 인권침해를 동반하고 나아가 법제도의 퇴보를 거듭하게 만들었습니다. 이로써 경찰의 정치적 중립화, 자치경찰의 도입, 경찰 수사권의 적정화가 강력하게 요구되었습니다.

물론 이러한 폐단을 타파하기 위한 노력이 없었던 것은 아닙니다. 일찍이 정조시대 다산이 「흠흠신서」에서 주장한 형률개혁이나 경무청시대 일제에 항거해 경무사가 주도한 동맹파업은 차치하더라도, 건국 후 경찰개혁 의도는 면면히 이어져 왔습니다.

그러나 한국경찰의 중립성과 독자성은 여전히 답보상태고 자치경찰은 말만 무성할 뿐 제주특별자치도 외에는 시행되지 않고 있습니다. 무엇보다 경찰수사권의 독자성은 아직도 정립되지 않고 있습니다.

이 책은 필자가 20여년 간의 경찰고위간부로 재직하면서 영욕의 〈한국경찰제도사〉를 체계적으로 발전시켜 나아가는 데 이정표가 되었으면 하는 바램으로, 고대 삼국시대로부터 중세 고려와 조선 시대, 근대의 한말과 일제하의 경찰제도, 그리고 임시정부와 미군정 시대의 경찰제도에서 현대 한국 경찰제도의 방향까지를 다룸으로써 명실상부한 '한국경찰제도'를 하나의 역사서로 정립한 데에 의의가 있다고 하겠습니다.

이 책이 앞으로 한국경찰제도를 발전시켜 나아가는 데 이정표가 되었으면 하는 바램과 이 분야를 연구하는 분들에게 도움이 되기를 기대합니다. 앞으로도 계속 보완과 개정을 통해 한국경찰제도 발전에 보탬이 되도록 노력하겠습니다.

끝으로 함께 연구하 이 책 발간에 자료를 제공해 주신 여러 선생님들, 그리고 애써 주신 지구문화사 임직원들에게 마음 속 깊은 감사를 드립니다.

계사년 여름

허 남 오

HISTORY OF
KOREAN POLICE SYSTEM

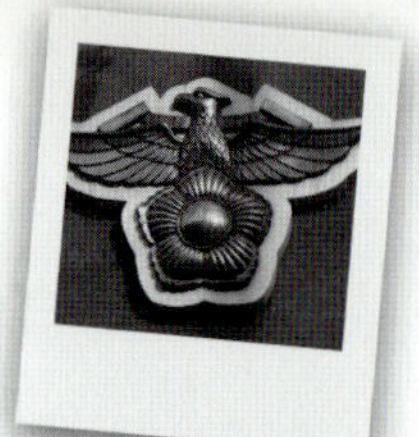

차 례

제 2 부 근대 이전 경찰제도

제3장 고대국가의 경찰제도

제4장 고려 경찰제도

제5장 조선 경찰제도

제 3 부 근대 경찰제도

제 6 장 한말의 경찰제도

제 7 장 일제하의 경찰제도

제 8 장 대한민국 임시정부 경찰제도

제 9 장 미군정 경찰제도

제 4 부 현대 경찰제도

제10 장 치안국 시대

제11 장 치안본부 시대

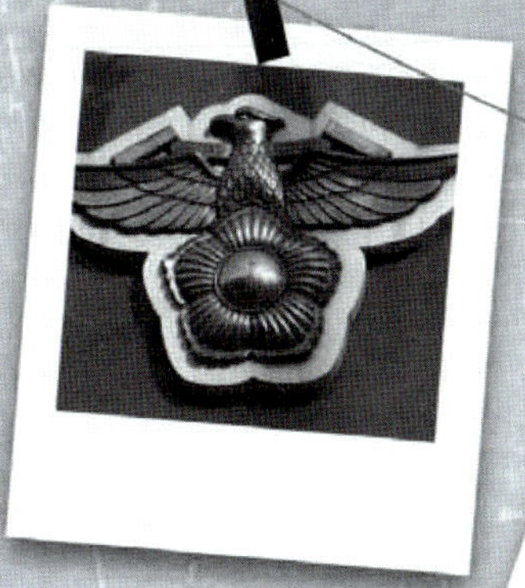

제1부 경찰개념과 경찰제도

제1장 경찰개념의 정립

제2장 경찰제도

제 1 장

경찰개념의 정립

제 1 절 경찰개념의 다양성

물과 공기가 없으면 인간이 살 수 없듯이 경찰없는 사회는 존재할 수가 없다. 그럼에도 불구하고 경찰에 대한 구체적 개념이 정립되지 않은 채 다양한 정의가 나타나고 있다. 따라서 경찰개념에 대한 이러한 다양성을 극복하여 경찰과 그 제도에 대한 역사적, 이론적, 현실적 인식을 새롭게 할 필요가 더욱 커지고 있다.

경찰개념에 대하여는 크게 두 가지로 정의할 수 있다. 첫째는 전통적 입장에서 고수되어 온 경찰개념이고, 둘째는 현대적 입장에서 새로이 정립된 경찰개념이다. 그러나 오늘날에는 통합적으로 정립하는 견해도 있다.[1)]

1. 전통적 입장

전통적 입장은 대체로 행정법 학자들에 의해 고수되어 온 것으로, 이는 경찰을 규범적 강제작용 측면에 한정하여 본 견해이다.

다시 말하면 경찰을 처음부터 당위성을 전제로 권리·자유·행동을 제한하는 소극적 기능이라 보고, 경찰이란 '사회공공의 안녕과 질서를 유지하기 위하여 일반통치권에 의거하여 국민에게 명령·강제하여 그 자연적 자유를 제한하는 작용'이라는 것이다.[2)]

이들의 기본 입장은 경찰의 목적을 '사회공공의 안녕과 질서유지'라고 보고, 그 수단을 '통치권적 명령·강제'라고 봄으로써 권력적 명령·강제 요소가 있는 국가기능을 경찰이라고 본다.

---

1) 이상안, "신 경찰행정학", 대한문화사, 1999. p.99.
   통합적 입장을 취하는 대표적 학자로는 경찰대학교 이상안 교수를 들 수 있다. 통합적 입장은 경찰을 명령·강제하는 권력작용만으로 이해하는 태도를 지향하고 '규제하면서 봉사하는 서비스맨'으로서의 경찰을 개념화하자는 입장이다.

2) 박윤흔, "최신 행정법강의(하)", 박영사, 1998, p.298.

이 개념정의에서는 공공의 안녕과 질서유지에 관계되고 그 실행방법이 명령·강제적일 때에는 모두가 경찰에 해당된다고 봄으로써 경찰개념을 넓혀 주고 있다. 그리고 경찰과 국민과의 관계는 권력 실행적 관계에 놓이게 되며, 또한 그 역할이나 지위 및 규범은 수직적 관계에서 설정되게 된다.

이는 실질적 의미의 경찰개념과도 거의 일치하여 법적 연구에는 적합하나 오늘날 이것만을 경찰의 보편화된 개념으로 보기에는 미흡하다.

왜냐하면, 경찰의 실체(Entity)란 규범적 요소 외에 기능적 요소와 기술적 요소의 복합체적 기능단위로 되어 있을 뿐만 아니라 환경과의 관계에서 개방성, 동태성, 그리고 상황성을 띠고 있기 때문이다.

2. 현대적 입장

현대적 입장은 행정학자, 특히 경찰행정학자들에 의해 주창되어 왔으며, 이는 경찰을 사회공동체의 구성원 및 국민 생활관계적 입장에서 문제의 전문 해결자로 봄으로써 기능과 기술, 봉사와 협력요인을 더 강조하는 견해이다.

이러한 관점에서의 경찰이란 '사회적으로 공공의 질서를 유지하고 위해와 범죄로부터 국민개개인의 생명과 재산을 보호하며, 다양한 사회적 구원을 응원하는 공공서비스 또는 공공재'로 규정된다. 다시 말하면 이는 질서유지, 생명과 재산의 보호, 그리고 사회적 응원을 법집행과 공익배분 차원에서 행하는 국가작용이다. 이러한 관점에서 경찰과 국민과의 관계를 정의하면, 결국 경찰은 국민을 위하여 위해를 방지하고 공공질서를 유지시켜 주는 서비스 제공자 및 응원자의 입장에 놓이게 된다.

현대적 입장에서 볼 때 경찰이 국민의 생명과 재산을 보호하는 안녕·질서와 사회질서의 유지라는 공동생활적 질서를 유지하는 기능을 수행하는 것을 그 기본 목적으로 하되, 이 목적달성의 수단과 실행방법 및 전략은 반드시 권력작용에 한정하는 것이 아니라 계몽·지도·봉사·응원 차원의 비권력적 서비스 제공에 크게 의존하는 공공 서비스 제공자임을 강조한다.[3)]

이렇게 볼 때 전통적 경찰개념이 실질적 의미로 확대 개념화된 것이라면 현대적 경찰개념은 기능의 다양화로 국민생활의 요구에 의해 목표 및 수단이 확대된 개념이다. 예컨대 집단 간의 마찰이나 갈등해소, 교통지도, 위난의 구호, 청소년 선도, 지역사회 관계 개선 등 계몽지도와 봉사활동을 주로 하는 것을 경찰이라고 규정한다. 이와 같이 경찰은 국민에 대하여 명령·강제만 하는 권력행사자가 아니라 국민

3) 이상안, "신 경찰행정학", 대한문화사, 1999, p.5.

에게 봉사·헌신하는 일꾼으로서 기능하게 된다.[4)]

이는, 행정법학적 면에서 볼 때는 '형식적 의미의 경찰' 개념에 치우친다고 볼 수 있으나 경찰작용 면에서 주권자인 국민에게 봉사하는 민주경찰의 이념을 구현하는 현실성이 있다고 볼 것이다.

3. 우리나라의 경찰개념

(1) 실질적·형식적 의미의 경찰개념

현대행정의 발전 및 경찰행정과 복리행정 간의 유기적인 관계를 강조하여 공공복리의 증진이라는 적극적 목적을 가진 권력작용을 경찰개념에 포함시키는 견해도 있으나 경찰과 복리는 서로 성격을 달리하고 법 원칙에도 차이가 있다는 것을 부인할 수 없다. 따라서, 경찰은 여전히 질서유지를 위한 소극적 작용으로 보아야 한다는 견해가 일반적이다. 다만, 경찰을 일반 사회질서유지 작용만으로 볼 것인지, 복리작용에 부수되는 질서유지 작용까지를 포함시킬 것인지에 대하여는 견해가 대립되고 있다. 그러나 사회질서유지 행정과 복리작용에 부수되는 질서유지 작용은 일응 그 관장기관을 달리하지만 그 법률적 성질이 같고 적용법 원리를 같이한다는 점에서 학문상으로는 광의의 경찰개념에 양자를 포괄하여 이해하는 것이 다수의 견해다.

그러나 형식적 의미의 경찰개념에서 볼 때 실질적 의미의 경찰작용 중 어디까지를 보통경찰기관의 권한으로 할 것인가, 특히 일반 사회질서의 목적을 위한 권력작용 이외에 복리행정상의 질서유지를 위한 권력작용도 보통경찰기관의 권한으로 할 것인가는 그 나라의 입법정책의 문제라 하겠다.

(2) 우리나라 경찰법 제 3조 : 국가경찰의 임무

현행법에서 경찰의 임무를 ① 국민의 생명·신체·재산의 보호 ② 범죄의 예방·진압·수사 ③ 치안정보의 수집 ④ 교통의 단속 ⑤ 기타 공공의 안녕과 질서유지에 국한하고 있는 것을 보면, 우리나라의 경찰제도는 영국식으로 보안경찰, 즉 일반공공의 안녕과 질서의 유지와 사법경찰로 제한되어 있고, 복리행정상의 질서유지를 위한 권력작용은 당해 주무행정청에 맡겨져 있다고 하겠다.

---

4) 행정학적 입장에서도 행정법학적 의미의 전통적 경찰개념을 배제할 수 없으므로 이를 두루 통합하여 통합적 개념으로 정립하기도 한다. 이상안, 앞의 책, p.7 이하 참조.

복리행정상의 질서유지 작용에 의한 하명 등에 위반한 경우에도 법률은 대개가 벌칙을 규정하고 있으며, 사법경찰권을 가지는 보통경찰기관은 이들 벌칙규정에 위반한 범칙사건을 수사하고 범인을 체포하게 되며, 이에 의하여 복리행정상의 질서유지 행정에 커다란 영향을 미치고 있다. 물론, 복리행정상의 질서유지 행정을 담당하는 당해 행정기관에도 사법경찰권이 부여되기도 하지만, 그렇다고 그 분야에서 보통경찰관의 사법경찰권이 배제되는 것은 아니다. 실제로 보통경찰기관은 그 분야에서도 사법경찰권을 행사하고 있다.

경찰개념의 정립이 입법정책의 문제로 귀결된다고 할 때 '한 시대의 경찰과 경찰제도는 어떤 당위성을 가져야 하는가'라는 철학적, 정치적 이슈가 제기된다. 이에는 역사적 고찰과 아울러 비교적 고찰도 유용할 것이므로 먼저 이들을 설명하여 경찰개념의 정립을 돕고자 한다.

제 2 절 경찰개념의 역사적 변화

1. 고대 경찰

(1) 고대 부족국가

고대 부족생활에서는 부족민이 경찰이었으며, 족장이 행정적·입법적 및 사법적 권한을 행사하였다. 족장은 흔히 그의 명령을 집행하거나 그를 호위할 특별임무를 어떤 부족민에게 부과하였다. 그러나 이들은 경찰로 선출된 자라기보다는 먼저 그 지역사회의 구성원이었다.

부족 구성원에 대한 범죄는, 그 피해자가 능력이 있을 때는 자신이, 그렇지 않으면 그의 가족이 처리했다. 한편 집단에 대한 범죄는 집단, 즉 부족 전체가 이를 처리하였다.

기원전 21세기에 함무라비 법전(Code of Hammurabi)이 처음 나타났다. 이 법전은 개인의 집단에 대한 책임과 개인 간의 사적 거래 및 배상형식의 형벌을 규정하고 있다. 그리고 고대 앗시리아 제국의 수도인 니네베(Nineveh)에는 암살과 절도 및 강간의 범죄를 다스리는 재판소가 있었다고 한다.

기원전 15세기에 이집트에는 재판제도가 실시되고 있었고 수뢰·부패 같은 상당히 복잡한 문제를 다룬 법률이 존재했다. 기원전 14세기에 이집트의 아멘호테프왕은 이집트 삼각주 근방 연안에 해상순찰대를 설치하였으며, 또한 세관제도를 발전시켰다.

페르시아에서는 기원전 6세기의 키루스왕 치하 때 경찰제도의 존재 가능성을 말해주는 도로 및 우편망이 발달했으며, 다리우스왕 치하에서는 페르시아 제국을 몇 개 행정구역으로 분할하여 통치하였다.

그리스의 초기 도시국가에서는 부족경찰에서 도시경찰로의 발전이 있었으며 아테네의 통치자 피시스트라투스(Pisistratus)는 탑과 공로(公路) 및 자신의 일족을 보호하는 경찰대를 설치하였다. 스파르타는 통치자의 임명제경찰을 발전시켰는데, 이 정권이 전체주의적이었던 까닭에 그 경찰은 흔히 세계 최초의 비밀경찰이라고 불린다.

(2) 고대 국가

고대 로마에 관한 초기 연구가들은 로마의 질서가 집정관의 군단을 통하여 유지되었다고 말한다. 로마 제국의 초대 제왕 아우구스투스는 제왕의 생명, 재산보호의 특별임무를 갖는 군단병을 궁전에 상주시켜 근위병단을 창설했고 또 도시의 치안유지를 위하여 보병으로 구성된 도시치안대를 신설하였다.

후에 그는 수천 명으로 구성된 비군사부대인 자경대(Vigil)를 조직하여 도시의 치안 및 전화임무를 맡겼는데, 전통적인 단검과 더불어 치안봉으로 무장했다. 행정구역별로 배치했던 이 자경대는, 사상 최초의 비군사적 도시 법집행기관이라고 흔히 말한다.

법집행의 역사는 기원 후 처음 5백년 간은 공백상태를 보인다. 왜냐하면, 기원 395년에 로마 제국이 몰락한 이후에 유럽은 전쟁으로 혼돈상태에 빠졌고 교전국들은 포악한 침략과 약탈을 자행했다. 이리하여 7세기에 이르러 유럽 대륙에서는 광폭과 노략으로부터 벗어나 탈주하는 자가 많아지고, 영국 인구가 이러한 난민으로 인하여 증가일로를 걷게 되었다.

따라서, 영국에는 지역적으로 읍이라고 불리는 소도시가 발달하게 되었으며, 여기서 개인 및 집단이 책임지는 일종의 경찰이 나타났다. 휴 앤드 크라이(Hue and Cry) 제도[5]는 모든 시민이 범인의 공동추적에 참여하게 하여 범인검거의 기원이 되었다.

(3) 고대 영국

8~9세기 앵글로 색슨인이 지배하던 영국에서는 지역사회와 개인의 책임에 관한 제도가 더욱 복잡하고 미묘하게 되었다. 유죄 여부를 결정하는 한 방법인 시죄법(Trial by Ordeal)에서 혐의자는 열탕이나 뜨거운 석탄을 이용하는 시험에서 살아남아야 했으며, 만약 이 혐의자가 열탕에 손을 넣거나 타고 있는 석탄 위를 걸어가도

5) Hue & Cry 제도 : 모든 시민은 범법자를 보면 소리치고 그 체포에 동참해야 하는 치안조력의무

크게 화상을 입지 않으면 이것을 무죄의 징조로 간주하였다. 죄를 결정하는 다른 방법인 결투법(Trial by Combat)에서는 분규를 결투로 해결하며 승자는 무죄로 간주하는데 분쟁당사자들은 결국에 가서는 결투에 보낼 대표자를 가질 수 있었다. 또 하나의 유죄결정법인 보증선서재판(Compurgation)에서는 분규당사자들이 진지한 선서를 하여야 하였으며 후에는 타인이 피고의 무죄를 보증선서하게 되었다.

앵글로 색슨인의 지역사회 사법절차에서는 극형을 적용하는 일이 적었으나, 암살이나 강간과 같은 흉악범에게는 낙인법을 사용하였다. 형벌은 범죄에 따라 등급이 있었고 벌금제도가 마련되어 있었다. 피해자와 그의 가족 또는 그의 마을에 대한 배상제도가 적용되었고, 이러한 배상을 할 수 없는 위법자는 일정기간 또는 경우에 따라서 종신봉사케 하였다. 벌금은 지역사회가 집행했으며, 위법자가 다른 마을로 도피했다가 체포되면 본래의 마을로 이송하고 만약에 발견하지 못할 경우에는 그의 가족 또는 마을이 배상을 하여야 했다.[6)]

(4) 고대 프랑스

프랑스에서는 785년 샤를마뉴왕의 교회법령집이 반포되었는데, 이것은 도량형·인두세·판매·매장·기근·질병 등에 대한 긴급절차 및 범죄를 규정한 법전이다. 이 법은 봉건번주를 통하여 시행되었다. 프랑스가 당시 지리학상 큰 주(Contres)로 나누어져 있고 각 주는 왕의 대리권을 행사하는 백작(Conte)의 관장하에 있었기 때문이다.

2. 중세 경찰

(1) 중세 독일경찰

경찰이라는 말이 독일에서 처음으로 사용되기 시작한 것은 15세기 말경이며 법으로의 규정은 1530년에 아우크스부르크 제국의회에서 처음으로 정해졌다. 당시의 경찰개념은 공동체의 양호한 질서를 의미하였다.

따라서, 수많은 경찰명령이 제정되었고 이들은 모두 공동체의 양호한 질서상태에 기여하기 위한 것이었다. 시대상황으로 보아 이 당시의 경찰 대상에는 경제거래에 대한 규율, 계약관계, 후견, 부동산 및 상속법 등에 관한 규칙 등이 포함되었다.

다시 말하면, 경찰의 임무에는 국민의 생활배려와 복리증진을 위한 작용이 포함되었다. 이러한 경찰개념은 17세기 이후에는 생활관계가 점점 복잡해지고 국가작용의 분화가 요청되면서 국가작용 전체를 의미하던 경찰로부터 사법·행정·군정의 분야가

---

6) 서재근, "공안행정학논총", 진명문화사, 1995, pp.678~682.

분리되어 경찰기능의 축소가 이루어졌다.

그에 따라 경찰은 사회 공공의 안녕질서와 복리를 위하는 내무행정의 기능으로만 남게 되었다. 이러한 의미에서 당시 경찰은 보안경찰과 복리경찰만을 의미하였다.

(2) 군주제에서의 경찰

절대군주제 아래의 경찰국가시대에는 경찰의 개념이 오히려 강화되기 시작하였다. 중상주의적 경제정책을 추진했던 당시에는 단순한 소극적 질서유지 기능뿐만 아니라 적극적 복리증진을 위한 기능을 경찰에 기대했고, 따라서 이를 포함하여 경찰이라 불렀다. 경찰개념은 종래의 단순한 공동체의 양호한 질서상태가 아니라 절대군주의 경찰권을 의미하게 되었다.

군주는 국민의 모든 사회적 생활에 관하여 구속적인 명령으로 규율하였고, 군주의 명령은 강제권, 특히 형벌권에 의거 집행되는 국가행정 전체를 의미하였다. 따라서 경찰권에는 외교·군사·재정·사법 등 특수행정 분야를 제외한 모든 행정에 대하여 행사하는 국가권력이 포함되었다.

이와 관련된 학문적 경향을 '관방학(官房學, Kameralismus)'이라 하는데, 이는 16세기 중기부터 18세기 말까지 독일과 오스트리아에서 형성된 행정학의 한 형태이다. 근본사상으로는 행복촉진주의적 복지관을 바탕으로 하고 있으나, 이는 어디까지나 절대군주의 관방관리를 위한 통치술이요, 모든 분야의 지도이념을 밝힌 총칙적 규범을 제시한 것으로 학문분화 이전의 통합 학문적 성격을 띠고 있다.

(3) 입헌군주제에서의 경찰

19세기 들어서 독일과 오스트리아 등의 국가적 통일과 입헌국가화에 따라 관방학적 행정학을 비판하고 행정의 독자적 이념추구와 이론체계를 시도한 것이 '슈타인 행정학'이다. 이는 새로운 행정법학의 성립과 발전을 초래하는 계기가 되었을 뿐만 아니라 관방학에서의 경찰개념을 헌정과 행정으로 분리시켰다.

행정은 국가가 개인의 발전을 촉진시키기 위한 활동수단이며, 헌정은 개인이 국가 의사결정에 참여하는 국가적 권리를 의미한다고 하였다. 헌정과의 관계에서 행정의 소극적 개념을 확립하고, 행정의 분과를 외무·군사·재무·법무 및 내무행정의 5군으로 구분한 것이 슈타인 행정학의 특징이라 할 수 있다. 그러나 국가목적의 실현을 위해서는 행정이 법규에 적합해야 한다는 사상을 주지함으로써 슈타인 행정학은 새로운 차원에서 행정법학으로 발전되어 갔다.

3. 근대 경찰

(1) 초기 민주주의에서의 경찰

민주주의 이론의 가장 중요한 요소인 사회계약론(social contract)은 국가가 국민의 행복을 증진하고 안전을 보호하는 것을 의무로 하는 국민에 대한 자발적 계약이다. 이때 국민은 국가의 법에 복종하는 것을 의무로 하는데, 국가의 목적은 최대다수의 최대행복을 증진하는 것이다.

이 개념하에서 개인은 동등한 것으로 합의하고 상호이익을 위해 약속한 것으로 사회계약론은 평등(equality), 참여(participation), 동의(consent), 합의(consensus)를 의미한다. 따라서 사회계약론은 민주주의 이론에 중요한 요소이며 사회통제(social control)의 중요한 의미를 지니게 된다.

사회는 인간이 그 안전을 위하여 자유롭게 모인 곳이므로 국가는 개개 구성원의 행동에 대하여 어떤 통제의 전제가 필요하다.

이는 국가가 개인행동을 통제하고 지도할 수 있는 권한을 가지고 있음이 전제된 것인데, 국가는 이 권위를 법을 통하여 확립하게 된다. 즉, 이 법체계야말로 사회통제의 가장 분명한 형태이며, 이때 법은 행위의 구체적 규율과 그 규율을 보장하는 제재의 규정, 그리고 이 규율을 해석하고 집행할 공무원을 지정하는 규정 등으로 구성된다. 법규율에 의한 사회통제는 현대형사사법제도의 토대이며 이는 사회질서 유지에 계약적 참가를 통해 확립되고 유지되는 것으로, 여기에는 경찰·검찰·법원·교정기관 등이 해당된다.

이렇게 볼 때 민주주의의 기본요소는 사회계약이론과 사회통제이론, 그리고 법규율로 이루어진다고 볼 수 있다.

(2) 민주사회에서의 경찰

따라서, 민주사회에서의 경찰은 사회의 여러 가지 문제들을 대표하고 있다. 즉, 질서유지와 법의 지배 하에서 그것을 행한다. 한편으로는 법은 질서유지를 강조하고 다른 한편으로는 혐의 있는 시민을 다루면서 지켜야 할 경찰의 행위를 규제한다.

이런 분명한 이분화 현상을 '경찰의 딜레마'라고도 표현한다. 다시 말하면, 경찰은 질서유지의 능률성에도 책임이 있지만 질서유지를 위한 명령·행동에도 엄격히 제한을 받아야 한다는 것이다. 그러므로 경찰의 민주성은 가혹한 책무에 속하며, 이에 대해 버클리(G. Berkley)는 민주주의 이상과 경찰기능의 연결에는 큰 문제가 있다고 지적하고 개념과 실천의 양면에서 다른 어떤 기관보다도 경찰은 적대자의 입장(antagonism)을 보인다고 생각했다. 따라서 민주적 경찰력(democratic police force)이란 말은 여러 면에서 용어적으로 모순된다고 여겼다.

버클리는, 경찰의 직무는 사회적 합의가 무너질 때에 생기며 합의가 덜 될수록 경찰력은 강해진다고 보았다. 경찰은 시민을 꼭 같은 기준으로 대하지 않음으로써 이 경찰력의 행사가 자유와 평등의 요인을 만들기도 한다고 생각했다.[7)]

결국 이렇게 볼 때, 민주사회에서 경찰의 역할이 어렵다는 것을 알 수 있고 이것은 민주주의와 배치되는 것처럼 보이기도 한다. 여러 형사사법기관 중에서도 특히 경찰이 국민에 대하여 직접 사회통제기능을 수행하기 때문에 더욱 그러하다.

4. 현대 경찰

(1) 경찰개념 정립시기

전통적으로 경찰의 목적은 조직 내에서 정태적으로 관찰되어 왔던 것으로 질서유지(order maintenance), 법집행(law enforcement) 그리고 봉사(service)에 두어 왔다. 데이(F. D. Day)와 갈라티(R. R. Galatti)는 경찰의 목적을 범죄와 무질서의 예방, 평온의 유지, 생명·재산, 및 자유의 보호라고 규정하였다. 그리고 아담스(Adams)는 범죄예방과 진압, 교통법규 집행, 예방적 순찰 서비스, 이웃과 가족분쟁의 조정, 형사법 위반자의 체포와 구속, 도난재산의 회복으로 규정했다.

이렇게 볼 때, 법집행과 질서유지는 경찰의 목적 중 가장 지배적인 것같이 보이나, 통계적 조사에 의한 실증을 보면 경찰이 실제로 하는 일 가운데 법집행 기능이 그의 활동 중 상대적으로 적은 비중을 나타내고 있음을 알 수 있다.[8)]

경찰 기능을 이와 같이 크게 2가지로 분류한다는 것은 전통적 의미의 경찰인 행정법적 개념과 미국을 중심으로 한 현대 경찰행정학적 개념의 병존이라고도 볼 수 있다. 전통적 의미의 법적 개념은 경찰권 행사의 제한에 목적을 둔 것으로, 이때는 경찰개념이 공공의 안녕과 질서유지의 목적개념과 개인의 권리·의무의 명령·강제라는 수단개념에 초점을 두면서 이루어진 것이다.

---

7) G. Berkley, "The Democratic Policeman", Boston Beacon Press, 1969, p.2.
__, 이상안, 앞의 책, p.19.
8) 미국 경찰 자료에서 볼 수 있듯이 요청받은 49.6%가 개인 간의 문제나 개인 문제에 대한 지원요청이었으며, 31.8%가 교통위반, 절도 및 유실물건의 신고, 잠겨져 있지 않은 문 및 떨어진 전선 등에 관한 전화다. 이상안, 앞의 책, pp.22~25.

전통적 의미의 경찰개념과 기능은 질서유지가 강조되는 반면 개인의 인권 보장은 부차적으로 설정된 의무로서의 법논리를 갖게 된다. 다시 말하면 이 개념은 경찰행정학적 개념에서 분류된 기능 중 법집행에 국한된 것으로 볼 수 있으며, 나머지 기능인 질서유지 기능 중 일부와 봉사에 대하여는 현대 행정학자들의 논리가 적용된다.

(2) 현대 미국 경찰의 정립

한편, 미국경찰행정학자들의 최근 활동조사에서 분류기준으로 삼은 법집행(law enforcement)과 서비스 지향(service oriented)에서 보면, 법집행은 권력적 작용으로, 그리고 서비스 지향은 질서유지(oriented maintenance)를 포함한 비권력적 작용으로 성격을 규정할 수 있다.

이 2대 분류에서 경찰 기능은 법집행적인 데서 봉사 지향적인 것으로 활동비중이 이행되어 가고 있음을 통계적으로 입증하고 있다. 이는, 현대 경찰의 목표달성수단이 전환되어 가고 있음을 의미한다. 즉, 경찰작용은 국민을 계도하고 봉사하는 것이어야 하며, 그 기능수행이 어려울 때에 비로소 권력적 작용으로서 명령하고 강제함으로써 자연적 자유의 제한을 통하여 바람직한 상태를 실현하도록 되어 있는 것이다.

이런 의미에서 볼 때, 계몽·지도 및 서비스의 공급과 전달은 자연적 자유의 제한에 우선하는 경찰수단의 본질이라고 할 수 있다. 이에 대해 저먼(A. C. German)은 법집행과 봉사의 정황판단 기준을 다음과 같이 제시하면서 봉사수단을 강조하고 있다.

① 시민의 행위가 공공안녕질서를 해할 우려가 있으나 아직 그 위해가 구성되어 있지 않은 상태

② 시민의 행위가 사회 규범에 정당하지는 않으나 법규 위반의 정도에 이르지 아니한 상태

③ 시민이 법령을 모르거나 교육수준의 차이로 사회 공공안녕질서를 해칠 우려가 있을 때

④ 법령위반의 결과가 안녕질서에 미치는 위해가 크지 않고 그 상황을 보아서 계몽 내지 봉사적 자세로 처리함이 합목적적일 때라고 말하고 있다.[9]

---

9) A. C. German, F. D. Day & R. R. Gallati, "Introduction to Law enforcement", Illinois : Charles C Thomas Publisher, 1996, p.28. 이상안, 앞의 책 재인용.

제 2 장 각국의 경찰제도

제 1 절 경찰제도의 발달

1. 경찰제도

경찰권을 행사할 수 있는 뒷받침이 되는 것을 경찰제도라고 할 때, 여기서의 경찰은 주로 형식적 의미의 경찰개념이 대상으로 된다. 즉, 보통경찰관청이 담당하는 경찰업무의 체제를 '경찰제도'라고 하는 것이다.

일반적으로 법과 제도는 법학에서, 조직과 기구는 행정학에서 주로 다룬다.법과 제도, 그리고 조직과 기구는 그 개념이 혼용되기도 한다. 그러나 법은 인간행동의 지배규범을, 제도는 문화유산을 구체적 형태로 나타낸다. 또한, 조직과 기구는 어떤 목표달성을 전제로 한 인간행동의 역할배분, 통합조정의 패턴화를 의미한다.[10)]

이렇게 볼 때, 제도가 법적 바탕 아래에 사회체제 유지기능을 직접 목적으로 하는 것이라면 조직과 기구는 최소한 그 아래 하위규범이나 하위 작용체계를 이룬다고 볼 수 있다.

경찰제도는 그런 의미에서 법적 근거를 가지고 입법정책을 구현한 것으로, 이는 시대 상황이나 역사적 상황에 따라 그 형태를 달리해 왔다.

현재의 우리 경찰제도를 알아보기 위해서는 근·현대 여러 외국의 경찰제도를 검토해 보는 것도 큰 도움이 될 것이다.

2. 대륙법계와 영미법계

(1) 경찰제도는 프랑스나 독일을 중심으로 한 대륙법계와 영국이나 미국을 중심으로 한 영미법계로 크게 나눌 수 있다. 이는 법을 중심으로 한 분류이기도 하나, 경찰제도면에서는 국가경찰과 자치경찰과의 관계에서 그 특색이 두드러진다. 아울러 경찰수사권 인정과도 관련이 있다.

---

10) E. S. Chein, "Psychological Organization", Prentice Hall, 1970, p.9.

(2) 경찰의 주체가 국가냐 자치단체냐 하는 것은 그 나라의 정치이념이나 행정제도 등에 의존하는 것이 보통이지만, 궁극적으로는 그 나라의 역사적 전통이나 치안 상태 및 경찰의 발전에 따라 변천되어 왔다. 즉, 프랑스는 2만 명 이하 지역에서, 독일은 일부 주에서 자치경찰이 운영된다. 그리고 영국은 북아일랜드가, 미국은 연방수사국이 국가경찰로 운영된다. 일본은 2차대전 후에 전형적인 절충 형태를 취한다.

(3) 경찰을 운영할 때, 그 제도의 중립성과 독자성이 문제된다. 정치적 중립성과 행정적 독자성은 특히 그 나라의 정치형태와 연관되는데, 국가경찰에서는 경찰국가나 독재국가의 위험이 있고, 자치경찰에서는 지역에서의 총체적 부패와 관련된다. 이를 조정하는 경찰위원회가 양 체계에서 일부 운영되고 있다.

(4) 검사가 경찰관을 수사지휘하는 것은 대륙법계의 소산이지만, 영미법계에서 검사는 주로 기소만을 담당한다. 현실적으로 대부분의 수사를 담당하는 경찰에 대한 사법구조상 지위에서, 영미법계가 인권 보장에 더 유리하다는 평가를 받는다.

3. 경찰제도의 기준

각국마다 정도의 차이는 있으나 현대국가에서의 경찰제도는 각각의 역사적 배경에 따라 일정한 형태를 유지한다. 그것을 비교할 때, 경찰제도의 특성을 가름할 기준은 다음 세 가지로 크게 나눌 수 있다.

① 중립성과 독자성
② 국가경찰과 지방경찰의 조화
③ 경찰수사권의 독자성

이를 바탕으로 우선 외국의 경찰제도를 고찰해 본다.

제 2 절 외국의 경찰제도

1. 프랑스 경찰

(1) 프랑스 경찰제도의 특징

프랑스에서는 경찰제도가 1800년 이래 지방분산의 형식을 취하면서도 강력한 중앙

집권적 국가경찰제도를 근간으로 하는 전통이 오늘에까지 이르고 있다.[11)]

특히, 사법경찰은 영미의 경우와는 달리 전통적으로 형사소송법에 의한 형사사법권의 작용으로서 광의의 행정경찰과 구별되며, 검찰은 법원과 함께 법무부의 하부조직으로 업무를 수행하게 된다.[12)]

다만, 행정경찰기관이 실질적으로 그 사법경찰사무를 겸하여 관장하는 것이 보통이다. 행정경찰은 기능을 기준으로 일반행정경찰과 특별행정경찰로 구분되는 바, 이는 독일의 집행경찰, 협의의 행정경찰의 구분과 거의 같다.

(2) 경찰기구

국가경찰과 자치경찰로 나눌 수 있는데, 일반국가경찰(police d'Etat)에는, ① 파리와 세느를 관할하는 지방적인 국가경찰로서 파리경찰청(la Préfecture de police de Paris) ② 내무부장관소속 아래 전국적 조직을 가진 국가경찰(la Sûret'e Nationale) ③ 국방부장관소속 아래에 있으면서 전국적인 조직을 가진 제2의 국가경찰력으로서 일부 일반행정경찰사무도 집행하는 국가헌병(National Gendarmerie)이 있다.

1968년에는 파리경찰청이 국가경찰에 통합됨으로써 프랑스 혁명 이래 내려오는 경찰조직의 이중성이 해소되었다.[13)]

파리경찰청은 6세기에 민간단체로 조직된 야경대가 시가와 뒷골목을 횡행하는 범인을 저지하기 위하여 도시를 순찰하였는데, 이것이 최초의 조직적 경찰로 보이나 경찰기구가 설립된 것은 14세기의 찰스 5세 때다.

루이 14세는 파리를 범죄 및 무질서와 비행으로부터 보호하기 위한 특수목적으로 경찰의 기능을 확대하고 1667년에 경찰책임자로 경찰대리관(Lieutenant de Police)을 임명하였다가 그 후 육군 중장으로 높였다.

이는, 반대로 국민의 자유와 독립성이 상실되는 결과를 가져왔다. 이때의 파리에는 범인들의 도피처(the cour des miracles)가 있어 무장한 범인들이 모여서 합법적

---

11) 외국의 경찰제도를 비교할 때, 종전에는 프·독에 이어 영미 그리고 일본을 서술하는 것이 일반적이었다. 그러나 최근에는 영미법계의 영향으로 영미를 먼저 서술하는 경향을 보인다.
비교경찰도 결국은 우리 경찰제도를 이해하기 위한 길임을 생각할 때, 도입 시기와 그 영향을 고려하여 대륙법계를 먼저 서술하는 것이 합리적으로 여겨진다. 아울러 한말 경찰제도가 일제에 의한 프랑스 경찰 위주의 제도임을 감안하고, 프랑스 제도가 독일로 발전된 것을 고려하여 프랑스 경찰제도가 독일보다 먼저 기술되어야 한다고 본다.

12) 오늘날 검찰은 '법무부로부터의 독립'을 갈구하고 있으며, 검찰은 주로 기소만을 담당한다. 형사정책연구원, "각국의 검찰제도", 1998, pp.106~110.

13) 정진환, "비교경찰제도", 학문사, 1996, p.275

통치권을 거부하였다. 경찰총감은 체포된 범인들을 경범죄위반자로 즉결 처리하고, 아주 중한 벌을 과할 경우에만 법원에 송치하였다.

그는 휘하에 천여 명의 보병과 기병을 포함한 상당한 무장병력을 가지고 있었으며 평화와 시가지 질서를 유지하는 파수꾼(City Watch)과 궁수를 지휘하고 있었다. 또한, 이때의 경찰은 인쇄업자와 출판업자에 대한 감독권과 남을 비방하는 내용이나 불손한 견해를 표명한 서적·소책자·문서 등을 압수할 권한도 가지고 있었다.

1789년에 프랑스 혁명이 일어나자 군주경찰은 사라지고, 프랑스공화당 아래 경찰은 이전보다 더 무서운 조직으로 대체되었다. 장관이 경찰책임자로 임명되었으며, 파리의 각 지구는 각각 독자적인 지구경찰을 조직하게 되었다. 그 후 왕정복고에 따라 경찰기구에 관한 많은 시도가 있었으나 결국은 나폴레옹 때에 군주경찰제로 복귀되었다.

1829년에 파리 시가에는 최초의 제복경찰관이 나타났다. 제복과 모자를 착용하고 칼로 무장하였으며 밤낮으로 시가를 순찰하여 순경이라고 불렀다. 또한, 혁명과 정부의 변혁에도 불구하고 경찰은 제복형태를 유지하면서 많은 발전을 하였고, 보·불 전쟁으로 파리가 포위되었을 때에 경찰은 국가를 위하여 용감히 싸웠다. 그리고 전쟁과 사회불안에 따른 국가격변에도 불구하고 경찰력은 계속 증가되었으며 행정이나 기술면에서도 많은 개선을 보았다.

제2차 세계대전 중 파리가 독일에 점령되었던 상황에서도 경찰청 경찰관들은 본래의 임무를 계속 수행하였으며, 전체 경찰관이 성심성의껏 그들의 동포를 도와주면서 광복을 기다렸다. 연합군이 파리 탈환을 위하여 진격해 오자, 경찰관들은 독일군을 몰아내기 위한 전투에 참가하여 많은 피를 흘렸다.

또한, 대 알제리아 투쟁에서 혁혁한 공을 세웠으며, 1962년 7월의 알제리아 독립을 끝으로 파리경찰청은 법과 질서의 유지자로서의 본연의 임무에 충실할 수 있게 되었다.[14)]

국가경찰은 1699년에 도(province)가 설립되면서 지방행정관 산하의 경찰대리관이 지방경찰업무를 담당한 17세기로부터 비롯된다. 당시 큰 지방의 경찰서장은 왕이 임명하는 세습관료였으나, 프랑스혁명 후 이들은 2년 임기로 선출하도록 하였다가 그 후에는 자치단체에서 임명하도록 하였다. 이들 경찰서장은 5천 명 이상의 인구를 가진 각기 다른 지방을 관할하였으며, 경찰장관의 명령을 집행하는 도지사의 지휘를 받아서 업무를 수행하였다.

---

14) James Cramer, “The World Police”, London : Cassell & Co., 1964, pp.292~294. 경찰대학, “한국경찰사”, 1988, pp.30~32 재인용

다만, 인구 5천 명 미만의 지방자치단체에서는 그 장이 경찰서장의 직무를 겸임하고 있었다.

1855년에 철도경찰의 창설과 함께 많은 인원의 경찰서장과 간부경찰관들이 철도경찰로 임명되었다.

그 후에 국가경찰은 파리와 세느 지역을 제외한 인구 1만 명(2004년 현재는 2만 명)[15] 이상의 지방경찰업무를 수행하면서 내무부장관 아래 전국적 조직을 갖추고 있다가 1968년에 파리경찰청이 국가경찰에 통합됨으로써 현재는 내무부장관의 지휘를 받는 경찰청장이 전국의 국가경찰업무에 대하여 지시 및 조정을 담당하고 있다.

국가헌병은 프랑스의 초기 경찰조직인 경찰대와 고대 군조직인 기마헌병대에서 그 기원을 찾을 수 있는데, 12세기에 창설된 경찰대와 기마헌병대는 사회와 군대의 정의구현을 위하여 발족된 것이었다.

프랑스 혁명 후 새로운 제도의 요청에 따라 기마헌병대는 국가헌병대로 개칭되어 국가 내외의 안전을 도모하면서 형성되어 갔다. 나폴레옹이 이를 자주 이용했고, 그리하여 황제의 헌병대로 이름이 바뀌어 그 이름은 유럽 전쟁터에서 영광과 함께 화려하게 장식되었다.

오늘날 많은 나라들이 이 국가헌병과 비슷한 경찰을 가지고 있는 사실은, 이 프랑스 국가헌병의 영향력이 얼마나 컸던가를 말해 주고 있다.

1820년에 이르러 이들 대원은 제복을 착용토록 의무화하였으며, 이들의 실력행사는 일반경찰권이 미치지 않는 경우에만 발동되도록 하였다.

국가헌병은 경찰기관이 없는 인구 2만 명 미만의 소도시와 농촌지역, 주요 간선도로 등 전국토의 95%에 해당하는 지역의 경찰업무를 수행[16]하는 시·읍·면의 **자치경찰**을 말한다. 프랑스에서는 투레(Thouret)의 지방권 이론을 반영한 1789년의 법률에 의하여 경찰권을 포함한 자치권이 보장되었다. 그러나 나폴레옹에 의한 지방제도개혁은 다시금 극단의 중앙집권으로 환원함으로써 자치권을 거의 박탈하였으며, 그 후에 몇 차례의 개정으로 자치권이 다소 확대되었으나 근본적인 변동은 없었다.

한 마디로 프랑스 지방자치는 국가의 단일불가분성을 전통적인 지도이념으로 하기 때문에, 경찰권도 일선지방에 분권되는 형식을 취하고 있으면서도 중앙집권적 획일성을 특색으로 하고 있다.

---

15) 1996. 9. 19. 지방자치법 제2214-1조의 적용에 관한 데크레에 의거 현재는 인구 2만 명 이상의 도시를 기준으로 하고 있다.

16) 경찰대학, "비교경찰론", 2004, p.295

그런 의미에서 자치경찰도 영미의 그것과는 달리 정부의 수여물로서 중앙정부로부터의 일반적 직무감독을 받으며, 더욱이 인구 2만 명 이상의 시·읍·면 경찰은 1941년 이래 국가의 직접적 통제하에 있으므로 자치경찰은 극히 제한되어 있다고 하겠다.

자치경찰은 국가경찰이 설치되어 있지 않은 지역에서 치안을 담당하고 있으며 경찰력이 부족할 때는 헌병의 지원을 받는다.[17)]

2. 독일 경찰

(1) 독일 경찰제도의 특징

독일 경찰제도는 프랑스에 바탕을 두고 있지만 일본을 거쳐서 우리나라에 계수된 제도로서의 의의가 크다.

① 그러나 2차대전 후 점령국인 영미의 영향을 받아 그 제도도 변용하여 운용하는 데 비해, 우리는 예전의 제도를 그대로 쓰는 데 문제가 있다. 또한, 연방제도의 성격상 각 주의 운용실태도 일정하지 않다. 대체로 주 경찰은 국가경찰이나, 자치경찰을 가미한 곳도 있다. 이때의 주 경찰은 주의 내무부장관을 보좌하는 형태를 취한다.

② 수사권은 검찰이 주재하고 경찰도 독자적으로 수사에 착수할 권한과 의무를 가지나 지체없이 검찰에 송부하도록 한다(형사소송법 제163조제2항). 그러나 '지체없이'의 해석으로, 실제는 수사종결 단계에서 검사에게 송치할 뿐이다.[18)] 독일의 검찰은 고유한 수사조직을 가지고 있지 않으며 경찰이 검찰의 '연장된 팔'로서 경찰의 초동 수사는 검찰의 구체적인 지시를 기다리지 않고도 가능하다.[19)]

(2) 프로이센 일반국법전(1794년)

14세기 독일에는 지방영주나 제국도시의 고권(高權)의 뜻으로 경찰권이 사용되었다. 당시의 사람들은 교회의 모든 활동과 대비하여 경찰을 세속 분야에서 모든 국민의 공동복지를 위한 배려로 이해하였다.

그리하여 근대초기에는 절대주의의 강화에 따라 경찰국가의 정체가 구현되었으며, 이 경찰국가에서는 국민의 의사를 무시하고 국민의 사생활 분야를 침범할 수 있는

---

17) 정진환, 앞의 책, p.279
18) 한국형사정책연구원, 앞의 책, pp.76~77
19) 정진환, 앞의 책, pp.263~264

권한을 지방영주에게 부여하였던 것이다.

또한, 중상주의를 좀 더 철저히 실시할 수 있게 하기 위하여 그 포괄적인 경찰개념 중에서 특별한 조직과 기구를 요하는 개별적인 국가작용을 점차로 분리시켰다.

이리하여 이 시대에 절대적 국가행정에 관한 고전적인 분화로 국가행정을 내무·외무·군사·재무·사법으로 나누었으며, 이때까지도 경찰은 보안경찰과 복리경찰의 양자, 즉 내무행정을 의미하였다.

그러나 18세기 말엽에 자유주의 법치국가가 탄생하여 국가는 국민의 경제생활에 관여하지 못하였고 오로지 외부로부터의 보호와 내부의 법질서 유지를 위해서만 노력해야 했다. 이런 의미에서 경찰의 임무는 보안경찰에 그치고 복리경찰로서의 기능은 경찰개념에서 제외되었다. 즉, 이 시대의 경찰은 오로지 공공의 안녕과 질서를 유지하고 사회와 국민 개인에 대한 위해를 방지하여야 한다는 불문율이 성립되었으며, 프로이센(Preussen)에 의하여 1749년에 실정법으로 되었다.

그러나 그 후의 입법은 그러한 보안경찰의 범위로 한정된 경찰개념을 다시 번복하고 복리경찰까지로 이를 확대하였으며, 1850년에 프로이센 경찰행정법은 이러한 복리경찰로의 성격을 명문화함으로써 이에 대한 법률상의 근거를 부여하였다.

그 후 판례에 의하여 경찰의 임무가 보안경찰로 한정되어 1931년에 제정된 프로이센 경찰행정법 제14조에서 경찰임무를 다음과 같이 규정하게 되었다.

① 경찰행정청은 일반 또는 개인에 대한 공공의 안녕 또는 질서를 위협하는 위험을 배제하기 위하여 현행법의 범위 내에서 성실한 재량에 따라 필요한 조치를 취하여야 한다.

② 전항 이외에 경찰행정청은 법률에 의하여 특별히 위임된 직무를 처리하여야 한다.

한편, 바이에른(Bayern)에서도 경찰에 관한 일련의 개별규정이 반포되었는데, 프로이센 규정과 유사하였다. 1927년에 제정된 바이에른 시읍면 법은 다음과 같이 규정하고 있다.

"이 법에 다른 특별한 규정이 없는 한 공공의 평온·안녕·질서를 위한 배려 및 시읍면 관할 내에서의 경찰에 관한 법률과 규칙의 집행은 시읍면 경찰의 책무이다."

그러나 이 주 경찰권은 나치스 시대(1933~1945)에 이르러 국가로 이관되었으니, 이는 국가경찰로의 환원을 의미하였다. 즉, ① 경찰임무는 전체 민족질서의 확보로 확대되고 ② 경찰조치에 대한 권리구제는 극히 제한되며, 특히 비밀국가 경찰(Gestapo)의 조치에 대하여는 완전히 구제가 봉쇄되었다. 이때의 경찰제도는 중앙집권적 관료제도였다.

(3) 본 기본법(1949년)

2차대전 패전으로 인한 독일의 붕괴는 경찰조직의 붕괴도 의미하였고, 연합국인 미국·영국·프랑스·소련의 4개국이 연합동맹 통치를 시작하자 독일의 경찰조직에 커다란 변화를 가져 왔다.

즉, 점령군은 각기 자국의 경찰제도를 모방하여 점령지역 각 주의 경찰을 개편코자 시도했으니, 당시 연합국의 독일경찰 개편에 대한 기본방침은 ① 경찰권의 지방분권화 ② 경찰조직의 자치제화 ③ 행정경찰과 집행경찰의 분리 등 3대 목표였다.[20]

1) 1949년 본(Bonn) 기본법이 제정되고 독일연방공화국이 수립됨에 따라 일반경찰직무는 각 주의 직무로 되었으며, 이는 독일의 경찰조직이 1933년 이전과 같이 다시 주로 이전되었음을 의미하였다.

그러나 경찰직무가 주로 이관되었다는 것이 결코 독일의 경찰제도가 영미에서와 같은 자치경찰제로 전환되었음을 뜻하는 것은 아니며, 대부분의 주에서는 경찰을 전적으로 국가행정으로 하거나 거기다 자치경찰제도를 가미하고 있는 데에 그치고 있다.[21]

함부르크(Hamburg), 니델삭슨(Niedersachsen), 노르드라인-베스트팔렌(Nordrhein-Westfalen), 라인란트-팔쯔(Rheinland-Pfalz), 슐레스비히-홀스타인(Schleswig-Holstein) 등의 각 주는 국가경찰로 하였으나 바이에른(Bayern)주에서 각 시읍면은 자치경찰을 설치할 수 있게 하였다. 그리고 바덴-불템베르크(Baden-Wurttemberg)와 헷센(Hessen)주에서는 양 제도를 절충하기도 하였다.

2) 영미점령지역의 점령군 당국은 경찰개념을 집행업무로 축소시켰으며, 이전에는 경찰업무로 인정되었던 수많은 행정 분야를 비경찰화하였다. 그러나 바이에른과 노르드라인-베스트팔렌은 점령군 당국의 지시에 따랐지만, 기타의 주들은 1933년 이전에 프로이센과 그 밖의 주에서 실시되었던 바와 같이 경찰과 일반내무행정과를 제도적으로 다시 결합시켰다.

그리고 경찰임무의 범위를 좀 더 제한할 것인지의 여부가 문제되었다. 이러한 경향은 소방과 토목경찰 분야에서 명백히 인정되었는데, 이 소방업무와 건축감독업무는 1949년의 니델삭슨주 소방법 제2조 또는 1946년의 바이에른주 소방법 제1조에 의하여 시읍면 및 군의 책무로 되었으며, 이러한 경향은 현재도 계속 진행되고 있다. 이와는 반대되는 입장에서 일정한 행정경찰의 임무, 특히 신고·

20) James Cramer, 앞의 책, pp.303~304.
21) 박윤흔, 앞의 책, pp.276~277.

여권·증명·결사·집회에 관한 업무를 경찰집행업무에 포함시키려는 요구가 수차례 있었으나 관철되지 못하였다.

3) 독일연방공화국의 각 주는 본 기본법에 의하여 그 동안 주 고유의 경찰법을 제정하였다.[22] 특기할 것은 1950년대 독일연방공화국 건국 당시에는 프로이센 법계와 바이에른 법계의 경찰법에서 임무법과 조직법 공히 상당한 차이가 있었으나, 그 후의 개정으로 오늘날은 양쪽 법계가 거의 대동소이한 내용으로 접근하였다. 이는 결국 기본법상 부여된 입법권에 의하여 제정된 각 주의 경찰법, 특히 임무법에 있어서 경찰의 임무와 권한을 달리 규정하고 있다. 경찰이 제거하지 않으면 안 될 범죄와 위험이 한 주의 영역 내에 그치지 않고 전 연방, 전 유럽, 전세계적으로 확대됨에 따라 각 주 경찰의 협조가 절실히 요망되었으며, 각 주 경찰법의 내용 통일이 치안대책의 요체로 필요하게 되었기 때문이었다.

4) 연방경찰은 기본법 제87조제1항에 의하여, 연방국경경비와 관청 및 헌법 보호 목적에 필요한 기초자료를 수집하기 위한 경찰정보부문 및 기타 부문의 중앙관청을 설립할 수 있다. 그리하여 연방국경비대, 연방수사국, 연방헌법보호국, 연방경찰대학 등이 설치되어 있다. 연방기관은 주에 대하여 지휘 명령할 수 있다.[23]

3. 영국 경찰

(1) 영국 경찰제도의 특징

프랭크플레지 제도와 윈체스터법, 그리고 필 경(Sir Robert Peel)의 개혁으로 발전되어 온 영국 경찰제도의 특징은 다음과 같다.

1) 지방분권주의에 의한 자치경찰제도를 운영한다. 런던시 경찰을 포함하여 전통적인 자치경찰을 유지한다.[24] 다만, 최근 신 중앙집권화 경향의 개혁을 하고 있다.

2) 민주적인 공안위원회를 두고 있다. 그 구성은 지방의회 의원 2/3와 법원판사 1/3로 구성된다. 그러나 영국 경찰의 정치적 중립성은 관습적으로 보장되고 있다. 경찰관도 전형적 영국 신사도를 행동규범으로 삼아 편파적 정치개입은 자제하고 있다.

---

22) 1976년 독일연방공화국의 각주통일경찰법 모범초안이 제정되어, 각 주는 이 초안에 따른 경찰법을 제정할 의무가 있다. 1986년에는 그 개정을 위한 예비초안이 만들어졌다.
23) 경찰대학, "비교경찰론", 1998, pp.213~228.
24) 북아일랜드는 왕의 알스터(ulster)경찰대가 있어 내무성장관 소관의 국립경찰을 두고 있다.

3) 사법경찰은 경찰의 고유영역이다. 경찰은 독자적 수사권을 가진다. 검사는 검찰총장이 지휘하는 특정사건에 대하여만 형사소송을 제기·속행한다.[25] 검사는 거의 모든 사건에 대하여 기소 유지권을 가진다. 이는, 1985년의 범죄기소법에 따라 국립기소청이 창설되고 난 후부터다.[26] 기소청장은 여왕이 아닌 법무총감이 임명한다.

(2) 프랭크플레지 제도

영국 경찰의 역사는 앵글로 색슨 시대에 국왕의 평화를 달성하기 위한 경찰의 원형인 프랭크플레지 제도(Frank-Pledge System)로부터 시작된다.

이는 지방의 법집행 보장과 침입부족으로부터의 보호를 위한 제도로서 12세 이상의 모든 자유민은 10인 조합의 구성원이 되어야 했고, 10인 조합은 10가족의 주민으로 구성되었으며, 그 중 1인을 10인조합장으로 선출하여 조합장은 도적을 탐문·추적하고 범죄자를 체포하며 형벌을 부과할 책임이 있었던 바, 에드가 법전(Laws of Edgar, 959~975)에서는 이 조합장을 'peace official'이라고 호칭하였다.

이 10인조합에서 다시 발전한 것이 10개의 10인조합으로 구성된 백인조합이며, 이는 읍회(town-meeting)의 시초라고 말하기도 한다. 이 제도는 노르만 정복 후 앵글로 색슨의 기존 시민사회제도를 군국주의화하는 정책과 사회정세의 변동으로 차츰 쇠퇴하였으나, 그 정신만은 오늘까지 내려오고 있다고 한다.[27]

(3) 윈체스터법

프랭크플레지 제도가 서서히 붕괴된 후, 이에 대치된 제도로 1285년의 에드워드 1세가 반포한 윈체스터법(Statude of Winchester)에 의하여 마련되었다. 이 법은 조직적인 경찰제도를 확립하려는 독특한 조치로서 런던 내외에서의 야경 및 경비제도를 규정하였다. 이 법은 평화유지를 부락책임제로 하는 종래의 원칙을 법으로 확인하고, 주야간 파수제를 채택하였으며, 15세 이상 60세 미만의 남자에게 무기비치의무를 규정하였으니, 이는 근대 경찰이 탄생할 때까지 500년 이상을 두고 시행된 영국 중세 경찰제도의 기본법이었다. 이 법을 집행하는 기관은 경찰권을 부여받은 치안판사(Justice of Peace)의 지휘 감독 아래 치안관(constable)이 담당하였다.

1500년 이후 영국의 세계통상은 활발하였으며, 아메리카 발견으로 그 통상은 계속 확장되었다. 그러나 영국상인들은 그들에 대한 방호에 불만이 많았다.

---

25) 정진환, 앞의 책, pp.81~88.
26) 경찰대학, "비교경찰론", 1998. p.49.
27) Germann, Day & Gallati, 앞의 책, pp.45~51.

또한 중류계급은 의무적 야경제도에 반발하여 유급대리인을 채용토록 하였으나, 이 유급대리인들도 필요한 방호를 취하지 못하였다. 따라서 상인들은 그들의 재산보호와 범죄수사 및 도난품 회수를 위하여 사설경찰(private police)을 고용하였는데 이것이 상인경찰(merchant police)로 발전되었다.

한편으로 도시는 교구(parishes)로 나누어져 있었는데, 증대하는 범죄에 당황한 시민들은 교구경찰을 조직하고, 처음에는 전 교구민이 윤번근무를 하다가 후에 유급교구치안관으로 대치하였다.

미들섹스와 웨스트민스터 교구의 구청장 필딩(Henry Filding)은 1749년과 1750년 사이에 보 가(Bow Street) 경찰서의 조직을 도왔는데, 이는 3개 부문, 즉 도심지역에서 근무하는 도보순찰대, 15마일 떨어진 변두리 지역까지 근무하는 기마순찰대, 범죄현장에 즉각 달려가서 수사하도록 선발 조직된 보 가 경찰대로 발달하였다. 1798년에는 서인도상인협회 주관 아래 템즈강(Thames River)의 부두 및 해운을 보호하기 위한 수상경찰(marine police)을 조직하였다.

그러나 이와 같은 경찰활동에도 불구하고, 범죄는 계속 늘어났고 그것을 제지할 수가 없었다. 한편으로 범죄예방을 목적으로 법은 엄격하고 무자비하게 집행되었으며, 범법자는 오스트레일리아로 추방되었고, 공개처형은 빈번히 행하여졌지만 범죄예방에는 별 효과가 없었다.

(4) 필 경과 런던경찰청

1829년 당시에 내무장관이었던 로버트 필 경은 수도경찰법안 (the Metropolitan Police Act)을 통과시켜 런던경찰청을 발족시켰다.[28] 당시에는 여러 종류의 경찰이 있었으니, 시장·은행 및 상업시설을 보호하고, 도난당한 재산 회수를 위한 사설탐정의 일을 하도록 고용된 상인경찰, 서인도상인협회가 템스강의 부두 및 해운보호를 위하여 조직한 수상경찰, 교구 내의 생명과 재산보호를 위하여 고용한 교구경찰, 도시지구 질서 유지의 수단이었던 주야간 파수대, 헨리 필딩이 창설한 보가 경찰대와 기타 많은 자경대들이 경찰의 책임을 분담하고 있었다.

필 경은 사회 무질서의 근본 요인의 하나가 경찰기능의 질적 빈약에 있음을 발견하였고, 경찰은 헌신적이어야 하며 훈련되고 논리적이며 지방정부의 봉급을 받는 요원들이어야 한다고 확신하여 런던경찰청을 발족시켰다.

이 기구는 런던에 있는 수많은 경찰의 대부분을 하나의 능률적인 유급 경찰기구로 통합, 1829년 6개 경찰구로 구성되는 1,000명의 진용을 가지고 정식 발족하였다.

28) 여기의 런던경찰청은 전통적인 자치제 경찰인 런던시경찰과는 다른 개념이다.

그 후 10년 동안 법집행 분야에 완벽하고도 전체적인 개선이 이루어짐으로써 오늘날 우리가 아는 현대 경찰로 탄생되었으며, 필 개혁안의 기본원칙 중 많은 것은 오늘날에도 자유세계 전체에서 경찰운영에 통용되고 있다.[29)]

다음은 필이 주장한 기본원칙이다.

① 경찰은 착실하고 유능하여야 하며 군대식으로 조직되어야 한다.
② 경찰은 정부의 지배를 받아야 한다.
③ 범죄의 부재는 경찰의 유능함을 가장 잘 증명하는 것이다.
④ 범죄정보의 배부는 긴요하다.
⑤ 경찰력은 때와 장소에 따른 적절한 배치가 긴요하다.
⑥ 경찰관에게 완전한 감정 억제 이상으로 더 필요한 자질은 없으며, 평온하고 결의에 찬 태도는 열렬한 행동 이상으로 효과적이다.
⑦ 단정한 외모는 존경을 산다.
⑧ 적격자의 선발과 교육훈련은 능률의 근본 요소이다.
⑨ 공안상 모든 경찰관에게는 고유번호를 붙여야 한다.
⑩ 경찰본부는 중앙에 위치하여야 하며, 국민이 쉽게 접할 수 있어야 한다.
⑪ 경찰관의 채용에는 시보기간을 두어야 한다.
⑫ 경찰력의 적절한 배치를 위하여 경찰기록이 필요하다.[30)]

그러나 이들의 업무는 용이하지 않았다. 런던 시민들은 그와 같은 수도경찰을 환영하지 않았고, 시가를 순찰하는 첫 경찰순찰대를 습격함으로써 이 신종 제도에 대한 그들의 불만을 나타냈다. 당시의 경찰관들은 제복없이 오직 경찰봉으로 무장했을 따름이었다.

그러한 사정에도 불구하고 경찰들은 꾸준히 직무를 수행하였으며, 경찰관의 선발에 착수하여 새 기준에 합격하는 자에게는 종신직을 허용하였고 12,000명의 지원자 중 1,000명을 즉시 선발한 후에 6개대로 편성하여 범죄율이 높은 지역에 우선적으로 배치하고, 기존 경찰기관을 일소해 버렸다.

이렇게 하여 필 경이 개혁한 경찰제도는 처음 몇년 동안 강력한 반대에도 불구하고 시행되었으며, 필 경은 독단적이고 전제적 방법으로 국민 노예화의 음흉한 계획을 꾸미고 있는 잠재적 독재자라는 비난까지 받았다. 그러나 공손한 태도와 단호한 법집행을 통해서, 10년이 못 되어 수도경찰은 점차적으로 시민의 존경을 받게 되었고,

29) 경찰대학, 앞의 책, pp.36~37
30) Germann, Day & Gallati, 앞의 책, pp.60~61.

경찰관은 '필러의 일꾼(Peeler's)' 또는 '보비(Bobbies)'라는 애칭으로 현재까지 불리고 있다.

영국의 도시경찰은 1835년에 도시자치법을 제정하여 영국의 시읍에 경찰을 설치함으로써 전국적으로 표준화하게 되었고, 보 가 경찰대와 수상경찰은 수도경찰에 통합되었다.

1839년에 발효한 주경찰법(County Police Act)은 주경찰의 설치를 가능케 하였으며, 1840년부터 1848년 사이에 잉글랜드와 웨일즈에 있는 반수 이상의 주가 주경찰을 신설하였다. 1842년에 수도경찰 내에 최초로 형사부를 설치하여 오늘날의 범죄수사국(Criminal Investigation Division, CID)의 전신이 되었다.

1914년에 처음으로 제복 차림의 여자경찰관을 채용했으며, 1918년에 이르러 여자경찰대(Woman Police Service)가 수도경찰의 일부로 존재하게 되었다. 그리고 1934년에 경찰과학연구소(Scientific Police Laboratory)가 수도경찰에 신설되었다. 1964년 새 경찰법(Police Act)의 시행과 왕립위원회의 건의에 따라 잉글랜드는 최근에 경찰서 수를 약 3백개에서 43개로 통합하였다.

이는 새로운 중앙집권화 경향이라 할 것이다. 국민들은 처음에 이 통합책을 반대하였으나, 통합완료 후에 능률이 크게 향상되고 경찰경비가 절감되었음이 인정되었다.

그 후 1992년에 국립범죄정보국과 국립수사대가 창설되었다.

4. 미국 경찰

(1) 미국 경찰제도의 특징

최초 미국으로 건너온 영국 식민지 개척자들은 대서양 연안을 따라 정착하였고, 15세기에서 16세기에 이르는 동안 영국, 프랑스, 스페인이 미국의 동부 해안에 식민지를 개척하면서부터 각국은 독자적인 경찰제도를 도입하였다.

즉, 미국의 경찰제도는 대륙법계 경찰의 프·독이나, 영·미법계 경찰의 영국과 같이 그 나라 특유의 경찰제도가 역사적으로 발전된 것이 아니고 신대륙을 개척하면서 식민국의 제도를 도입, 발전시킨 것이다. 그러므로 미국 경찰제도의 형성과 발전을 이해하기 위해서는 먼저 미국 지방제도의 형성 연혁을 이해해야 한다.[31]

31) 미국의 지방제도는 다음과 같다. 군(County)은 보통 읍의 형태인 town, township과 읍이 아닌 district로 구분된다. town, township 또는 district는 서로 상하관계에 있는 것이 아니고 주에 따라 또는 지방에 따라 각기 그렇게 호칭될 뿐이다. 이 중 town과 township은 자치체로서의 기능을 가지고 있으나, district는 단순한 행정목적에 의하여 군의 행정구역이 몇 개로 분할된 것을 말할 뿐

식민 초기 뉴잉글랜드 시대에 북부 식민지에서는 토지가 황폐한 까닭에 주민들이 상업으로 생계를 유지하였으며 대체로 도시와 촌락에 정착하였다. 그들은 처음부터 고국의 야경제도(watch system)에 익숙해 있었으며 치안관 제도를 발전시켰다.

그 뒤, 중서부 지방과 원서부 지방의 개척이 진척됨에 따라, 이들은 경찰기능으로서 치안관(constable)과 보안관(sheriff)의 두 제도를 병용하는 경향을 보였으며, 각 주의 초기 헌법은 이 두 제도를 각각 규정하고 있었다. 이리하여 다원적 분산체제를 갖게 되었는데, 이는 법집행의 책임분산을 가져와서 범죄 저지 노력이 희석되므로 기관의 통합이 경찰 개혁의 하나가 되었다. 운영방식에 있어서도 연방·주경찰을 제외하고는 시민에 의한 아래로부터의 운영을 주로 한다.

현대에 들어서 50년대 미국 경찰은 LA 경찰장 윌리암 파커(W. Parker)에 의해 부패에서 능률과 정직으로 전환되었다. 60년대에 들어와서 반전시위로 최대의 경찰 위기를 겪었으나, 이는 오히려 1966년의 미란다(Miranda)의 판결에 의해 경찰이 인권적 법집행 체제로 바뀌는 계기가 되었다. 또한, 법집행원조청(LEAA)이 창설되어 일반 대학에 경찰행정학과의 설치를 지원하며 형사재판기관에 재정적 지원을 하고 있다. 오늘날 미국 경찰관은 노동조합에 가입하며 자유로운 부업도 가지는 평범한 생활인으로 인식되고 있다.[32)]

미국 경찰의 수사권은 확고하다. 검찰은 철저한 당사자주의 소송구조에 의하여 기소권만 가진다.[33)] 그러나 연방검사는 연방수사국의 수사에 대하여 예외적 수사지휘권[34)]을 가진다.[35)]

미국 경찰은 연방경찰, 주경찰, 자치제 경찰로 나눈다.

(2) 연방경찰

정부직무집행의 책임이 주로 주와 지방당국에 있는 관계로 연방경찰제도의 발달은 대체로 완만히 이루어졌다. 연방경찰권은 국가공동방위와 국민의 일반 복지증진을 다룬 연방헌법 제1조제8항제18목에 규정된 권력의 해석에서 나오고, 경찰의 권한과

법인격을 갖고 있지는 않다. 그리고 중부와 북부 지방의 제주에 있는 township 중 일부에서는 그 구역 내 일부가 도시적 형태를 구비하게 되면 주법의 정하는 바에 의하여 시(village, borough 또는 incorporated town)로서 독립된 자치체가 된다.

32) 정진환, 앞의 책, pp.126~127 : 174~178.

33) 한국형사정책원구원, 앞의 책, p.18.

34) 연방검사의 연방범죄수사국 수사지휘(연방수사국 내규) ① 수사개시, 증거수집, 체포, 가택수색을 할 때 연방검사에게 사전보고 ② 수사보고서 제출 ③ 범죄 인정 시 송치의무 : 경찰대학, "비교경찰론", 2004, p. 196.

35) 경찰대학, "비교경찰론", 1998, p.196.

기능의 기초는 대법원의 해석에서 마련된다.

또한, 다른 부가적 권한과 기능은 의회의 입법조치를 근거로 하여 이루어진다. 그러나 주간 통상의 통제, 화폐주조, 도량형의 표준화, 우체업무의 원활을 위하여 연방적인 수사 및 보호기관이 필요하게 되었다. 그리하여 1789년에 관세감시소(Revenue Cutter Service)가 밀수방지를 목적으로 발족하였고, 1829년에는 우체업무 감독제도가 우표위조를 방지하기 위하여 시작되었으며, 1836년에는 의회가 우편물 수사기관에게 보수를 지불하는 권한을 우정장관에게 부여하였다. 1861년에 의회는 미국 법무장관에게 반미국 범죄수사비 지출을 승인하였고, 1842년부터 1865년에 걸쳐서 위조방지법규에 의거 미국비밀경찰(United States Secret)의 발족을 보았다.

1868년에는 국세청에 25명의 형사채용을 승인하였고, 1882년과 1886년 간에 불법이주와 밀수문제를 다루는 국경순찰대(Border Patrol)를 세관산하에 설치하였으며, 1870년에는 남북전쟁 후의 재건문제로 법무부를 창설하였다.

1909년에는 부패한 과일, 채소, 식물의 주간 수송 통제와 함께 마약 단속을 실시하였고, 1910년에는 비도덕적 목적에 의한 여자의 주간 이동을 방지하는 백인매춘부법(White Slave Act)과 차량의 주간 이동을 다루는 자동차절도방지법을 제정하였다. 1913년에는 주류제조에 대한 전 연방적 규제를 채택하였고, 1915년에는 마약단속업무를 국세청으로 이관하였으며, 1918년에는 주류제조판매를 규제하는 법률을 제정하였다.

1924년에는 법무부에 연방수사국(FBI)을 조직하였다.[36] FBI는 일찍이 1908년 의회의 반대에도 불구하고 루즈벨트 대통령의 행정명령으로 설치되어 후버(Hoover)의 영도 아래 '이미 알려진 파괴범을 수사하고 은행 강도나 도난 차량을 찾는 일'에만 몰두하였다. FBI는 계속 확대되어 1935년에는 경찰대학을 설치하였고, 1970년 말 이후로는 화이트칼라범죄와 조직범죄에도 적극적으로 대처하고 있다.[37]

(3) 주경찰

인구가 늘어나고 시와 군의 수가 증가함에 따라 경찰의 문제도 급증하였다.

군 치안관이나 보안관 중에 자격이 없거나 정직하지 못한 자가 나타났고, 이들은 주법의 중대한 위반을 마구 묵인 또는 방관하였다. 범인들은 범죄조직을 주 전역에 펴고 각지로 출몰하면서 읍과 촌락을 습격하는 까닭에 지방경찰로서는 이에 대처할 수가 없었다. 그리하여 최초로 탄생한 주경찰이 1835년에 조직된 텍사스 기마 경찰대이며, 소도둑과 범법자, 인디안, 국경을 넘어오는 멕시코 약탈자들의 문제를 처리하였다.

---

36) 정진환, "미국경찰론", 양영각, 1994, p.40.

37) 정진환, "비교경찰제도", 학문사, 1996, p.139.

1865년에 매사추세츠주가 범죄 진압의 책임을 지는 주보안대(state constable)를 조직하였고, 1902년에는 코네티컷주가 범죄지역에서의 주법 집행을 위하여 특별수사대를 설치하였다. 그리고 1905년 경에 펜실베니아주가 주 전역에 걸친 탄광파업으로 민심이 불안할 때 파업억제를 위하여 주경찰을 창설하였는데, 이는 미국 경찰사상 이른바 최초의 근대적 주경찰조직이었다.

그 이유는 그 설립이 최초부터 명확한 목적, 즉 ① 주의 일반집행력으로서 ② 탄광 기타 광산지방의 혼란한 공업상태에 대한 보안관, 치안관, 지방자치제 경찰의 무능에 대한 대처 ③ 보안관, 치안제도의 붕괴와 촌락지방의 적절한 경찰보호의 결함에 대한 보완을 목적으로 하였기 때문이다.

그 후 1917년에 뉴욕주와 미시간주, 1919년에 웨스트버지니아주, 1952년에 로드아일랜드주가 각각 근대적 경찰조직을 확립하였다. 주경찰의 기능에 있어서는 주마다 차이가 있다. 일부 주는 주 모든 지역에 대한 일반적 경찰권이 부여된 주경찰을 가지고 있고, 기타 몇몇 주는 하이웨이 패트롤만 있어 일차적으로 고속도로를 순찰하고 교통법규의 집행만을 담당하는 주경찰을 두고 있다.[38] 그리고 대다수의 주에서는 형사사건에 속하는 지문감식, 전과회보, 실험조사연구 등을 담당하는 기관으로 감식국 또는 조사국을 두고 있다.

이와 같이 모든 주경찰기관이 일반적인 경찰권을 허용받고 있는 것은 아니고 제한된 범위에 규제권을 부여받고 있을 뿐이다. 그러나 대체적으로 하는 일은 일반 순찰, 교통법규 집행, 범죄수사, 범죄연구, 훈련 등이다.[39]

(4) 자치제 경찰

1) 도시경찰

초기의 도시경찰로는 1636년에 보스턴에서 야경대를 조직하였고, 1658년에는 뉴욕에서 딱딱이 야경대(rattle watch)를 조직하였으며, 1700년에는 필라델피아에서 야경대를 조직하였다.

1833년에 비로소 주간 유급경찰이 출현하였다. 이 해에 필라델피아시 조례는 시장이 임명하는 경찰관(captain) 휘하에 23명의 주간근무 경찰관과 120명의 야간근무 경찰관을 두도록 규정하였고, 1848년에는 주간근무를 전담하는 경찰관을 34명

---

38) 미국 국제경찰협회(IACP)에 의하면 주경찰만 가진 주가 23개 주, 하이웨이 패트롤만 가진 주가 25개 주이다. 다만, 상당한 다양성이 있어 노동분쟁에 대한 사법권 제한, 도시에 대한 법집행권 제한이 있는 곳도 있다.

39) 정진환, 앞의 책, p.136.

으로 늘리고 야경대를 분리하여 옛날 형태로 재건하였다.

보스턴시는 1838년에야 6명으로 구성되는 주간근무 경찰관을 창설하였고, 그 후 야간근무자 8명을 포함한 30명으로 증강되었으며 1850년에 와서야 주·야간 근무 경찰을 통합하였다. 1845년에 뉴욕시가 시경찰을 조직하자, 이를 따라 1851년에는 시카고시, 1852년에는 뉴올리언즈시와 신시내티시, 1857년에는 볼티모어시, 1864년에는 프로비던스시가 시경찰을 조직하였다. 이것이 미국 근대 경찰의 출발이라 할 수 있다.

1855년에 이르러 일부 시에서는 경찰관이 제모를 착용하였으나, 완전한 경찰제복은 출현하지 못하였다. 뉴욕시경은 경찰관에게 근무할 때에 메달을 상의 안쪽 목에 걸게 했고, 1856년에는 완전한 제복을 갖추어 각 구마다 독자적인 복식을 채택하게 하였다.

필라델피아시에서는 경찰휘장을 상의 외부에 패용토록 하였다가 신랄한 반대에 봉착했으며, 1860년에 와서야 완전한 제복을 채택하였다.[40)]

도시경찰은 미국 경찰제도에 있어서 가장 크고 중요한 요소이다. 전 경찰관의 3/4을 차지하며 Police는 곧 도시 거리를 순찰하는 경찰관을 나타내게 되었다. 항상 뉴욕 같은 대도시 경찰이 경찰 뉴스의 중심이 된다.[41)]

2) 도시 외 경찰

식민지 초기 동부 연안에 정착한 영국인들은 상호간의 필요에 따라 결속하였으며, 모국의 야경제도와 군경비제도를 모방하여 대부분의 식민지소읍에서는 16세 이상의 건강한 남자에게 무보수로 야간경비에 근무할 의무를 부과하였다. 이와 같은 야경제도는 1800년 경까지 대부분의 소읍에서 실시되었고, 농업적 성향이 깊은 남부지역에서는 지역이 군으로 성장함에 따라 법집행상 보안관 방식을 택하게 되었다.

서부에서는 일찍이 보안관(sheriff) 제도가 발생하여 서부 개척의 진전에 따라 군 보안관(town marshal), 철도왕, 가축왕과 함께 4인의 영웅 중에 한 사람으로 등장하였다. 당시의 보안관은 그 지방의 명예를 자랑하는 지방명사가 임명되었고, 이들은 개인적으로는 능동적 법집행관으로서의 지위를 확보하였으며, 일반적으로 가축 도적이나 흉악자의 추적자로 알려져 있었다.

---

40) Germann, Day & Gallati, 앞의 책, pp.64~66.

41) 1990년 기준 대도시 경찰관은 뉴욕 24,000, 시카고 13,000, 필라델피아 8,200, L. A 7,000명이다. U. S Department of Justice, "FBI Uniform Crime Reports", U. S. Government Printing Pffice, 1990, pp.230~313. 정진환, 앞의 책 인용.

한편, 중부의 읍에서는 치안관이 설치되었고, 군 보안관과 같이 보편적 지위를 확보하고 있었다. 그 후 19세기 도시경찰의 출현으로 이들의 경찰관으로서의 권위와 인망은 사라지게 됨으로써 오늘날 도시 이외, 즉 읍·군의 보안관과 치안관의 대부분은 조직적 도시경찰에 밀려 구형으로 존속하고 있다.

오늘날 이 구형의 도시 외 경찰, 즉 보안관과 치안관이 미국 경찰제도의 일익으로서 존속하고 있는 최대의 이유는 이 나라의 정치이념이 지방자치제도와 지방자치정신에 근거를 두고 있기 때문이다.

5. 일본 경찰

(1) 일본 경찰제도의 특징

일본 경찰제도는 처음에 대륙형이었으나 2차대전 후에는 대륙형과 영미형의 절충형태를 띠고 있다. 특히, 1954년에 신 경찰법 제정으로 정착된 경찰제도는 성공적인 것으로 평가받고 있으므로, 우리 경찰제도 개편 시에는 언제나 거론되고 있다. 그 대표적인 예로 경찰이 1차적 수사기관이며 현재 거론되는 지방경찰도 마찬가지다. 아울러 일본경찰관은 단순히 범인을 체포하고 범죄를 예방하는 법률집행 기술자로서만이 아니라 사회에서 모범적인 행동을 솔선하는 윤리교사로서의 기능을 수행하도록 요구되고 있다.

이러한 경찰제도는 이웃 중심의 지·파출소 운영에서 볼 수 있는데, 지역사회에 대한 경찰의 침투력이 미국에 비해 훨씬 강하다. 교통경찰관의 경고와 훈시가 스티커 발부보다 훨씬 많은 것도 같은 이유다. 순찰경찰관의 태도는 군인처럼 과시하는 권위가 아니라, 법률적으로는 최소한의, 그러나 도덕적으로는 최대한의 권위를 지키려는 모범적인 시민 자세다.[42)]

(2) 근대 경찰제도의 도입

1871년에 부현병제(府縣兵制)를 폐지하고, 이에 대신하는 것으로서 나졸이 설치되었다. 나졸은 3척 정도의 곤봉을 휴대하였고, 도쿄직할시(東京府)에 3,000명의 나졸을 두어 관내의 치안유지를 담당시켰으며 나졸 총장에는 가와지(川路利良)가 임명되었다.

1872년 도쿄직할시에 속했던 경찰권에 대해 법무부 경찰국을 신설·이관, 전국의 경찰업무를 통할하게 하였다. 1873년에 1년 간의 유럽 경찰제도 시찰·연구를 마치

42) 위의 책, pp.234~239.

고 귀국한 가와지의 건의에 따라 동년 11월에는 내무부를 설치하고, 1874년 1월에 법무부 경찰국을 내무부로 이관하였다.

1874년에 수도경찰인 도쿄경시청이 설치되고, 가와지가 청장에 임명되었으며, 동년 2월에는 나졸의 명칭을 순경(순사)이란 근대적 명칭으로 통일했다. 초창기의 경찰관 수는 3,000명이었으나 곧 6,000명으로 증원되었다.

1877년에 서남전쟁으로 도쿄경시청을 폐지, 내무부 경찰국에 병합하였다가 1881년에는 다시 독립시켰다. 도쿄경시청은 도쿄부의 경찰사무를 장리(掌理)하고 소방대 및 감옥을 관할한다. 전국적으로 일반경찰, 정치경찰, 출판경찰, 영업경찰, 교통경찰, 건축경찰, 위생경찰, 사법경찰, 풍속경찰 등을 포괄하는 국을 두었다. 그 산하에 경찰서와 감옥서 등의 부서를 설치하여 업무를 감리하고 청장을 경시총감이라 부르도록 하였다.

1886년에 관제의 대개혁으로 내무부는 중앙경찰관청으로서 전국행정경찰업무를 담당하였다. 그리고 그 주관업무의 집행을 위하여 대신관방 외에 총무국, 지방국, 경찰국, 토목국, 위생국 등 8국 25과를 두었으며, 이 중 경찰국에는 경무, 보안, 감옥 3개과를 두었다. 이에 경찰국은 일체의 경찰작용 이외에 널리 권력행사를 내용으로 하는 행정작용을 집중적으로 담당하였다.

지방경찰제도는 1875년에 새로 직할시도 직제 및 사무분장규정을 공포하여 직할시·도(부현)에 6과를 두고 그 중 제4과인 경찰과로 하여금 경찰직무를 담당케 하였다. 1880년에는 위의 경찰과를 경찰실(경찰본서)로 개칭하고, 경찰실장(경찰본서장)을 두었다.

1886년에 부현지사에게 부현경찰을 통할하는 권한을 부여하는 한편, 경찰실을 경찰본부로 개칭했다. 그 후 1890년에는 경찰본부를 경찰부로 개칭하고 부현지사의 지휘 감독하에 경찰부장으로서 지방경찰직무를 담당케 하였다.[43)]

(3) 현대 경찰제도의 도입

1945년에 일본의 패망과 함께 일본의 경찰제도는 획기적으로 변했다. 일본은 도시경찰의 권위자인 발렌타인(Lawis J. Valentine) 뉴욕시 경찰국장을 단장으로 하는 도시경찰개혁기획단과 미시간주 경찰국장을 위원장으로 하는 오스카 지방경찰기획위원회를 초빙, 경찰제도 개혁을 위한 조사를 시작하였다.

한편, 1946년 10월 내무부에 경찰제도심의회를 설치하고 1947년 4월 다시 내각에 사법·경찰제도개혁위원회를 설치, 경찰제도의 분권화와 중앙경찰기구의 형태, 사법

43) 경찰대학, "경찰학개론", 1996, pp.86~89.

제도의 개혁문제 등을 검토하였다. 또한, 맥아더(D. MacArthur)에 의한 일본경찰의 개혁방침에 의거, 내무부에서 경찰개혁요강을 작성하여 이를 검토 연구, 1947년 12월에는 양원의 의결을 거쳐 미국체제의 민주적 경찰법인 소위 구경찰법을 제정·공포하였다. 그 특징은 경찰의 민주적 관리기구로서의 공안위원회제도의 채용과 시·읍·면 자치체경찰의 창설에 있으며, 이는 종래의 제도를 근본적으로 개혁한 것이었다.

그러나 경찰의 조직이 국가지방경찰과 1,600여의 지방자치체 경찰로 세분화됨으로써 국가비상사태의 경우를 제외하고는 중앙정부로부터 독립한 완전 자치체 경찰이 되었다. 이는, 경찰활동의 능률적 운영을 저해하고 기능상 많은 결함을 초래하였을 뿐만 아니라, 조직의 복잡화와 중복으로 비경제적 제도로 인식되었다.

그리하여 1954년에 구경찰법을 전면개정, 소위 신경찰법을 제정 공포하였다. 신경찰법은 중앙의 경찰조직은 그대로 국가공안위원회의 관리하에 두고, 지방의 경찰조직은 도도부현 단위로 각 도도부현공안위원회의 관리하에 두었다.

국가적 성격이 너무 강한 국가지방경찰과 완전자치체 성격으로 국가적 성격이 부족한 시정촌 자치체경찰제도를 폐지하고 능률화의 요청에 의하여 경찰운영의 단위를 도도부현으로 하여 경찰의 조직을 도도부현경찰로 일원화하였으며 아울러 공안위원회제도의 운영에 있어 경찰의 정치적 중립을 확보함과 동시에 국가치안책임도 명확히 하였다.

또한, 지방자치의 정신을 존중하여 도도부현경찰의 성격을 자치체 경찰로 지속하면서도 국가적 요청에 응할 수 있도록 국가적 성격을 필요한 범위 내에서 부여하고 있다.[44)]

이와 같이 일본의 현대 경찰은 정치적으로 독립된 국가공안위원회와 지방 도도부현공안위원회의 관리하에 자치체와 국가 전체의 치안을 수호하는 양면이 병존하고 있다.

경찰기관의 1차적 수사권은 이때에 확고히 정착되었다. 2차대전 전 검찰제도는 원래 프랑스와 같이 법원에 소속되다가 나중에 절대권을 행사하였으나, 패전 후에 분리되면서 수사권은 경찰로 넘기고 공소권은 여전히 검찰이 독점하고 있다.[45)]

---

44) 大津英男, "警察行政", 良書普及會, 1958, pp.24~26.

45) 한국형사정책연구원, 앞의 책, pp.138~139.

제 3 절 우리나라의 경찰제도

1. 역사관 개관

우리나라에서도 고대사회의 법속관계 문헌을 통하여 당시 경찰관련제도를 엿볼 수 있다. 부족국가, 삼국, 고려, 조선시대를 일관하여 우리민족을 형성하여 온 생활 속에서 이를 규율하는 전문 경찰제도가 탄생되어 온 것이 사실이다.

그러나 동양의 경찰개념은 삼권분립이 이뤄지고 법치주의가 시행되는 서양의 개념과는 상치된 것이 많고, 질서행정뿐만 아니라 모든 행정을 포괄하는 개념이며 더 크게는 군제와 법제까지 함께 고찰해야 할 경우가 많다.

더욱이 갑오개혁 후의 과도기를 거쳐 현대 경찰제도가 타율적으로 이식되는 과정에서 현대 경찰이 지향하고자 하는 경찰이념이 합리적으로 구현될 수 있는 제도로 정착되고 있는지 재음미해 볼 필요가 있다. 현재의 경찰제도는 미군정기 때에 모태가 생겼으나, 일본과는 달리, 자치경찰 설치와 경찰수사권의 독자성이 미진한 상태로 건국을 맞게 되었다.

이러한 미비점은 건국 60주년이 넘는 지금까지도 숙제로 남아 있다. 다만, 처음의 내무부 치안국에서 치안본부로, 또 치안본부에서 경찰청으로 바뀌면서 경찰의 독자성을 조금씩 찾아가고 있다.

우리 경찰제도의 역사적 변천을 그려보면 표 2-1과 같다.

2. 시대적 구분

(1) 한국경찰제도의 시대적 구분에 관하여는 정설이 아직 없다.

치안국 발행의 "한국경찰사"는 ① 고대 ② 고려 ③ 조선 ④ 한말 ⑤ 임시정부 ⑥ 미군정으로 나누고, 대한민국 경찰도 ① 건국경찰 ② 구국경찰 ③ 휴전 후 ④ 호국경찰 ⑤ 제3공화국 ⑥ 10월 유신 등으로 나누고 있다.[46)]

46) 치안국 발행의 "한국경찰사"는 1972년과 1973년에 발간되었고, 이어 치안본부 발행이 1985년, 경찰청 발행이 1994년이었다. 여기서는 이를 한국경찰사 Ⅰ, Ⅱ, Ⅲ, Ⅳ로 구분하기로 한다.

표 2-1 경찰제도의 변천

시 대		경 찰 제 도		관련 사항
년대	구분	중앙제도	중요 내용	
고대	고조선	왕－대부, 박사	8조금법－60조금법	살인·상해·도둑
	부여	왕－귀족회의체	형사처수	살인·일책십이법·간음
	옥저·동예	거사	책화	살인·도둑
	삼한	진왕－신지	소도	
	고구려	대대로, 태대형, 태대사자	장사·사마·참군	감옥이 없고 제가회의 결정
	백제	법부, 사구부	5부 5방－군, 성	3배 배상
	신라	병부·사정부·좌우이방부	주(총관)－군(태수)－현(령) 9서당－10정	감옥 설치, 화랑제도
	발해	지부·예부		당제도
고려(918~)		형부·병부 순군부 내군부 금오위 가구소 야별초 금화원	5도·양계－주·부·군·현 사병, 촌장 현위, 순관 지방별초 사록, 법조	기인·사심관제도 도방, 홀치
조선(1392~)		의정부·비변사－형사·병조 순군만호부(~1452)－의금부 포도청(성종－중종~) 수성금화사, 사산참군	한성부－5부(형방·병방) 관찰사－수령(형방·병방) 겸임토포사 찰방(39)	경제소·유향소 암행어사 5가통
1894	갑오 (고종 31)	경무청 (내무아문)		개항청 감리서 －경무관을 두고 경무청에 소속
1895	을미	경무청 (내부지방국)	• 부－관찰사 한성부 : 관찰사1, 참사관1, 주사 약간 22부 : 위 외, 경무관1 경무관보1, 총순2 이하 • 군－군수 궁내경무서	개항청 감리서 폐지 －관찰사 지휘
1896	건양 1 (대한제국)		13도 조정 : 총순 2, 순검 30 이하 등 개항장경무서 별도 설치(4) 부·목·군 : 순교 배치	개항장 감리서 복구 임시헌병대 －전선 수비 임무 －군정경찰
1900	광무 4	경부	경무감독소(한성부) : 3개 경무분서 설치	
1901			함경북도 변계경무소 경위원(궁내경무서 후신)	

시 대		경 찰 제 도		관련 사항
년대	구분	중앙제도	중요 내용	
1902	광무 6	대경무청	내부대신과 법부대신의 지휘만 받고, 지방관찰사에 훈령·지령을 발함	한국주답헌병대(개청)
1903			구토영제 부활	
1904	광무 8			군정경찰
1905	광무 9	소경무청 (내부경무국)	수도경찰로 환원 각 도 : 경무관 1 둠	고문경찰
1906	광무 10		1도 1경무서 : 13경무서 – 26분서 – 299 분파소	통감부, 헌병경찰, 12개 이사청 설치
1907	융희 1	경시청	경시청 : 한성5부 외 황궁·경기 포함 도 : 경찰부 – 경찰서 – 순사주재소	13개째 이사청
1910	융희 4(한일합병) (총독부)	경무총감부	도 : 경무부 – 경찰서·헌병분대	6월, 한국경찰권 상실 통감부 이관
1919	 민국 1 (임시정부)	경무국 경무국(내무부)	제3부(경무부) 분국 연통제	보통경찰
1944	민국 26	경무과(내무부)	경위대	
1945	해방 (군정청)	경무국		
1946		경무부	경무총감부·관구경찰청	소방부 창립
1947		중앙경찰위원회	관구경찰청 평의회 – 구경찰위원회	
1948	대한민국 건국	치안국(내무부)	지방경찰국 – 경찰서·소방서 철도경찰	
1950	한국전쟁		서남지구전투경찰대 경찰기동대 해양경찰대·경찰항공대	철도경비대 해체
1960	4·19 혁명			경찰관 숙청
1961	5·16 쿠데타		전투경찰 순경제도 국토건설단·향토예비군	
1975		치안본부(내무부)	의무경찰제도 용역경비제도·청원경찰 경찰대학	소방본부 이관
1991		경찰청(내무부) 경찰위원회(내무부)	지방경찰청 시·도 치안행정협의회	1996 해양경찰청 외청 독립(현 해양수산부 소속)
2004		경찰청(행정자치부)	경찰위원회 : 1차장, 5관, 6국, 1심의관, 9담당관, 25과	순찰지구대(치안센터) 특수파출소 설치
2006			제주자치경찰 운용	
2013		경찰청(안전행정부)		

경찰대학 발행의 "한국경찰사"는 한국경찰의 역사적 배경으로 ① 원시사회와 부족국가 ② 삼국 ③ 고려 ④ 조선 ⑤ 한말로 나누고, 대한민국 경찰도 ① 임시정부 ② 미군정 ③ 건국경찰 ④ 구국경찰 ⑤ 제2공화국 ⑥ 제3공화국 ⑦ 제4공화국으로 나눈다.

이에 반해, 최근 경찰청의 "경찰 50년사"에서는 ① 경무부 ② 치안국 ③ 치안본부 ④ 경찰청으로 나누는데, 이는 제도사적으로 구분한 것이다.

한편, 1955년의 "한국경찰제도사(현규병)"는 ① 원시사회와 부족국가 ② 삼국 ③ 고려 ④ 이조 ⑤ 근대경찰 ⑥ 군정경찰로 나누고 있고, 1976년의 "한국경찰행정사(서기영)"는 대체로 ① 근대 이전 ② 갑오개혁 후 ③ 일정하 ④ 미군정하 ⑤ 국립경찰로 구분하고 있다. 그 밖에도 1979년의 "한국경찰사(이현희)"는 일제하 경찰과 미군정하 경찰을 부각하고 있으며, 최근의 "경찰행정론(정진환)"은 고대, 중세, 근대, 현대 경찰로 구분하면서 근대에 영·정조 시대와 갑오개혁 후 한말까지를 넣기도 한다.

(2) 이 책에서는 경찰제도가 그 시대의 이념이 구현되어야 함을 전제로 할 때에 조선시대까지의 전통 경찰제도를 '근대 이전 경찰제도'로 고찰하고, 민주주의 원리에 입각한 서구경찰제도가 비록 타율적이지만 영입·정착되는 한말·일제하·임시정부·미군정까지를 '근대 경찰제도'로 본다.

특히, 한말 경찰제도를 구분함에 시기적·연호적 구분 대신으로 경무청이나 경부(警部) 등의 제도적 구분을 선택했다. 일제하 경찰을 빼고 우리 경찰을 논할 수는 없는 것이므로 당연히 이를 추가했다.

마지막으로 '현대 경찰제도'는 현재의 주권국가로서 자율적인 현대 경찰을 지향하는 현 제도를 다루었다.

그 구분도 시대적·정권적 차원이 아닌 제도적 차원에서 치안국, 치안본부, 경찰청 시대로 나눴다.

3. 경찰제도의 방향

(1) 중립성과 독자성

① 경찰업무의 독자성은 다른 행정·사법 업무와의 혼동으로 저해되고 있다. 이는, 전통적으로 무소불위의 경찰권 행사에도 원인이 있지만, 경찰제도가 자율성을 보장받지 못한 데에 더 큰 원인이 있다. 물론, 경찰행정 영역의 복잡성과 다양성 및 현대 행정 영역의 상호관련성 증가는 경찰업무집행과정에서 경찰조직과 다른 행정기관과의 유기적 연관성의 필요를 증가시키고 있다.

그런데 경찰업무집행의 자율성 확보의 문제점은, 경찰조직이 외부의 다양한 경찰관련 행정기관과의 업무 한계가 명확하지 못하여 중복적이며 과다한 지휘·감독·통제로 효율적인 경찰업무수행에 지장을 초래함으로써 경찰의 정치적 중립성 및 지휘체계의 단일화에 제약요인으로 작용하고 있다는 점이다.

경찰업무의 특수성인 돌발성·시급성·직접성·위험성 및 경찰조직의 거대화는 경찰조직 내의 지휘 단일화와 체계의 통일성을 요구하는데, 경찰조직에 대한 외부기관의 지휘·통제체계의 다원화는 경찰지휘부의 통제력 약화를 초래하여 효율적이고 중립적인 경찰업무수행에 지장을 주고 있다. 그리고 경찰업무수행의 자율성 저해는 경찰의 주인의식 결핍을 초래하여 업무집행의 무력증 및 사기저하의 요인이 되고, 나아가 국민 권익보호에 역행하는 결과를 초래한다.

경찰업무수행에 대한 지휘·감독기관, 지휘·감독업무내용 및 근거법규는 표 2-2와 같다.[47]

표 2-2 대경찰 지휘·감독기관과 대상업무

지휘·감독기관	대 상 업 무	근 거 법 령
검찰청 (법무부)	• 수사업무 전반 −수사의 지휘·통제 • 구속 장소 감찰	• 형사소송법 • 검찰청법 • 검사의 사법경찰 관리에 대한 수사지휘 및 사법경찰관리의 수사준칙
국가정보원	• 정보 및 보안업무의 기획·조정	• 국가정보원법 • 정보 및 보안업무 기획·조정 규정
대통령경호실	• 경호안전대책 활동(경호·경비업무) −행사참가자 신원조사 및 위해인물 감시 −입국체류자 동태 파악 −행사장 및 행차로 주변 경비	• 대통령경호실법 • 대통령경호안전위원회 규정
통합방위본부 (국방부)	• 대 비정규전시 작전 통제권	• 통합방위법 • 대통령 훈령 28호(1967. 12.15)
해군함대사(국방부)	• 해양경찰청에 대한 행정 및 함정 통제	• 통합방위법 • 대통령 훈령 28호(1967. 12.15)

② 경찰조직의 독자성은 경찰법 제정으로 어느 정도 정립되었지만, 경찰업무의 독자성은 경찰작용법의 미제정으로 아직 정립되지 않았다. 따라서, 경찰법 개정과 경찰작용법 제정이 논의되고 있다.

---

47) 이상안, 앞의 책, p.246.

(2) 자치경찰과의 조화

① 국립경찰에 익숙해진 현 경찰제도에서 자치경찰은 생소한 관념성을 가지나, 지방자치는 당연히 자치경찰개념을 갖게 된다.

② 최근 자치경찰 도입에 대한 찬반 논쟁이 활발하나, 종국적으로는 자치경찰이 도입될 것으로 본다. 2006년부터 제주 자치경찰이 운용되고 있다. 그 방법이나 범위 및 활용에 대하여 적정선을 찾아 국가경찰과의 조화를 이루도록 하여야 할 것이다.

(3) 수사권의 독자성

① 국민의 권리와 의무에 직접 영향을 미치는 것이 국가사법의 수사권이다. 지금까지 검찰의 지휘를 받아 경찰이 수사를 진행함으로써, 경찰의 독자적 수사권이 미비해 그 폐해가 많았다. 따라서, 어느 정도 경찰수사권의 독자성을 인정해야 한다는 논의가 많다.

② 외국 제도, 특히 일본의 제도를 인용하지 않더라도 인권 보장, 권력배분과 당사자 대등소송구조, 법집행경제와 수사의 규모경제를 적용하여 합리적 조정이 필요하다.

제2부 근대 이전 경찰제도

제 3 장 고대국가의 경찰제도

제 1 절 부족국가의 경찰

1. 전통적 입장

석기시대를 거쳐 금석병용시대, 나아가 철기시대에 들어 농업의 급속한 발전과 함께 인구의 증가로 원시씨족사회는 소멸되고 국가가 형성되었다. 특히, 한민족은 주변에 있는 여러 민족의 자극을 받아 그 붕괴과정이 급속히 진행되어 부족국가를 이룩하게 되었다. 그리하여 고조선을 선두로 남북 부족국가가 생겨났다.

부족국가 경찰의 특징은 ① 군사 조직과 같이 담당하며 ② 살상이나 도둑에 대한 어느 정도의 경찰이 있었으며 ③ 개인의 법익을 보호하는 민생·풍속이 위주가 된다고 할 수 있다.[1]

2. 고조선

한국사에서 국가의 기원과 형성문제는 고조선에서 시발을 찾을 수 있다. 고조선이 국가로서 출발한 시점은 연(燕)과의 관련성 등을 감안할 때에 기원전 4~3세기를 전후한 시기로 짐작되는데, 국가적 정치조직체의 편린을 엿볼 수 있는 자료로서 다음과 같은 것을 지적할 수 있다. 우선, 조선후라는 최고의 정치적 존재가 왕을 자칭하였으며 그 신하로서 대부라는 존재가 나타나고 있다.

또한, 준왕은 위만이 망명하여 오자 그를 박사로 임명하여 백 리의 땅을 주고 서쪽 변경을 지키게 하였다. 따라서, 고조선사회의 통치체계는 왕을 정점으로 하여 왕의 명령을 받고 조언하는 중앙행정관리로서 대부가 있었으며, 지방 통치를 대행하는 존재로서 박사가 있었음을 알 수 있다.

1) 김형중, "한국고대경찰사", 수서원, 1991, pp.37~51.

그러므로 위만이 망명하기까지 고조선사회의 통치구조는 왕과 중앙의 대부, 왕과 지방의 박사 등으로 연결되어 있는 체제였다고 볼 수 있다. 또한, 진승(陳勝)의 난 이후 고조선이 중국의 수만 명에 달하는 피난민을 무리없이 수용하고 있는 사실을 통하여 상당히 규모가 큰 통치구조를 갖추고 있었음을 짐작할 수 있다.

위만조선의 경우는 일찍이 중국과의 교류가 있어 왔기 때문에 위만조선 지역에 대한 인구수에 대해서는 비교적 정확하다고 볼 수 있다. 위만조선 지역은 낙랑군 지역과 거의 일치하므로 낙랑군의 인구수와 위만조선의 인구수는 큰 차이가 없을 것으로 보아도 좋을 것이다.

「한서」〈지리지〉에서는 낙랑군이 25현 62.812호로 406,748명이라고 하였고, 「후한서」에서는 18성 61,492호 257,050명이라 하였다. 이러한 자료를 종합하면 위만조선의 인구는 25~30만 명 정도가 되었던 것으로 볼 수 있다. 한사군 중 요동군과 현도군 등은 아마도 위만조선 주위의 여러 소국을 포괄한 것으로 여겨진다.

약 30만 명 정도로 추정되는 인구를 가진 고조선 사회는 매우 복잡하였을 것이며, 법의 존재는 이러한 사회조직의 단면을 보여주는 유력한 증거가 된다. 「한서」〈지리지〉에 따르면 고조선에는 기자가 만든 8조금법이 있었는데,[2] 이것이 후에 한나라의 영향이 미치면서 풍속이 어지러워짐으로써 60여 조의 법령으로 확대 제정되었다고 한다.

처음에 제정되었다는 8조금법(八條禁法)은 만민법(jus gentium)적인 성격을 띤 우리 고유의 관습법이었으나[3], 위만조선의 국가형성 단계에 와서 사회가 복잡해지고 여러 법령이 제정되었을 것으로 보인다.

또한, 늘어난 법은 8조금법처럼 공동체에서 자연적으로 지켜지는 만민법이 아니라 복잡한 사회에 따른 여러 가지 인위적인 규정들로 이루어졌을 것이다. 이러한 법률을 시행하고 통제하기 위해서는 군사력과 경찰력이 합법적으로 사용되어야 한다. 이러한 법의 강제적 집행을 위한 군사력은 고고학적으로 발견되는 무기로 보아 충분히 갖추었으리라 여겨진다.[4]

3. 남북 부족국가

한사군의 동·남·북지방에는 당시 중국인이 동이(東夷)민족이라 부르던 부여, 옥저,

2) 알려진 것은 살인, 상해, 도둑 3가지다.
3) 연정열, "한국법제사", 학문사, 1996, p.10.
4) 국사편찬위원회, "한국사 4", 1997, pp.94~96.
이 책에서는 이를 기준으로 '한국사 1~34' 등으로 표시하기로 한다.

동예, 삼한 등이 있었기 때문에 한나라의 금속문화나 농경경제 등과 부단히 접촉하면서 씨족사회를 벗어나 부족국가로 발전하고 있었다.

(1) 부 여

부여에는 왕이 있었고, 그 밑에 여섯 가축으로 이름을 정한 마가·우가·저가·구가·대사자·사자 등이 있었다.

부여는 일찍이 국가체제를 형성하였으므로, 정치발전이 후진적이었던 주변사회와는 달리, 국왕이 존재하고 있었다. 부여왕은 이전 예맥사회 단계의 예성에 거처하고 있었는데, 이전에 예왕지인(濊王之印)이 있었던 것으로 보아 이 예성에 거처한 부여왕에게도 국새(國璽)가 있었을 것이다.

부여의 정치는 왕을 중심으로 하여 귀족회의체에 의해 운영되었으며, 구체적인 실무행정은 왕과 제가 밑에 동시에 속해 있는 대사자나 사자 등에 의해 처리되는 체제였다. 그리고 지방의 경우에는 왕성을 중심으로 사방의 각 지역에서 족장 출신의 제가(諸加)들이 자치적으로 휘하 읍락의 민들을 지배하고 있었으므로, 여전히 왕권에 의한 강력한 중앙집권체제를 확립하지는 못하였던 것으로 보인다.

「삼국지」〈위서 동이전〉 부여조를 보면, 부여에서는 적어도 다음과 같은 법률이 있었던 것을 알 수 있다.

① 살인자는 사형에 처하고 그 가족을 몰입하여 노비로 삼는다.
② 도둑질한 자는 그 물건의 12배를 배상한다(일책십이법).
③ 간음한 자는 사형에 처한다.

부녀자의 간음과 투기에 대해서는 더욱 증오시하여 모두 이를 극형에 처하고 그 시체를 서울 남쪽 산 위에 버려서 썩게 하였다. 다만, 그 여자의 집에서 시체를 가져가려고 할 때는 우마를 바쳐야 한다.

성정이 온후하여 평화적이었다고 하는 부여에서 이처럼 형벌이 가혹하였던 것은, 그들 공동체의 조직원리를 철저히 지키기 위해서였던 것으로 보인다. 이것은 마치 사유재산제도의 형성 초기에 도둑에 대하여 엄한 것과 같은 이치로, 피지배계급의 이익에 배치되는 새로운 제도를 창설하는 경우에 지배계급이 창출하는 보편적 사상이었다.

또한, '하나를 훔치면 12배로 갚아야 한다'는 조항은 「위서」 형벌지에 '관물을 훔친 자는 이를 5배로 갚아야 하고 사물은 10배로 갚아야 한다'는 것과 동일한 법률개념으로, 유목경제시대에 그 한계가 명백하지 못하였던 재산관념이 반영된 법속의 잔재로 생각된다.

살인과 상해에 대한 처벌은 바로 공동체의 구성원인 각 개인의 생명과 노동력을 존중한 사실을 말해 주고 있다. 특히, 부여에서는 가족제도에 관한 규정이 중시되었음이 눈에 띄는데, 투기죄에 대한 가혹한 형벌은 일부다처제 내지는 축첩제의 풍습이 상류층에서 일반적으로 행해지고 있었던 결과였다.

부여에는 이러한 법의 제재 대상이 되었던 죄인들을 감금하기 위한 감옥이 존재하였다. 감옥은 수도뿐만 아니라 전국 도처에 있었는데, 여기에는 사형수 이외의 모든 법률 위반자들이 감금되었다. 특히, 중대한 범죄자들은 국중대회인 영고 행사 때에 제가들의 합의에 따라 처형되었다.[5)]

(2) 옥저 및 동예

이 두 사회는 모두 권력의 집중을 보지 못한 미숙한 부족사회였으므로 통합된 국가조직이 발달하지 못하여 치안조직 같은 것도 보잘것없었으리라 생각되나 법속은 매우 엄했던 것 같다. 즉, 사회의 발전 면으로 보아 전면적인 후진성을 띠어 원시적인 모습을 보여주면서도, 한편 민며느리제와 같은 사유재산관념의 발생은 완만하나마 문명사회로의 이행을 말해 준다고 하겠다.

옥저와 동예는 모두 그들 사회 전체를 통할하는 왕이 없고 각 읍락마다 거사가 있을 뿐이었으며, 이들은 민간에 섞여 살고 있었다. 동예에서는 각 읍락마다 독립된 경계가 설정되어 있었는데, 이를 침범하는 경우에는 '책화(責禍)'라 하여 노비·우마 등으로 배상을 치르게 하였다. 또한 살인자는 사형에 처하였으며 도둑이 적었고 언어·법속이 고구려와 같았다.

(3) 삼 한

한강 이남 일대에는 많은 부족국가들이 산재해 있었는데, 이들은 목지국의 군장인 진왕의 지배하에 부족연맹체를 이루고 있었다. 이 지역에는 일찍부터 북쪽에서 남하 이주하는 사람들로 구성된 집단사회가 있었다. 낙랑의 한인들은 이를 진한이라 불렀으며, 그 후 한의 칭호는 점차 확대되어 진왕을 맹주로 하는 모든 소국에 대하여서도 '한'이라 일컬었다.

이리하여 후한 말에 대방군이 설치될 무렵에는 진한과 아울러 마한과 변한이라는 명칭이 나오게 되었는데, 그 중 마한은 가장 큰 나라로서 54개국이고 진한과 변한은 각각 12개국이었다.

---

5) 국사편찬위원회, 앞의 책, pp.215~217.

「삼국지」 동이전에는 주민이 거주하는 취락집단을 가리키는 것으로 국읍·읍락·소별읍 등의 용어가 사용되고 있다. 국읍은 소국의 중심되는 읍락을 뜻하며 규모가 크거나 일반 읍락과 구별되는 기능을 일부 발휘하고 있다. 소별읍은 소국의 일부로 통합되지 않고 독립된 정치집단으로 존속하고 있었던 개별 읍락을 지칭하는 것으로, 변진지역에는 동이전에 기록된 12국 이외에도 이러한 소규모의 정치집단이 많이 있었다.

그러나 국읍과 소별읍 등은 규모나 기능면에서 약간의 차이가 있다고 해도 사회적 구성이나 조직 원리면에서는 일반 읍락과 크게 다르지 않았다. 국읍 통치자가 권위를 과시하는 것은 경제적 공동활동에서 가장 크며, 집단 간의 공동방어와 함께 제천의식의 거행에 있었다.

진한의 관제를 보면 왕 밑에 3개 행정구역인 삼한이 있고, 제소별읍에는 신지에서 검측(檢側), 번예(樊濊), 살계(殺溪), 읍차(邑借) 등의 관직명을 가진 지배계급이 있었다. 이들은 모두가 부족국가의 우두머리에 대한 칭호이며, 그 중에서 '신지'가 가장 격이 높고 유력한 거사의 칭호인데, '신(神)'은 '大'의 뜻이고 '지(智)'는 직업의 칭인 '치'의 사음(寫音)으로서 '신지'는 대거사·대인의 뜻을 가지고 있다.

요컨대 진왕은 목지국의 군장으로서 그 세력이 가장 크고 주위의 많은 군장들을 통솔하고, 다른 군장들은 자위상 진왕을 맹주로 삼아 그 보호를 받는 동시에 커다란 하나의 연맹사회를 형성시켰던 것이다.

이 시대의 법속에 관하여는 기록이 거의 없어 그 내용을 알 길이 없으나, 다만 주목되는 것은 삼한사회의 제정분리 단계를 시사해 주는 소도를 통해 당시의 법속일면을 추측하게 된다. 즉, 각 국읍에는 천신을 제사하는 제사장을 두어 천관(天官)이라 하고, 또 소국에는 별읍이 있어 소도(蘇塗)라고 불렀는데 천관이 주관하는 지역이 있었다. 여기에는 큰 나무에 방울과 북을 달아 종교적 의식에 사용하였다고 한다. 이 소도에 대하여는 수목숭배나 영장설 등의 몇 가지 학설이 있는 것으로 살펴보아 아마도 신성지역이었던 것 같다. 그러므로 죄인이 그 구역 내에 들어오면 잡아가지를 못하였다. 즉, 소도는 죄인에게 있어서 일종의 치외법권지역이 되었음이 분명하다. 따라서 이를 악용하여 도둑질하는 자가 많았으리라고 추측된다.

소도와 같은 풍습은 우리나라뿐만 아니라 널리 고대사회에 공통된 것으로서 서양에서도 이와 같은 장소를 '도피소(Asile, Asylum)'라고 하였다.[6]

---

6) 국사편찬위원회, 앞의 책, pp.267~271.

제 2 절 고구려 경찰

1. 관제정비

고구려는 기원전 3세기~2세기 초 이래 여러 단계를 거쳐 국가적 성장을 이루었다. 고구려는 철기보급 이래 나(那)집단의 성장과 통합이라는 긴 연속선상에서 국가로서의 모습을 드러낸 것이다.

특히, 기원전 126년에 한의 창해군 설치 계획이 좌절된 뒤, 나집단들은 대외적 결속보다 내적인 통합을 더욱 활발히 하여 주변 요새지마다 구루(溝婁)나 홀(忽)이라고 불린 성을 축조하였는데, 여기에서 '구려(句驪)'라는 명칭이 생겨났다. 그리하여 압록강 중류지역의 주민집단은 대외적으로 예맥 혹은 예라는 일반적 명칭이 아니라 구려라는 특정한 명칭으로 불려지게 되었다.

기원전 108년에 한은 위만조선을 멸망시키고 낙랑군·진번군·임둔군을 설치한 다음, 기원전 107년에는 압록강 중류 일대에 현도군을 설치하였는데, 현도군의 여러 현 가운데 고구려현이 보인다. 이제 압록강 중류일대는 대외적으로 '구려' 내지 '고구려'라는 단일 정치사회로 인식되기에 이르렀다.

4세기 이후에 율령의 반포와 중앙집권체제의 정비는 왕권을 중심으로 귀족세력을 일원적으로 편제한 정치지배 질서를 구축해 갔으며, 이를 바탕으로 이 시기 왕권은 성왕이나 태왕이란 표현에서 엿볼 수 있듯이 어느 정도 전제적 권력을 유지하였다.

이 시기 전제적 왕권의 기반은 일단 정치체제상으로는 관료체제의 구축에서 살펴볼 수 있다. 나부체제의 해체에 따라 초기 관등제는 형계(兄系)와 사자계(使者系)를 주축으로 한 새로운 관등조직으로 정비되는데 6세기 이후 대대로·태사자 등 12등~14등으로 나타나고 있다.

이에 따라 관직의 명칭도 나타난다. 장사(長史)·사마(司馬)·참군(參軍)은 광개토왕대에 처음으로 설치된 관직이었다. 이들 관직은 중국 남북조시대에는 지방세력인 도독의 막부를 구성하는 막료였다.

그러나 고구려의 경우는 대외관계나 군사업무에 있어서 왕의 참모 역할을 한 것으로 보인다. 특히 장사는 백제·왜 등의 당시 다른 국가의 경우와 마찬가지로 주로 중국 왕조와의 외교관계를 담당하는 관직이었다.

2. 경찰제도

고구려의 국가적인 법체계, 즉 율령은 소수림왕 3년(373)에 반포되었다. 그런데 이때의 율령은 전진과의 우호적인 교류 속에서 수입된 서진의 진시령(秦始令)이 모범이 되었을 것으로 보고 있다.

「삼국지」〈동이전〉에 의하면 고구려에는 '감옥이 없고 범죄가 발생하면 제가들이 회의하여 곧바로 죽이고 그 처자는 노비로 삼는다'라고 하였다.

여기서 3세기 이전 고구려사회의 가장 기본적인 관습법의 금지조항을 재구성해 볼 수 있겠다. 살인과 도둑질, 투기, 결혼한 남녀의 사통 그리고 고조선사회의 8조금법에 보이는 상해에 관한 조항이 있었을 것으로 보인다.

그 밖에도 인륜에 관한 것과 사회나 국가에 대한 충성과 사회 구성원 간의 우의에 관한 것들이 포함되어 있었을 것이다.

그 이후 국가에 대한 충성이 강조되고 국초 이래 사유재산제를 옹호하는 관행들도 여전히 법으로 규정되고 있었다. 도둑질에 대한 10여 배의 변상이 그러하며, 우·마를 죽인 자는 노비로 삼았다는 조항에서도 확인된다. 살인이나 정조에 관한 법률도 여전히 유효하였다.

「구당서」〈고려전〉에 의하면 살인자나 겁탈자는 목이 잘리었다. 또한, 고구려는 법이 엄하여 심지어 길에 떨어진 물건도 주워 가지 않았다고 한다. 언뜻 보아서는 강력한 법치가 효과를 거두고 있는 사회상을 전하는 듯하다.

그러나 이 같은 점은 법이 엄해서라기보다는 주민 간의 긴밀한 유대로 상호간에 재산상태 등을 뻔히 아는 상황에서 흘린 물건조차 주워 가지 않는 공동체적 삶의 모습을 전해주고 있다.[7]

제 3 절 백제 경찰

1. 관제정비

백제는 기원전 1세기경에 하남 위례성에서 흥기한 고대국가이나 실질적 국가체제는 고이왕(?~286) 때에 완성되어 6좌평과 16관품을 정하였다. 일품인 6좌평은 내신좌평·내두좌평·내법좌평이 있었고, 경찰관련 부서로는 위사좌평(숙위, 군사)·조정

7) 국사편찬위원회, 앞의 책, pp.161~163.

좌평(사법, 치안)·병관좌평(지방군사)이 있었다.

백제는 근초고왕 때 북으로 대방군을 공격하여 고구려와 접하고, 남으로 마한을 완전 병합하여 지금의 전라도를 차지함으로써 강성해졌다. 그 후 성왕 때에 사비성으로 서울을 옮기면서 제도를 개편하여 22관서를 설치하였다. 즉 내관, 곧 궁내서로는 법부, 전내부, 곡부, 육부, 내경부, 외경부, 마부, 도부, 공덕부, 약부, 목부, 후궁부의 12부가 있었다. 그리고 외관, 즉 중앙정무관서로는 사군부 곧 사법부, 사관부, 사도부, 사공부, 점구부 곧 호적부, 외사부 곧 외척부, 객부 곧 외교부, 주부, 일관부 곧 천문부, 도시부 곧 시점부의 10부를 두었다.

중앙 22개관서의 각부장관에는 좌평(佐平) 밑의 관직인 달솔(達率)로서 보좌하였으며, 그 밑에 정무보좌관으로서 은솔·덕솔·한솔·내솔 등이 있었다.

지방관제는 5부5방제로 나타나는데 5부는 수도를 상부, 전부, 중부, 하부, 후부의 5개 지역으로 나눈 행정구역을 말한다. 그리고 5방이란 초기의 22담로에서 전국을 동·서·남·북·중의 5개 지역으로 구분한 것이다. 즉, 웅진시기의 담로가 사비시기에 이르러 중앙집권화되면서 방－군－성 체제로 개편, 5방성과 37군으로 확대되었다.

각 방령은 700인 이상 1,200인 이하의 군대를 통솔하였으며, 성의 내외에 거주하는 서민과 관할 소성을 관리하였다고 보나, 군(郡)에 대하여는 군사적 측면 이외에는 대등한 관계로서 중앙의 명령체계를 따랐다.[8] 이들은 군사상 임무와 동시에 경찰의 임무를 담당하고 있었는데, 평상시에는 경찰관의 임무를, 전시에는 군대로서의 임무를 담당하였던 것이다.

2. 경찰제도

삼국사기에 의하면 고구려는 소수림왕 3년 율령을 반포하였고 신라는 법흥왕 7년에 율령을 반포한 것으로 되어 있으나, 백제의 율령반포에 대해서는 언급이 없다. 고이왕 때 율령을 반포하였다는 것이 일반적인 견해였다. 하지만 국가기틀이 확립된 근초고왕 때 반포되었다고 보는 설이 유력해졌다.[9]

율령의 모법이 무엇인지는 알 수 없지만, 대체로 고구려와 비슷하여 반군·퇴군·살인자는 참하고, 뇌물받은 관리와 도둑은 3배의 배상을 물게 하며 음란한 여인은 남편집 노비로 만드는 형벌이 있었다. 한편, 지방제도가 확립됨에 따라 어느 정도 지방경찰적 성격을 가졌다고도 한다.[10]

---

8) 노중국, "백제 정치사 연구", 일지각, 1997, pp.260~262.
9) 앞의 책, pp.267~268.
10) 김형중, 앞의 책, pp.86~87.

제 4 절 신라 경찰

1. 관제 및 군제정비

신라가 고대국가로서의 집권체제를 갖춘 것은 지증왕을 거쳐 법흥왕(514~540) 때이다. 즉, 지증왕 때 군현제도가 실시되고 법흥왕 때에 중앙관제가 확립되었다.

신라의 관계(官系)는 골품제와 연관된다. 신라의 사회구조는 왕족으로서 성골과 진골, 귀족계급으로서 6두품·5두품·4두품이 있었으며, 서민계급으로는 3두품·2두품·1두품이, 최하층으로 노예가 있었다. 성골·진골의 골품제는 신라 사회질서의 근본원리가 되고 통치구조의 조직원칙이 되었으며, 또한 왕가를 정점으로 하여 신분계서를 확정짓는 제도였다.

이 골품제도에 의한 신분에 따라서 관계가 주어지고, 그 관계에 따라서 일정한 관직에 임명되었다. 그리고 이 골품과 두품은 세습되었으며 관직만은 1대에 한하였다.

관제는 17등급으로 나누어져 있었는데, 초기에 남당(南堂)에서 군신회의를 하는 제도를 탈피하여 품주제도가 시행되면서 관제에 따른 중앙조직이 형성되었다. 즉, 품주(稟主)가 집사부로 되어 그 장을 중시, 나중에는 시중(侍中)이라 불렀다. 또한 병부(兵部), 사정부, 좌·우 이방부 등이 갖춰지게 되었다. 이러한 중앙 조직은 신라가 통일되고서도 계속되었다.

지방관제는 초기에 52군·현이 있어서 5주, 2소경, 군·현제도가 확립되었다. 그리고 신라의 지방제도는 군사조직 즉, 군영·군단의 소재와 밀접한 관계를 갖고 있어서 주의 장관을 '군주(軍主)[11]'라고 불렀으며, 군사전략상 필요하면 주의 폐치나 주치소의 이동을 단행하였다. 나아가 경찰권도 주의 군주, 군·현의 성주가 그 곳에 주둔하는 군부대를 활용하였다.

이 지방제도는 문무왕 18년 경에는 당의 세력을 완전히 축출하면서부터 재편되어 신문왕 7년에 완성되었다. 그런데 그 기본은 9주, 5소경, 115군 및 201현으로 된 주·군·현제도였다.

주는 대체로 지금의 도에 해당되는 광범한 지역으로서 옛 신라 본토, 고구려고지, 백제고지에 각각 3주가 설치되었다. 그런데 주 밑에 군이 속하고, 군 밑에 현이 속

__, 정진환, "경찰행정론", 대영문화사, 1998, p.51.

11) 신라의 행정구역 중 주(州)의 행정·군정을 관장하던 장관

하여 주에는 총관(후에 도독으로 개칭)을 두고, 군에는 태수를 두었으며 현에는 영을 두어서 각각 그 영지를 관할케 하였다.

또한, 대가야의 본거지에 금관경, 백제의 옛 땅에 남원경과 거원경, 고구려의 옛 땅에 중원경과 북원경 등 5소경을 설치하였다. 이 5소경은 일종의 특별행정구역으로서 수도를 모방하여 각각 6부제를 실시하였다.

주 및 소경의 장은 모두 중앙정부로부터 파견되어 군사·사법·부역·치안을 겸하였다. 그러나 군사 및 치안에 관한 실무는 장사(長史, 일명 사마, 각 1인)가, 사법 및 사법경찰에 관해서는 외사정(外司正)이 지휘 또는 집행하였다.

그리고 군태수와 현령은 대개 토호 중에서 임명되었다. 또한 국경을 이루게 된 대동강 이남의 지역을 다스리던 특수관청으로 패강진전(浿江鎭典)을 두었는데, 이 곳의 최고책임자로 두상대감을 두어 군사·경비·사법·부역 및 조세 등을 담당케 하였다.

통일 후에는 군제도 개편하여 중앙의 9서당과 지방의 10정으로 조정된다. 9서당은 군왕직할부대로서, 신라인 3, 고구려인 3, 백제인 2, 말갈인 1의 비율로 서당을 이뤘다. 10정은 9주의 지방제도 개편과 더불어 개편되었다.

2. 경찰제도

신라의 경찰제도는 군사제도로 설명될 수 있다. 통일 이전 신라군은 밖으로는 여·제 양국과의 항쟁, 안으로는 치안을 유지하는 중책을 다하였다. 통일 후에는 국경을 경비하고 여러 차례 일어난 국내 반란을 평정하였으며, 전국을 경비하여 치안을 유지하였다. 즉, 신라의 지방통치의 성격은 현저하게 군사적이었으며 치안의 대부분은 실로 군이 담당하고 있었다. 율령은 고구려를 통한 불교 전래와 더불어 법흥왕 때에 확립되었으나, 통일이 되면서 당제를 받아들여 더욱 엄격해졌다고 볼 수 있다.[12)]

초기 법령은 고구려와 백제와 유사하여 반역자는 죽이고 그 가족을 노비로 삼았으며, 감옥이 설치되어 범법자는 지체없이 투옥함으로써 국가의 기강을 엄히 하였다. 신라율은 10대 범죄 중 5역을 가장 중죄로 다루었으며, 요사한 말로 백성을 호리거나, 관리가 병을 칭하고 일을 소홀히 하거나 공물을 횡령을 했을 때는 중벌로 처단한다.[13)]

신라의 경찰제도 중 특이한 것으로 화랑제도가 있다.[14)] 그 기원은 원시공동체 사회로 볼 수 있지만, 진흥왕 때에 국가의 공인을 받아 '세속 5 계(사군이충, 임전무퇴,

12) 연정열, 앞의 책, pp.25~30.
13) 위의 책, pp.33~35.
14) 대한 경제일보사, "한국경찰의 발자취", 1989, p.48.

사친이효, 교우이신, 살생유택)'로 심신단련을 하였다. 화랑제도는 성골이나 진골 출신의 화랑과 그 밑의 낭도로 구성되는데, 화랑 한 사람이 수백의 낭도를 통솔하였다. 이들은 사교단체 및 투사단의 기능을 발휘하며 귀족군의 보충을 위해 조직된 향토예비군 역할을 하였다.

화랑도는 특히 통일이 될 때까지 서울이나 지방의 치안을 함께 담당하여 경찰의 역할을 다하였다. 통일된 후에는 장보고(張保皐)에 의한 강력한 해양경찰이 돋보인다. 즉, 청해진은 나·당·일의 해상권을 장악하여 해상왕국을 건설한 것이다.[15)]

제 5 절 발해 경찰

고구려의 유장 대조영(大祚榮)이 당의 질곡을 벗어나 동진하여 만주동부지방에서 일대세력을 형성하고 고구려의 유민과 말갈의 무리를 포섭하여 한때 해동성국(海東盛國)이라 불리웠던 나라가 발해다. 이러한 주장에 대하여 '발해는 율(栗) 말갈족인 대조영이 건국한 나라로서 말갈 각 부족과 고구려 유민을 연합한 다민족 정권'이라는 중국연변대학 연구결과도 있다.[16)]

그러나 지배층은 고구려 유민이 차지하여 통치의 기본은 당제를 중심으로 고구려 제도가 혼합되었다고 본다.[17)] 이를 알 수 있는 근거로, 발해가 망한 후에 요나라의 태종은 한족과 함께 구 발해인에 대해서도 요율(遼律)을 적용하는 속지주의를 배제하고 중국법을 따르게 했다고 한다.[18)]

발해의 관제는 「신당서」에서 보듯이 당의 3성·6부·5감·9시·위부의 제도를 그대로 모방하였으니, 경찰제도도 행정경찰은 지부(병부)에서, 사법경찰은 예부(형부)에서 각각 분장하였다. 그리고 중정대(어사대)라는 기관이 있어 중앙감찰기관의 역할을 하였다.[19)]

15) 김형중, 앞의 책, p.106
16) 최무장(편), "발해의 기원과 문화", 예문출판사, 1988, pp.55~56.
17) 연정열, 앞의 책, p.40.
18) 위의 책, p.41.
19) 현규병, "한국경찰제도사", 민주경찰연구회, p.21.

제 4 장 고려 경찰제도

제 1 절 관제 및 군제정비

1. 고려의 건국과 변천

고려 태조는 건국(918년)과 함께 원년 6월에 내린 제도개혁에 관한 조서에서 신라의 제도를 따르되 쉬운 것은 전왕, 즉 궁예왕조의 것을 따르라고 하였다. 그리하여 광종 때까지의 초기 관제는 신라와 태봉의 제도를 승계하고, 한편으로는 당의 제도를 참작하여 과도적인 관제를 이룩하였다.

그 후 6대 성종대에 이르러 중앙집권제 강화에 따라 제도를 재편성할 때, 당의 제도를 모방하여 3성·6부·9시의 중앙관제와 지방 12목을 설정하는 등 관제를 일대 개편하였다. 11대 문종조에 와서 전제·관제·병제 등 모든 제도가 완비되어 16대 예종 때까지 계속되었다.

이와 같이 고려는 건국 후 2백 년 간은 중앙집권제도의 확립과정에서 유교적인 통치기구를 정비하고 과거제도를 실시해 나감에 따라 유신(儒臣)의 지위가 높아졌다.

이에 반하여 무신의 지위는 저하되고 그들의 불만이 높아져서 드디어 무신란이 일어남으로써 무신전단의 정치가 행해지기에 이르렀다. 무신에 의한 무단전제정치는 몽고의 침입에 의하여 무너질 때까지 계속되었으며, 이 동안 국초의 3성6부 통치기구는 그대로 존속되었지만, 그 실질적인 정치운영은 중방에서 이루어지다가 정방으로 넘어가게 되었다. 그리고 여말의 정치구조는 그대로 조선조에 계승되었다.

한편, 고려율(高麗律)은 전문 501조로 된 당률을 고려 실정에 맞게끔 전문 71조로 가려 뽑아 제정하였기 때문에 당나라와 풍습이나 생활양식이 다른 고려 실정에 맞지 않는 부분이나 미흡한 부분에 대하여는 여전히 신라율이 적지 않게 보조적 구실을 하였을 것으로 보인다.

물론, 원 지배 후는 원율을 적용하다가 공민왕 이후 명률을 참작한 신정률(新定律)을 제정하였으나 조선에 이르러서야 시행되었다.[20)]

20) 연정렬, 앞의 책, p.39, pp.50~51.

2. 중앙관제

중앙관제는 최고 정무기관으로 왕 밑에 3성(중서성·문하성·상서성)을 두고, 그 밑에 실무 부서로 6부(이·호·예·병·형·공)를 두었으며, 서무분장기관으로 9시를 각각 설치하여 국가의 중요업무를 처리케 하였다.

그리고 왕명의 출납과 군기를 담당하는 중추원(후에 추밀원)을 두었는데, 이는 3성과 더불어 국가의 최고기관으로 '양부(兩府)' 또는 '재추(宰樞)'라고 하였다.

한편, 특수기관으로 국가의 중요한 격식을 결정하는 식목도감, 감찰을 맡은 어사대, 소명을 맡은 한림원, 모든 시정을 기록하는 사관(후에 춘추관), 감옥을 맡은 대리시(후에 전옥시), 시장을 단속하는 경시서, 공로와 역원을 맡은 공역서 등이 있었다.

그러나 충렬왕 이후 몽고의 영향 아래 들면서 중앙관제는 최고행정기구인 중서문하성과 상서성을 합하여 첨의부라 고치고 상서6부를 통폐합하였다. 즉, 사부·예부를 합하여 전리사로, 병부를 군박사로, 호부를 판도사로, 형부를 전법사로 고쳤다. 그리고 공부는 일시 없앴다가 뒤에 공조로 복치(復置)하였다.

또한, 추밀원은 밀도사로 개칭하고, 종래의 문무·재추신의 합의기관인 도병마사는 도평의사사로 개칭하였다. 아울러 이러한 관제 개편과 함께 그 격을 떨어뜨리고 관직명까지도 격하시켰다.

그 중에서도 병조(兵曹, 초기의 부는 공양왕 때에 조로 개칭함)는 그 임무가 무관의 인사·군사행정·의장·교통관계 등에 있었으며, 형조는 법금(法禁)·검찰·재판 등의 임무를 수행하였던 만큼 모두 경찰과 밀접한 관계에 있었다.

3. 지방관제

건국 초기에는 중앙의 통치력이 지방에까지 미칠 수가 없었으므로 지방은 지방호족들의 차지였다. 그러다가 성종 2년에 12목을 두어 중앙의 관원을 파견한 것이 지방관제의 시초였다. 그리고 동왕 14년에는 전국을 10도로 나누고, 도 밑에 주·부·군·현을 두었으며, 그 하부에 촌·향·부곡 및 소를 두었다. 그 후 현종 때에는 5도 양계로 고치고, 계에는 진이 설치되었으며, 각 도에는 안찰사를 두고 양계에서는 병마사를 두었다.

고려시대 지방관제는 양계의 병마사가 파견되었을 뿐, 나머지 직책은 중앙에서 겸임하는 곳이 많았다. 특히, 12주의 절도사는 그 후 안렴사, 안찰사, 안집사, 관찰출척사, 관찰사로 이름이 바뀌면서 조선조까지 이어져 왔다. 또한, 부·군·현의 부사, 지군사(知郡事), 현령·감무도 파견이 일정치 않아 조선조처럼 지방경찰기관의 역할

을 얼마나 하였는지 자세히는 알 수 없다.[21]

그 후로 중앙에서 지방관이 파견된 곳은 진과 일부의 현까지였고, 그 하부의 행정구역은 지방토착민인 향리가 세습적으로 다스렸다. 이들 향리는 그 지방의 조세와 부역을 담당하여 주민에 대한 절대적인 권한을 가지는 등 지방경찰기관의 역할도 맡게 되었다. 이는 태조 때부터 당시 지방에서 강성한 세력을 가졌던 성주나 장군들에게 위임통치를 한 데에서 유래하였다. 이에 대한 통제책이 기인제도(其人制度)와 사심관제도(事審官制度)다.

그런데 기인제도는 그 선상(選上)[22]의 대상이 호장에서 병창정 이하로 바뀌는 등 향리에 대한 통제의 강화라는 시각에서만 파악될 것이 아니라, 대읍 중심의 군현제 하에서 원활한 지방행정의 운영을 위해 호족의 후예였던 호장층에 대한 일정한 우대의 차원으로도 이해할 수 있다. 이는, 과거 중에서 제술업·명경업에 응시할 수 있는 향리의 신분층을 부호장 이상의 손(孫)과 부호정 이상의 자(子)로 한정시킨 것과 같은 맥락으로 풀이할 수 있다.

기인은 중앙관서에서 이속격으로 잡무에 종사하면서, 제업거인(諸業擧人)의 선거 때에 그 향의 부거자에 대한 신원조사를 맡아보는 일이라든지, 사심관 선발의 자문에 응하는 일, 당번을 나누어서 왕실을 시위하는 일 등을 수행했다. 이러한 역의 대가로서 기인전의 지급 및 동정직이 제수되었던 것이다.

그러나 고려 후기에 전국적으로 지방관 파견이 확대됨에 따라 토착 세력을 유지하던 향리의 정치·사회적 지위 하락과 더불어 기인역 또한 고역으로 변모하였다.

사심관제도는 사심관이라는 역할을 매개로 하여 본주 출신의 호족을 중앙으로 편입시킴으로써 그들이 지녔던 호족적인 성격을 해소시키는 계기가 되었던 것으로 이해할 수 있다.

사심관은 인민의 종주, 유품의 진별, 부역의 균평, 풍속의 표정 등의 기능을 갖고 있었다. 이러한 직능은 바로 지방관인 외관의 직능과 흡사하다. 따라서, 일부의 주읍에만 지방관이 파견되었던 고려 전기에 있어서 사심관이 지방통치 상에서 차지하는 비중은 자못 큰 것이었음을 알 수 있다.

외관과 사심관의 권한을 비교해 볼 때에 정치적·행정적 지배권의 상당한 부분을 외관이 장악했으며, 사심관은 이전부터 가지고 있던 많은 권한 중 사회경제적 측면에서의 권한을 유지해 갔던 것으로 볼 수 있다.[23]

21) 이현희, "한국의 역사 13", 학원출판공사, 1988, pp.186~196.
22) 고려·조선시대에 각 관아에서 지방의 관노비를 뽑아 중앙에 올리는 제도.
23) 국가편찬위원회, "한국사 13", pp.231~235.

지방제도의 가장 근간이 되는 것은 도제인데, 이는 여러 차례에 걸쳐 변천되었다. 즉, 종래의 10도는 여러 차례 폐합과 분리를 거쳐서 고려 말에 와서는 8도의 구획이 이루어졌으며, 이는 그대로 조선왕조에 계승되었다.

그러나 중앙관리가 내려오지 않은 속현이 많았기 때문에 한 명이 20개가 넘는 군현을 다스리기에는 힘이 들었다. 「동명왕편」으로 유명한 이규보가 전주의 속관으로 재직할 때에 지은 시에는 속관의 업무가 잘 표현되어 있다.[24]

고을살이 즐겁다 마오
고을살이 도리어 걱정뿐일세
관아의 뜰은 시끄럽기가 시장 같고
송사 문서는 산더미처럼 쌓여 있네
가난한 마을에도 세금을 부과하고
감옥에 가득한 죄수들이 안타깝네
입가에는 웃음 띨 날 없는데
어떻게 태평하게 놀러 다닐까
고을살이 즐겁다 마오
고을살이 걱정만 점차 새로워
성낸 얼굴로 향리를 꾸중하고
무릎 꿇고 왕의 사신에게 인사드리네
속군(屬郡)을 봄마다 순찰하고
신령한 사당에 기우제도 자주 지냈네
잠시도 한가할 때 없으니
어떻게 몸 빼낼 생각하리오.

「동국이상국집」 권9, 고을살이 즐겁다 마오.

4. 군 제

군사제도로는 중앙에 2군 6위, 지방에 주현군(州縣軍)이 있어서 주요지역과 양계에 주둔하여 국방을 담당케 하였다. 2군은 친위군으로 응양군과 용호군으로 구성되었다. 그리고 6위에는 좌우위, 신호위, 흥위위, 감문위 외에 경찰을 담당하는 금오위(金吾衛), 의장을 담당하는 천우위(千牛衛)가 있었다.

각 군과 위에는 영이 소속되었는데, 각 영은 1천 명의 정규군과 6백 명의 망군정인(예비병)으로 조직되었고 총 45령(초기에는 38령)이 있었다. 각 군과 위에는 상장군·대장군·장군·중랑장·낭장·병장·산원·위·대정 등의 계급이 있었다. 최고 합의기관으로 중방이 있었는데, 2군 6위의 상장군 8명과 대장군 8명으로 구성되었다.

---

24) 한국역사연구회, “고려시대 사람들은 어떻게 살았을까 1”, 청년사, 1997, p.188.

그리고 특수군단으로 거란의 침입에 대비하여 조직한 광군과 여진을 정벌하기 위하여 설치한 별무반이 있었다.

군제에 있어서 몽고의 영향이 더욱 현저하였는데, 개경에는 순군만호부(순마소)가 설치되어 경찰·근위의 임무를 맡게 하였고, 총관·만호·천호 등 몽고식 무관직이 부여되었으며, 홀치·속고치·팔가치 등 몽고식 숙위군사의 칭호가 사용되었다. 고려 군제는 무신란과 몽고 침략 이후 유명무실해지고 사병화되고 말았다. 그리하여 전쟁이 나면 닥치는 대로 징병하여 싸움터에 나가게 하니 어리석은 백성들만 희생되었다고 한다.[25)]

제 2 절 경찰제도

1. 중앙경찰기관

(1) 순군부 및 순군만호부

고려 건국초기에 있어서 경찰업무, 즉 국가사회의 질서 유지를 위한 권력적 행정작용을 행하던 최고경찰기관으로는 순군부가 있었다. 이는 태봉 때부터 있던 기관으로 그 관장업무는 미상이나 태조 16년에 설치하였던 병금관과 함께 병사를 관장하던 관부일 것으로 보인다.

진단학회의 한국사에 의하면 좀 더 범위를 좁혀서 순군부는 영군부로서 각 부대를 보호 혹은 순찰하고 포도(捕盜)·금란(禁亂)의 권을 장악하던 순군만호부(巡軍萬戶府)와 같은 기관이라고 보기도 한다. 즉, 순군부(循軍部)는 순군부(巡軍部)의 의미로 각 부대를 보호 순찰하며 도적을 잡고 분란을 금지하는 권한을 가졌던 것으로, 뒷날 경찰기관의 부서이던 순군만호부와 같은 것으로 보인다는 것이다.

그리고 「증보 문헌비고」에 의하면 고려 후기에 있어서 포도·금란·형옥 등의 일을 맡았던 순군만호부를 왕조 초기에 설치하였다고 할 수 있는데, 이는 순군(循軍)과 순군(巡軍)의 음이 유사하였으며, 그 임무도 비슷하였기 때문에 그렇게 혼동한 것으로 보인다.

이 순군부는 태봉에서 고려 광종에 걸쳐 있었던 중요관서이지만, 순군부 관계의 기록도 없고, 또한 광종조에 개편된 군부의 기록에도 좀처럼 보이지 않는다. 다만,

25) 〈고려사 병지〉, 이현희, 앞의 책, p.385에서 인용.

태조 원년조에 여러 곳에서 나오는데, 거기에는 순군부령에 임상필을 임명하고 순군부 낭중에 유길권을 임명한 기사와 순군부 관리의 임명 또는 전보에 관한 기사 등이 있을 뿐이다.

그리고 순군만호부는 고려가 원의 영향을 받을 때에 설치된 순찰·포도·형옥관계의 일을 맡아보던 관서이다. 그 창설은 제25대 충렬왕 초의 일로 보여지는데 「고려사」〈충렬왕 세가〉 중에는 이 관서가 모두 순마소(巡馬所)로 기록되어 있다.

이것은 아마도 업무수행의 신속을 요하는 이 관서의 관리들이 대개 말을 타고 기마경찰의 활동을 하였던 데에서 연유된 것으로 보여진다.

「고려사」에 의하면, 이 순군만호부에는 처음 관원으로 도만호·상만호·만호·부만호·진무·천호·제관 등이 있었다고 하였다. 그러나 이 역시 충렬왕의 창설 때부터 있던 것은 아니고 점차 기구의 정비·보충에 따라 완비된 것으로 보인다.

「고려사」〈충렬왕〉조의 순마소 관계기록을 보면 그 대부분이 왕명에 의하여 관원들을 순마소에 가두었다는 내용이다. 또한, 「고려사」〈열전〉에도 왕실의 명에 의하여 죄지은 자를 순마소에 가두었다는 기록이 눈에 띈다. 즉, 순마소에는 순마옥(巡馬獄)이 있었으며, 또한 순마소는 왕 또는 왕실의 명에 의하여 왕가 또는 국가중대사에 관련된 관리 등의 체포·구금 내지 신문을 그 중요 임무로 하였던 것을 알 수 있다.

그러나 순마소는 원래 순찰·포도·형옥 등의 업무를 수행하였으나, 원조에 보낼 양가녀의 선택에도 한 몫을 하는 등 점차 많은 일에 관여하게 되고, 항상 왕명에 의한 비상출동에 대비하였던 만큼 그 기구의 확장과 함께 업무도 증대되었다.

그리하여 종래 치중하던 포도·순찰·형옥 등의 일은 물론이거니와, 민간인들의 쟁투·살상과 우마의 도살 및 전지·노비 등의 일까지 처리하였던 것이 충선왕 2년부터는 전지·노비에 관련된 일은 관계하지 않게 된 것으로 보인다.

그 후 공민왕 18년(1396년)에는 순군만호부를 사평순위부로 개칭하였으나 우왕 때에 다시 순군만호부로 고쳐졌으며, 주로 포도·금란의 업무를 수행하면서 조선 초까지 존속되었다.

(2) 내군부

순군부와 함께 궁중경호의 임무를 담당하였던 부서로 내군부가 있었다. 이는 장위부, 나중에는 위위사로 바뀌었다.

위위사의 관장업무에 대해서는 단지 왕궁소용의 모든 기물을 관리하는 것이라고 하였는데, 이것은 적어도 성종 14년 관제 대개편에 따라서 위위사로 개편된 다음의 직능이며, 내군부시대는 물론 장위부로 개편되었을 때의 직능 전부를 말한 것은 아니라고 보아야 할 것이다. 그리고 뒷날 위위사가 맡았던 궁중기물 관리의 업무와 내군·장위·사위 등의 명칭으로 본다면 내군부는 왕궁경호를 담당하였던 친위군으로 볼 수 있다.

순군부와 마찬가지로 내군부는 오늘날 경찰관서와 똑같은 업무를 수행하던 경찰전담기관은 물론 아니다. 그러나 질서 유지가 군대의 힘에 의하여 이루어지고 군과 경찰이 분화되어 있지 않던 당시에 이러한 국가사회의 안녕질서유지 및 왕궁 경호의 임무를 수행하던 것으로 보이는 내군부는 중요한 중앙경찰기관이었다.

(3) 금오위

성종조의 관제 대개편 때, 군사관계의 중앙기관으로는 병부가 그대로 존속되었으며 2군 6위의 군사부서가 설치되었다. 경찰업무는 여전히 군사부서의 일이었던 만큼 종전의 순군부 혹은 내군부 관장 하에 있었던 경찰업무를 2군 6위 중의 어느 한 곳 또는 몇 부서에서 담당하였다고 본다.
2군 6위가 담당하였던 직무에 대하여는 「고려사」〈백관지〉나 〈병지〉에서도 그 언급이 없어서, 그 칭호나 연혁 등을 통하여 대강을 설명할 수밖에 없다.

먼저 「고려사」〈백관지 서반조〉를 보면 2군의 상장군·대장군은 다같이 근장상장군·근장대장군으로 호칭하며, 장군은 친종장군이라고 하고 중랑장 이하의 장교도 역시 근장이라고 불렀다고 하였다.

또한, 충선왕 때에는 용호군을 친어군으로 고친 적도 있었다. 여기에서 말하는 근장·친어·친종 등의 명칭은 모두 왕궁에 근위·친위하는 의미의 칭호라고 보아야 할 것이다. 따라서 2군은 모두 전의 내군의 임무를 대신한 왕궁경비의 군대였던 것으로 파악할 수가 있다.

한편, 좌우위·신호위·흥위위는 6위 중에서도 가장 인원이 많아서 좌우위가 13령, 신호위가 7령, 흥위위가 12령으로 총 32령이었는데, 이는 6위 45령의 3분지 2가 넘는 숫자로 중앙군의 주력부대였을 것이다.

이에 비해 금오위(金吾衛)는 후에 비순위(備巡衛)로 바뀌었던 예에서 보듯 수도 개성을 중심으로 순찰, 포도, 금란의 일을 맡았다. 구성은 정용 6령, 역령 1령 모두 7,000명으로 이뤄졌다. 이러한 금오위는 초기의 순군부와 내군부를 대신하여 궁궐과 도성의 수비, 순찰 및 내외의 포도 및 금란으로서 치안유지를 담당하였다.[26)]

26) 금오위는 한 무제 때 사용하다가 당 시대에 다시 쓴 것으로, 금오는 금혁대로 임금을 막는다

(4) 가구소

개경 내외와 왕궁을 중심으로 거리를 순찰하는 가구소(街衢所)가 있었다는 기록이 있다. 즉, 문종 30년에는 가구소에 별감을 두고 장교 2명, 나장 11명, 도전 11명, 군인 40명으로 순찰을 했다고 하며, 별도의 감옥도 두어 경찰권을 행사했다고 한다.

이 가구소는 무신란 이후에 유명무실해지고 그 대신에 사병 중심의 야별초가 그 기능을 대신했다고 보여진다.[27)]

(5) 야별초

야별초(夜別抄)는 야간에 순행하면서 도적·폭력의 금지를 목적으로 창설되었던 특별군대다.

그런데 그 설치 연대에 대하여 최우 집권 때로 되어 있지만, 그 시기에 대하여는 이론이 많다. 왜냐하면, 고종 19년 6월에 최우가 강화도 천도를 논의할 때 야별초 지유 김세충이 문을 밀고 들어가서 최우에게 강력히 항의하다가 살해되었다는 기록을 통해 야별초는 이미 그 이전에 조직되었으며 또 몽고군의 침입 당시까지는 그 기구도 어느 정도 확립되고 상당한 실력을 가졌던 것으로 짐작할 수가 있기 때문이다.

또한, 「고려사」 〈지리지〉에는 이보다 앞서 제20대 신종 5년에 동경(경주) 야별초가 난을 일으켜서 주군을 공략 겁탈하므로 군사를 보내어 토평(討平)하였다는 기사가 있는데, 이에 의하면 이때 벌써 지방에도 야별초군이 있었던 것을 알 수가 있다.

원래 별초군이란 야별초 외에도 선봉특별부대·기마특별부대를 의미하는 전봉별초나 마별초 등의 명칭도 보이는데, 이러한 야별초군이 이미 신종 5년에 동경에 있었던 것은 이 당시 동경지역에 매년 도적이 일어났으므로 정부에서는 그 토벌 진무에 주력하면서 특별히 야간순찰의 필요를 느꼈기 때문이 아닌가 보여진다.

따라서, 야별초의 처음 설치는 적어도 도적이 여러 도에서 일어나던 신종 5년 이전의 명종－신종 사이로 보아야 할 것이다.

이 야별초의 발전에 대해서는 「고려사」 병지에 보면 도적이 제도에서 일어나자 별초를 나누어 각지에 파견하여 체포케 하다가, 그 업무량이 증가함에 따라 별초군(別抄軍)의 수효도 많아져서 그 부대를 좌·우로 나누었으며, 또한 따로 몽고에 포로로 잡혔다가 돌아온 사람들로 부대를 조직하여 '신의(神義)'라 하여 삼별초가 되었다는 것인데, 이는 대몽고항쟁에 있어서 핵심부대이기도 하였다.

는 뜻도 있고, 또는 새 이름으로써 불상사나 비상사태를 막는다는 의미도 있다. 이현희, 앞의 책, pp.182~183.

27) 김형중, "한국중세경찰사", 수서원, 1998, p.137.

그러나 이 야별초 또는 삼별초는 권신의 사병으로, 혹은 반란군으로 취급되어 편성에 대한 자세한 기록이 없는 것이 유감이다. 다만, 삼별초의 도령·지유·교위 등의 직명이 「고려사」에 산견될 뿐이다.

(6) 금화원

고려 초기부터 개성과 각 지방 창고소재지에 금화원(禁火員)을 배치하였는데, 이는 소방경찰의 효시라는 점에 의의가 있다.

이 금화원제도는 문종 20년 2월에 개경의 큰 창고인 운흥창(雲興倉)의 화재를 계기로 설치되었는데, 당시 왕은 모든 창고의 일반관리 외에 방화전담 관원과 이속을 배치하도록 하였다. 그리고 이들의 근무상태를 어사대로 하여금 수시로 감독케 하여 근무결략시에 선금후문케 하였으니, 이는 당시 농경사회에서의 미곡에 대한 중요성을 감안할 때에 금화원 제도를 얼마나 중요시하였는가를 알 수 있게 한다.

2. 지방경찰기관

고려시대 지방경찰기관으로 5도의 안찰사(按察使)와 양계(兩界)의 병마사(兵馬使)가 있고 부·목·군·현에 수령이 있었으나, 아직 조선시대처럼 중앙권력이 확고히 지방에까지 정착되지 못했다.

특히 안찰사가 안찰사영과 경력사를 두고 중앙과 군·현의 중간 역할을 한 것은 문종 이후며, 경직의 겸임해제는 말기 공양왕 때에 이뤄졌다.[28] 이로 볼 때, 안찰사나 수령 등이 확립된 지방경찰기관으로 보기에는 미흡한 점이 없지 않다.

(1) 사병(司兵)과 촌장(村長)

주목이 설치되기 전인 성종 때까지는 지방의 치안행정이 거의 자치적 운영에 속하였던 만큼 경찰조직 역시 자치적인 향직 단체의 일부에 속하였다.

향직 단체의 구성은 최고책임자인 당대등과 부책임자인 대등이 있고, 그 아래에 중앙관서명을 그대로 사용한 낭중·원외랑·집사 등이 있어서 지방의 행정을 총괄하였으며, 중요한 부문인 군사·재정관계에 있어서는 역시 중앙의 관서명인 병부·창부가 있어서 그 주무관인 병부경과 창부경이 그 지방의 군사·재무에 관한 일을 책임지고 행하였다.

범죄의 방지·질서의 유지를 위하여 무력이 필요하던 당시 지방 실정에서는 병사를

28) 김형중, 앞의 책, p.119.

맡은 병부가 지방의 경찰업무를 맡았을 것은 물론이다.

따라서, 각 주·군·현의 병부경(兵部卿)은 연상·유내 등의 관원을 지휘 감독하고 각 촌의 대감·제감의 협력을 얻어서 관내의 치안을 확보하였다.

대감과 제감은 성종 6년 9월에 촌장·촌정으로 고쳤다. 촌장은 전지의 분배나 조세의 분배는 물론, 주민들의 신분의 사정이나 상벌의 시행을 주재하였다. 따라서, 촌의 질서 유지도 그의 영향력에 의거하였을 것이므로 촌장이야말로 그 지역 내에서의 경찰행정의 책임자로 볼 수가 있다. 즉, 촌 내의 경찰행정은 촌장이 주관하고 촌정이 보좌하였다.

그러나 촌의 책임자인 촌장과 촌정도 군 또는 현이라는 향직 단체의 지배를 받지 않을 수 없었다. 군·현 향직 단체의 장인 당대등 및 그 이하의 관원들과도 협조적인 관계를 가져야 했으며, 더구나 병권과 경찰권을 행사할 수 있는 병부와는 가장 긴밀한 관계를 가졌을 터이다.

그런데 성종대에 12종목을 설치하는 등 지방행정의 통제강화를 도모하면서 향직 단체의 개편도 이루어졌다. 즉, 군·현 향직 단체의 장인 당대등을 호장, 대등을 부호장, 낭중을 호정, 원외랑을 부호정, 집사를 사로 개칭하여 중앙부서와 구별하였다.

그리하여 군·현의 사병과 제촌의 촌장은 주·목의 장의 지시·감시를 받아 가면서 군사·경찰의 임무를 수행하게 되었다.

(2) 현위(縣尉)

지방경찰기관의 하나로서 현위를 수반으로 하는 위아의 설치가 있었는데, 이병도 박사는 현위를 지금의 경찰서장, 위아를 경찰서로 밝힌 바 있었다.[29)]

현종 때에 주·군·현의 대폭적인 통·폐합과 함께 방어진의 증설이 있었는데, 현을 중심으로 볼 때에 449현이 20현으로 통합되었고, 여기에 배치된 한 명의 현령이 종전의 20여 개 현지역을 통제하게 되었다.

이는 쉬운 일이 아니었으며, 더구나 거란의 잦은 침략이 있었고 또 언제 침략할지 모르는 당시의 불안·긴박한 정세에서 지방의 치안을 확보하여 국민들이 안심하고 생활할 수 있게 한다는 일은 당면한 중요 과제가 아닐 수 없었다.

이에 현종은 전국 20개 현에 현령을 배치하면서 별도로 치안관을 임명 배치하여 치안확보를 해야 할 필요성을 감안하여 현위를 배치하였을 것으로 볼 수 있다.

이러한 치안확보의 필요성과 함께 당의 군·현 제도의 도입도 중요한 이유가 될 것이다. 즉, 당시 당의 관제상 현의 관직에는 영 외에 승·위 등이 있었는데, 성종

29) 내무부 치안국, "한국경찰사 I", 1972, pp.98~101, 159~162.

이후 당의 제도에 의거하여 현이 설치되고 이때에는 미처 현위까지는 임명하지 못하다가 그 후 현종 때에 당제도인 위를 추가하여 배치하는 개편을 본 것으로 보아야 할 것이다.

「고려사」〈백관지(百官志) 외직조〉에 보면 문종 때에 지방 각 관아의 인원 및 품계를 정하면서 현에는 7품관인 영 1인과 8품관인 위 1인을 두었다는 직제상 기록이 최초로 나온다. 이에 의하면 경찰서장격인 현위의 설치는 문종대에 설치되었다고 생각할 수가 있다.

그러나 「고려사」〈문종세가〉를 보면, 문종즉위 원년 7월조에 이미 현위의 기사가 보인다. 즉, 황해도 장연현에서 문한이라는 주민이 신의 계시라 하면서 그의 부모와 누이·어린아이 등 4명을 살해하여 시장에 내다버린 사건이 발생하였는데, 이때에 형부에서는 현령 최덕원과 현위 최숭성이 선정구민(善政救民)을 잘 하지 못하여 이런 일이 생기게 되었다 하여 이들의 처벌을 상주(上奏)하여 파직케 한 기록이 있다. 이렇게 원년조에 이미 현위에 관한 기사가 나오는 것을 보면, 현위의 임명 및 품계규정은 벌써 문종조 이전에 있었다고 보아야 한다.

따라서, 이와 같은 기록과 당제도를 모방한 직제 완성시기가 현종대임을 연계시켜 볼 때, 현위의 제도는 11대 문종 때가 아닌 8대 현종 때에 설치가 시작되어 문종 전에 완성된 것으로 보아야 할 것이다.

현위의 임무는 현 내의 비행과 범죄의 방지 및 그 처리와 함께 치안이 확보되지 못한 지역의 질서 유지 임무이다.

사회혼란과 흉작 및 지방수령의 착취로 인하여 지방민들이 거처를 떠나는 현상은 고려 초기부터 나타난 일이나, 정중부란을 계기로 무신집권이 등장하여 집권층의 알력·통치질서의 문란·하극상의 풍조가 일어나면서 더욱 현저해졌다.

아울러 민중의 봉기·천민집단의 난 등이 자주 발생하고, 이로 인하여 사회질서는 극도로 혼란케 되었는데, 특히 15대 인종대부터 17대 명종대 간의 70여 년 간은 우리 역사상 가장 민란이 심했던 시기였다.

「고려사」〈명종세가〉 중에 기록된 민란만도 27회나 나타나 있다. 이러한 민란 등으로 치안이 극도로 혼란한 지방에서 현위 등이 수행한 임무가 지대하였으리라는 사실은 추측하고도 남을 것이다.

이러한 민란 중에서도 명종 4년에 발생한 공주 명학소의 난은 대표적인 것이었다. 명학소(鳴鶴所)는 당시 남적으로 불리던 남방민란의 주동자인 망이의 고향으로서, 이 곳의 난을 정부에서 평정하려다가 실패하자 반도들을 회유하기 위하여 이 곳을 충순현(忠順縣)으로 승격시키고 양수택을 현령으로 임명하여 민중과 반도들을 안무하게 하였다.

이와 같이 현위는 평상시에는 치안유지나 민중교화에 힘쓰고 비상시에는 작전임무까지 수행하던 중요한 기관이었다고 볼 수가 있다.

이와 같이 중요한 현위제도는 고려 후기까지 계속되다가 고종 43년에 전면 폐지되었다. 현위제의 폐지는 우리나라 경찰제도사적으로는 하나의 큰 변혁이었으나, 그 원인·경위 등이 밝혀져 있지 않으므로 그 자세한 사유를 알 수가 없다. 당시의 지방관제나 위아에 관한 기사 및 정치·군사정세 등으로 보아서 다음과 같이 짐작할 수 있을 뿐이다.[30)]

① 지방관제상에서 볼 때에 이 현위는 특례적인 존재였다.

즉, 처음 현위가 현령이 있는 지방에 설치될 때에는 유수관·도위부·부·주·목·방어진·군에는 각 그 책임관원이 있고, 그 직속으로 사법 관계의 관원으로 법조·사록 및 판관 등 관리들이 있으며, 또한 진수군도 있어서 치안업무를 겸행하기도 하였는데 여기에 총지휘 책임관은 대개의 경우에 행정·군사·경찰 등의 업무를 총괄 지휘하였다. 그리고 예종 3년에 현령 이하의 작은 현에는 다시 감무관이 설치되었다. 그런데 이들이 설치된 현에는 감무(監務) 이외에 따로 경찰관계의 관원이 배치된 것이 아니고 감무가 그 현 내의 민중에 대한 진무 및 행정의 모든 일을 시행하였다.

이렇게 되고 보니, 처음 주·군 아래 제 대현에 현령을 배치하면서 관원의 수·치안 등 사정을 참작하여 현위를 배치하였다고 하지만 차츰 관제상의 불균형적인 모순을 조성하고, 또 제 소현에는 따로 감무관이 배치됨에 따라 현위의 필요성이 감소하였던 것이다.

② 지방별초군의 조직 및 활동을 들 수 있다.

즉, 야순·금란 등의 임무를 수행하던 야별초는 지방에도 파견 순행하였으며, 또한 각 지방 주·현에도 필요에 의하여 지방별초가 편성되었다. 따라서, 이러한 주·현 별초군의 활동은 위아의 활동을 위축시키고 나아가 그 필요성을 감소시켰을 것이다.

③ 치안관계의 지방관인 현위 또는 위아 관리들 중에는 주민의 재산을 수탈하고 괴롭히는 자도 있었을 것이다. 이는 다른 지방관과 함께 현위도, 자주 안찰사·순찰사의 사찰대상이 되었던 사실로 알 수가 있다.

---

30) 앞의 책, pp.142~144.

④ 현령과 현위의 행정·치안관계가 분립되어 있는 경우에 두 관아의 알력도 문제가 되었다.

이는 명종 12년에 있었던 부성(서산)사건이 잘 말해주고 있다. 즉, 당시 부성현에서는 현령과 현위의 사이가 좋지 않아서 그 피해가 현민에게 미치자, 현민들이 봉기하여 위아의 관속들을 죽이고 영아·위아를 모두 폐쇄하였다. 이에 정부에서는 부성현의 관호를 삭제하고 영·위를 두지 않기로 한 것이다. 이러한 현실에서 현위제도의 존폐 문제가 논의될 수도 있었을 것이다.

⑤ 당시의 내외정세와 관련된다.

즉, 당시 대륙방면에는 몽고·요·여진족의 동진국 등이 할거하여 수시로 고려 북방을 침범하였으므로 국내정세가 어수선하였다. 특히, 고종 18년부터 몽고의 침입이 시작되자 주민들의 수난은 말이 아니었다.

이러한 상황에서 관원들은 그들의 책임을 다하지 못하고, 나아가 민중의 관원에 대한 신뢰감은 떨어지게 되었다. 그 중에도 이러한 혼란의 틈을 타서 민중의 재물을 수탈하고 민중을 괴롭히게 되니 민중은 관리가 오지 말고 몽고군이 오기를 원했다는 극단적인 기록까지 있다. 이와 같은 상황에서 관서의 증설보다 감축이 일반적인 요망이었을 것이며, 이는 제도상의 모순을 내포하였던 현위제의 폐지를 가져오는 데에 일조하였다고 볼 수 있다.

(3) 순관(巡官)

고려 초부터 제도순관(諸道巡官)이라는 지방관원이 있었으니, 이는 각 지역별로 교통·연락의 임무를 담당하였던 기관인 역참을 관할하던 관원이었다.

역참은 당시 육상교통의 유일한 기관이었는데, 이는 신라 때부터 내려온 것으로 고려 때에 그 시설과 운영이 상당히 발전하였다.

전국에 525개의 역을 두고 이를 22도의 관할 아래 두었으며, 도로를 그 중요도에 따라 대·중·소의 3로로 구별하고 역도 그 위치와 일의 경중에 의하여 6과, 즉 6등급으로 나누는 등 정연한 체계를 갖추었다. 그리고 이 역로의 구간을 나누어 10여개의 역을 1도로 하였는데, 순관은 그 한 도의 책임관원으로서 관하 각 역을 순찰 감독하였다.

각 역의 주요 임무는 공문의 전달과 관물의 압송 및 출장관원들의 편의 제공 등으로, 이러한 임무수행을 위하여 각 역에는 역리·역정 및 역마가 배치되고 필요한 토지 등이 주어졌다. 역의 임무 중에서 중요한 일은 군사정보의 전달이었기 때문에 순관은 병부의 관할에 속해 있었으며, 그는 모든 공무상의 기밀보전과 함께 이에 따르는 연도경비와 정보보고 등의 군·경업무도 겸행하였다.

현종 19년에는 순관의 순음이 현종의 이름인 순과 같았기 때문에 청호를 관역사로 고쳤다. 고려 말에는 관역사(館驛使)를 역승 또는 별감으로 바꿔 부르다가 조선조에 계승되어 '찰방(察訪)'이라고 하였다.

또한, 역참과 함께 강안 도수처에는 진(津)이 있고 진졸이 배치되어 있었는데, 이 진에 대한 순찰 감독도 순관의 소관이었던 것으로 보인다.[31]

(4) 지방 별초

중앙 파견의 별초군인 경별초에 비교되는 것이 지방 별초이다. 따라서, 야별초의 지방 활동은 중앙파견대에 의하여서만 행해지던 것이 아니며, 지방에도 주·부·현 단위로 야별초가 조직되어 있었던 것을 알 수 있다. 「고려사」에는 지방 별초에 대한 기사가 여러 곳에 보이는데, 가장 먼저 나오는 것은 동경별초에 관한 것으로 신종 5년 10월조에 '동경별초군이 영주별초군과 사이가 좋지 않아 운문의 적당(賊黨) 및 부인·동화 양사의 승도들을 끌어서 영주를 쳤다'는 기록이 있다.

이러한 지방 별초는, 중앙에서 파견하는 야별초로는 그 활동이 지속적이지 못하여 치안유지에 필요한 성과를 충분히 거둘 수 없었다는 이유에서 조직되었을 것으로 볼 수도 있다. 실지로 지방 별초들은 혼란·전쟁 중에 지방의 질서를 유지하고 외적으로부터 지방의 수호에 큰 역할을 하였다. 그러나 원종이 친몽정책으로 전환함에 따라 배몽항전주의의 야별초는 혁파되었으며, 정국과 사회가 차츰 안정됨에 따라서 지방 별초도 해산되었다.

(5) 사록과 법조

각 유수관과 부·목·대도호부에는 8품관인 법조 외에 7품관인 사록참군사 또는 사록겸장서기 1인씩이 있었으며, 그보다 작은 중도호부와 방어진에는 사록(司錄)이 없고 6품관인 판관 밑에 바로 법조(法曹)만이 있었다. 또, 주·군에는 목사 또는 지군사 밑에 판관만이 있고 사록도 법조도 없었으며, 다시 현에는 7품 이상의 현령과 8품관의 현위가 있었다. 따라서 주·군에는 판관이, 부·목 등에는 사록·법조가 경찰·사법관계를 담당하였던 것을 알 수 있다.

그런데 후기에 와서 이러한 사록·법조 등의 지방관제도 여러 차례의 변천이 있었다.

---

31) "한국경찰사 I", p.102.

즉, 유수관의 경우만 보더라도 서경유수관은 명종 8년에 사록참군사가 사록으로 되고 8품관에는 법조 대신에 서기 1인이 배치되었으며, 고종 39년에는 사록겸자서기로 되었다. 그리고 동경유수관은 충렬왕 34년에 계림부가 되면서 부윤·판관 밑에 사록·법조가 배치되었는가 하면, 남경유수관은 같은 해에 한양부로 고쳐지면서 부윤·판관 밑에 사록만이 있었다.

또한, 대도호부나 부·목에는 예종 11년 이후 부사·목사 밑에 모두 판관·사록만이 있고, 각 중도호부에는 부사 밑에 사록만 둔 곳이 있고 법조만 둔 곳도 있다.

따라서, 이러한 경우에는 사록이나 법조가 직접 지방의 수령을 보좌하면서 경찰·사법관계만이 아니라 그 지방 내의 제반 실무를 총괄하였을 것이며, 그들의 권한 또한 상당히 컸을 것이다.

아울러 행정·경찰을 분리 수행하던 현령·현위제보다 오히려 지방행정업무 수행에 효과적이었을 것으로 본다. 이런 점은 고종 43년 현위제의 폐지 후에도 사록 또는 법조가 그대로 존속되었던 이유일 수도 있다.

3. 특수경찰기관

(1) 도 방

도방(都房)은 고려 후기에서만 볼 수 있는 사설 특수경찰기관이라고 할 수 있다.[32] 경대승이 정중부 일당을 제거한 후에 불안한 생각을 가지게 되어 그 대비책으로 결사대 일백 수십 명을 소집하여서 문하에 배치하고 도방이라고 이름하니 이것이 사설경찰기구인 도방의 시초이다. 경대승은 긴 베개와 큰 이불을 만들어 주어서 매일 숙직 경호하게 하고 때로는 자신도 도방들과 이불을 같이 덮고 자며, 그들에게 친밀감을 보여 주었다. 그 때문에 도방원들도 그를 충심으로 따랐다.

그리고 경대승은 또 항상 몇 명씩을 이항간으로 비밀리에 보내어 여론과 유언비어를 조사하여 피의자가 있으면 모두 체포해서 엄형으로 국문하니 도방의 위세는 대단하였다. 이런 도방도 경대승의 몰락과 함께 제거되었다.

그런데 그 후 20년이 지나서 신종 3년에 집권자인 최충헌에 의하여 다시 도방은 부활되었다. 변란이 불측지중에 발생할 것을 두려워하여 설치한 동기라든가, 교대하여 가며 최충헌의 집에서 숙직하던 일들은 앞서 경대승에 의하여 설치되었던 도방과 다름이 없었다. 그러나 문무관원과 한량·군졸들 중에서 완력이 강한 자들을 광범위하게 초치하여 6번 교대로 숙직하게 하며, 최충헌이 출입할 때에는 6번의 도방원이

32) 앞의 책, pp.148~151.

모두 합하여 경호함으로써 마치 군진에 나가는 것 같았다고 한다. 그러므로 그 성대한 위용은 경대승의 소위 대승도방에 비길 바가 아니었다.

이때의 도방이야말로 집권자인 최충헌 일가의 경호경찰 겸 특수부대로서의 역할을 하면서 최씨 정권의 한 지주가 되기도 하였던 것이다. 또 당시에 있어서 고려조의 모든 정령은 실제 최씨가에서 성안 시행되었던 만큼 이러한 최씨가의 무력경찰은 그대로 당시 국가경찰의 핵심적인 실력경찰이라고도 할 수 있다. 그런데 이 도방의 조직과 인원수에 대하여는 「고려사」에도 자세한 기록이 보이지 않는다. 그러나 「고려사」 〈최충헌 전〉의 기록을 보면 당시 최충헌은 경찰력만이 아니라 병력에 있어서도 관군을 능가할 만큼 많고 강한 군사를 가지고 있었던 것을 알 수 있다.

따라서 다른 문무관원과 한량은 물론이고, 이러한 많은 가병들 중에서도 힘세고 날랜 사람들을 선발하였던 것이 이 도방의 인원들이었던 만큼 그 수효도 많았다. 그 후 도방은 다시 내외의 양도방으로 확장되고 분번도 6번 교대에서 36번제로 되었던 것이니, 그 인원과 세력이 얼마나 많고 컸으리라는 것을 짐작할 수 있다. 그러나 집권자인 최씨 일가에 의하여 설치되고 확충된 도방이지만, 언제나 최씨 일가의 사설경호에만 그친 것은 아니었다. 때로는 최씨 일가를 떠나서 국가 공무에 참가하기도 하였으며, 최씨 일문의 전횡을 증오하고 반대하기도 하였다. 즉, 고종 43년 몽고의 대군이 고려의 임시수도 강화도에까지 육박하여 올 때에는 특별히 이 도방원들이 요소마다 파수(把守)하였다.

또, 왕정복고운동이 있을 적에는 최씨의 전제정치를 무너뜨리려는 편에 서기도 하였다. 최씨 정권이 제거된 다음에도 도방은 그대로 존속되었다가, 원종 11년에 반원파 무장 임연·임유무 부자가 제거됨과 함께 도방제도 폐지되었다.

특히, 이 해에는 오랫동안 논의되던 친원정책이 실현되고 최씨집권이래 같은 집권무신가의 사설경호의 역할을 하던 삼별초군이 반원의 기치를 들고 난을 일으켰던 것인데, 이런 점에서 본다면 도방의 폐지도 역시 그러한 외교정책과 연관이 있는 것이다.

(2) 홀 치

도방의 뒤를 이어 또 하나의 특수경찰이라고 할 수 있는 홀치(忽赤)가 있었다. 홀치는 원래 몽고식의 명칭으로서 '홀지(忽只)' 또는 '화리치(火里赤)', '역홀치' 등으로도 부른다. 전의 무신 집권기에 있었던 도방이 집권무신의 사병에서 출발하였던 데에 반하여 이 홀치는 친원기에 있어서 친원왕실의 경호를 위하여 친원계의 인물로 조직되었던 것이 특색이다.[33]

33) "한국경찰사 I", pp.151~155.

충렬왕이 조직한 홀치는 일찍이 왕과 함께 원나라에 들어가서 원나라 황실에 시위하였던 의관자제뿐만 아니라 그 동안 원나라에 왕래하며 원나라의 풍속·언어 등을 잘 아는 다른 내외인들도 참가되었던 것으로 보여진다. 그 뿐만 아니라 이렇게 인원이 증가됨과 함께 그 업무의 한계도 점차로 확대되었다. 즉, 처음에는 단순히 왕실을 경호 숙직하는 임무를 수행하기 위하여 발족하였던 홀치는 순찰 및 대외경비 등 여러 가지 업무에까지 진출하게 되었다.

충숙왕 7년 10월 개경에서 무뢰배가 살인 등 폭력 난동을 일삼자 홀치로 따로 순행 검찰하게 하였다. 또, 12년 5월에는 다시 순군과 홀치로 순찰을 행하여 길가에 왕래하는 한인·잡인을 금하게 하였으니, 이러한 사실은 곧 홀치가 수도 경찰의 일익을 담당하는 데에까지 이르렀던 사실을 말하여 준다.

또, 대외적인 비상경비가 있을 때에 홀치는 다른 군·경부대와 함께 수도의 방위는 물론이고 지방에도 출동하였다. 이것은 부위병의 세력이 미약하였던 당시에 있어서 당연한 일이라고도 할 수 있을 것이다.

이렇듯 왕실을 경호 숙직하고 수도의 경찰임무도 담당하던 홀치였으나, 외침의 징후가 있을 경우에는 그 방위임무를 수행하였던 기록이 충렬왕조 이후 자주 보인다. 한편, 이 홀치는 왕실 및 원과의 특별한 관계가 있었던 만큼 경호경찰의 임무를 수행하는 일뿐만 아니라 당시에 있어서는 일종의 특수층을 형성하기도 하였다.

홀치는 때로 왕명이나 대신들의 지휘를 받아서 국내 및 대외관계의 범인들을 체포하기도 하였다. 게다가 이렇게 왕실을 배경으로 무력을 행사할 수 있었던 홀치의 세력은 지방에서도 상당하였으며, 때로는 관폐·민폐가 되기도 하였다. 즉, 홀치들은 지방에 나가 역마를 마음대로 타고 다니기도 하였으며, 또 지방인들의 전지를 점령한 일도 자주 있었다고 한다.

홀치의 편성에 대하여 자세한 내용을 보여주는 기록은 없다. 다만, 충렬왕 원년에 이미 4번으로 교대 숙위할 수 있을 만한 다수의 인원을 가졌던 것을 알 수 있다. 우왕 4년에는 이 홀치 4번을 근시의 좌·우·전·후의 4위로 개편하고 4품 이하의 녹관을 배치하였는데, 이 근시의 4위는 이보다 앞서 공민왕 5년에 새로 설치되었던 충용 4위와 함께 '근시충용위(近侍忠勇衛)'로 불렀다.

홀치의 개편인 근시위의 임무가 전의 홀치의 임무와 같은 일상적인 왕궁 숙위 등에 있는 것에 대하여, 충용위는 충용한 부대원을 편성 훈련하였다가 유사 긴급시의 활용을 목적으로 하였던 것으로서 표리불가분의 관계를 가졌던 것으로 근시충용 8위의 칭호도 여기에 연유한다. 그러나 공민왕 10년에 홍건적의 난이 있어서 왕이 남방으로 피난할 때에는 충용위 중에 어가를 호종한 사람이 한 명도 없었으며, 또 당시 감찰사에서는 이러한 충용위의 존재가 국고의 봉급만 허비하는 실정이니 파하고 그 봉급을 다른 용도에 보충하자는 주청까지 있었던 만큼 그러한 편제와 녹봉이 그 후에도 그대로 계속되었는지 여부는 확인할 수 없다. 아마도 뒤에 홀치를 개편한 근시 4위에서 다만 4품 이하의 유급관원만을 두었다는 것으로 보아서 충용 4위에 있어서도 역시 대폭적인 감축이 있었던 것이 아닌가 짐작할 뿐이다.

충용위의 명칭은 그대로 조선 초기에까지 존속되었던 데 반하여, 근시위는 그 후에도 여전히 홀치로 호칭하였다. 이는 아마도 홀치라는 명칭이 이미 오래도록 익어 왔으며 또 실지에 있어서도 근시 4위는 홀치 4번과 그 업무 등이 별반 다른 점이 없었기 때문으로 보여진다. 이 홀치는 조선 초기에도 일시 존속되어 전과 같은 임무를 수행하였다.

제 5 장 조선 경찰제도

제 1 절 관제 및 군제정비

1. 조선의 건국과 변천

태조는 1392년 즉위 후 민심의 안정을 위하여 처음에는 국호를 종전대로 '고려'라 하였고, 수도도 그대로 개경에 두었으며, 국가제도·풍속·언어 등 모든 면에 걸쳐 고려의 그것을 그대로 사용하다가 동년 12월에 국호를 정식으로 '조선'으로 정하였다.

이와 같이 조선왕조의 정치조직은 고려 말기의 것을 토대로 하여 개선·발전시킨 전제적 지배조직으로서, 제도적으로 완성된 것은 세조, 성종대라 할 것이다.

태조는 즉위 후에 관제를 반포하고 문무백관을 임명하였으나, 그 제도는 고려의 것을 거의 그대로 답습한 것이었다. 그 후에 문하부의 권력집중 및 관리의 과다, 재정 곤란, 군무와 정무의 혼동 등을 방지 또는 조정하기 위한 기구개혁이 다각적으로 시행되다가 세조, 성종대에 이르러 경국대전의 편찬 완성과 거의 때를 같이하여 조선왕조의 정치조직이 완비되었다.

조선왕조의 헌법이라고 할 수 있는 경국대전은 시세의 변천과 시대의 변화에 따라 사소한 관제의 변경과 인원의 증감은 있었으나 대체로 크게 변경됨이 없이 속대전과 대전통편을 거쳐 갑오개혁(甲午改革) 때까지 기본법전으로서 시행되었다. 따라서, 이 시대의 정치조직은 사실상 조선 일대를 통한 일관된 조직으로서 지속되어 왔다.

조선 사회를 이해하기 위해선 양반중심의 신분사회를 먼저 알아야 한다. 양반은 사·농·공·상의 으뜸으로서 문·무반의 현·전직뿐만 아니라, 장차 관리에 임용될 자격이 있는 신분을 말한다. 이들은 관직을 독점한 관료계급이고, 학문과 교육·과거를 독점한 지식계급이며, 토지와 부를 독점한 유산계급으로서 제반 특권을 향유하는 사대부 계층을 총칭한다.

양반은 갑사, 별시위, 내금위, 내시위, 겸사복, 선전관 등 양반직업군으로도 쓰였다. 그 중 귀족숙위군으로 족친위, 공신적장, 충의위, 충찬위, 충순위로도 임명되어 각종 특혜를 받았다.[34] 양반은 중인과 함께 양민과 천민을 사실상 지배하는 지배계급이었다.

조선시대에는 지배계층인 양반에는 미치지 못하고 피지배계층인 양민보다는 우위에 있는 중간 신분층으로서 '중인(中人)'이라 불리는 독특한 신분층이 있었다. 중인은 크게 좁은 의미의 중인과 넓은 의미의 중인으로 구분된다.

좁은 의미의 중인은 주로 중앙의 여러 기술관아에 소속되어 있는 역관·의관·천문관·지관·금루·산관·율관·사자관·화원 등의 기술관원을 총칭하는 것이다. 이들은 잡과시험에 합격해서 선발된 기술관원이거나 잡학취재를 거쳐서 뽑힌 기술관원들로서 모두가 동반(東班) 소속의 관원이었다. 그러나 넓은 의미의 중인은 중앙의 기술관을 비롯하여 지방의 기술관, 그리고 서얼, 중앙의 서리와 지방의 향리·토관·군교·교생 등의 여러 계층을 포괄적으로 일컫는다. 이 넓은 의미의 중인이 바로 조선시대 중간 신분층으로서의 중인을 뜻한다.

그런데 중인들은 스스로 중인으로 불리는 것을 꺼리는 부류와 스스로 중인을 자칭하는 부류가 있었다. 좁은 의미의 중인인 중앙의 기술관의 경우, 주관적으로는 사족의 후예임을 자처하는 동시에 양반과 다름없는 법적 지위를 가지고 있다고 믿는 사람들이다.

따라서 이들은 다른 부류의 사람들이 자신들과 함께 넓은 의미의 중인으로 불리면서 동류로 취급되는 것을 불만으로 여기고 있었다. 그 반면에 향리와 장교 및 교생 등은 중인임을 자칭하는 부류들이었다.[35]

한편, 중인은 그 안에 포함된 잡다한 부류의 사람들이 각기 올라갈 수 있는 최고의 품계, 즉 한품(限品)에 따라 상·중·하의 세 계층으로 구분된다. 상층은 정3품 당하관이 한품인 계층으로서 상급기술관인 역관·의관·천문관·지관, 그리고 문·무관 2품 이상의 양첩자손 등이 이에 속한다. 중층은 정4품 이하 종6품까지의 참상관이 한품인 계층으로서 하급기술관인 산관·율관·금루·화원·도류, 문·무관 2품 이상의 천첩자손과 3품 이하 6품 이상 관리의 양·천첩자손 및 7품 이하 무직양반의 양첩자손, 그리고 녹사·토관·호장 등이 이에 속한다. 하층은 7품 이하의 참하관이 한품이거나 품계가 없는 계층으로서 7품 이하 무직 양반의 천첩자손과 서리·육방향리·군교 등이 이에 속한다.[36]

---

34) "한국사 25", pp.86~109.

35) 중인은 양반도 아니고 양민도 아닌 그 중간에 존재하고 있다는 계급적 중간성에서 붙여진 호칭이다. 간혹 기술관원들이 조선 후기의 사색당론에서 중립을 지켰기 때문에 호칭된 것이라는 주장도 있고, 또 기술관원들이 서울의 중심부에서 거주했기 때문에 호칭된 것이라는 주장도 있으나, 모두 적절한 설명이 되지 못한다.

36) "한국사 25", pp.110~116.

이러한 중인들이 경찰을 비롯한 관료조직을 실질적으로 이끌어 온 계층이라고 볼 수 있다.

2. 중앙관제

모든 권한이 왕에게 집중되어 있는 절대주의 군주체제인 당시의 정치조직은, 강대한 왕권하에 최고중앙행정기구로서 의정부를 두어 백관과 국가정치의 전반을 통리케 하였고, 의정부에는 영의정과 좌·우의정의 3장관이 수반이 되고 그 밑에 좌·우찬성과 좌·우참찬이라는 보좌관을 두었다.

의정부 외에도 순수하게 국가행정을 분장하는 6조(이·호·예·병·형·공)를 두었고, 또한 왕명을 시달하는 승정원, 왕명에 따른 재판을 수행하는 의금부, 그리고 외교문서와 사조 등을 논하는 홍문관, 관리들을 감찰하고 풍속경찰의 일을 수행하는 사헌부와 왕명에 대해 논의하는 사간원이 있었으며, 그 외에 한성부가 있었다.

의금부는 국청을 행하는 '양반재판소' 역할을 하였던 반면, 사법행정을 총괄하는 형조는 '상민재판소'로서의 기능을 하면서 병조와 함께 국가기강의 기틀을 마련하는 기능을 했다.[37]

그리고 또 한편으로는 재판기관으로서 3법부, 즉 형조·사헌부·한성부로 하여금 사건의 성질과 왕명에 따라 사법업무를 분장케 하였으며, 3사(홍문관·사헌부·사간원)를 두어 국가의 정치를 논평하고 개선이 요구되는 사항은 왕에게 알리는 언론기관 구실을 하게 하였다는 점 등도 특기할 만한 일이었다.

이와 같은 관제는 한동안 그대로 유지되어 왔으나, 명종 10년에 비변사가 설치되어 다소 변동이 있었다. 이 기관은 처음에는 국경지대에 특별한 변동이 있을 때마다 의정부와 6조 등의 대신들이 모여 나라 일을 협의하는 기관이었다. 그러나 선조 이후에는 군의 중요업무가 이 비변사에 위임되고 마침내 국가의 모든 정무가 이 곳에서 협의되어 실질적인 중추기관이 되고 의정부는 유명무실하게 되었다.

이렇게 유지되던 비변사는 고종 원년에 이르러 의정부와 합병되어 묘당이라 하였고, 그 뒤에 다소 변천을 거쳐서 갑오개혁에 이르게 되었다.

3. 지방관제

중앙의 관직을 경관직·경직·경관 등으로 칭한 데 비하여, 지방의 관직은 외관직·외직·외임 등으로 칭하였다.

37) 이정규, "한국법제사", 국학자료원, 1996, p.478.

태조 3년 지방제도를 개편하여 도·부·대도호부·목·도호부·군·현으로 구획하였다. 그 후 동 13년에 지방조직을 다시 정리하여 8도제를 확립하고, 1유수부·6부·5대도호부·20목·74도후부·73군·154현 등의 총 334개 구역을 두었다. 그리고 도에 관찰사를 비롯하여 부윤·대도호부사·목사·도호부사·군수·현령·현감 등의 수령을 두어 관할구역을 통할하게 하였다. 한편, 군·현 밑에는 '면'이 있고 면 밑에는 '리'가 있었으나 여기에는 국가로부터 직접 파견되는 관리는 없었으며, 따라서 이들은 일종의 자치단체적인 성격이 짙었다.

관찰사는 경찰업무를 포함한 모든 행정의 최고 책임자로서 부윤 이하의 각급 지방관을 통할하고 도내의 모든 행정을 장악하였는데, 그 보좌관으로 도사·판관·심약·검률 및 역학 등을 두었다. 또한, 감영에는 중앙조직을 모방한 이·호·예·병·형·공 6방이 예속되어 각각 토착의 이속들이 감사를 보좌하고 서무를 담당하였다.

이와 같은 8도제는 고종 32년(1895)까지 계속되다가 23부 336군으로 바뀌었으며, 그 익년에 다시 전국을 13도제로 고치게 되었다.

4. 군 제

국초에 고려의 부병제를 그대로 받아들여 부병의 통수기관으로서 의홍삼군부를 두었다가 문종 원년에 이르러 이를 오위도총부(五衛都摠府)로 개칭하여 5위(의흥위·용양위·호분위·충좌위·충무위)를 통할하게 하였으며, 위 밑에 5부(중·좌·우 ·전·후)를 두고 각 부를 4통으로 나누어 각각 그 장을 위장·부장·통장이라고 하였다.

이와 같은 초기의 군사조직은 임진왜란 후 훈련도감(訓練都監)의 설치를 계기로 큰 변동을 가져왔다. 훈련도감은 처음에는 모집된 훈련병을 교육하는 기관이었으나, 그 훈련을 받은 자가 약 1만 명에 이르자 이를 5영으로 나누는 군제의 혁신을 행하게 되었다.

조선의 지방행정조직은 군사조직과 연계되어 있다. 즉, 수령·방백은 문관으로서 이조의 추천을 거쳐 임명되지만, 병조에서는 군사적으로 지방을 조직하여 육군에서는 전기 행정구역과 같이 군영구를 편성하였다.

또한, 각 행정기관 수령으로 하여금 이러한 병조 소관의 각급 군영구 사령관을 겸직하게 하고, 군사면에 관하여는 전임병사의 지휘를 받도록 하였다.

그 밖에 수군은 해안지역에 별도로 조직되었으며, 병조에서 각 도에 조직한 수·육군의 각급 사령관으로는 절도사·방어사·절제사·첨절제사·동첨절제사·절제도위 등이 있었다.

이와 같은 지방군제와 지방행정과의 연계제도화는 세조 12년의 관제개혁 이후에 이루어졌다. 이 체제는 명종 10년 을묘왜변 이후에 정비되어 제승방략(制勝方略)이라고 부르기도 하였으며, 이는 그 후에 약간의 변동이 있었으나 조선시대를 일관하였다.

제 2 절 경찰제도

1. 중앙경찰기관

(1) 순군만호부

태조 즉위선언에 순군(순군만호부)이 순작·포도·금란한다고 하여 고려 말의 기능을 그대로 따랐다. 이 순군만호부(巡軍萬戶府)가 의금부(義禁府)로 되기까지 몇 번 개칭되다가 단종 원년에 순작업무를 병조 아래 위령에 넘기고 말았다. 즉, 태종 2년 6월에 순위부로, 익년 6월에는 병조에 속하게 하여 의용순금사로, 다시 14년 8월에는 의금부로 개칭하기에 이르렀다.

순군만호부에 관한 태종 원년의 편제를 보면 '나장'과 '도부외'의 수가 약 1,500에 이르렀으며, 주로 경기 사람으로 충당하였다. 그리고 순군장·순군백호·영사가 있었다. 도부외는 서반에 속하며 경찰군에 해당하는 것으로, 매령마다 중랑장(5품)을 두고 있었다.

그리고 세종 7년에는 영사(令史) 80, 나장(羅將) 100, 백호(百戶) 80, 도부외(都府外) 1,000명으로 편성하고, 도부외는 3번으로 나누어 10일씩 교대근무를 하였다. 그 후 단종 원년에는 나장 200명으로 하고, 950명이던 도부외는 450명으로 하였다가 다시 122명으로 축소하였으며, 이때 순작의 임무가 완전히 병조로 이관되었다.[38)]

순군에 관한 왕조실록 기록은 대부분 순군의 불필요를 주장하는 내용이다.

---

38) 당시 병조로 이관되는 의금부의 순작병력과 운영을 살펴보면 다음과 같다.
- **도부외** : 종래 950명 정원이었던 것을 450명으로 줄여서 3교대 1개월 근무 2개월 휴식제도로 운영. 이 감원은 강원도 70명, 황해도 258명, 합계 328명을 부득이 임시적으로 줄여야 하는 데서 기인함.
- **나장** : 정원 100명을 200명으로 늘리되, 한성·경기·충청 출신의 도부외 제대자 중에서 자원하는 자로 충원함

① 중첩관청이니 불필요함

태종 원년의 문하부 낭사의 상소에는, 한 가지 일을 형조와 순군 두 관청에서 본다고 하면서 순라업무에 대하여는 당시의 삼군부 병력으로 충분하다고 지적하고 있다. 이는 군을 경찰력으로 사용하면 충분하다는 뜻으로 당시 병조와 형조의 알력을 엿볼 수 있다.

② 민폐를 덜자는 것

경찰군인 도부외는 경기를 비롯하여 각 지방에서 징발되어 1천여 명이 10일 복무 20일 휴번 또는 450명이 2개월 휴식 1개월 입역 식으로 복무하였다. 따라서 서울 근처 외의 먼 지방민은 여가가 없고 농사도 폐농이 되며, 지방수령이 타역에도 동원치 못하고, 또한 그나마 장사(壯士)는 사령이 되어 편한 일에 종사하게 되었다.

실제로 순라에 종사하는 이는 비천한 사람이었으므로 이들이 어찌 도적을 잡고 난을 금하겠는가라는 주장이 잇달아서 도부외는 시골로 돌려보내고 장·영사·나장·백호 등은 다른 관청에 분속시키자는 것이었다.

③ 당시 도적이 적었다는 것

도부외가 그 임무인 주·야간 순찰을 하면서도 실속이 없었는데, 이는 범죄자가 없었다는 것으로 천여 명이 놀면서 폐농까지 초래한다고 본 것이다.

도부외는 이와 같이 계속되는 반대 의견과 단종 원년의 강원도·황해도 지방의 흉년과 질병의 만연으로 백성의 원성과 호구소모가 심하여 그 지역 도부외를 돌려보내게 되면서 그 수가 122명으로 줄었으며, 그런 기회에 의금부의 순작업무를 위령(5위)으로 완전히 이관시키게 된 것이다. 그런데 순작업무가 5위로 넘어간 후의 기록을 보면 단종 2년에 감순절제사라는 명칭과 순작관 및 포도군사의 명칭이 나온다.

이를 보면, 종래 순군만호부와 의금부에서 맡던 순작과 포도 등의 사무는 병조가 총관하고, 책임은 감순절제사가 맡은 듯하다.

(2) 포도청

1) 한성부의 치안제도

포도청을 논하기 전에 한성부의 치안제도를 개략적으로 살펴보기로 한다.

① 한성부의 치안을 담당했던 관아로는 순군만호부·한성부·의금부·병조·5위 군문, 그리고 포도청 등을 들 수 있다. 이들 관아 중에서도 치안이 주된 임무였던 곳은 포도청이며, 여타의 관아는 치안 업무를 보좌하는 입장에 있었다.

② 조선왕조는 국초 이래 한성부 전역에 통행금지제도를 실시하여 치안 유지 효과를 높였다. 통행금지 시간에 특별히 도성문을 열고 통행할 때에는 왕의 허가부가 있어야 했다.

③ 궁중의 보루각에서 북과 징을 쳐서 시각을 알리면 도성 내에 설치된 71개소의 좌경 장소에서 이어 시각을 알림으로써 이에 따라 숙직의 점검과 교대가 이루어졌다. 그 방법은 초경, 2경, 3경, 4경, 5경으로 나누어 다시 초경과 5경은 3점으로 하고 2경·3경·4경은 5점으로 세분하며, 경에는 북을 치고 점에는 징을 쳐서 시각을 알렸다.

④ 경수소(警守所)와 이문(里門)에서도 숙직을 행하여 한성부 내의 도적방지와 화재방지에 기여하였다. 세종대 이전부터 존속되어 온 경수소는 도적을 막고 화재예방에 주된 역할을 담당하였는데, 그 수가 세조 2년에 무려 106개소나 되었다. 이 곳에는 각각 방리인 5명과 보병 2명을 배치하여 숙직케 했으며, 통금 위반자는 일단 단속하여 경수소 내에 머물게 했다가 익일에 석방하였다.
한편, 경수소는 근무 상황을 병조에서 수시 점검하였으나 큰 실효를 거두지는 못하였다. 이에 도성 경수소의 수를 때에 따라 가감하면서 운영의 방법도 연구하여 갑사, 별시위, 별군, 기병 등을 차출함으로써 각 경수소에 2명씩 배정하고 방리인과 함께 3교대로 숙직하도록 한 예도 있었다.
이문도 이러한 도적의 방지와 금화를 주된 목적으로 하였다. 세조 12년 1월에 한성부의 각 마을 입구인 여항에 이문을 설치하고는 윤차로 숙직하도록 하였다. 그리고는 순관과 병조로 하여금 수시로 숙직상황을 살피도록 하였다. 한성부 내의 이문 설치장소가 얼마나 되었는지는 구체적으로 알 수 없으나, 호를 기준으로 하여 설치하였다고 하니 그 수가 상당했으리라 짐작이 간다. 관에 의해 운영된 좌경과는 달리, 경수소는 반관반민의 형태로 운영되었으며, 이문은 순수한 방리민들에 의해 운영되었다.

⑤ 한성부의 치안은 5위군문도 크게 기여하였다. 그것은 순군만호부가 의금부로 개칭되면서 의금부에서 주순·금란·3경 순작을 관장하였기 때문이다. 그러나 세종대에 왕도숙청의 주임무를 한성부가 담당케 됨으로써 한성부는 주순과 금란의 역할을 하게 되었다. 이렇게 되니, 자연히 의금부의 그것과 중복되지 않을 수 없었으며 5위에서도 상호군과 대호군이 3군갑사를 인솔하고 도성 내를 순행하였으므로 순행의 업무는 행정계통상 일원화되지 못하고 서로 중복되어 있었다. 중복은 철저를 기할 수 도 있지만 서로 미룰 수도 있어 치안의 공

백상태가 야기되기도 하였다. 그 뿐만 아니라 실제에 있어서 행정상의 문제점도 적지 않았다. 그리하여 한성부는 주순과 금란을 담당하고 5위는 야간순행만을 담당하도록 조치하였던 것이다. 그러나 늘어나는 도적은 경찰전문기관인 포도청에 의할 수밖에 없었다.[39)]

2) 포도청의 설치

세조 때까지 전국적으로 극성을 떨치던 도적의 횡포를 의금부에서 감당할 수 없게 되자, 성종이 즉위하면서부터 포도에 지대한 관심을 보이고 즉위한 해 12월에 전국 관찰사에게 포도에 관한 유시를 내려서 도적의 횡포를 근절토록 하였다. 그리고 이들 도적의 발생 원인을 규명하고 예방과 체포에 만전을 기하려고 성종 2년 2월에 포도사목(捕盜事目)을 제정하여 시행하였으나, 도적의 발호는 날로 심하여 그 대책으로써 포도장제를 설치하게 되었다. 동년 5월에 황해도 포도장에 위장 조한신을 임명하고, 경기도 포도장에는 위장 홍이노를 각각 임명하여 기·보병 40명을 주었다는 기록이 있다.

이때 포도장의 뇌거사목(賚去事目)을 보면 다음과 같다.

- 개성부유수, 경기·황해도관찰사는 포도장의 절도를 들어야 한다.
- 도적을 잡은 군민에게는 상으로, 승진하고자 하는 자는 3계급 특진시키고 포를 받고자 하는 자는 금포 100필을 주며, 천민은 면천하고, 향리와 역자는 면역하며 공의 등급은 도둑을 잡은 수에 비례한다.
- 만약, 도적 중에 고포자가 있으면 그 죄를 면케 하고 상은 다른 사람과 같다.
- 적당이 섬으로 도망가면 수군절도사·만호는 포도장의 절도를 받아야 한다.

이와 같이 포도장을 임명하고 관찰사 등을 포도장의 지휘하에 두면서 포도의 임무를 수행케 하였는데, 이것이 아마도 포도청 설치의 시초였을 것이다.

그러나 이때의 포도장은 전국적으로 각 도마다 임명한 것은 아니고, 특히 도적의 발호가 극심한 도에만 파견하였다. 또한 포도장은 항치한 것이 아니고 임시로 설치한 데 불과하였다. 포도청의 기구를 정식으로 조직하여 운영한 것은 아니었으나 포도장의 임명은 경찰기능을 다른 관청으로부터 분리하여 취급하게 된 것으로 조선왕조를 통하여 그 역사적 의의는 크다.

도적의 발호가 더욱 극심하여 12년 3월에 포도사목을 다시 제정하여 기구를 증치하게 되었으니 그 내용은 다음과 같다.

---

39) 이존희, "조선시대 지방행정제도연구", 일지사, 1990, pp.256~259.

- 좌·우변으로 나누는데, 서울의 동·남·중부와 경기좌도는 좌변이 주관하고, 서울의 서·북부와 경기우도는 우변이 주관한다. 각 변 내에서 크게 작당하여 동리의 악이 되어 힘으로 잡지 못할 경우에는 계달하여 잡도록 한다.
- 포도장과 졸오는 겸사복장용대와 같이 양급을 임발한다.
- 5개월 내에 강도 1~2인이나 절도 4~5인을 잡으면 포상한다. 비록 기한을 경과하더라도 1~2 개월 내에 그 수를 채우면 상을 준다.
- 좌변에 사는 도적을 우변에서 잡아도 상을 주고 이와 반대도 같다.

그로부터 8년 후인 성종 20년에 이르러 서울에 백정·장인들 속에 도적이 많아 이를 다스리기 위하여 포도장의 증설이 있었으나, 동왕 21년 2월에는 포도장의 작폐로 이를 폐하고 피해자 신고제도를 채택하다가 도성 내에 강도가 자주 발생하여 포도장의 복립을 주장하게 되었다. 이에 성종은 포도장의 복립은 불가하다 하여 포도에 정통한 2인을 택하여 포도 일을 맡겼으며, 당하관의 문신 2인, 무신 2인을 종사관에 임명하여 도적이 발생하면 이들을 즉시 파견하여 잡아오게 하였다.

그 후 성종 22년에는 여진족의 침략과 이의 정벌을 위한 군사의 출동에 따라 도성 내의 방비가 허술해지자 도적이 빈발하게 되었으며, 이에 따라 한성부 5부에 포도장 1인씩을 배치할 것을 논의하다가 동왕 24년 5월에 이를 시행하게 되었다. 그리고 이를 보좌하게 하기 위하여 문신 종사관을 각 1인씩 두어 포도를 강화하였다.

3) 포도청의 형성

연산군 8년에는 포도장을 가설하지는 않았지만 포도부장의 직제가 있었다. 포도부장의 임무는 포도장의 명을 받아 도적이 발생하기 쉬운 장소에 포도군사를 거느리고 잠복하면서 도적을 잡는 일이었다.

포도장제는 중종 23년 11월에 이르러 포도대장으로 직제의 승격을 보게 되었다. 그러나 당시까지만 해도 포도청은 정식으로 조직된 것이 아니고 다만 병조에 소속되어 포도의 임무를 수행한 것으로 이는 중종 26년까지 계속되었다. 포도부장이나 종사관의 임명방법에 있어서 종전에는 그때그때 필요할 때마다 부장은 대장의 추천으로 임명하고, 종사관은 임금으로부터 낙점을 받아 임명하던 것을, 이때부터는 이들의 인사를 미리 알려주는 등 인사제도가 정착하게 됨으로써 비로소 포도청이 항구적으로 설치되었다고 짐작된다.

또한 "부장과 종사관의 현임자를 당장 자격자로 바꿀까요, 이후 자리가 비면 자격자로 임명할까요?"라는 질문에 왕은 "이후 자리가 비는 대로 택함이 가하다."라고 명하여 부장 종사관직의 계속성을 전제하고 있음을 알 수 있다. 그리고 포도청이란 명칭은 중종 39년 정월에 처음 보이고, 명종 7년 정월 및 15년 8월에 계속 보인다. 장이 있으면 청은 당연히 설치되는 것이 상례이므로 별다른 의미는 없다고 할지라도 그 관청의 항구성을 확인하는 데는 도움이 된다.

이리하여 포도청은 성종대에 임시로 설치되어 중종대에 항구적으로 성립하였으며 영구적 기관으로 존립하게 되었다. 이후 지방에도 설치되어 중영청이라 하였고 그 조직도 중앙의 그것을 압축·모방하였다.

4) 포도청의 조직

포도청은 성종 12년 3월부터 좌·우 양변으로 조직되어 고종 31년(1894년) 7월에 경무청으로 개편될 때까지 지속되었다. '대장'이란 명칭도 '장'과 번갈아 나오는데 통칭으로 보는 것이 마땅할 것이다. 그 후에는 포도대장을 줄여 포장으로 부르는 것이 상례였다.

포도대장 각 1인 외에 포도부장 각 3인, 포도군관 각 10인, 포도군사 각 50인(나중에 97인으로 증원)이 있었는데, 그 후에 무록구장이나 무료부장 등의 의용경찰도 나타나고 있다.[40]

포도청은 경관직에 소속된 관아로서 그 관할구역은 도성 및 성밖 십리 일대와 경기도에 한하였는데, 포도를 함에 있어서 각기 그 관할구역을 침범하지 못하였다.

순조대에 발간된 만기요람에는 순라 구역을 구체적으로 표시하고 있다. 이에 의하면 경기좌·우도는 물론 없으며 다만 6강(六江)자내라 하여 도성 외의 교외가 이에 편입되어 있을 따름이고 성내는 양분되어 각각 8패로 나누어져 있었다.

그밖에 포도청에는 다모(茶母)라는 관비가 있어 여자도적을 잡는 데 일역을 담당하고 양반집 수색에도 이용되었는데, 이는 오늘날 '여경의 선구'라고 할 수 있다. 그리고 흔히 '포교'라 하는 것은 부장 또는 군관을 말하고, '포졸'이라 함은 군사로서 이들은 통부를 지니고 근무하였는데, 그 규정을 따르지 않을 경우에는 사헌부에 의하여 체포되었다.

5) 포도청의 직무

한성부 경찰업무는 경국대전 반포 이전에는 의금부에서 주로 취급하였고 성종 중엽부터는 전문적 경찰기관인 포도청에서 관장하였다.

포도청의 직무는 도적을 체포하고 분경야순을 하는 것이다. 야간순찰에 관하여는 상세한 규정이 있다. 그리고 이와 같은 주업무 외에 금조(禁條)에 저촉되는 일

---

40) 「포도청 등록」(규장각 소장)

을 취급하였는데, 주요 내용을 보면 다음과 같다.

- 어보 또는 관인을 위조하는 행위
- 과거에 위참하는 행위
- 방납곡물에 모래나 물을 타는 행위
- 축류를 밀도살 또는 상습 도살하는 행위
- 사사로이 돈을 주조하는 행위
- 무녀 잡기를 하거나 서북인물을 초대 또는 배우는 행위
- 주성(酒醒)을 하거나 매점하여 물가를 조종하는 행위
- 피인(彼人)과 당물을 교역하는 행위(피인=만주인, 여진족)
- 음행을 가르치고 화간하는 행위
- 타인의 재물을 편취하거나 주민에게 불법행위를 하는 일 등이다.

포도청에서 죄인을 조사하다가 더 큰 중죄인이나 어려운 일이 있으면 의금부, 사헌부, 형조로 이송한다. 그 반대로 한성부나 지방관아에서 죄인을 다루다가 도형 이상이면 포도청으로 이송한다. 그런 과정에서 권한쟁의 때문에 많은 마찰이 있기도 하였다.41)

6) 포도청의 변천

조선에서는 형을 다스리는 기관으로 의금부·형조를 설치하고 아울러 포도청을 설치하였다. 이와 같이 완비된 형정기구가 설치된 국초 이래로 큰 변동 없이 200여 년간 계속되었다. 그런데 광해군 10년 8월에 허균의 변이 있었고, 또 그해 10월에 강홍립의 난으로 도성이 혼란해지자 포도청은 좌·우포도청에다 새로 좌·우포도청을 가설하게 되었다. 그리하여 이 4개의 포도청은 난으로 인하여 허술해진 도성의 수비와 궁궐을 보호하는 데 주력하였다. 그러나 포도청은 숙종대로 내려오면서 해이상태를 보였다. 숙종 24년을 전후하여 치도가 엄하지 못하여 도적의 횡포가 극심하였고 심지어는 무덤을 발굴하여 매장품을 태연하게 매매까지 하였다고 한다.

그 후 포도청은 강화되어 왔는데 정치적 변화에 따라 포도대장의 위상이 상승하게 되었고, 특히 국왕은 경찰권과 군권을 장악하기 위하여 이를 이용하였다. 후기에 들면서는 상업의 발달과 함께 포도청의 업무가 증가하고 있다. 즉, 좌포청은 조운, 세미, 방납에 관하여 죄를 다스리고 우포청은 잠상이나 인삼 밀매에 관하여 치죄함이 많아졌다.42) 또 한편, 근세로 내려오면서 포도청은 그 본연의 직무인 도적을 잡는 일보다 순조대에 들어서 한참 세를 더해 가는 천주교의 탄압에 주력하

---

41) 이이화, "하층민들은 어떻게 포도청에 맞섰나?", 마당(1985, 10), pp.242~248.
42) 차인배, "조선후기 포도청에 관한 연구"(동국대학교 석사논문), 1997, pp.5

게 되었으며 이를 위하여 오가작통제(五家作統制))를 활용하기도 하였다. 그러다가 고종 20년 1월에는 통리군국기무아문의 계에 따라 해이해진 순작의 강화와 주한외교사절의 보호를 위하여 한성부에 순경부를 설치하기에 이르러서 포도청은 그 본래의 기능을 더욱 상실하게 되었다.[43)]

이와 같이 그 본연의 임무를 상실하게 된 포도청은, 1894년 설치 410여 년 만에 경무청으로 흡수되면서 자동적으로 개편되었다.

(3) 암행어사

일선에 임명한 지방 수령의 횡포를 견제하기 위하여 감독관을 순회하게 한 것이 관찰사의 시원이요, 후에 이들이 상주하게 되자 다시금 불시에 조사가 필요하여 비밀리에 파견한 것이 암행어사다. 중국에서는 한대로부터 행대 또는 분대라고 칭하는 특별감시관이 있었고, 우리나라에서도 고려시대로부터 행대 또는 분대가 있어 조선시대에도 이 제도가 채용되었다.

조선 초기에 지방의 호족 횡포를 방지하며 그 음모를 내탐하고 사찰에 진력하여 조선왕조의 기틀을 확립하는 데 크게 기여한 것도 이 암행어사였다.

이와 같이 국초의 암행어사는 정보경찰의 임무를 주로 수행하였으나, 그 후에 지방관리에 대한 행정의 득실이나 민생의 질고를 암암리에 조사하여 직접 국왕에 밀주함으로써, 국가행정의 감독과 관기숙정에 이바지하는 감독 및 감찰기관으로 진전하였다.

암행어사는 당하관으로서 임명하나, 다른 관리와는 다르게 국왕이 직접 불러 임무를 부여하는데, 국왕을 대리하여 정무의 선악을 사찰할 사항을 적은 친서와 함께 발령장과 마패 및 여비를 주면 어사는 집에도 들르지 못하고 즉일로 출발하여야 하며, 사찰사항과 사찰방면을 알지도 못하고 도성을 벗어나서야 비로소 친서를 뜯어볼 수가 있었다. 만일 도성 내에서 친서를 개봉하거나 귀가하면 엄벌에 처하게 하였다.

암행어사의 사찰보고는 직접 국왕에게 봉송하므로 국왕 이외에는 누구도 이를 알 수가 없었다. 따라서 어사의 임명과 행동에 관하여는 아무도 알 길이 없으며, 어사는 또한 임무를 완수하기 전에는 부모의 사망이나 자신의 질병 및 기타 어떤 사유가 있더라도 귀경할 수가 없었다.

이와 같이 암행어사의 임무는 중대하고 엄격하였다. 하지만 동시에 그 권력은 절대적으로, 어사가 출동하여 도성을 나섰다는 소문이 퍼지면 지방관리들은 실로 전전긍

43) 이 책 p.163. 주 2) 참조

긍하였던 것이다.

춘향전에는 어사의 막강한 권한을 나타내는 구절이 많다.[44)] 다음은 월매가 거지꼴로 돌아온 이도령을 보는 장면이다.

> 홧김에 달려들어 코를 물어떼려 하니,
> "내 탓이제 코 탓인가. 장모가 나를 몰라보네. 하늘이 무심태도 풍운조화와 뇌성전기는 있나니."
> 향단이 애기씨 신세를 생각하며 체읍한다.
> 실성으로 우는 양을 어사또 보시더니 기가 막혀,
> "여봐라, 향단아 우지마라, 우지마라. 너의 아기씨가 설마 살지 죽을쏘냐. 행실이 지극하면 사는 날이 있나니라."
>
> 춘향이 옥중에서 문틈으로 손을 잡고 기색한다.
> 한참 이리 반기다가 임의 형상 자시 보니 어찌 아니 한심하랴.
> "여보 서방님, 내 몸 하나 죽는 것은 설운 마음 없소마는 서방님 이 지경이 웬일이오."
> "오냐 춘향아, 서러마라, 인명이 재천인데 설만들 죽을쏘냐."

암행어사는 초기에는 일반어사가 일반적이었다.

후기로 들면서 '일반어사의 암행화'와 '암행어사의 일반화'가 보편화되었다.[45)] 이에 따라 암행어사 직무인 사목(事目)도 구체화되는데, 정조 7년의 〈뇌거사목〉은 1892년의 마지막 암행어사 임명 때까지 사용되었다. 이는 행정, 사법, 재정, 국방, 인재기용, 포폄[46)], 포상 등 전반에 걸친 것이었다.

암행어사의 처벌권은 현착(現捉), 봉고(封庫), 서계(書啓), 파직(罷職)이다. 이 중 서계는 수령을 파직코자 할 때 국왕에게 보고한 후 파직하는 것이고, 파직은 수령이외의 향리에 대해 직권파직 하는 것이다.[47)]

(4) 수성금화사, 사산참군

조선시대 금화(禁火)는 포도와 더불어 주요한 기능이었다. 조선 초기 이러한 기능으로 수성금화사(修城禁火司)가 조직되었고, 또한 산불예방 및 산림보호를 위한 사산참군(四山參軍)이 설치되었다.

수성금화사는 국초에 있다가 속대전에는 혁파된 소방경찰을 겸한 기관이다. 그 맡은 바는 궁성 및 도성의 수축과 궁궐·관청·방리민가의 구화(救火) 등이었다. 그 후 금화사무는 주간은 한성부에 야간은 순청에, 그리고 수성사무는 병조에 이관되었다.

---

44) 장경학, "신 법률 춘향전", 법률출판사, 1997, pp.295~297.
45) 백상기, "조선조 감사제도 연구", 영남대학교 출판부, 1990, pp.283~288.
46) 옳고 그름이나 착하고 악함을 판단하여 결정함.
47) 위의 책, pp.301~303

금화규칙은 다음과 같다.

- 병조·의금부·형조·한성부·수성금화사 및 5부에 숙직하는 관원은 순행하여 화재를 단속한다.
- 궁궐 내에 화재가 났을 때에는 대종을 치며 재궐자는 달려가서 구화하여야 하고, 장졸들은 당직하는 직소를 떠나지 말아야 하며, 출번한 장병들은 각기 소속위에, 제관사관원은 각기 조방에 집합하고, 제관사 소속의 제원·공인·경성 5부의 시민·출번한 별감 및 각 차비인(差備人)은 모두 궁궐문 밖에 집합하여 명령을 기다려야 한다(국왕이 이동 거처하시는 곳에 있어서의 경우도 이와 같다). 대종을 치는 것은 나중에 취라로 대신했다.
- 제관사를 5부에 분속하여 구화패를 발급하되, 부내에서 화재가 일어났을 경우에는 병조·의금부·형조·한성부 및 수성금화사의 관원들이 각기 소속부원을 인솔하고 달려가서 구화한다(방인리에 대하여는 일통마다 금화판을 발급하고 통인을 인솔하여 달려가서 구화케 한다).
- 의금부는 망화인(望火人)을 정하여(의금부 나장·사복시[司僕寺] 및 군기시노[軍器寺奴] 각 1인) 항상 종루에 올라가 간망하고 이궁(離宮)이나 관청사에 불이 나면 종을 치고(민가 연소에도 종을 친다), 도총부는 즉시 국왕에게 상주하며 부장으로 하여금 입직보병을 인솔하여 달려가 구화한다.
- 풍란 때는 수성금화사는 방리각호에 요령을 치며 순경하여 불에 대비한다.
- 공·사 각처에 모두 저수통을 만들고 방화 사다리와 구화기기를 비치한다.
- 종묘·영녕전·문소전 관원은 순행하여 금화하고 풍란 때는 제조(提調)가 입번하고 종친(宗親)은 순찰한다. 이는 나중에 폐지하였다.
- 궁성 담장 4면에는 100척 내에 인가건조를 금한다.
- 와가(瓦家)는 3간 이상, 초가는 5간 이상의 실화자를 인경에서 파루시까지 즉시 서계(書啓)하여야 한다(사람이 다치면 1간이라 할지라도 서계한다).

한편, 사산참군을 두어 선전관 후보로 추천된 무과 출신을 임명하여 경성 내외의 동서남북 산(山)의 소나무 도벌 단속과 보호의 일을 하였다. 서부는 훈련도감에, 동부는 어영청에, 남부는 금위영에, 북부는 총융청에 속하며 각기 본청의 소관으로 겸임시켰다. 종9품으로 임명하고 30개월을 복무하면 6품관으로 승진시켰으니, 이는 산림경찰에 해당되는 이들의 업무에 대한 중요성을 보여주는 예라고 하겠다.

2. 지방경찰기관

(1) 관찰사·수령

조선시대 지방행정기관의 장인 관찰사·수령은 바로 지방경찰기관이기도 하였다. 관찰사·수령은 그 밑에 중앙정부와 같이 이·호·예·병·형·공의 6방을 두고 이속·군교 및 노비를 이에 배치하였는데, 경찰업무의 주류는 군교와 사령·나졸 등의 문졸(門卒)이었다. 신문함에 있어서 몽둥이를 드는 것과 체포는 이들 문졸들이 하였으며, 이들은 병방과 형방에 배치되어 있었다.

관찰사·수령의 소관업무는 전반적인 것으로 한성부의 경우는 명문화되어 있으니, 구장(호적)·시전(시장점포)·가사(家舍)·전토·사산(四山)·도로·교량·구거(溝渠)·포흠(逋欠. 탈세, 관물손실의 시정)·부채·투구·주순(晝巡)·검시·차량·고실(故失)우마·낙계(烙契) 등인 바, 지방도 이에 준하여 생각할 수 있으며 이에다 포도와 야순 등을 추가 수행하였을 것이다.

한성부윤과 수원·광주·개성·강화의 4유수(이상 경관) 외에 지방관으로는 8관찰사 밑에 부윤 5·대도호부사 5·목사 20·도호부사 75·군수 77·현감 122 등 310명이 있고, 관찰사 소재지에 수령으로 판관(평양은 서윤) 1인씩을 두고 있으니 이들이 모두 경찰기관이었다.

특히, 한성부에는 5부(동·서·남·북·중)를 두고, 각 부에는 영 1인(종 5품)과 도사 1인을 두어 관내 주민의 비법사(詞訟) 및 교량·도로·금화·방범·대지측량·검시 등을 맡게 하였다.

관찰사를 보좌하는 감영의 기구는 종 2품의 감사 1명, 종 5품의 도사와 판관 각 1명, 종 6품의 교수 1명, 종 9품의 훈도·심약·검률 각 1명씩으로 구성되어 있다. 한때 경력이 설치되기도 했으나, 경력이 혁파된 후부터 도사는 아감사라고도 하여 감사 유고시에는 감사를 대행하였으니, 1도를 규찰하는 것 등이 그것이었다.

또, 감영의 기구로써 감사의 보좌관인 판관이 설치되었다. 판관은 전국 8도에 모두 31명이 배치되었는데, 특히 경기에는 수운판관이 설치되고 충청·전라도에는 해운판관이 설치되었다. 그러나 후기에는 경기·평안도를 제외한 각 도와 수원, 강화, 춘천, 광주 등의 유수영과 제주, 전주, 의주, 정주, 경성 등 특수지역에만 설치·운영되었다.

판관의 관품이나 직임은 도사와 거의 같았다. 그러나 도사와 판관은 결코 동시에 같은 관서에 배치되는 일이 거의 없이 각기 감사 다음가는 차선의 위치에 있어 '아사(亞使)'라고도 칭하였다.

감영에는 감사, 경력, 도사, 판관 이외에 영리가 있어서 감영의 일을 보살폈다. '영리'란 감영의 이속으로서 정원이 일정치 않았는데, 조선 초에는 각 읍의 호장층에서 영리를 차출하여 감영으로 보냈고, 향리와 같이 영리도 이·호·예·병·형·공의 6방으로 업무가 분장되었다.

영리는 감사·도사 등을 보좌하기 때문에 읍리보다는 격이 높고 유력한 이족 중에서 선발하였다. 영리는 감사의 명을 받아 도사를 쫓아다니면서 수령이 행하는 일반 정치의 득실을 염탐하기도 하고, 감사가 도내의 각 지역을 순력할 때에 안내자 구실도 담당하였다.

관찰사는 관내의 수령을 규찰하는 외헌(外憲) 기능과 함께 한 도의 행정일반을 통할하는 방백(方伯) 기능을 가지며 나아가 군사지휘권을 행사하는 군사 기능과 사법권을 행사하는 사법 기능을 가진다.

특히, 관찰사의 사법상 권한은 지방통치에서 발생하는 행정, 형사, 민사에 이르는 광범위하고도 포괄적인 것이었다.[48]

이는 고려 말에 확립되었는데, 조선조에 들어와서도 이러한 골격은 그대로 유지되어 수령은 태(笞) 이하만을 직단하고, 관찰사는 유형 이하를 직단할 수 있었다. 그리고 사죄(死罪)의 경우는 삼복주의 원칙이 일찍부터 제정되어 있어, 관찰사는 국왕에게 올리기 전에 세 차례의 검심을 한다.

관찰사가 한 도내의 형사사건에서 유(流) 이하를 직단할 수 있다는 것은 태형·장형·도형·유형을 판결하여 집행한다는 것을 의미한다.

그러나 그것은 도내의 모든 범법자를 감영에서 잡아서 처리하는 것이 아니라, 각 고을의 수령이 범죄자를 잡아서 추문하여 장 이상의 죄상이 있을 경우에 관찰사에게 보고하면 관찰사는 제사(題辭)를 써서 수사를 지휘하고 죄상이 명백히 드러나면 검률의 법적용으로 해당하는 형벌을 판결하였다.

만약, 범죄자의 수사과정에 의문이 있거나 범죄자가 범죄사실을 부인하여 판결이 어려울 때는 차사원(差使員)을 파견하거나 범죄자를 감영에 이송하여 직접 신문할 수 있었다.

또한 민사사건에 있어서는 고을의 수령이 청리(聽理)한 송사에서 패소하고 불복하면 감영에 복심을 청구할 수 있으며 그것을 '의송(議送)'이라 하는데, 관찰사는 재심하여 그 결과를 수령에게 하달하였다.

관찰사에게는 사법행정과 율령에 대한 경험과 지식을 요구하였으나 그 분야에 전문화되지 못한 경우가 많았으므로, 구체적인 실무는 감사를 보좌하는 검률과 아전인 형방영리가 사법사무를 담당하였다.

수령도 범죄가 발생하면 범죄의 수사, 피의자의 체포와 구금, 그리고 신문·재판에 이르기까지 포괄적인 사법적 기능을 가진다. 특히, 포도의 문제는 백성에게 직접 해를 입히는 것으로 조선 초부터 포도에 대한 사목과 논상이 내려졌다.

조선 중기 이후에는 도둑이 횡행하여 소위 임꺽정 일당이 봉산군수 이흠례를 해치고 전악서를 파괴하기도 하였으며, 부장 연간령이 살해되거나 나라의 역마를 빼기는 등 변란의 양상이 나타났다.

---

48) 오갑균, "조선시대 사법제도", 삼양사, 1995, pp.197~200 : 245~251.

이와 같은 현상을 방지하기 위하여 거칠고 난폭한 대적당이 수령의 관할권 안에 나타났을 때, 이를 즉시 수색하여 체포하지 못하고 만연하게 되면 당해 수령 및 토포사를 구속·심문하여 정죄하고, 고을 좌수·형리·토포장 등은 형추(刑推)하여 정배한다는 사목까지 나왔다.

수령은 또한 포호(捕虎)의 책무도 가진다. 맹수를 사냥하여 백성의 생명을 보호해야 하기 때문이다. 「목민심서」〈제해(除害)〉조에 의하면 "백성을 위해 해독을 제거하는 일은 목민관의 의무이니 첫째는 도적이요, 둘째는 귀신불이요, 셋째는 호랑이다. 이 세 가지가 없어져야 백성들의 재앙이 없어진다."라고 한 점에서도 포호의 중요성을 알 수 있다.

그리고 수령은 송사와 옥사를 관장하였다. '송사'라 하면 사인 간의 분쟁의 판결을 관청에 호소하는 일을 뜻하며, '옥사'는 강도·살인·반역 등의 중대한 범죄를 다스리는 일로서 국가사회의 공권력유지를 위한 형사사건으로 고발 또는 적발·수색하여 처벌하는 것을 뜻한다.

또한, 상해 및 인격적 침해 등으로 형벌을 요구하는 송사를 특히 '옥송(獄訟)'이라 하는데, 송사가 옥송으로 이어지는 것이 상례이므로 송사(민사)와 옥송(형사)은 완전히 분리하지 않고 처리되었다.

수령도 보좌기관을 가지고 있으나, 일률적으로 지정되지 않았다.

충청도 목천현의 읍지에 의하면 현에 현감이 있고 군관 30인·사령 17인, 면에 조포장 7인이 있으며 8개 면으로 되어 있다. 이에 의하면, 현청소재지인 읍내면에는 조포장을 두지 않고 나머지 7개 면에 조포장 1인씩을 두었으며 군관 30인 내역이 '읍 6인 촌 24인'으로 되어 있으니 1개 면에 3~4인씩 배치한 듯하다.[49)]

(관직) 현감(문음교체 6품) 좌수 1인 별감 2인 군관 30인(읍 6인, 촌 24인) 아전(古 20인, 今 32인) 지인(知印, 古 10인, 今 16인) 관노(古 3인, 今 12인) 관패(古 4인, 今 17인) 사령(古 13인, 今 17인)

(면리) 각면 풍헌 8인, 약정 8인, 권농 7인, 조포장 7인

그러나 타 읍지에서는 일률적으로 조포장이란 것을 볼 수 없었다. 따라서 이것은 각 지방에서 신축성 있는 운영을 한 듯 보인다. 또한 포교와 포졸의 명칭이 보이는 것도 있다. 이와 같이 하부구조는 일률적인 통일명칭이 없다는 것을 알 수 있다.

49) "한국경찰사 I", p.228.

(2) 겸임 토포사

서울에는 포도의 전임관청으로 좌·우포도청이 설립되었으며, 지방에 있어서도 토포사(討捕使)라는 기관이 있었다. 그러나 이 토포사는 전임관이 임명되지는 않았고 초기는 일부 수령에게 겸임시켰으며, 나중에는 진영장에 겸임시켰다.

성종 2년 5월에 황해와 경기에 도적이 일어나 포도장을 파견하고 중종 2년 10월에는 포도순검사를 각 지방에 파견했다는 기사가 보인다. 이는 어디까지나 기한부의 임시직책이었다.[50] 그런데 1592년 4월에 임진왜란이 일어나자 국토는 삽시간에 왜군에게 짓밟히고 익년 4월에야 왜병을 남쪽에 몰아넣어 대부분의 국토가 수복되었으나 민생은 도탄에 빠지고 생계에 허덕이게 되었다. 특히, 경상도 밀양 이남지역이 폐허가 되다시피 한 데다가 관의 힘도 미치지 못하여 도적이 횡행하게 되었으며, 인적이 통하지 않게 되었다고 한다.

이에 조정에서는 비변사의 계로 상주목사 정기룡을 당상관에 올려 토포사를 겸임시키고, 평시에는 도적을 토포하고 전시에는 그 병력을 끌고 대적케 하였다.

정기룡은 연소하나 무재(武才)가 있어 전년에도 왜군을 도처에서 격멸한 영웅이었으며, 부하와 백성들에게도 명망이 있었다. 다시 말하자면 정기룡은 상주목사로서는 그 관할지역이 상주지방에 한정되나 토포사로서는 더욱 넓은 지역을 관할한 것이다.

이와 같은 예는, 인조시대 정묘 및 병자호란을 겪고 난 후, 각지에 도적이 심하여 토포사를 대폭 증설하게 된 데서도 찾아볼 수 있다. 그러므로 그때부터 대략 체제가 잡힌 듯하다. 토포사는 포도대장과 같이 대전에 규정된 정식관직은 아니고 필요에 따라 임시적으로 특정수령에게 겸임 발령했기 때문에, 이것을 일률적으로 개관하기는 어렵다. 속대전 이후 정식으로 나타나는 진영장(정 3품)에게 겸임시키도록 하였고 수령 겸임 관습이 없어지자 이 진영장의 편제를 통하여 토포사의 분포를 짐작할 수 있게 되었다.

인조 5년, 금과 화약을 맺은 후, 각 도에 진영장을 배치하였다. 그리하여 군사를 징모하여 진영장으로 하여금 훈련을 시켰는데, 금의 재침을 받고 별 효능도 보지 못한 채 항복하자 익년 진영장제도 파하였다. 그러다가 청에 대하여 병자설욕을 꿈꾸는 효종의 북벌정책에 의하여 진영장제는 삼남을 중심으로 다시 운영되었다. 이 편제는 대체의 원형이 전·후·좌·우·중의 5영을 1도에 두었으나 그 수는 형편에 따

50) 조선조 최초의 조직적 농민저항인 임꺽정 일당은 1559~1592년까지 작당하였는데, 당시 개성부 포도관 이억근이 죽음을 당하자 남치근과 김세한을 각각 황해와 강원 토포사로 파견하였다. 당시 농민들에 대한 토포사와 순경사의 폐해도 많아, "순경사 접대하랴 도적 만나랴 황해도가 텅 비었다"는 기록이 있다. 강만길 외, "한국사 8", 한길사, 1995, pp.149~155.

라 증감되었다.

조선실록에서는 대체로 토포사와 영장을 동의어로 혼용하고 있는데, 토포사는 몇 개 수령을 관할하고 있는 것을 알 수 있다. 그래서 수령은 도적을 체포하면 신문하여 자백을 얻은 다음, 토포사에 이송하게끔 되어 있었다.

진영장 배치 : 시대 표시없는 것은 인조 때 설치

경기	전영	광주부윤	
	좌영	남양도호부사	
	중영	양주목사	
	별중영	수원도호부사	(현종)
	후영	장단부사	(현종)
	우영	죽산도호부사	
충청도	전영	홍주목	
	좌영	해미현감	(숙종)
	중영	청주목	
	우영	공주목	
	후영	충주목	
경상도	전영	안동대도호부	
	좌영	상주목	
	중영	대구도호부	
	별중영	김해부사	
	우영	진주목	
	후영	경주부	
전라도	전영	순천도호부	
	좌영	운봉현감	(숙종)
	중영	전주부	
	우영	나주목	
	후영	여산도호부사	
황해도	전영	봉산군수	
	좌영	풍천도호부사	
	중영	안악군수	(숙종)
	별중영	산산첨사	(숙종)
	우영	곡산도호부사	(현종)
	후영	평산도호부사	(숙종)

강원도	좌영	철원도호부사	(영조)
	중영	원주목사	(영조)
	우영	삼척도호부사	
함경도	전영	홍원현감	
	좌영	갑산도호부사	(효종)
	중영	영흥대도호부사	
	별중영	단천도호부사	(숙종)
	우영	삼수도호부사	(숙종)
	후영	덕원도호부사	
평안도	전영	숙천도호부사	(숙종)
	좌영	덕천군수	
	중영	중화도호부사	
	우영	순천군수	
	후영	함종도호부사	
	별전영	용천도호부사	(숙종)
	별좌영	구성도호부사	
	별우영	가산군수	(숙종)
	별후영	영변대도호부사	
경기	부평토포사－부사		(고종)
	파주영장 겸 토포사－목사		(고종)

(3) 찰방(察訪)

전국 39찰방도의 장을 찰방이라 한다. 당시는 통신수단이 발달하지 못한 때라 교통과 아울러 도로는 중요한 것이었다. 찰방은 고려 때부터 내려오던 제도로서 약 30리 간격으로 역을 두어 연결거점으로 삼았다. 역에는 역장이 있었으며, 그 아래에 역졸을 두고 마필을 대비하여 공문서를 속히 전달하는 동시에 인·물의 수송편의를 제공하였다.

정부에서는 병조에서 공무여행자에게 필요한 말 숫자를 적은 마문(馬文)을 발행하면 이에 따라 상서원에서 마패[51]를 발급하여 이를 역에 제시하고 말의 공급을 받아서 역마다 갈아타며 여행을 하였다.

그리하여 전국에 걸쳐 있는 역을 경기도 6개, 충청도 5개, 경상도 11개, 전라도 6개, 황해도 3개, 강원도 4개, 함경도 2개, 평안도 2개 구역으로 각각 묶어서 이를

51) 동제로, 하나 또는 복수의 말 그림이 부각되어 있고, 후면에는 상서원인이 새겨져 있다.

찰방도라 불렀는데, 전국을 39찰방도로 편성하였다.

이 도에는 장으로 처음에 찰방 또는 역승을 두었다가 후에 찰방으로 통일하였다. 종 6품관으로 원래 서리로서 오래 근무하여 고생한 사람을 역승으로 파견케 되어 있었는데, 중종 30년 찰방으로 개칭하고 모두 문음자제를 취재하여 채용하게 되었다.

찰방의 주요임무 중의 하나는 비법(非法)을 은밀히 내사하여 왕에게 직계토록 하는 것이니 역의 성격상 편리한 정보경찰망이 이루어진 셈이다.[52][53]

겸찰방의 도는 다음과 같다.

경기도 – 영서도, 양재도(후에 영화도로 개칭)
충청도 – 성환도
경상도 – 유곡도, 황산도
전라도 – 삼례도
황해도 – 금교도
강원도 – 은계도
함경도 – 고산도
평안도 – 대동도, 어천도

(4) 경재소(京在所)와 유향소(留鄕所)

경재소는 유향소와 함께 고려의 사심관제에서 분화 발전한 것이다. 새 왕조를 창건하는 데 주역을 담당했던 신흥사대부 세력이 이제까지 군현의 지배권을 갖고 있던 향리를 배제하고 재경관인과 연결된 재지사족 주도의 지방통치와 성리학적 향촌사회를 확립하려는 과정에서 양자가 거의 동시에 서울과 지방에서 각각 설치·운영되었다.

경재소와 유향소는 그 구성원이나 소재지 및 기능상으로 볼 때에 별개의 기구인 것처럼 보이지만, 실제 양자는 서로 불가분의 표리관계에 있어 따로 떼어 설명할 수 없다.[54]

경재소는 좌수 1명, 참상(6품 이상)·참하(7품 이하)·별감 각 2명씩 모두 5명의 임원을 두고 있다. 경재소는 고려의 사심관에 비해 재경관인들의 참가인원이 확대된 셈이다. 경중 각사마다 당상과 낭청이 있듯이 경재소 임원에도 당상·좌수·별감이 있었다. 당상은 그야말로 당상관이 선임되고 별감은 당상이나 좌수보다 관직이 낮

52) 숙종 14년에 하남 병사 유성추가 관하순력을 할 때에 말을 타지 않고 가마를 타고 다녔다 하여 고산찰방 한이원이 장계를 올려 파직케 한 기록이 있다.
53) 일제가 우리의 독립운동 정보를 각 철도국장에게도 발송하고 있음은 각 철도국장의 협력을 받기 위해서이다.
54) “한국사 23”, pp.183 이하.

은 자가 선임되었다.

경재소 임원은 관할 유향소 임원의 임명권을 가지며, 향리규찰과 인재천거 및 향중 인사들로부터 갖가지 청탁을 받는 경우가 많았다. 경재소는 그 자체의 일정한 예산을 가지고 있어 경조비, 감사·수령의 전송연, 방문객 접대비 등에 충당하였다. 그 예산은 해당 읍의 유향소나 경저(京邸)에서 공급되었는데, 유향소는 경재소에 세찬·절찬과 같은 일정한 예물을 보내왔다. 경재소 임원은 부모상을 당하거나 외관으로 서울을 떠나게 되면 사임하였다.

경재소에 의해 임명된 유향소는 군현 지배권을 향리로부터 회수하기 위해서 경재소의 힘을 빌렸던 것이며, 재경관인들은 각기 경재소를 발판으로 하여 그 읍 수령과 유향소에 직접·간접으로 영향력을 행사함으로써 연고지의 지방행정은 물론이고 자기들의 경제적 기반도 부식해 갔다.

유향소는 여말선초 신분제의 재편성 과정에서 이른바 토성품관·유향품관이 각 읍마다 존재하게 되었고, 군현 내지 향읍 지배세력이 향리에서 재지사족으로 점차 대체되는 과정에서 서울의 경재소와 함께 자발적으로 조직·운영되어 갔다. 그것은 재지사족의 번성과 쇠잔 여부에 상관 관계를 갖고 있다고 여겨진다.

세조 때 일시 혁파되었다가 성종 19년에 이른바 유향소 복설절목에 의거하여 새 모습으로 복설된 유향소는, 향사당(鄉射堂) 같은 시설의 확충, 조직의 강화, 향안의 작성, 향규의 제정과 함께 수령의 보조기관인 군현의 이아(貳衙)로 정비되어 갔다. 이것은 당초 사림파가 의도했던 방향이라기보다는 오히려 관권주도로 나가게 되었다. 그것은 무오사화를 계기로 훈구세력이 명종조 말까지 계속 집권했기 때문이었다.

유향소 임원에 관해서는 자료에 따라 약간의 차이는 있으나, 후기의 읍지에 의하면 좌수는 읍격에 관계없이 1읍 1인이며 별감은 주·부 3인이고 군·현은 2인이 일반적이었다. 그런데 유향소는 조선 후기에 오게 되면 향청 또는 향소라 부르게 되었고, 그 조직과 권한은 시대 또는 군현에 따라 현저한 차이가 있었다.

향규는 바로 유향소를 규제하는 규약으로 향규의 핵심은 향안에 있었다. 이 향규는 16세기에 들어오면서 모두 주자의 여씨향약을 전범(典範)으로 하여 모두 향약화되고 말았다.[55]

그러나 향약은 유향소와 불가분의 관계에 있기는 했으나 유향소와 같은 행정기구는 아니었고 어디까지나 향촌자치의 규약이었다. 이는 군현을 단위로 한 것도 있지만, 지방의 사정에 따라 적용의 범위를 좁혀서 향약·동약·동계·족계 등으로 축소화된 것이 보통이었다.

---

55) "한국사 23", p.192.

이와 같이 향약은 그 지방의 사정에 알맞게 짜여진 규약에 의하여 제정되었으나, 그 내용은 여씨향약에서 보이는 덕업을 서로 권하고 과실을 서로 규제하고 예속을 서로 교환하고 환난을 당하면 서로 구휼한다는 것 등이 포함되어 있다. 그러므로 이른바 권선징악과 상부상조를 골자로 하는 향촌의 규약이었다.

향약의 임원으로는 도약정·부약정·직월 등이 있으나 이들은 대개 유향소의 좌수·별감·유사 등이 겸하기 마련이어서 향청과 그 조직체계를 거의 같이하고 있었다. 향약은 때로 임원들의 권리남용과 자체 내의 상호 이해충돌과 모함 등으로 오히려 풍속을 해치는 경우도 있었으나, 유교적 도덕을 선양하고 향촌자치 정신을 일깨우는 데 크게 이바지하였다.

19세기 들어서자 수령과 결탁한 이서층, 향리층, 심지어 면·이임까지도 각종 수탈을 일삼으면서 향촌은 변화하기 시작하였다.

당시 부세납부는 전세에서의 비총제(比摠制), 군역에서의 이정법(里定法), 환곡에서의 이환법(里還法) 등과 같은 공동납제로 운영되고 있었는데, 동내에 부과되는 부담분을 관권의 전횡만으로는 해결할 수 없는 것이며 그것은 최소한의 범위 내에서라도 주민들의 의사를 반영해야 했다. 여기서 향회가 수령의 부세자문기구적 성격으로 변화됨을 알 수 있다.

이 향회에는 새롭게 참여하게 되는 신유(新儒)와 신향(新鄕)이 주도하게 되는데, 가장 주목되는 층은 요호(饒戶)라는 부민층이었다.[56)]

> 향중의 불초자제 수십 인, 부리기 쉬운 자를 객관에 모이게 한 후, 돼지를 잡고 술을 걸러 잔치를 연다. 그들을 불러 말하기를 향회에서 역가(役價)를 올리는 일을 의논해야겠다고 하면 모두 좋다고 한다. 누가 감히 다른 의견을 내겠는가. 구관이 가고 신관이 오면 또 전과 같이 하여 열 섬을 더하니, 시간이 지나면서 극한에 이르게 된다. 이것이 바로 역가가 늘어나는 까닭이다.
>
> — 정약용의 「경세유표」에서

이러한 경재소·유향소·향회는, 경찰권을 가진 수령을 견제하면서 한편 자치적으로 지방풍속을 교화하고 규율하는 기능을 수행하였다.

(5) 5가통

1) 의 의

5가통(五家統)은 원래 당나라에서 활용되던 5가비(五家比)의 제도를 모방한 것

---

56) "한국사 36", pp.70 이하.

으로, 마을에서 자발적으로 부락방위상 조직된 것이라기보다는 어디까지나 조정에 의하여 강제로 조직된 것이다.[57] 이와 같은 제도는 건국 초기에 경국대전에 의하여 법제화되고 이에 따라 제도적으로 장기간 실시되어 오다가 선조 이후에는 유명무실하게 되었으며, 효종이 다시 필요성을 느껴서 부활하려고 하였으나 실현을 보지 못하고 있던 중, 비변사에 의하여 5가통 21절목을 만들어 다시 실시하기에 이르렀다.

이와 같이 역대 왕들은 이 5가통제도의 조직을 강화하려고 많은 노력을 기울였으나 큰 성과는 거두지 못하였다.

고종 때에 다시 제도를 고쳐서 주민 10호를 단위로 한 10가통으로 바꾸어 운영하였으나 다만 호구조사를 위한 제도에 그치고 말았고, 갑오개혁 후에도 향회조규 및 향약변무규정을 만들어 군·면·리에서 시행하게 한 적도 있다.

2) 조 직

경외(京外)를 막론하고 5호를 1통으로 하여 이에 통주를 두며, 서울에서는 통위에 방(坊)을 두고 방은 관령으로 하여금 통할하게 하였고, 지방에서는 5통을 이(里)라 하여 이정(이장)을 두며 몇 리가 1면을 형성하고 각 면에 권농관이 있어서 이를 통솔하였다.

5가통 21절목에 의한 조직은 다음과 같다.

- 통에 관하여는, 민호는 그 형성에 따라 가구의 다과나 재력의 빈부를 막론하고 매 5가를 1통으로 하고, 그 5가 중 지위와 연령이 높은 자가 통주가 되어 통내의 모든 일을 장리한다.
- 이에 관하여는, 5통에서 10통에 이르는 것을 소리, 11통에서 20통에 이르는 것을 중리, 21통에서 30통에 이르는 것을 대리로 한다. 이에는 이정 1인과 유사 2인을 임명하여 통주와 같이 이의 모든 일을 관장케 한다.
- 면에 관하여는, 통과 이 위에 면을 두고, 면에 도윤·부윤 각 1인을 두며 이 지역의 대소·인구의 과다·이세의 성쇠에 따라 순위를 정한다.
- 이정이나 면의 도윤·부윤의 임명에 관하여는, 윤은 그 선택이 어렵고 이정은 많은 사람들이 기피현상을 보이므로 앞으로는 이정 및 면의 윤은 반드시 일향에서 지위명망이 있는 자로서 임명하고 문·무 음직이라 할지라도 이를 명하여 조직을 관리 통할하는 기반으로 삼을 것이며, 이러한 직을 피하려는 자가 있으면 유배형으로서 논한다.

3) 목 적

5가통의 조직을 통하여 알 수 있는 바와 같이, 이는 조선시대의 최하급 지방단

57) "한국사 36", pp.70 이하.

체로서 국가관청은 아니고, 일종의 지방자치조직이라 보는 것이 합당하다. 또한 오늘날의 통·반 조직과도 그 성격이 다소 다르다고 보아야 한다.

5가통의 목적은 인보의 상호부조와 연대책임을 기간으로 하여 호적·호구를 명백히 하고 상호검찰과 상호부조, 나아가서는 예방경찰의 효과까지 나타내고자 하는 강력한 자치조직으로서 봉건적 전제정치를 효과적으로 수행하려는 데 있었다. 5가통은 호패, 호적제도와 함께 백성관리에 삼위일체로 되어 왔다.[58]

4) 내 용

① 상부상조

5가는 필히 모여서 서로 이웃하여 거주하고 경운(耕耘)을 상조하고 출입을 상수(相守)하며 질병을 상구하고 혹은 세상이 불편하여 떨어져 살지 않을 수 없다고 하더라도 반드시 서로 돌러보아 종전과 같이 혼자 살지 않고 상보상자(相保相資)한다. 또한, 통리의 백성은 혼상례를 상조하고 환난을 상휼하며 선은 서로 권면하고 악은 서로 고계하며 송사는 그치고 다툼은 없애도록 근신함으로써 착한 백성이 된다.

② 호구 등의 명백화와 미기재자의 불보호

호적·호구 중에는 반드시 이·통 제 몇 가임을 호단에 써서 고열(考閱)에 얹어 거짓을 방지한다.

유민이라든지 행적이 일정하지 않더라도 이미 남녀 있고 식구가 있으면 또한 대중에 따라야 한다. 그리하여 통을 이루어 필히 가까운 통에 소속되어 그 통원이 되며, 항상 통패를 검사케 하고 또한 원통의 패단에 어느 방으로부터 와서 거주함과 남녀 식구를 기재한다.

성명을 통패에 기재하지 않는 자는 백성의 수에 넣지 아니하며 그 자의 소송도 수리하지 않아 살상이 되어도 가해자를 살인죄로 벌하지 않는다.

③ 범죄 등의 신고와 연대처벌제

통리의 백성은 불효·불제·반주(叛主)·살인·풍속 해코지·도적·도에 어긋남 등의 일이 있으면 필히 이·면에 고하여 군에 전하고 범죄의 경중에 따라 징치의 기반으로 한다.

통내에 거짓말쟁이, 도둑, 내력불명의 자 등이 있으면 즉시 고발하고 통리에서 관에 보고하여 사치(査治)의 기초로 한다.

---

58) 최홍기, "한국호적제도 연구", 서울대출판부, 1997, pp.132~152.

만약에 이상과 같은 일이 있었는데도 고의로 감추거나 신고를 하지 않을 때에는 그 통의 임원을 엄중하게 추궁하고 또한 그 통민을 연대적으로 처벌한다. 또한, 통에서 보고한 것을 이에서 감추고 보고하지 않은 자는 직권을 이행하지 않은 죄로 다스린다.

④ 거주 이전의 허가제

병역의무나 부역 등을 기피할 목적으로 다른 곳으로 이사를 하여 일정한 주거를 정하지 않고 있는 자에 대한 대책으로 허가제를 이용했다. 무릇 민이 타읍에 이거하는 자는 필히 무슨 사유로 다른 지역으로 옮기려고 하는지, 또 어느 지역 및 통으로 가려는 것인지, 통을 통해 이에 보고하고 이에서는 관에 보고하여 이주의 허가를 받은 다음에 비로소 떠나도록 하고, 그 자가 새로 이사가려는 지역에 도착한 뒤에는 그 이에서 이주자의 허가 여부를 확인한 다음에 받아들여야 한다.

허가 없이 이주한 자는 간민(奸民)에 관한 법에 의하여 처벌함으로써 지역의 치안을 확고히 하며, 수용되지 못할 자를 수용한 자도 엄중히 처벌한다.

제 3 절 경찰제도 운영의 실제

1. 순라제도

(1) 순라제도의 변천

국초의 순라사무는 순군만호부→순위사→의용순금사→의금부로 변천되면서 단종 원년 이후 순라는 감순절제사(병조) 아래 순라부대에 의하여 수행되다가 그 후에 감순절제사는 순장으로 개칭되어 순청이 설치되었다. 세조 11년에는 순청을 다시 둘로 나누어 좌순청·우순청을 두고 순장도 둘이 됐다.

경국대전에 의하면, 그 후 다음과 같이 정비된 순라제도를 운영하고 있다.

- **궁성 내** : 5위의 위장 또는 부장이 군사 10인을 데리고 경을 나누어서 순행하고 무사 여부를 왕에게 직접 보고한다.
- **궁문 밖** : 왕궁 바로 외곽은 5위의 상호군·대호군·호군 중의 1인이 정병 5인을 데리고 각각 숙직한다. 광화문(光化門) 숙직의 호군은 초저녁에 병조에서 요령과 군호를 받은 다음, 인경 후에 정병 2인으로 하여금 요령하며 궁성을 돌면서 다음 경수소나 궁문에 요령을 전달케 하여 이것을 차례로 돌림으로써 파루까지 쉬지 않고 계속한다. 또한, 순관은 매경 궁

성을 돌면서 경수소와 궁문지기에서 순청이 전달한 경첨(更籤)[59]을 수거하여 아침이 되면 병조에 바친다. 순장도 가끔 친히 근무성적을 조사한다.

- **시내 외** : 병조에서 유청군(충의위·충찬위·충순위·족찬위·내금위)과 5위 각위의 일부씩을 동원하여 2개소로 나누어 순라케 한다.
- **시내 외의 경수소** : 보병 2인이 동내 사람 5인을 데리고 궁·검·장 등으로 무장하여 경첨을 가지고 숙직하며 산곡 경수소에는 정병 5인이 숙직한다. 순장은 순관을 별안간에 보내서 경첨을 수거케 하여 근무상황을 독려한다.

순라는 병조에서 책임지는 것이지만, ① 순청(좌·우)과 ② 5위와 유청군이 시행하고 있다. 그러나 순청이 주류고 5위와 유청군은 부수적으로 병력제공에 그 의의가 있다.

순장은 임기 '1야'의 당상관으로 좌·우 2인이며 원칙적으로 지중추부사(정 2품) 동지중추부사(종 2품) 첨지중추부사(당상 정 3품) 중에서 매일 병조에서 무정수로 추천해 올려 왕이 지정 임명하면 매일 신시(오후 4시)에 입궁하여 숙배하고 대내에서 패를 받게 되어 있으며 익일의 납패도 대내에서 한다.

순장 밑의 감군도 선전관, 병조 당하관, 오위도총부 당하관 중에서 순장과 마찬가지로 임명되고 수패납패절차도 같다.

순청은 좌·우 순청으로 구성되어 자내(字內)를 나누어 행순, 금화, 전루(시간을 알리는 것), 신칙(타이름), 각 성문 순찰을 전관하여 집행한다. 또한, 순청은 좌우가 각각 관할경수소를 가지고 있다.

(2) 한성 순라제도

임진왜란 이후 5위가 군사조직으로 쓸모가 없게 되면서 훈련도감을 위시한 새 군문이 속속 설치되어 순라병력도 3군문에서 차출하고 포도청도 이에 합세하게 되었다.

경국대전의 제도에서 변용된 한성 순라제도는 다음과 같다.

- **궁성 내** : 이것은 처음과 다름없이 5위장과 부장이 각각 5인의 군사를 데리고 순찰했다. 초경에 명례문 내에서 통화문까지를 관장하는 동소(東所)를 위장이 맡으면 부장은 서소(西所)를 맡고 2경에 남소(南所)를 부장이 맡으면 북소(北所)는 위장이 순찰하는 식으로 돌아갔다. 그리고 병조 입직랑관은 건양문 서쪽을 밤새도록 순검하여 문자물쇠를 단속했고 오위도총부의 낭관은 건양문 동쪽을 그렇게 하였다.
- **궁성외곽** : 훈련도감, 금위영, 어영청 3군 내에서 각각 입직초관 1인이 군사 20명씩을 데리고 해가 저물면 분경·순라하는데, 초경에 남영을 했다면 2경에는 서영을, 3경에는 광지영

59) 첨(籤)은 나무로 만들고 시간표시와 경수소나 문표시가 있다.

을, 4경에는 집춘영을, 5경에는 동영을 순찰하여 1야에 각 영문군사가 성문을 꼭 일주하도록 하고 매경에 두 번씩 돌게 하였다. 또한, 담장 밖에는 3군문의 군포(軍舖) 20처를 두어 매포에 군사 2명씩을 두었다. 이 군포 구역에는 각 군문의 패장 1인이 입직군 5명을 데리고 따로 순찰하였고 이와 별도로 각 군문의 입직장관 각 1인은 파루부터 날이 샐 때까지 순찰하였다. 이 외에도 교·졸 각 1인을 돌게 하였으며 병조에서도 수시로 돌아 위법자를 적발했다.

- **사직단장 외** : 신성한 사직단 담 밖을 또한 순찰케 하였으니 3군문에서 패장 1인과 군사 3명을 파견하여 3일에 하루씩 윤번 근무하였다.
- **경성 내외** : 광활한 시내 외의 순찰은 좌·우순청·3군문·좌·우포도청이 활발하게 하였는데 3군문과 양포도청 등 5개 군단이 8패로 구역을 구획하여 행순하였으며 양포도청은 매일 각 패와 각 자내를 순찰하고 3군문은 사흘돌이로 번갈아 순찰하였다.

순라병력수를 도성 내외와 궁성내부를 합하면 다음과 같다.

지 역	장(將)	사(士)
궁성내부	3	60=3군문
장외군포		40=3군문
장외입직	3	15=3군문
군문자내	3	15=3군문
(도순교졸)	3	6=3군문
사직단장 외	1	3=3군문
(좌포도청)	8	22 多64
(우포도청)	8	16 多64
(좌우포도청 경계)	12	38
(3군문)	8	多80 少64
(순청)	4	6
(순청경수소)		(16×2) 少32 (성내 각 2인, 산곡 각 2~5인 기준)
민		(16×5) 多80 (성내 각 5인, 산곡 1인)
계	48	多423 少317
민		多80

이것을 살펴보면 많은 경우에는 장교 48명에, 군사는 민간인 합하여 적어도 503명 내지 387명의 순라병력이 야간에 매일 동원되었다고 추산할 수 있다.

그 밖에 병조판서·3군문대장·양 포도대장이 간간이 독려하러 다니는데, 이것은 양 순장과 함께 고관의 독려라고 할 것이다.[60]

(3) 지방의 순라제도

각 지방관이 그 지방을 다스릴 때에 주야를 불문하고 그 자체 경비를 게을리 할 수 없다. 중앙과 같이 대규모는 아니라 할지라도 그 조직은 지방의 대소와 시기에 따라 달랐다. 개성과 수원 및 각 관찰사 소재지 등의 대읍은 주야간 순라가 상당한 규모로서 예하군관과 군사를 시켜 분경하여 자내를 나누어 순라했을 것이다.

목민대방(牧民大方)에 의하면, 수령은 마땅히 순라절목을 마련하여 성내 각 리를 패장 및 순군 몇 명을 정하여 번을 나누어 밤을 지켜 관부와 창고를 보호하고 읍내도 기찰하여 비상에 대비하는데, 바람이 불면 화금을 경계시키며 매경에 무사 여부를 수령 문지기에게 알리면 문지기는 북을 쳐서 이에 응하되 북은 경수에 맞추어 치게 되어 있다.

외부의 창고와 촌리는 따로 수직법을 정하라고 하였는데, 촌리에 있어서는 향약 등에 의하여 알맞게 시행했을 것으로 짐작된다.

(4) 통행금지제

야간의 각종 범죄를 예방하고 치안을 유지하고자 야간에 통행을 억제하는 제도로서 조선시대의 경찰력은 여기에 집중된 감이 없지 않다.

이와 같은 통행금지의 시작은 종각의 대종이 28수(宿)에 응한 28회를 울려서 신호를 한다. 이것을 '인경(人定)'이라 하고, 새벽에는 33천(天)에 응한 33회의 종을 쳐서 알리는데, 이를 '파루(罷漏)'라고 한다. 한성 각 대문은 인경에 폐문하고 파루에 개문하였다.

통행금지시간은 태종 5년 '초경 3점⟷5경 3점'이며, 세조 4년 '2경⟷4경'이다가 경국대전, 대전회통에는 '2경후 5경전'으로 규정되고 있다. 5경제는 1야를 5경으로 나누고, 1경을 다시 3점 또는 5점으로 나눈다. 초경은 갑야(甲夜)라 하며 이를 오후 7시부터 9시까지로 볼 수 있다면 원칙적으로 오후 10시 이후 익일 오전 4시까지를 야간통행금지시간으로 볼 수 있다.[61]

---

60) "한국경찰사 I", pp.260~266.
61) 경찰대학, "한국경찰사", 1998, p.122.

통행허가증인 물금체(勿禁帖)는 비변사에서 매 식년마다 각 관청의 공무상 필요한 관리를 위하여 발급한다. 이 신청에는 사전에 3군문과 양포도청의 수결을 요하고, 순청만은 좌·우순청이라고 쓰기만 하면 된다. 분실하여 재교부를 요구할 때에는 장 50의 벌을 받는다.

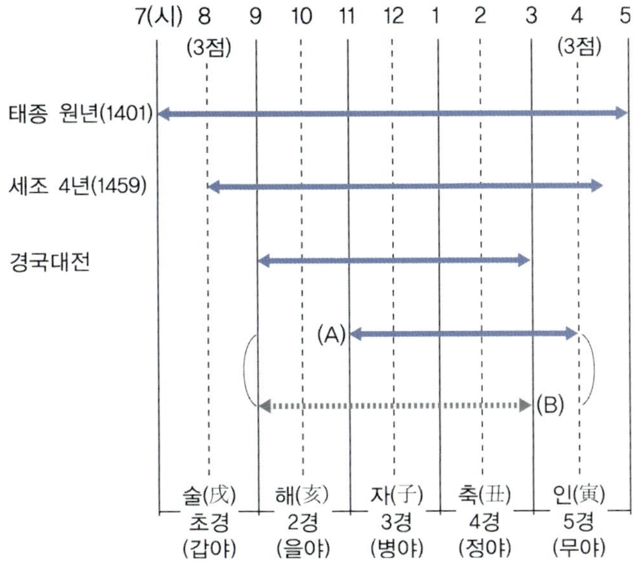

그림 5-1 5경지제(五更之制)

통행금지시간 중에 질병·사망·출산 등 급한 일이 생겼을 때에는 인근 경수소나 순관에게 신고하고, 순관 등이 경첨을 가지고 목적지까지 안내한 다음, 익일 병조에 알려서 그 사실 여부를 조사케 한다. 다음날 병조에서는 사실을 조사하여 허위신고한 자나 뇌물을 받고 석방시킨 자는 모두 군율로써 다스린다.

이유없이 통행금지시간에 통행하다가 붙잡힌 자는 각 경수소에 구금되었다가 익일 각 영에서 벌을 받는데, 곤장을 초경은 10대, 2경은 20, 3경은 30, 4경은 20, 5경은 10대 맞도록 되어 있었다.

그리고 당상관이나 사헌부·사간원 관리는 그 수행원을 구금하였다.[62]

한편, 호패가 있어 신분 확인을 위해 쓰이기도 했는데, 호패라 함은 오늘날의 주민등록증과 같은 것으로서, 위로는 대신·백관으로부터 아래로는 서민·천인에 이르기까지 성명·연령·주소·직업을 새기고 관의 낙인이 찍혀 있다. 호패는 신분에 따라 아

62) 서울시, "서울행정사", 1997, pp.133~134.

(牙), 각(角), 나무(木)로 구분되었다. 호패제도는 호구조사를 위하여 몇 차례 시도되었는데, 시행 후에 얼마 안 가서 불편을 느낀 백성의 저항이 많아 폐지되곤 하였다.
즉, 태종, 세조, 광해군, 인조 때를 거치다가 숙종 때부터 계속 사용되었다. 당시 호패제도의 목적은 ① 신분을 구분하고 ② 인구를 조사할 수 있으며 ③ 떠도는 유민을 방지하고 ④ 도둑을 막는 데 있었다.[63]

(5) 순라방법

순라에 동원된 군사는 순장이 초저녁에 점호하고 새벽에 또한 점고하여 해산한다. 순라군의 출석 여부와 매경 무사 여부는 순장이 병조에 보고한다.

궁성각문·군포·도성 8문의 경첨은 순청의 관할로서 아침에 병조에 반납한다. 궁성 각 문의 것은 선전관청의 소관이다. 불이 났을 때는 순관이 급히 소화를 지휘하며 일방 도적을 살핀다.

전루(傳漏)는 시간을 알리는 것이다. 궐내에는 알릴 곳이 12처로 상번하는 기병이 전하는데 주관은 병조 결속색(結束色)이다. 궐외는 병조의 군이 맡았으며 순청이 이를 주관하였다. 시각은 보루각에서 경에는 북을 치고 점에는 징을 쳐서 이것을 순차로 도성 내외에 전달하였다.

순라병은 상호간에 암호가 있어야 한다. 이것을 군호 또는 말마기라고 한다. 말마기는 보통 3자 이내로 쓰며 병조의 입직당상관이 매일 신시에 친히 기안해서 밀봉하여 병조랑관이 승정원에 바치면 왕이 재가하여 하달되었다.

궁내는 4개소(동·서·남·북)의 위·부장과 호위청·국청·한여청의 군관이 말마기를 받아가고 훈련도감은 궁내 입직초관이 받아서 궁문 사이로 남영 초관에 전달하며, 궁외의 각 영문은 각 영문 장교가 돈화문 밖에 와서 기다렸다가 수문장이 주는 말마기를 문 사이로 받는다.

말마기를 적은 것은 모두 27장으로 이 말마기를 누설한 자는 병조에서 곤장으로 처벌한다. 순라군은 서로 만나면 말마기로 상응하여 1야를 계속한다. 도성내외 담당구역의 패장과 군사가 서로 만나면 말마기로 응대하여 통하지 않는 자는 범야인(犯夜人)으로 붙들어서 다스린다.

종·사·묘·궁 등의 소중한 곳과 각 궁방·전곡 아문과 가로에는 북처 또는 경수소를 두었다. 여기에는 각각 2명의 수지기가 담당하는데 이를 '좌경군'이라 한다. 이들은 민간에서 징발하는데, 대군·왕자·공주·옹주·대신·국구·맹인 및 장정을 거느리지 않고 홀로 사는 독녀(獨女) 이외에는 비록 종신이라 할지라도 응해야 하며, 정1품 경

63) 최홍기, 앞의 책, pp.132~152.

재(卿宰)·보국·판서 이하 모두 일률적으로 가계의 차례에 따라 응하도록 되어 있다. 이는 유동적이지만, 규정상으로는 모두 98개로서 한성부 병방주부의 관장이다.

세조 11년에 중국과 같이 이문을 설치하여 도적을 방지하라는 어명이 있었다. 이리하여 세조 12년부터 각 동에는 동구에 이문을 설치하여 동리인이 번갈아 숙직하고 한성부의 각 부 관원이 이를 감독하였다.

주간 순라는 한성부의 소임에 명문화되어 있고 도하(서울 안) 중·동·서·남·북 5부의 소임에도 금화와 이문경수 등의 구절이 있어 당연한 업무라 할 것이다. 이문은 10호 이하면 2인, 20호 이하면 3인, 30호 이하면 4인, 30호 이상이면 5인을 동원하여 교대로 순찰케 하였다. 그러나 이문은 중·명종 때에 이르러 유명무실해졌고 임진왜란으로 대부분 소실되어 없어져 버렸다.[64)]

2. 풍속경찰

(1) 기생과 매춘

우리나라에서 기생의 연원은 신라시대의 원화에서 시작되어 여악·창기희 등의 과정을 거쳐서 발전하였을 것이라고 보기도 하지만, 기생의 기원이 기록상에 처음 나타나기 시작한 것은 고려조 후기부터의 일이다.

즉, 무신집권기에 있어서 혁명파의 1인인 이의민의 아들 이지영이 삭주분도 장군으로 서북변에 나가 있었는데, 이때 그곳 흥화·운중도 일대에는 원래 후백제의 유민으로서 고려의 지배를 받지 않고 수초를 따라 여기저기로 옮기면서 수렵과 유기의 제조판매로 생활을 하던 양수척(楊水尺)들이 많았다. 이지영이 그들을 회유하는 한편, 법으로 그들을 자기 첩 자운선에게 예속시켜서 문적을 만들어 보호하는 대신에 그들에게 물품공납을 받았다.

이지영이 죽은 다음, 자운선은 다시 집권 무신인 최충헌의 첩이 되었는데 계속 양수척들의 공물을 받았으며, 같은 희첩인 상림선과 사찰의 승도들이 역시 결탁하여 세력 없는 양수척들에게서 많은 공물을 받아들였다. 여기서 양수척 등은 그 고통을 참지 못하고 거란병의 향도가 된 일이 있었는데, 이들이 자운선 등의 처벌을 진정하니 최충헌도 이를 받아들여서 자운선 등을 내쫓고 양수척을 각 소재지 군·읍의 노비로 예속시켰다.

이때 이들 여종 중에는 미모로 관원의 총애를 받는 자가 많았으며, 따라서 그들은 관장의 마음을 기쁘게 하기 위하여 용모를 장식하고 가무를 연습하니 세상에서는 이

64) 서울시, “서울행정사”, 1997, pp.139~140. 이문동이라는 지금 행정구역만 남아 있다.

를 기(妓)로 지목하였던 것이다. 이것이 그 후에 번창하여 조선조에는 더욱 많이 성행하였다고 한다.[65)]

조선시대 매춘부에는 기생·창기 2종이 있는데, 기생은 창·고 등의 기예가 있는 귀족적인 것으로서 매춘은 2차적임에 반하여, 창기는 매춘을 전문으로 하는 천직이었다. 이 밖에 '은군자'라 하여 지방촌락에 있는 색주가의 작부도 역시 이 창기에 속하였다.

기생·창기 이외에 관기도 있었는데 궁중의 관기, 중앙·지방 각 관아의 관기 등이 이것으로서 궁중관기 중에는 정 3품 이하의 위계를 가진 자도 있었다.

이들의 처우를 보면, 창기는 방치상태였고 기생·관기는 기생청 또는 관기청에서 관장하여 입적·교양·낙적, 나아가서는 일종의 징계권까지를 행사하고 있었다.

당시, 매음은 오늘과 달라 공연하지 않고 은밀히 행하여졌으므로 사회풍기에 미치는 영향은 대수롭지 않았으며, 고래로 성교 후 필히 세척하는 관습이 있었으므로 성병이 만연된 일은 없었다. 기생들은 기생청의 지배를 받으면서 보수없이 관리 또는 관의 연회석에서 시중하고 지방관의 잠자리에 응할 의무를 지니고 있으며, 순번제로 교대 숙직하여 가무위안 등의 봉사를 하였다.[66)]

(2) 도박·복표

도박에는 투전·골패·마전(馬田)·토전(討錢) 등으로 그 종류가 허다하고 복표에는 잡백계 등이 있어 풍기상 폐해가 크므로 당연히 규제하였을 것이나 그 내용에 대하여는 상세한 기록이 없다.

(3) 묘 지

유교사상에서 나온 조상숭배는 조선시대에 각별히 존중되고 또한 풍수도참설에 의하여 지리에 인한 화복, 즉 지덕의 관념이 일반화되어 있었으므로 묘지가 특히 중요시되어 좋은 터의 침범, 강점, 혹은 암장 등이 성행하고 토지이용과 치산치수에도 큰 장애를 일으키고 있었다.

이에 대하여는 세종 때 경상감사 이항의 상소, 즉 산소(山訴)가 심함에 특별한 이유 없이 타인의 입장(入葬)을 금하여서는 안 된다는 폐해 교정의 의견이 보일 뿐, 경찰상 규제에 관하여는 역시 자세한 내용을 알 수 없다.

---

65) "한국경찰사 I", p.181.

66) 현규병, 앞의 책, pp.72~76.

(4) 미 신

유·불교와 더불어 선교가 중국으로부터 전래된 이래로 신라 말엽에는 도선이 비설을 남기고, 고려조에는 태조가 이를 깊이 숭상하여 풍수도참설 등이 만연되었으며, 묘청·신돈 및 권신 등이 이를 악용하여 국사를 어지럽힌 바도 있었지만, 조선 초에도 무당·풍수·점쟁이가 번성하였다.

태종은 이들의 미신행위를 엄금하고 미신의 책을 불태웠으며, 함유일 등은 서울의 무녀를 모두 교외로 축출하고 종과 북을 부수었다. 그 후 대원군 또한 서울의 무녀를 한수 이남으로 추방한 일이 있었다. 그럼에도 불구하고 미신은 의연히 추방지인 노량진을 근거로 하여 더욱 성행함으로써 그 수가 460에 달했는데 동학혁명이 일어남으로써 단속이 느슨하게 된 틈을 타서 다시 서울시내로 유입되었다.

(5) 노비 등 인신매매

사회의 최하층 무리인 노비는 위만조선 때의 도둑이나 전란 시의 포로 등이 주가 되었으나, 고려시대에 이르러 부모가 자식을 매매하거나 혹은 스스로 노비가 되는 자도 있었기 때문에 점차 그 수가 증가하여 왔다.

조선에 이르러 노비단속사무를 처음에는 형조에서 주관하다가 세조 13년에 예당원이란 전문기관을 두었으나 오래지 않아 폐지하고 다시 형조에 소속시켰다. 이는, 노비보호가 아니라 오히려 도망 방지와 노비범죄처벌 등 노비소유자를 위한 것이었음은 물론이다.

노비의 해방·정리 등에 관하여는 고려 때는 물론이고 조선에서도 노비안검법(奴婢按檢法) 혹은 정약용의 「목민심서」 등에서 많은 방안이 제시되었으나, 노비제도는 의연히 엄존하여 그 출생과 혼인 등 신분관계나 기타 소송관계 등 정치·사회적으로 많은 문제를 제기하고 있었다. 노비에는 공천·사천의 구별이 있는데, 공천은 주로 포로·간통·도둑·사형수의 유족 및 반역자의 처자식 등으로 관에서 노비로 정하여 관아의 잡역에 종사케 한 자들이나 그 밖에 때로는 무고한 양민일지라도 용자미려(容姿美麗)하면 관비가 되었다.

공천은 사천과는 달라서 매매 증여됨이 없었고 사람에 따라서는 양민과 결혼할 수도 있었으며, 또는 그 자손은 서리 군교 등에도 등용되는 일이 있었다.

사천은 생활난·부채·천재지변 등으로 인하여 자진하여 노비가 된 자로서 조전비(祖傳婢)·매득비(買得婢)·전래비(傳來婢)의 3종이 있으나, 다같이 상전인 주인의 상품으로서 우마 같이 사역되고 매매되었다. 몸값은 전란 시가 최염가로서 우마 1두와 노비 10인의 비례였고, 보통은 연령·용모 등에 의하여 차이는 있으나 그들의 처지는 비참하였다.

노비매매 이외에 매매혼이나 자기처 전매 등이 있어서 묘령의 처녀를 재례(財禮)라는 이름 아래 장차 부(夫)가 될 집에 매각하고, 처에 음행이 있어서 이를 혐오할 때는 혼인비용 정도의 가격으로 전매하거나 빌린 돈의 저당으로 삼는 일이 있었다.

이와 같은 노비 등의 인신매매에 대한 경찰규제로서는 그 제도가 공인되어 있었으므로 단지 그 제도운영의 질서 유지에 국한되었다. 따라서, 노비에 대한 형벌은 다음과 같이 가혹하였다.

• 노가 양녀(良女)를 처로 한 때	장 80
• 비가 양인의 처가 된 때	장 90
• 노비가 양인 구타	경상시 : 좌에 가일등, 중상시 : 교살
• 노비가 가장(家長) 구타	참살
• 노비가 가장을 모욕한 때	교살
• 노가 가장의 처와 간통	참살
• 노가 양인의 처와 간통	죄에 가일등

3. 수사경찰

(1) 수사경찰관

포도청을 지방에 따라서는 토포청·토포아문이라고도 하였다. 곳에 따라서는 중영청을 설치하여, 영장을 중군이라고 하고 50명으로 조직하여 주로 해적·집단도적들에 대처케 하며 보통범죄를 취급하는 포도청·토포아문과 사무를 구분하면서도 긴밀히 협조하였다.[67)]

처음에는 경찰관을 '포도(捕盜)'라고 하더니 후에는 '순교(巡校)'라 개칭하였으나, 그 명칭은 각 도마다 구구하였다. 예를 들면, 수교·수순교·수별순교·순교장·별순교·장교·토포·도토포·포교·행수·포사·토포·병방 등의 명칭이 있어 혹은 계급을 칭하는 것도 있으나(순교－수순교－수별순교 등) 대체로 사법경찰관을 총칭한 듯이 보인다. 또한, 당시에도 행정경찰관이 동시에 사법경찰관이 되었으나, 곳에 따라서는 좌우순교 등 주로 도로와 관아 등을 담당하는 행정경찰관과 좌우도기찰이라는 형사 전임을 둔 곳도 있었다. 수교·수순교·수별순교·순교장·도토포 등은 오늘날 사법경찰관에 해당하고, 순교·별순교·토포·포교·행수 등은 사법경찰리에 해당한다고 볼 수 있다.

서울에서는 좌우포도대장이 병조예하에서 어느 정도 분리독립되어 있었으나, 지방경

---

67) 앞의 책, pp.77~81.

찰은 관찰사·수령 등의 지휘 감독을 받았으며, 지방경찰의 장인 관찰사는 사법경찰사무도 관장하여 수령을 지휘하였으나, 사법경찰상에 있어서는 수령의 상위에 영장이 있어 이를 후영장·좌우영장·중영장 등으로 칭하고, 중군·군감·집행·병방 등의 명칭으로 사무를 분장하여 범죄수사상 수령에 대하여 지휘명령권을 가졌었다.

토포병방(討捕兵房)은 수령에 소속되어 중영장 및 중영의 지휘를 받아 범죄조사에 종사하였는데, 그는 정식 향리는 아니지만 관리에 준하는 지위에 있으므로 탕건을 쓰고 중정문의 옆문으로 출입하였다.[68] 곳에 따라서는 토포병방이 수령의 경찰권을 독단으로 행사하여 권력이 상당하였다고 한다.

또한, 포사(砲士)가 설치되었는데, 어떤 도에서는 도내의 군유지들이 자진 협의하여 자치적 조직으로 포사를 둠으로써 자위적 입장에서 범죄조사에 당하게 하였으나, 지휘명령권은 수령이 이를 장악하였으므로 포사의 활동 내용은 순교와 다른 바 없었다.

순교 등의 정원도 각처마다 일정치 아니하고 봉급 또한 달랐는데, 곳에 따라서는 범인체포 시의 상금 이외에는 급여가 없는 곳도 있었으나, 대체로 중영장·순교장·순교 등의 봉급은 적으나마 계급에 따라 차이는 있었다고 한다.

(2) 수사활동

조선의 형사소송절차는 대명률을 그 주내용으로 하는 규문주의 절차였다. 따라서, 범인의 자백이 증거의 왕의 지위를 점하고 고문이 공인되어 있었다.

고신(拷訊)이 바로 이것으로 길이 3자 3치의 신장(訊杖)으로써 무릎 아래를 때리는 것이며, 그 밖에도 난장형이나 주리 틀기와 같은 혹독한 고문이 행하여졌으나 공인된 고문에도 많은 제한이 있었다.

즉, 고신을 함에 있어서는 타격 1회에 30번 이상을 넘지 못하게 하였고, 그 후 3일 이내에는 재차 고신을 못하게 하였으며, 죄의 결정은 고신 10일 후에 하도록 제한을 가하였고 범인이 서얼 또는 도둑이 아닌 경우에는 범인의 신분 여하에 따라 상사에 보고한 연후에 그 지시를 받아서 고문을 하기로 규정하였으나 얼마나 엄수되었는지는 알 수 없다.

수령은 태·장만 가능하고, 신장이나 군에서 쓰는 곤장은 못 쓰게 되어 있었으나 지켜지지 않았다.[69]

수사의 실제에 당하여서는 토포·순교 등은 형탐·형찰·기형·기찰이라 하여 범죄내사에 노력할 뿐만 아니라 변언(邊言)이라 칭하는 수사은어를 사용하였다. 범죄 발생

68) 당시 관리 아닌 서리 등은 탕건도 쓰지 못하고 뒷문으로만 출입하였다.
69) 한국역사연구회, “조선시대 사람들은 어떻게 살았을까 1”, 청년사, 1996, p.111.

시에는 수교·순교장 등을 통하여 수령에 보고하여 그 지휘를 받고 지명수배를 할 때는 인상서를 작성하여 배부하며, 범죄수사에 나설 때에 순교는 수령의 명령서를 교부받았고 어느 군에 가든지 그 명령서만 있으면 숙박료·음식대 등은 무료였다.

수사의 단서에는 주민의 신고도 있었고, 순교 등의 탐지도 있었다. 그러나 미풍양속이라는 견지에서 신고에 많은 제한을 가하였다.

즉, 자손·처첩·노비가 부모·가장·주인의 범죄사실을 신고할 때는 모반죄 이외에 신고자를 교살하고 노의 처·비의 부가 가장을 밀고한 때는 장1백을 가한 후에 3천리 밖으로 유형을 보냈으며, 기타 이와 유사한 신고 내지 고소가 있을 때에는 이유를 불문하고 엄중히 처단하였다.

부자 등의 피해사건이 발생하면 수사비용 전부에서 심지어는 순교의 유흥비까지도 피해자가 부담하였는데 이를 '추전(追錢)'이라 하였다. 헐장금(歇杖金)은 범인을 체포인치하는 경우에 범인으로부터 미맥·금전 등을 받는 것으로서 고문을 가볍게 할 목적으로 한 것이며, 그 밖에도 차사례(差使例)라는 것이 있어서 범인으로부터 재물을 징수하는 데에 수사관의 신분에 따라 차액을 두었다.

살인사건이 발생하면 사체의 실지검사도 하였는데, 이를 '검험'이라 하여 초검·복검 또는 때에 따라서는 3·4검에까지 이르러 신중을 기하였으나, 그 성과 여부는 의문이며, 오히려 검험관의 왕복 비용이 과다하여 폐해를 주는 일이 많았다고 한다.

그러나 규문주의 절차의 힘을 입어 수사 검거율은 극히 양호한 듯이 보이지만 백성의 인권은 물론이고 부유한 자의 재물도 많은 희생을 당하여 경찰관에 대한 부정적 시각이 형성되어 왔다.

4. 포도와 장도 및 금제

(1) 포도(捕盜)[70]

1) 절도 및 우마를 도살한 자를 체포한 자에게는 체포된 범인 1인에 대하여 면포 10필을 주며, 매 1인에 대하여 2필씩 가하여 50필에 이르기까지 준다(도급은 똑같이 나눈다). 강도면 1인에 대하여 50필을 주고 그 위에 매 1인에 5필씩 가하여 100필에 이르기까지 준다.

수창(首唱)이 되어서 강도를 체포한 자는 상으로 관직을 주고, 이미 관직에 있는 자는 품계를 높이며 향리나 천인이 수창이 되어 강도 2인 이상을 체포한 자에게는 면포 50필을 주고 1인을 체포한 자에게는 그 3분의 1을 준다.

---

70) "한국경찰사 I", pp243~244. 여기 규정은 경국대전, 속대전, 대전회통을 근거로 한 것이다.

2) 물품 10관 이상을 훔친 절도를 다섯 번 고발한 자와 강도를 세 번 고발한 자에게는 품계를 주고, 이미 품계가 있는 자에게는 품계를 높이며, 향리나 천인에게는 면포 50필을 준다.

무릇 강도를 만났을 때 소관관리 및 이웃사람·원주·역리 등이 구해주지 않는 자는 논죄한다. 동리 안에 도적이 살고 있는 것을 이웃이나 소관인이 알면서 고발하지 아니한 자는 엄중 처벌한다.

3) 포도장이 외방에서 포도를 할 때에는 장물을 구비하고 실로 증거가 있는 경우에 이를 분간하여 체포할 것이며, 만약에 즉시 결정할 것이 아니고 모름지기 이를 밝혀야 할 경우에는 포도장은 일단 잡은 자에 대하여 소재관과 죄수를 질문하여 관찰사가 분간하여 방면하게 한다.

4) 도적을 체포한 경우에는 그 읍은 스스로 궁문한 뒤에 토포사에게 이송한다. 이를 위반한 경우에는 제서(制書) 위반죄로 논죄한다.

5) 평안도(관서)와 황해도(해서)의 치도에 관하여는 일체 병영에서 주관하게 한다.

6) 강도를 신문한 토포사는 직접 계문하지 아니한다. 관찰사가 신문하고 결심한 후에 수계한다. 지시하여 체포한 사람은 또한 밝혀 신문하되, 본토인이 아니면 시행하지 아니한다.

7) 명화적(明火賊) 5명 이상을 체포하여 신문하는 경우에는 정형(正刑)이나 미정형을 불문하고 지시인이나 포착인이 양반출신 또는 한량이면 포상하고(교지에는 반드시 체포된 자의 이름을 써서 그 남용을 방지한다), 공·사천에 대하여는 면천하고 향리와 역리는 면역한다(면천 또는 면역에 대하여는 수상과 더불어 본인의 의사에 따른다). 1명이나 2명을 체포하게 한 자가 양반출신이면 6품직으로 주고, 양천에 대하여는 쌀 또는 포를 시상한다. 극악한 도적에 대하여는 비록 1명을 체포하였다고 할지라도 강도 5인을 체포한 예에 의하여 논상한다(포도논상을 할 때에는 도적의 장물로써 모두 계산하여 급여한다).

8) 무릇 신고자에게 논상함에 있어서 토포사 또는 수령이 만약에 사적으로 챙긴 것이 있는 경우에는 기망으로써 논죄하고 영구히 서용하지 아니한다.

9) 도적이 당을 같이하여 만약에 자기와 상대자를 고발하여 자수하고 법에 굴복하는 경우에는 면죄하고 은 50냥을 지급한다. 7인이나 8인 이상이면 면죄하고 상을 주며 은 110냥을 지급한다.

10) 수령에게는 신고의 논상을 일절 인정하지 않는다. 만약에 경내에서 극악한 도적을 포착함에 현저한 공이 있으면 포상한다.

11) 각 읍의 관속은 따로 조포인(助捕人)을 정하고 1년을 통산하여 체포된 것이 20명 이상인 경우에는 논상한다. 이졸이 도적과 밀통한 경우에는 군기누설죄로써 논죄한다.

12) 포도청에 피고된 자가 10리 밖에 있으면 반드시 계청한 뒤에 잡아 온다.

13) 전곡이 있는 관아의 주·야직 관원이 불근신함으로써 도적을 맞은 경우에는 파면한다. 그러나 즉시 체포한 경우에는 죄를 면한다.

14) 익명의 글로 죄인을 포고한 경우에는 도적포고예로써 논상한다.

15) 유생으로서의 이름이 있는 자는 비록 국문에 관련된다고 하더라도 포청에 송치하지 아니한다. 서얼이면 강·절도를 제외하고 송치하지 아니하고 비록 강·절도라고 할지라도 심문을 알맞게 하여야 한다.

16) 포도청에는 죄수 이름을 상세히 기록하고 따로 신문 월일을 기입한 문안을 작성하여 다음 문초의 증거로 한다. 반역자의 부녀로서 순순히 응한 자는 구류를 하지 않고 포청에서 직접 배소에 압송한다. 국문에 관계되는 자가 몸소 왕부(王府)에 나아가 추문을 받았으면 포청에 하송하지 아니한다.

(2) 장도(贓盜)[71)]

1) 강도로서 사형하지 않는 자는 법대로 논죄한 후에 '강도'라고 2자를 새기고 재범하면 교수형에 처한다. 강도의 처자는 영구히 그 소재지 관사의 노비가 되고, 우두머리로서 죄가 사형까지 이르지 않는 자는 논죄 후에 '강와'라는 자를 새기고 전가족을 변방의 지방으로 옮기며 3범하면 교수형에 처한다. 강도를 범하여 도·류의 형을 받은 자는 평안도와 함경도에서는 각각 그 도의 변방으로, 기타 도에서는 절해고도의 고을로 옮기고 영구히 그 고을의 노비로 소속시킨다. 각자(刻字)한 자는 각자한 곳을 봉한 채로 계속 수금하였다가 3일이 지나서야 놓아 보낸다. 군인으로서 도적의 죄를 범한 자도 또한 각자한다.

2) 함부로 국경 밖으로 나가서 사람들의 재물을 훔친 자는 은밀거래죄로 처벌한다.

---

71) 앞의 책, pp.244~245.

3) 압수한 장물과 속(贖)으로 받은 물건은 호조로 이송한다.

4) 도적 맞은 사람은 잃은 물건의 모양과 요지를 자세히 기록하여 관에 신고하고 접수증서를 받아서 후일의 증거로 한다.

5) 어주물(御廚物)을 훔친 자는 제사 어물을 훔친 죄로 논벌한다. 내의원의 은기(銀器)를 훔친 자도 동률로 논벌한다.

6) 어고물(御庫物)을 훔친 자는 강도율로서 논죄하고 신고하거나 포착한 자는 논상한다. 각 아문의 은포를 훔친 자와 관고를 도적한 자도 모두 동률로 벌한다. 각 관아의 사고(私庫) 잡물을 훔친 자는 다만 절도율에 의하여 논죄한다.

7) 장부를 사취한 자는 변방과 먼 곳에 정배한다.

8) 절도초범으로 무리를 작당한 경우에 3인 이상으로서 장물 1관 이상인 자, 2인으로서 장물 2관 이상인 자와 재범을 한 자는 장물의 다소와 범인의 주종을 불문하고 모두 장 100을 치며 절도(絕島)의 읍에 노비로 삼는다.

9) 밤을 타서 작당하여 인명을 살해한 자는 재물의 취득 여부와 시기 여하를 막론하고 참형에 처하며 처자는 노비로 삼는다. 작당하여 도로를 차단하고 인재를 겁탈한 자는 명화율로써 논한다.

① 비록, 명화를 하고 도적을 하였다고 하여도 같은 당의 수가 적고 장물이 적으며 인명을 살해한 것이 없으면 절도예에 의하여 절해고도의 노비로 삼는다.

② 도적의 처자가 사노비로서 기히 입호(入戶)한 자는 그대로 두고, 출가녀는 역적 출가녀예에 의하여 또한 논죄하지 아니한다.

10) 강도로서 우두머리 율에 의하되 사망하지 않은 자는 장 100을 치고 절도의 노비로 삼는다. 천인으로서 14세 이하의 자는 절도의 노비로서 영속시킨다.

11) 백주에 시장에서 물화를 약탈한 자와 여인을 겁간한 자는, 주범이면 참수하고 종범이면 종신토록 절도에 정배한다. 무뢰배가 시장에 모여 우마를 절취하거나 죽인 자는 본율에 의하여 논죄한다.

12) 사신 행차의 방물을 훔쳐 청인에게 암매한 자는 주범과 종범을 일률로써 논죄하고 영장(領將)은 장을 때려 정배한다. 통신사의 수행인이 일본에 도착하여 장부의 잡물을 훔친 자는 율에 의하여 처단하고 우리 경내에서 뇌물을 토색하며 작난한 자도 동죄로 논한다.

13) 각 읍에서 상납한 면포나 마포를 각각 5회 이상 사취한 자는 참수한다. 상

납한 면포와 돈을 관공서의 서리의 집에 감춘 경우에는 내부 횡령죄로 논한다.

읍리와 모리배로서 훔친 자와 어울린 자는 포도청에 이송하여 기한을 정하여 징계한 후 형조에 이송하여 율에 비추어 처리하되, 기한 내에 납부하지 아니하는 자는 없는 것으로 하고 계장률(計贓律)로써 논한다. 만일에 수령으로서 그 정을 알면서 작성송부를 건성으로 한 자는 나포추문하고 정죄한다.

(3) 금제(禁制)[72)]

1) 엽관운동하는 자(이조·병조의 제 장·당상관·이방승지·병방승지·사헌부·사간원·판결사의 집에 동성 8촌·이성처친 6촌·사돈·이웃사람이 아니고 출입하는 자)는 장 100을 치고 300리 유배한다.

2) 북경과 이웃나라에 나가는 관원들 중 정수(定數) 외의 물화를 가지거나 잡문서를 휴대한 자는 모두 장 100의 형에 처하고, 금물을 밀매한 자는 장 100과 도 3년형에 처하고 죄가 중한 자는 교수형에 처한다. 부탁한 자는 일등을 감한다.

3) 역마를 함부로 탄 자와 사사로 내준 자는 모두 장 100에 유배 3천리의 형에 처하고, 말의 수를 규정보다 많이 한 자, 길을 변경한 자, 역을 통과하면서 말을 바꿔 타지 않은 자와 과장에서 응시자가 제술을 베껴 쓴 자, 남에게 대신 제술하여 준 자는 모두 장 100에 도 3년형에 처한다.

4) 관부에 사사로이 출입하는 자(부·사위·형·제는 예외)와 역에서 금지하지 아니한다고 쳐들어간 자는 장 80의 형에 처한다. 유생이나 부녀가 절에 가는 자(여승도 같다)와 조관(朝官)으로서 궁중에서 해직하고 내보낸 시녀나 무수리를 취한 자와 문서를 파훼하여서 다시 종이를 만드는 자(그 종이를 사용한 자는 제조자보다 2등을 감하여 논죄한다)와 도성 내에서 노제를 행한 자와 사족의 부녀가 산간이나 물가에서 놀이한 자 및 노제나 산천 성황당의 제를 몸소 지낸 자와 과거장의 이전 소속 종으로서 누설하거나 교통한 자, 고의적으로 검색을 받지 아니한 자는 모두 장 100에 처한다.

5) 공물을 대납하는 자는 장 80에 도 2년형에 처하고 영구히 서용하지 아니하며(대납공물을 허락한 수령은 제서 위반죄로 처함), 그 대납물은 관에서 몰수한다.

6) 누구든지 홍색·재색·백색의 표의(表衣)를 입는 자와 백립·홍첩을 사용하는 자와 주기(酒器) 외에 금·은·청화백자기를 사용하는 자는 모두 장 80에 처한다.

---

72) 위의 책, pp.247~256

7) 헌수·혼인·제향 외에 유밀과를 사용하는 자, 길가에서 염불하고 초혼하는 자, 상주·서얼·중이 도성 내에서 기마(騎馬)한 자(노인, 병자 및 양종판사는 금치 아니함)와 신참을 학대한 자는 모두 장 60형에 처한다.

8) 범금재물을 관에서 몰수하여서는 아니 된다.

9) 고총(古塚)에 장사하는 자는 발총률(發塚律)로 논한다. 발총을 허한 자와 장의사도 같다.

10) 사노비나 전지를 절이나 무당에게 시주한 자는 논죄하고 전지(田地)는 공(公)에 속한다.

11) 사인(士人)으로 망하고 범법한 자, 사족 부녀로서 행실이 나쁜 자(남편을 세 번 맞은 자도 같음)는 기록하고 이조·병조·사헌부·사간원에 보고한다.

12) 경성 내에 무당으로 거주한 자, 여염 내에 승니로서 유숙하는 자(동냥하거나 부모·동생을 보거나 제물을 수송하는 승니는 금하지 아니함)는 논죄한다.

13) 지방관의 범법은 탐오와 학민 이외에는 풍문으로 거론함을 허락하지 않는다.

14) 수령이 공사에 의하지 아니하고 월경하면 제서위반죄로 논죄한다.

15) 기히 혼인을 서약하고 타인과 성혼한 자는 그 주혼자를 논죄하고 헤어지게 한다.

16) 중국에 가는 사람으로서 인삼이나 물화를 소지한 자는 국경에서 참한다.

17) 객사가 나들이할 때에 도로를 차단하고 호소하는 경우에는 타도의 원지에 정배한다(다만, 수창만 논죄한다). 외국인을 빙자하고 중간에서 뇌물을 수취한 경우에는 사죄를 감하여 정배한다. 소통사를 빙자하고 작패한 경우에는 장으로 치고 정배한다.

18) 왜관의 삼화를 거래한 경우에는 주범이나 종범을 막론하고 모두 왜관 앞에서 참형에 처한다.

19) 사신을 따라가는 사람이 상인을 대동한 경우에는 구속문초하고 엄중히 처단한다.

20) 서북지방 변방의 개시(開市) 때 삼화를 소지한 경우에는 사신으로 갈 때에 소지한 자와 더불어 동률로 처단한다(신고자는 또한 논상한다). 마필을 거래한 경우에는 차율로써 논죄한다.

21) 청국인을 교제하여 장물을 매매한 경우에는 일률로써 논죄한다.

22) 서북의 연변지방에서 월경하여 삼을 채취한 경우에는 주범 종범을 모두 국경에서 참형에 처한다.

23) 평안도의 강변 7읍에서 돈을 사용하는 경우에는 일률로써 논죄한다.

24) 해랑도에 왕래한 경우에는 월경률에 의한다.

25) 경성 10리 내에 입장(入葬)한 경우에는 도(盜)원능수목률에 의하여 논죄한다.

26) 빈 궁궐의 송목(松木)을 도벌한 경우에는 무기로 변경에 정배한다. 경성 10리 내에 송목을 도벌한 경우에는 율에 의하여 죄로 정한다.

27) 각 도의 봉산(封山)의 금송(禁松)을 도벌한 경우에는 중론한다.

28) 엽관운동을 하거나 우마를 밀도살하는 자 중 서얼로서 범금한 경우에는 장 100과 도 3년형에 처한다. 사대부면 그 가장을 동률로 처단한다.

29) 위는 궁에서 금하는 것으로부터 아래는 여염에 이르기까지 장복융복을 제외하고는 토산(土産)이 아니면 입지 못한다. 금군 호위군관 및 의녀 침선비는 잠의를 금하지 아니한다.

30) 시가(市價)를 조작하거나 두승(斗升)을 법식에 준하지 아니하거나 저질미를 사용하거나 외상이라 칭하고 상인에게서 강제로 매수하거나 함부로 난전하는 것은, 무릇 난전에 대하여는 사람들에게 알려 추치하고 난전의 물건을 환가하여 속전이 못 되는 경우에는 속전은 배제하고 장 80에 처한다.

31) 삼법사(형조·사헌부·한성부) 집에 있는 것을 출금하지 못하고, 한밤 중에 출금하지 못하며, 경성 금표(禁標)를 제외하고는 출금하지 못한다(난전도 같다).

32) 여염가에 침입한 경우에는 도 3년형에 처하고 정배한다.

35) 여복으로 변장하고 인가에 출입하는 경우에는 장 100에 처하고 절도에 정배한다(양·천을 분간하지 아니한다).

36) 품관(品官)을 빙자하여 함부로 향곡 백성을 학대한 경우에는 장 100과 유형 3천리에 처한다.

37) 향리에서 서로 전투한 경우에는 쌍방을 모두 장 100에 처하고 원지에 정배한다.

38) 수령이 민가 또는 묘지를 뺏은 경우에는 제서 위반죄로 논죄한다.

39) 가옥을 파훼하고 향리로 축출하는 행위는 일체 금지한다.

40) 각 사의 관원 및 하속에게 돈을 받고 징계를 면하게 하는 경우에는 장물로

계산하여 논죄한다.

41) 능원의 묘목을 침해한 것을 능히 적발하지 못한 경우에는 침해인과 능관에 대하여 경중을 가리어 논죄한다.

제 4 절 경찰 개혁론(정약용의 개혁론)

1. 흠흠신서

(1) 정약용의 일표이서

영·정조대의 개혁론자인 정약용은 경세학으로서 「경세유표」(1817년), 「목민심서」(1818년), 「흠흠신서」(1819년) 등을 지어 조선조의 형정인 경찰제도에 대한 개혁을 주장하고 있다.

「경세유표」에서 형정(刑政)에 관하여는 언급한 것이 없으나, 「목민심서」에서는 형전(刑典)에 청송·단옥·신형·휼수·금폭·제해 등 6조를 설정하여 수령의 형정에 관한 일반적 수칙을 비교적 간략하게 서술하고, 이어서 흠흠신서에서는 목자(牧者)가 어떻게 과형을 해야 되는가를 상세히 적시하고 있다.[73)]

흠흠신서의 흠흠(欽欽)이란 조심하며 불쌍히 여긴다는 뜻이며, 그것을 단적으로 표현한 것이 경기사(敬其事)하고 애기인(愛其人)한다는 흠휼(欽恤)이라는 말이다.

이와 같이 정의의 원천은 하늘에 있고, 목자의 과형은 천권을 대행하는 것이므로, 범죄의 처단은 흠휼을 기본으로 해야 한다고 하는 정약용의 형정에 대한 기본이념은 유교의 경천사상과 인정을 구현하려는 것이라고 할 수 있을 것이다.

정약용은, '인명은 천(天)에 매여 있는 것으로, 목자가 천과 백성의 사이에서 선악을 구별하여 선자는 육성하고 죄인을 제거하는 것은 하늘의 권능을 나타내는 것일 뿐'이라고 하면서, '사람이 하늘의 권능을 대행함에 있어서는 마땅히 조심하고 두려워하는 마음을 가져야 할 것'이라고 서술하였다. 그리고 그는 범죄를 처단함에 있어서 형벌은 엄정하여야 하지만, 죄인에 대해서는 조심하고 불쌍히 여겨야 한다고 하였다.

73) 장동희, "정약용의 행정사상", 일지사, 1998, pp.157~163.

당시 영·정조대에는 형률 적용을 합리적으로 하려는 노력이 많았으나 제대로 이뤄지지 않았다. 무원록, 전율통보, 흠휼전칙 등이 나온 것도 이때였다.74)

(2) 법의 존중과 법률지식 강조

정약용은, '범죄를 처단하는 법은 형법전에 따라야 하므로 법률규정을 함부로 왜곡 적용하여서는 안 된다.'라고 하였다.

이는, 그 당시 부정한 지방관의 남형을 방지하기 위한 것이라고 하겠다. 그 당시에는 어떤 마을에 중죄인이 있어서 형옥이 일어나게 되면 서리나 군교들이 그 마을에 있는 민가를 파괴하고 재물을 약탈하는 횡포를 자행하여 그 마을은 폐허가 되어 버리는 경우도 있었던 것이다.

그는 혹리로서 법조문을 왜곡 적용하여 백성에게 해독을 끼쳤던 자는 대부분 그 인생의 종말이 좋지 않았다고 하면서 법률의 올바른 집행을 강조하였다.

다음에는 범죄의 수사심판에 있어서 구체적 진실의 발견이 요구된다고 하였다. 동서양을 막론하고 근세 이전에는 범죄수사에 있어서 고문주의를 택하였는데, 고문주의란 피의자를 고문하여 자백을 얻어서 그 자백에 의거하여 형벌하는 것을 말한다. 형법전의 정확한 이해가 있다고 하더라도, 고문주의하에 있어서 고문에 의하여 강제로 자백된 사실을 토대로 하여 처벌하면 원죄(冤罪)가 생기게 된다.

정약용은 이와 같은 원죄의 방지를 위하여 고문주의를 지양하고, 구체적인 범죄사실을 오랜 경험에 입각해서 신중을 기하여 밝혀야 한다고 말하였다.

또한, 정약용은 사대부가 율서를 읽지 않아서 시·부에만 능하고 형정에는 어둡기 때문에 그것이 커다란 폐단이라고 하였다. 당시의 사대부들은 대명률이나 속대전 같은 법률서를 읽어보지도 않고 지방관이 되어 갑자기 옥사를 만나게 되면 크게 당황하여 서리와 총애하는 기생의 말만을 듣고 옥사를 처리하게 됨으로써 백성을 억울하게 만드는 일이 많다고 비판하였다.

정약용은 흠흠신서 머리말에서, 대명률이 범죄를 상세하게 규정하고 있으므로, 이것만 잘 익히면 범죄처리에 문제될 것이 없지만, 지방관이 형률에 대한 지식이 없고 그 실무에 어두워서 형정을 옳게 처리하지 못하고 서리에게 일임함으로써 형정이 문란해진다고 하였다. 그렇기 때문에 법률지식을 익히기 위하여 흠흠신서를 저술한다고 하였다.

---

74) 한국역사연구회, "조선시대 사람들은 어떻게 살았을까 1", 청년사, 1996, p.113.

(3) 흠흠신서의 내용

흠흠신서는 경사요의(經史要義)·비상준초(批詳雋抄)·의율차례(擬律差例)·상형추의(詳刑追議)·전발무사(剪跋蕪詞) 등으로 구성되어 있다.

경사요의는 고훈이나 고사를 인용 보충하여야만 해석될 수 있는 법률정문을 골라서 고훈과 고사를 기초로 하여 풀이한 것이다. 128항목에 걸쳐서 많은 사례를 제시해 주고 있다.

수령과 그 상사인 형조는 법전정문이나 사실인정 문제에 관한 질의·응답을 하게 된다. 이때 중국에서는 상사의 비판은 '비'(批)라 하고, 수령의 신상(申詳)을 '상'(詳)이라 하였는데, 조선에서는 비판을 제사(題詞), 신상을 첩보(諜報)라 하였다.

그런데 중국의 비상은 전아·정엄하고 조선의 첩보·제사는 너무도 비속하여 보는 이가 염증이 나게 되어 있었다고 한다. 그리하여 정약용은 조선에서도 전아한 문장으로 형정을 질의·응답할 수 있도록 중국의 명비상을 선택하여 본보기로 서술하였는데 그것이 비상준초이다. 여기서는 140항목에 걸쳐서 많은 사례를 제시해 주고 있다.

의율차례는 형벌의 차등과 그 차등하는 이유를 명확히 이해시키기 위하여 중국의 각 판례를 수집하여 해설한 것이다. 살인죄만 하더라도 대명률에서는 6등급으로 구별되고 있으며, 그 죄질의 경중에 의하여 형벌에도 많은 차등을 규정하고 있다.

반면에 조선의 법전은 대명률과 같이 자세하게 구별하고 있지 않기 때문에, 범죄와 형벌의 차등과 차등하는 이유를 명확하게 이해시키기 위하여 서술한 것이 의율차례이다. 그러나 정약용은 범죄와 형벌은 사정에 따라서는 세분되어야 하겠지만, 무조건 대명률을 따름으로써 조선의 실정을 외면해서는 안 된다고 부언하고 있다.

정조는 재임 25년간 인명의 소중함을 명심하고 형정을 밝게 시행함으로써 형정에 있어서 모범을 보여 주었는데, 그 후 사관은 정조의 어판을 참작하여 상형고 1백 권을 만들었다.

정약용은 정조의 판결례를 간행한 어판을 보고 감탄하여 지방관이 범죄 처리에 있어서 참조할 수 있도록 1백 권에 추의를 붙였는데 그것이 상형추의다. 여기서는 144항목에 걸쳐서 서술하고 있다.

정약용은, 곡산부사로 재임하고 있을 때, 기결의 원옥을 상형추의에 의거하여 재심하여 원만히 처리할 수 있었다고 한다. 이로 인하여 그는 능력이 인정됨으로써 형조참의로 영전할 수 있었고, 경외의 옥사를 다루게 되었다. 그는 이 때 과거의 경험을 토대로 하여 한 편의 책을 만들었는데 그것이 전발무사다.

2. 암행어사 보고서

(1) 어사[75)]

수령의 잘잘못을 조사하고 규명하며 민간의 고통거리를 찾아 살피는 것은 어사의 직책이다. 수의(繡衣)를 입힌 것은 그 총애를 나타내는 것이며, 부월(釜鉞)을 들린 것은 그 위엄을 높여 준 것인데, 요즘은 간혹 각 도를 암행하는 인물이 그 직위에 적합하지 못한 경우가 있다. 이것이 어찌 그 인물에게만 책임\지울 문제이겠는가. 조정에서 인재를 잘 가려내지 못한 책임이 있는 것이다.

그러나 만일 그 직위에 적합하지 못하다 하여 이들을 파견하지 않는다면, 구중궁궐에 있는 내가 무슨 수로 살펴보겠는가. 더구나 지금 서울을 중심으로 천리 지역에 흉년이 들었음에랴.

국가의 혜택이 아래까지 미치지 못하고 민폐가 상부에 알려지지 아니하여, 마을 개는 길들여지지 않고 산택(山澤)의 기러기가 모여들 지경이면, 백성이 애달프게 바라는 것은 오직 어사이고, 관리가 힐끔힐끔 쳐다보며 두려워하는 것도 오직 어사이며, 조정이 권선징악 하는 데도 백성들은 오직 어사의 말만을 신임하고 따르기 마련이다.

이 때문에 너희들을 각 고을에 나누어 임명하는 조치를 내리니 보고 듣는 것을 전문적으로 함이나 종적을 비밀히 하는 데에는 한 사람이 하는 것보다 더 좋은 수가 없다. 몇 고을이 넘지 않는 범위에서 개인별 담당 고을을 아래에 나열하였으니 각자가 알아차릴 수 있으리라.

너희들은 너희의 직책을 신중히 수행하되, 관아며 시장이나 촌락 사이에 출몰하면서 세밀히 민정을 주워 모아 조정에 돌아올 때에 하나하나 조목별로 열거하여 아뢰어라. 수령의 인장과 장부를 압수할 경우가 아니면 혹시라도 경솔하게 먼저 봉고(封庫)부터 하지 말 것이며, 무릇 황정(荒政)에 보탬이 될 만한 일인데도 미처 실시하지 못한 것이 있으면 그 또한 조사하여, 너희들을 특별히 선발한 뜻을 저버리지 말고 그 직책에 적합하도록 하라(다음달 초8일에 복명할 것).

담당 고을은 적성·마전 ·연천·삭령(갈 때는 양주, 올 때는 파주를 거칠 것)이다. 마패는 부득불 출도할 경우가 아니면 사용하지 말고, 자기가 가진 말을 타도록 하라.

---

75) 정약용은 33세 때인 1794년 10. 29~11. 15 사이 경기지역 암행어사로 다녀왔다. 박석무 외 1(편역), "다산 논설선집", 현대실학사, 1996, pp.183~193. 여기서 이를 그대로 인용함은 그때나 지금이나 지시하고 보고 받는 내용과 형식이 크게 다를 바 없기 때문이다.

(2) 보고서

신이 10월 29일에 엎드려 성지를 받들어 경기암행어사에 임명되었고, 친히 봉서 한 통을 주셨사온데, 암행조건과 견휼조건 각 한가지씩이었사옵니다. 신은 두 손으로 받들어 들고서 두렵고 떨려 어찌할 줄 몰랐사옵니다.

가만히 엎드려 생각하건대, 신은 본래 재식이 없는데다 경력마저 부족한 사람으로 외람스레 무거운 임무를 받아 일을 그르칠까 겁이 난 나머지, 오직 앞길의 평탄과 험난 따위를 가리지 아니하고 변변치 못한 충성을 다하는 것으로써 만분의 일이나마 은혜에 보답하고자 즉시 강촌으로 나왔고 다음 날 길을 떠났사온데, 신이 명을 받은 곳은 너댓 고을에 지나지 않으므로, 마땅히 정신을 가다듬어 잘 살펴서 임금님의 지극하신 뜻을 저버리지 않으려고 하였사옵니다.

먼저, 적성에서 삭령에 이르기까지 마을 구석구석에 드나들며 천민 사이에 신분을 감추고 각별히 염탐하여 그 실정을 얻어내서는 혹 출도하여 샅샅이 조사하기도 하며, 혹 자취를 숨기고 다시 살펴본 다음에 해당 고을 수령의 잘잘못에 대해 분명하고 자세하게 열기하여 논하였고, 연로의 각 읍 실태에 대해서도 대략 낱낱이 들어서 기록하였사오며, 암행조건 가운데 연천의 민폐에 관한 일은 별도로 원단 이외에 별단에 기록하여 임금님께서 보시도록 갖추었습니다.

- 적성현감 이세윤 : 정치를 순후하고 신중하게 하고 몸가짐을 소탈하게 하며, 송사를 결단함에 있어서는 비록 부족하지만, 굳은 신념으로 백성을 어루만지는 데는 갈수록 더 부지런하였사옵니다. 초호(抄戶)[76]로 말하면 재차 실시하는 수고를 꺼리지 않음으로써, 처음에는 착오가 있었더라도 끝내는 바로잡혔으며, 표재(俵災)[77]로 말하면 자신의 재량으로 2결에 대한 조세를 삭감하고, 많은 데에서 덜어내어 적은 데에 보탰습니다. 기장을 환곡 받으면서 잉여분을 사취하였다는 것에 대해서는, 그것을 사용한 곳이 사사로운 데가 아니었으므로 용서하였사옵니다.
- 마전군수 남이범 : 송사의 심리를 강직하고 분명하게 하고, 일 처리는 본말을 종합하여 면밀하게 하였습니다. 간사한 무리를 죄주고 도태시키니 백성들은 통쾌하다 일컬었고, 창고지기를 곤장으로 다스렸으니 되와 말을 간혹 함부로 한 것을 먼저 간파하였던 것이오며, 흉년이 들었다고 납세를 거부하는 부잣집 무리에게 조세의 상납을 독촉하는 데 거리낌이 없었고, 피폐한 가난한 백성을 초록하여 실상에 합치하도록 하였습니다. 징병 인원수가 자주 인구보다 과다하므로 그러한 묵은 폐단을 제거하고자 하였으며, 환곡은 반드시 곱게 찧고 잘 까불게 하여 미리 새봄의 식량을 걱정하며 부임한 지 2년만에 정사가 이룩되고 법이 정착되었으니, 이런 유능한 솜씨가 이처럼 말만한 조그만 고을에 처해 있는 것이 아깝습니다.

76) 가세 조사, 관아에서 봄 곡식을 대여한다든가 흉년에 세제상 혜택을 줄 때 참고하기 위하여 각 민호에 대한 빈부의 정도를 조사하는 일
77) 흉년에 조세를 감면해 주는 것

- **연천현감 이가운** : 조심스럽게 마음을 가다듬고 부지런히 공무를 집행하는 자로서, 애초의 평판은 큰 추위를 쉽게 봄 날씨로 바꿀 듯하였고, 눈에 가득한 민우를 보고는 그 여독 속에서 백성이 회생하기 어려울까 두려워하였으며, 빈 가마니를 내주고 그 값을 거두어들이는 법을 보고는 영원히 그러한 비습을 개혁시켰고, 사들일 쌀을 섶나무로 보충하도록 한 사례는 또한 가난한 살림에 부담을 덜어 준 것이었습니다.

  또, 가난한 양반의 포흠(逋欠)을 거두어들이지 못하여 비록 탄압하는 힘이 부족하고 족징의 원망이 많아서 바야흐로 대처할 계획을 고려하고 있으며, 보따리를 싸고 장차 흩어지려는 백성을 기필코 안집(安集)시키려 하고, 뇌물을 상납하고서 하리에 임명된 무리는 병정에 보충할 것을 요청하기도 하였으니, 만일 스스로 좀 더 진작하고 쇄신하는 노력을 가한다면 복잡하여 잘 처리하기 어려운 일을 잘 해결하는 예리한 솜씨를 지닌 자임을 가려낼 수 있을 것입니다.

- **전 현감 김양직** : 5년을 벼슬살이하면서 온갖 나쁜 짓을 다한 자로서, 흐리멍텅한 정신 상태로 아울러 술이나 마시며 탐오하는 것을 일삼고 게다가 첩까지 거느리는 등 허다한 범법 사실은 끝이 없어서 열 사람의 손이 지적하는 것을 한 입으로 말하기 어려우며, 환곡 3,500섬에 대한 모조를 제멋대로 나누어 모두 사용으로 돌리고, 재결 51결에 대한 실혜를 훔쳐먹어서, 아래 백성에게는 혜택이 미치지 못하게 하였습니다. 751섬은 무슨 곡식인지 더 남겨두고서 모곡을 너무 과다하게 거두었고, 미수한 곡식 2,100여 섬을 허위로 올려두고 무난하다고 속여서 보고하였으며, 직책을 팔아 자신을 살찌우느라 신역(身役)을 무수히 면제해 주었고, 종을 놓아주고 돈을 요구하는 등 남긴 악명이 끝이 없었습니다.

  이런 사람을 엄중히 징계하지 않는다면 백성을 보존할 수 없기 때문에 그 죄상을 담당 유사로 하여금 아뢰어 조처하도록 하였습니다. 전후의 관찰사가 만일 수시로 살피고 신칙하였거나, 또는 추궁하여 즉시 깎아내려 파직시켰더라면 어찌 이 지경에 이르렀겠습니까. 이 점 또한 경계가 없어서는 안 됩니다.

- **삭령군수 박종주** : 본래 순박하고 삼가며 겸하여 부지런히 노력하는 자로서, 조정의 명령을 받들어 시행하되 오히려 미치지 못할까 두려워하고, 민간 사무에 관계되는 것은 항상 친히 집행하였으며, 가난한 자와 부유한 자를 이미 춘곡을 대여할 때에 해 놓아 초호 작업이 지연되어도 걱정이 없고, 허와 실이 화속(火粟)[78]에 뒤섞이기 쉬운데도 세율의 적용을 가장 정밀하고 간결하게 하였습니다. 일정한 규칙으로 연름(捐廩)[79]을 행하므로 향소를 쉽게 마련하고, 수시로 아전을 점검하므로 민가의 잠자는 삽살개가 짖어대지 아니하며, 쌀과 꿀은 저렴한 가격으로 환산하여 다른 물자로 대신 징수하고, 형장은 일정한 율을 정하여 시중하게 하니, 군수가 바뀐다는 말이 떠돌자 백성들이 혹시라도 그를 놓칠까 두려워합니다.

- **전 군수 강명길** : 늘그막의 탐욕이 끝이 없고 야비하며 인색함이 너무 극심한 자로서, 백성의 소송과 관가의 사무에 머리를 저으며 관리하지 아니하고, 식비며 봉록을 후려쳐서 차지하고 함부로 거둬들이며, 표절사의 회감할 곡물을 고가로 매겨 부민에게 강제 징수하고, 산전·화전에 납세하는 법을 높은 세율로 흉년에 더 증가시키며, 향임은 언제나 뇌물을 받고 임명하였고, 귀탁은 고을의 작은 배로는 실을 수가 없었으므로 아전의 원망과 백성의 한탄이 지금도 그치지 않고 있어, 갈려 간 지가 오래 되었지만 죄가 없을 수 없습니다(이상은 담당 고을임).

---

78) 화전에 수확한 곡물에 매기는 세. 또는 그 곡물
79) 공익을 위하여 벼슬아치들이 봉록의 한 부분을 덜어내어 보태는 일

- **양주목사 한광근** : 도적을 잡는 면에는 허술하지만 아전에 대한 단속은 매우 엄중히 하는 자로서, 환곡을 징수할 때에 되를 고르게 했다는 칭송이 있었고, 병정을 점고(點考)할 때는 비용을 절감하는 방안을 실행하여, 길가에 전하는 말들이 칭찬만이 있을 뿐 헐뜯는 말이 없었습니다.
- **파주목사 조택진** : 하고자 하는 뜻은 스스로 가다듬고 있었지만 사무처리는 대체로 부진한 자로서, 구황정책이란 이미 들어본 적이 없고, 인척 관계가 있는 상부의 무신이 이따금 정사에 간섭하는 경우도 있었으니, 만일에 백성을 무휼하길 원하신다면 힘써 그를 단속해야 합니다.
- **고양군수 왕도상** : 아랫사람을 다스릴 때에 기력이 있으며, 정사가 정비되고 이루어진 일이 많으므로 아전은 꺼려하고 백성들은 사모하여 길바닥에 칭송이 자자하니 흉년에 큰 고을에서 백성을 사랑으로 보살피는 정도를 얻었습니다(이상은 연로의 고을임).

(3) 별단어서

① 흉년의 표재는 사실 전량 액수가 그대로 백성에게까지 미치기 어려우니, 수령의 사용이나 아전들이 몰래 훔쳐 가는 것을 각별히 탐문하여 살필 것.

② 산전·화전에 함부로 세금을 매기는 폐단은 없는 곳이 없으므로 지난번 전라도 관찰사의 장계로 인하여 각 도에 엄중히 경계시켰는데, 과연 실효가 있는지의 여부를 각별히 염탐하여 범한 자는 발견되는 대로 논하여 아뢸 것.

③ 지난번 진휼청 초기(草記)[80]에 따라 유기아(遺棄兒)를 수양하는 일로써 서울과 지방에 엄중히 신칙한다는 명을 내렸다. 수령으로 있는 자가 과연 성의껏 이에 따라 미천한 백성들에게 주지시키고 있는지, 그리고 관아에서 급여하는 곡물 또한 중간에서 사라져 버리는 일은 없는지, 이 점 또한 각별히 알아볼 것.

④ 이번 정대(停代)[81]는 일률적으로 초호한 결과에 따라 시행하라. 만일, 어쩌다 당연히 들어갔어야 할 터인데 들어가지 못했거나, 당연히 들어가지 않았어야 할 터인데 들어가서 빈부가 서로 뒤섞이고 허실이 서로 가려지면, 이 어찌 초호하여 정대를 행하는 본뜻이겠는가. 마을을 암행하면서 먼저 아무개 민호가 어느 등급에 들어갔으며, 그 정대가 어떠했는가를 알아보고, 견휼조건과 상호 비교해 보고 고찰해서 논계할 것.

---

80) 서울 각 관아에서 정무상 그다지 중요하지 않은 사항을 사실만 간단히 적어서 임금에게 올리는 문서.

81) 흉년에 가난한 민가에 환곡에 대한 혜택을 베푸는 일. 우상·지차의 두 등급으로 나누어, 우심한 민가는 그해 환자를 보류시키고 지차는 다른 물품으로 대납토록 한다.

(4) 보고서

신은 가만히 엎드려 암행조건 가운데 네 가지 조항을 보니, 이는 바로 우리 성상께서 어두운 곳을 밝게 살피시는 지극하신 뜻이며, 고아를 구휼하시는 성대하신 덕이었습니다. 신이 임금님의 그러하신 덕과 뜻을 우러러 받들고 특별히 민정을 캐고 더듬어, 이에 감히 사실을 근거로 하여 진달하옵니다. 연천읍 같은 경우는 바로 전에 탐오한 수령이 거쳐가서 민정이 간절하고 다급한 처지에 있으므로, 또한 감히 덧붙여 진술하여 임금님의 재가에 대비합니다.

① **표재의 일** : 삭령은 읍규에 서원이 실지 현장을 답사하여 조사하는 법이 없고, 각각 그 전민이 유사·면임과 함께 입회하여 재해 상태를 기록하므로 관아에는 당초부터 만들어진 장부가 없으며, 단지 이것에 의거하여 감영에 보고하는데, 만일 인준을 얻으면 전량 분배해 주고 혹시 삭감이 있을 경우에는 등분하여 골고루 감하므로 그 전부터 농간을 부린 폐단이 별로 없었습니다. 그 나머지 세 고을도 비록 이런 규칙은 없었지만 금년에는 재해를 담당한 수령이 모두 직접 살피고 정밀히 가려내어 재해 숫자대로 골고루 세금을 감면해 주었으므로, 사실 중간에서 훔쳐먹는 폐단이 없었습니다.

② **산전·화전에 함부로 세금을 부과하는 일** : 적성·마전은 본총이 5, 6결에 불과하기 때문에 약간의 증감이 있더라도 대단한 정도가 아니었고, 연천은 북면 화전세가 본시 순릉의 향탄(香炭)[82]을 마련하기 위한 것으로 되어 있었고, 그 밖에 본관에서 징수하는 갖가지 곡물은 정례가 28석에 불과한데 금년에는 또 3석을 감하였으며, 삭령은 원총이 170결인데 결마다 돈 6냥으로 대납토록 하여 합계, 1,030여 냥이었으나, 금년에는 감관에게 일임하지 아니하고 경작인으로 하여금 손수 기록한 것을 자신이 들여보내게 하여 원총과 비교해 보았더니 감소된 것이 50결로, 모두 함부로 세금을 부과한 폐단은 없었습니다.

③ **유기아 수양** : 감영으로부터 과연 그와 같은 공문이 있었지만, 시골 풍속이 서울과는 달라서 길가에 유기하는 경우는 원래 드물기 때문에 수령이 애당초 찾아보지도 아니하고 단지 월말이 되면 상례대로 감영에 보고할 뿐이었고, 삭령은 실지 몇 차례 찾아보았으나 끝내 찾지 못했다고 하므로 한두 고을 원에게 간절히 타이르고 부탁하여 지금부터는 길가에서 찾지 말고 여러 마을에서 찾되, 혹시 부모가 함께 죽고 게다가 고모나 할머니·이모·누나 등 수양해 줄 만한 사람이 없으므로

82) 제사 비용

이웃 마을에서 불쌍하게 생각하여 기르고 있는 일이 있으면, 이 또한 유기아 수양이니, 관가에서 각별히 양식을 보내주어 임금님의 지극하신 뜻을 저버리지 말도록 하였습니다. 그리고 인접한 관아에 두루 알리게 하여 그들로 하여금 고아를 구휼하라는 임금님의 생각을 함께 선양하도록 하였습니다.

④ **정대와 초호** : 윤음이 도착한 날짜는 비록 오래 되었으나 뽑아서 보고하자면 으레 취사과정이 있어야 하고, 시행세칙이 최근에 비로소 하달되었으므로 본관에서 이제 겨우 각 민호의 살림 정도를 뽑아 기록함으로써 세금을 당연히 납부해야 할 수효와 정대의 분배 비율을 조사하여 파장(把掌)[83]을 작성하였기 때문에 저절로 지체되었으며, 초5, 6일에 와서야 비로소 파장을 면임에게 내보냈으므로 신이 마을을 암행할 때에 견휼조건과 비교해 보고자 해도 각 호의 백성들은 그들 자신조차 아직 어느 등급에 들어갔는지 모르기 때문에 자세히 알 도리가 없었습니다. 초호는 지체하면서 환자(還上)는 독촉하므로, 이미 바쳐 버린 민호가 정대에 들어갔다면 농민은 본시 무식하여 사실을 조사하는 방법을 모르기 때문에 아전이 이 점을 기화로 농간을 부려서 요리할 자료를 만들 것이므로 그 폐단이 있습니다.

하지만, 대체로 네 고을은 초호할 때 아전들을 쓰지 아니하고 각각 그 마을 이임으로 하여금 공론에 따라 등급을 나눈 후에 수령이 친히 찌를 뽑아서 농간을 가려내며, 혹 허실이 서로 가려진 민호가 있을 때는 그 등급을 올리기도 하고 내리기도 하여, 빈곤한 민호들로 하여금 누구나 혜택을 입는다는 것을 제각기 알도록 하였습니다. 윤음에 말이 미치자 어린아이들도 모두 감사하여 축하하였사옵고, 부유한 집으로서 정대에 들지 않은 자들 또한 모두 칭송하였사옵니다.

⑤ **금년 연사(年事)** : 네 고을 가운데 연천이 가장 심한 형편이온데, 더구나 김양직이 탐욕을 부리고 학정을 한 후에 허다하게 남아 있는 해독이 지금까지도 대단히 혹독합니다. 그것을 별환(別還)[84] 받기를 요청하는 자는 모두 가난하고 궁핍한 양반이거나 빌어먹는 백성임에도 더 분배하기에 급급하여, 소청만 있다면 곧 허락해 주었기 때문에 오늘날에 이르러 양반호는 몽둥이로 때리면서 긁어내려고 해도 나올 것이 없고, 민호는 도망치고 흩어지는 사태가 계속되니, 어지럽고 어수선하여 지적하여 받아 낼 곳이 없으므로, 가짜로 명목을 만들어 친족이나 마을 사람에게 전가시켰는데, 새로 부임한 수령이 벌써 그러한 사실을 낱낱이 보고하였지만, 감영으로부터 아직 제사(題辭)[85]가 내려오지 아니하여 장부상에 허위로

83) 결세액과 납세자의 명단을 양안에서 부책에 초록하는 일
84) 보편적인 혼곡이 아닌 별도로 추가 대출을 받아 갚는 일.
85) 백성이나 하급 관서에서 제출한 소장 또는 원서에 대한 상급 관아의 판결이나 지령.

남아 있는 환곡에 대한 책임의 소재가 신·구 수령 모두에게 해당이 없습니다.

비록 전에 없는 은전을 만났더라도 정대를 바라볼 수 없고 독촉은 날로 급하니, 뿔뿔이 흩어지는 상황이 금방 벌어질 판이오며, 이른바 가류곡(加留穀)을 공공연히 팔아먹은 후 우두머리가 임의로 분배하여 강제로 충당하기도 하였습니다. 그런데 이방은 조 몇 섬, 창고지기는 기장(稷) 몇 섬이라 한 후에 그 수량을 몇십 몇 백으로 올려서 감영에 보고를 이미 마쳤으므로, 가옥이며 전답을 모두 팔더라도 오히려 모자랄까 걱정이니, 아전 또한 백성인데 어찌 차마 이대로 보아 넘길 수 있겠습니까.

한 사람이 향임에 오르면 그의 9족이 신역을 면제받기 때문에 향임을 돈으로 팔기 시작한 이래, 넉넉한 집안 부유한 백성은 유자의 옷을 몸에 붙이고 군적에서 이름을 제거하였지만, 어린아이가 군적에 오르고 죽은 사람이 군포를 내야 하는 폐단이 온 고을에 가득 찼습니다. 그러나 이 점은 어느 곳이나 공통된 폐해로서 큰 고을은 그런 대로 변통하는 일이 있지만, 작은 고을은 더욱 꼼짝할 수 없었사옵니다.

그래서 신이 출도한 날에 즉시 수령으로 하여금 완문(完文)[86]을 작성해 내도록 하여, 무릇 뇌물을 바치고 하리에 임명된 자는 모조리 임명장을 거두어 불에 태워버리고 그 본인 및 친족을 막론하고 결원에 따라 군적에 보충하도록 함으로써 한편으로는 부자가 뇌물로 향임을 사는 교활한 풍습을 징계하고, 다른 한편으로는 어린아이가 군적에 오르고 죽은 사람이 군포를 내야 하는 고질적인 폐단을 제거하였사옵니다.

환곡에 이르러서는 신이 감히 독단으로 처리할 문제가 아니었으므로, 고을 백성이 뜰을 메우고 호소하며 길을 막고 간청하였지만, 모두 돌아가서 너희들의 큰 부모님이신 임금님께 말씀드리겠다고 신이 대답하였습니다.

지금 관찰사로 하여금 별도로 조사관을 정하여 다시금 김양직이 송두리째 팔아먹은 것을 자세히 규명함으로써 숫자를 계산하여 징수해 내고, 그 밖의 환곡을 받아낼 길이 있는 사람은 금년에 절반0 3분의 2를 다음 해로 넘기도록 하며, 따라서 수령으로 하여금 조정의 덕의를 선포하여 연천 백성에게 사죄하도록 함이 모르긴 하지만 백성을 안집시키는 방안이옵니다.

86) 관아에서 부동산에 관하여 처분하는 증명서

제3부 근대 경찰제도

제6장 한말의 경찰제도
제7장 일제하의 경찰제도
제8장 대한민국 임시정부 경찰제도
제9장 미군정 경찰제도

제 6 장

한말의 경찰제도

제 1 절 한말의 시대상황과 신경찰제도

1. 한말의 시대상황

근대 경찰이란 경찰조직에 경찰이라는 공식적인 명칭이 붙고 제복을 착용하였으며, 제도면으로는 적어도 법치주의에 입각해서 모든 경찰활동이 법령의 근거에 의해서 이루어지는 경찰을 가리킨다. 우리나라에 그러한 근대 경찰이 성립된 것은 한말 갑오개혁에서 비롯된다.

1894년에 청일전쟁이 시작된 이래, 일본은 조선이 내정을 개혁해야 한다는 제의를 해왔는데, 이는 실행이 어렵고 급박한 내용이었다. 이는 동년 6월 9일 오도리공사가 교섭통상 사무아문 독판 조병직에게 제출한 것으로서 그 내용의 골자는 다음과 같다.

- 중앙정부의 제도 및 지방제도를 개정하고 인재를 채용할 것.
- 재정을 정리하고 부원(富源)을 개발할 것.
- 법률을 정돈하고 재판법을 개정할 것.
- 국내의 민란을 진압하고 안녕을 유지하는 데 필요한 병비 및 경찰을 설치할 것.
- 교육제도를 확정할 것.

일본은 갖은 위협과 음모로써 그 실행을 강요하더니 드디어 대원군을 다시 집정케 하고 신정권의 기구가 정비될 때까지 합의체인 임시정부를 잠정적으로 설치하기로 하여 동년 6월 25일에 군국기무처를 두고 내정개혁에 착수하였다. 동 기구는 17명으로 구성되고 이 중에는 우포도대장 안경수도 있었다.

군국기무처는 영의정 김홍집이 총재관이 되고 일본공사 오도리가 고문이 되어 23일에는 청·조조약을 폐기하고 군국기무처 관제를 제정하였으며 28일에는 정부관제와 직장을 편성하여 이를 갑오신정부라 칭하였으니 갑오개혁도 이로부터 전개되었다.

먼저, 동년 6월 29일에 군국기무처는 의정부관제 및 내부관제를 제정하였다. 이 신정부관제의 내용은 중앙정부를 의정부 및 내무와 외무 등 8아문으로 하고, 각

아문별로 몇 개의 국을 두어 업무를 분장케 하였다. 또한 군국기무처, 도찰원, 경무청을 부속기관으로 하였는데 이는 근대적 정부형태를 취한 최초의 관제라 하겠다.

그 정치이념은 7월 29일에 군국기무처의 의결을 본 전 23조의 개혁안에 나타나 있는데, 그 중 대표적인 것은 다음과 같다.

1. 문벌·양반·상민 등의 전통적인 계급을 타파하며, 귀천에 불문하고 인재를 선용할 것(3조).
2. 죄인 자신 이외에 일체의 연좌법을 베풀지 말 것(5조).
3. 공사노비의 법전을 혁파하고 인신의 매매를 금할 것(9조).
4. 평민 중에 누구라도 국리민복이 될 의견이 있으면 기무처에 상서하여 첨의(僉議)에 부(附)하게 함을 허할 것(10조).
5. 각 아문의 관제와 직장은 7월 30일까지 정할 것(12조).
6. 경찰관제와 그 직장은 내무아문에 속할 것(13조).
7. 관에 있어 친피(親避)하는 규제는 며느리·친형제·숙질 외는 구애치 말며, 친피하는 관습은 일절 영구히 폐지할 것(18조).
8. 장리(공금횡령관리)의 율은 구전(舊典)에 의하여 징판을 엄히 하며 장금은 변상케 할 것(19조).
9. 역인(驛人), 창(倡), 우(優), 피공(皮工)은 다 면천함을 허할 것(21조).

그 중에 죄인 불연좌법이나 공사노비 폐지법 등은 곧 실행되었으나, 한낱 공문으로 변한 것도 적지 않았다.

그 후 동년 11월 21일에는 군국기무처를 폐지하여 중추원의 관제를 정한 일이 있었으나, 고종황제가 홍범 14조를 종묘에 서고한 후인 12월 16일에는 의정부를 내각이라 개칭하고 다음 해인 1895년 3월 25일에 내각관제를 반포하였다.

경찰관제와 연관성을 가진 내무아문은 총무·판적·주현·위생·지리·사사·회계의 7국을 설치하여 대신·협판·참사관 등의 관직을 두고 지방인민의 제치사무를 총관하였다. 이어 1895년에 개정하여 내부대신은 지방행정·경찰·토목·육상운송·전기·위생·지리·종교·출판·호적·이민 및 구휼에 관한 사무를 장리하고 경시총감 및 지방장관을 감독하며, 대신관방 외에 지방·경무·토목·위생의 4국을 설치하고 경무청·한성부·대한의원·자혜의원 등을 소관하였다.

지방제도의 개혁은 중앙보다 1년여 늦은 1895년 5월 26일에 지방제도를 공포하여 전국을 23부로 나누고, 종래의 부·목·군·현의 명칭과 부윤·목사·군수·현령·현감 등의 관명을 폐지하고 부·군으로 통일하여 부에 관찰사를 두고, 군에 군수를 두었다. 한성부에는 관찰사 1인, 참사관 1인, 주사 약간인을 두고, 각 부에는 관찰사 1인, 참사관 1인, 주사 약간인, 경무관 1인, 경무관보 1인, 총순 2인 이하를 두었다.

갑오개혁 이래 한말의 개혁은 법치주의를 구현하려는 경찰제도를 확립하면서 일반

행정과 치안행정의 분리를 가져왔다. 또한, 왕조상황과 일본에 의한 강압적이고 수탈적·수동적 개혁에 의해 변용되었다. 그리하여 경무청·경부·대경무청·소경무청·경시청 시대를 거치면서 국권을 상실했으나, 한편 근대 경찰을 확립하여 오늘날 현대 경찰의 바탕이 되기도 하였다.[1][2]

2. 신 경찰제도

(1) 경무청

경찰은 정치적으로 가장 중요한 조직 중의 하나이므로 각 아문 관제와 동시에 제정되어 종래의 좌·우포도청을 없애고 한성 5부의 경찰업무를 통합하여 경무청으로 출발하였다. 경찰의 중요성은 특히 변혁기일수록 더하여 당초 군국기무처 회의에도 우포도대장 안경수가 참여하고 경무청이 출발한 후에도 경무사가 으레 군국기무처 회의원이 되었다.

경무사의 지위는 향상되어 종래의 포도대장이 종2품이었던 데 비하여 정2품으로 승품되고, 종래 병조에 속하던 것이 내무대신의 지휘를 받게 되어 문관경찰제로 전환하게 되었다. 그리고 종래 형조에 속하던 감옥업무를 경무청에 예속시키고, 또 갑오 전부터 각 개항장에 배치되었던 경찰관도 경무관으로 개칭하여 경무칭에 소속시켰는데, 이것은 지방의 경찰로서 내무아문에 경찰내국이 생기기 전의 임시적 조치로 보인다.

1895년에는 지방제도를 종래의 8도제에서 23부제로 세분하여 비로소 경무관 이하의 경찰관을 배치하였으나, 군에까지 신식 경찰관을 배치하지는 못하였다.

1894년부터 시작된 한성 5부의 경무지서는 오늘날 경찰서의 효시이며, 1895년에는 궁내경찰서도 만들었다. 그리고 1895년 8월에 이르러 내부(내무아문의 개칭)에 비로소 기존 지방국에 경찰·감옥업무를 관장시켰다.

이때의 경무청 총무국장은 경무사를 거치지 않고 경무서장이나 감옥서장에게 지시할 수 있고, 또한 경무관인 감독관을 3인 이내로 둠으로써 각 지방의 경찰사무를 시찰할 수 있어, 단순한 수도경찰의 경계를 넘고 있다.[3]

---

1) 근대 경찰제도의 기원에 대하여 갑오개혁이 아닌 이보다 10년 앞선 갑신정변에서 찾는 견해가 있다. 즉, 1884년 개화파의 개혁안에서 '순검제도를 설치하여 치안을 확보할 것'이 포함되어 있다.
정진환, "경찰행정론", 대영문화사, 1998, p.75.

2) 한성부에 순경부(巡警部)가 설치된 것은 1884년인 것으로 보인다. 이때 주한외교사절을 보호하기 위해 포도청의 종사관, 군관, 병사 각 30명씩을 보냈다는 기록이 있다. 고종 21(1894년) 11. 22 실록.

3) "한국경찰사 I", p.340.

경찰법규로는 경무청관제 제정과 함께 행정경찰장정을 만들어 행정경찰의 목적을 명시했다. 그리고 과잉단속의 금지, 총순·순검의 복무요령, 위경죄 즉결요령, 순검 채용규정 등을 밝혔다. 그 후에 징계령·관등·봉급·복제 등을 정하고, 지방경찰규칙이나 상여령 등을 제정하여 법제를 정비해 나갔다.

또한, 도적처단례와 부·경무청·부령 위반에 관한 벌칙제한령 등도 제정하여 행정벌제도를 명시함으로써 오늘날의 경찰범, 즉 경범벌칙제한의 선구를 보여주기도 하였다.

(2) 경찰헌장

경무청의 설치와 함께 신경찰의 헌장이 제정되었다. 1894년 7월 14일에 군국기무처는 의안으로 「행정경찰장정」을 결의하였는데, 이는 '제1절 총칙 제2절 총순의 집무장정 제3절 순검의 직무장정 제4절 위경죄의 즉결장정 제5절 순검의 선용장정' 등 5개절로 이루어져 있다.

이 행정경찰장정은 경찰의 목적과 경찰관의 복무요령, 경찰범의 기결 및 순검의 채용방법 등을 일관해서 표명한 헌장이라 할 수 있다.

그리고 동년 12월 11일에 순검징벌례를 반포하여 이를 보완하였는데, 이들은 포도청 시대에 명문이 없던 세칙으로 신경찰의 면모를 알아보는 데 의의가 크다고 할 수 있다.[4)]

1) 경찰의 목적

먼저, 경찰의 목적으로 볼 수 있는 제1절에는 경찰의 업무를 '백성의 위험을 방지하고 평안한 생활을 영위케 하며 공공질서를 유지하는 것'이라고 규정하고, 백성의 위험방지·위생업무·풍기단속·범법자의 수사로 나누고 있다. 사법사항에는 따로 검찰이나 사법경찰규칙에 따라 간접 및 직접적으로 수사·체포·송청에 종사하며, 경찰관리는 비례원칙에 따라 백성의 사생활에 불간섭하여 공정한 근무를 하도록 하였다. 그리고 이러한 목적의 달성을 위하여 각 지방장관은 총순으로 하여금 순검을 지휘하여 각 처에서 순라와 사찰에 종사하도록 하였다. 이와 같은 내용의 요지를 살펴보면, 근대 경찰의 보안경찰과 이에 부수된 사법관계업무를 간결하게 총망라하였다고 볼 수 있다.

2) 총순의 집무요령

총순의 집무요령은 수시로 본청에서 회의를 열어 원칙이나 집행상의 요령을 공동합의하고 포고나 명령을 부하 순검에게 주지시키며, 관내를 수시로 순찰하고

---

4) 앞의 책, pp.326~336.

순검을 독려하여 인구 호수 영업사항 등을 기록하면서 관내사항을 상부에 보고한다. 그리고 경찰범은 즉결하고 보고하되, 애매한 것은 상부에 보고하여 지시를 받도록 되어 있다.

여기에서 흥미 있는 것은 아직도 신분제도가 불식되지 않아 피의자 신문의 경우에 칙임관이나 주임관은 직접 문초를 하지 못하고 그 집사자를 대신하였으며 판임관 이하의 사족이나 평민만 직접 문초하도록 규정하고 있는 점이다.

3) 순검의 복무요령

일선에서 직접 경찰업무를 집행하는 순검의 복무요령은 18개 조항으로 명시하고 있는데, 그 중 중요한 것을 보면,

① 관내거민 또는 행인의 곤란구호
② 노약 부녀·폐질인의 보호
③ 관내 거민의 선악 파악
④ 관의 시달사항이 신복(信服)되는지의 여부 파악
⑤ 순찰 후의 기록보고
⑥ 가로·장시의 풍기단속
⑦ 미아의 보호와 귀가 조치
⑧ 방실우마의 단속
⑨ 취자·병자의 보호
⑩ 광견의 단속
⑪ 방치 시체 단속
⑫ 짐승과 가축의 시해 제거
⑬ 민가의 야간 문단속 지도
⑭ 가로잠행자의 단속
⑮ 구화요령 등이다.

4) 위경죄 즉결요령

경무서 관내에서 발생하는 위경죄는 서장이 즉결하여 본인에게 통지하게 하였다. 즉결법은 재판과정의 예에 따르지 않고 대질신문을 생략할 수 있으며, 이에 불복하면 정식재판을 통하여 고등법원(최고법원)에까지 상고할 수 있도록 되어 있었다. 만일 정식재판에 부칠 때에는 경무서에 통지하여야 하며, 경무서에서는 그 통지를 받으면 모든 관련 문서를 위경죄재판소 검사에게 송치하도록 되어 있다.

5) 순검의 채용방법

순검의 채용은 23세에서 40세까지의 건강하고 단정하며 중죄의 전과가 없는 자 중에서 원칙적으로 시험을 거쳐서 선발하게 되어 있었다. 시험은 경무사와 총순 2인 이상이 본청에서 실시하고, 시험과목은 형법·송법·경무법개략 및 국한문왕복서식으로 되어 있다.

그리고 순검은 5년 이상 근무해야 정근증서를 받고 성적이 좋으면 총순으로 승진할 수 있었다.

제 2 절 경찰제도의 시대적 고찰

1. 경무청 시대

(1) 내무대신

신관제의 8아문 중 내무아문에 신제경찰이 소속되게 되었다. 그러나 내무아문에는 내국으로서의 경찰관계국이 보이지 않으므로 수도의 경무청은 외국적인 존재로 보아야 할 것이다. 경찰관계의 국이 내국으로 설치된 것은 1895년 8월 6일 지방국에 경찰 및 감옥업무를 추가 관장시킴으로써 시작된다.

신관제가 쏟아져 나오는 때인 1894년 6월 28일의 각 아문관제에는 내무아문에 경찰관계 어구는 찾아볼 수 없고, 오히려 법무대신의 소관으로 사법·행정경찰의 업무가 규정되어 있었다. 그러다가 7월 14일에 군국기무처 의안으로 경무청관제·직장을 의정한 뒤에는 이를 내무아문에 소속시킨다고 결의하였고 왕의 무더기 인준과 더불어 이의 윤허를 받고부터 비로소 경찰업무가 내무대신 지휘하에 들어가게 되었다.

신제경찰은 비로소 내무대신을 최고의 경찰관청으로 가지게 되었으며, 또한 구 영의정의 후신인 의정부 총리대신이 내무대신의 상급관청임은 당연한 일이었다. 그리고 경무사는 중대한 업무를 총리대신에게 품명 청후하여 시행한다고 함으로써 경무사가 내무대신을 경유치 않고 직접 총리대신에게 품신할 수 있는 공식계통을 규정하고 있다.[5)]

한편 동일, 각 부·각 아문 통행규칙을 제정하여 반포하였는데, 이에 의하면 각

5) 경무청 관제·직장 제 6조.

아문대신은 각기 관장업무에 관하여 경무사와 각 지방장관을 감독하고 법령에 위반되는 처리나 공익에 위배되는 행위가 있으면 이를 정지시키거나 또한 폐지시킬 권한을 갖고 있어 오늘날 지휘 감독권의 개념이 이때 설정되어 있음을 볼 수가 있다.[6)]

(2) 경무청(1894)

새로이 나타난 경무청은 기실 좌·우포도청과 좌·우순청의 후신이며, 일인들이 자국의 경시청 명칭을 본 딴 것과의 타협적인 명칭이다.

이것은 1894년 7월 14일에 의결되고 신관제가 일제히 시행되는 7월 20일에 발족한 것인데, 중앙정부로서 의정부 6조가 의정부 아문으로 변하고 군국기무처·도찰원·중추원·의금사·회계감사원·경무청이 이에 부속됨을 볼 때, 경무청은 비중이 커서 우선적으로 출현한 기관이다.

이와 같은 경무청 조직의 특징은 종래 좌·우 양편으로 나누어졌던 포도청이 하나로 통합된 대신 그 밑에 한성 5부에 각각 경무지서를 두었고 또 하나는 군부에서 문관제로 들어간 것으로, 행정관청의 내국으로 들어가지 않고 독립관청으로 출발한 점이다.

한편, 신관제로의 출발을 전후하여 구법을 정리하는 등 일련의 준비입법이 있었다. 즉, 7월 2일에는 종래 각 법사 이외에 각 관청에서 소관법위반자를 체포 처형하던 것을 폐지하는 안을 통과시켰다. 이는, 행정경찰 사항을 모두 경찰기관의 단속사항으로 한 것으로서 일대 개혁이라고 하지 않을 수 없다. 그리고 순라에 관해서는 좌·우순청, 5위, 포도청 등에서 행하던 것과 각 군문에서 행하던 것을 폐지하고 경무청관하의 경찰이 행하게 한 것도 큰 개혁이라고 할 것이다.

그 밖에 행형(行刑)업무가 경무청으로 넘어와서 1907년에 경시청으로 개혁될 무렵까지 13년 동안 계속되었는데, 이는 경찰이 행형업무를 관장하던 특수한 시기를 이룬다. 그리고 종래 한성부에서 관장하던 일체의 소송업무를 일시 맡게 되었다. 즉, 1894년 8월 24일부터 1895년 3월 25일에 「재판소구성법」에 의한 한성재판소가 창립되기까지 민·형사업무를 담당하였다.[7)]

이와 같은 행형업무와 소송업무는 특수한 예이지만, 종래 각 관청에서 다루던 행정경찰업무를 일원화하여 한 손에 장악하고 사법경찰업무와 순찰업무 등을 도맡는 경무청은 제도상 강력한 기관으로 되어 경찰근대화의 제도적 개혁의 시초가 된 것이다.

경무청의 장으로는 경무사가 있어서 칙임관으로 보좌하고, 그는 내무대신의 절제

6) 각부·각아문통행규칙 제9조, 제10조.

7) 이 한성재판소는 1898년에 칙령 5호로 한성부재판소로 바뀌어 소송업무는 실질적으로 한성부에 속하게 되었다. 지방에서도 마찬가지다. 서울시, "서울행정사", 1997, pp.148~150.

를 받아 한성5부의 경찰과 감금(행형)업무 및 범인의 체포취조와 죄의 경중을 가려 법무당국에 이송하는 일을 총할한다(경무청 관제·직장 제1조, 제5조).

수상인 총리대신과의 관계는 중대사에 한하여 품신할 수 있고, 각 대신과의 관계는 각 아문에 해당하는 경찰업무에 한하여 각 대신에 품청한다(동 제6조). 그리고 한성부윤 소관에 관련되는 사항은 서로 협의하여 처리한다고 하였다.

경무사는 내무대신의 재가를 받아 주임관의 인사를 행하고, 판임관 이하의 인사는 전행하며(동 제8조), 직권으로 한성부 판윤과 동등하게 5부의 관원을 지휘할 수 있다(동 제9조). 그리고 국·과와 지서를 폐함에는 내무대신이 왕의 허가를 받아 행하며(동 제10조), 연말에 내무대신에게 부하의 근무상황과 지출보고를 해야 하고(동 제10조), 부하의 상벌을 행하며(동 제12조), 내무대신의 재가로 본청의 집무장정을 정할 수 있다(동 제 13조).

경무청에는 경무사 외에 경무부관, 서기(관), 경무관, 총순, 순검, 감금, 부감금, 감금서기, 감수 같은 직원이 있다(동 제2조, 제14조, 제20조).

그리고 경무청 산하 5부의 경찰업무를 분담케 하기 위하여 경무지서를 두었다. 각 지서에는 서장 1인(경무관이 겸임)과 서기 2인 및 순검 몇 명을 두었으며, 서장은 경무사와 경무부관의 지휘를 받아 담당 부내의 경찰업무를 총할하고 부하 순검을 지휘하여 순찰을 행하며 안녕을 유지한다. 또 지서의 서기는 문서와 회계를 맡아 관내상황을 서장에게 보고하며, 서장은 이를 경무사에게 월례보고하게 하였다(동 제21조, 제22조, 제23조).

그 밖에 경무지서에는 순검번소 50개소가 있었는데, 이는 과거 포도청이 좌·우 각각 8개의 패와 6강 구역에 총 28개 복처(경수소)를 가지고 있던 것과 순청이 가지고 있던 16개의 경수소·98개의 복처를 생각하면 짐작할 수가 있다.

한편, 1894년 8월 6일 군국기무처는 각 개항장 감리서에 배치되었던 경찰관을 경무관으로 개칭하여 이를 수도경찰청인 경무청에 소속시키고 경무관의 인사권을 경무청에서 내무대신의 재가를 얻어 시행토록 하였다.

또한, 전옥(典獄)을 경무청으로 소속시키고, 1894년 11월 25일에 감옥규칙을 반포하였다. 감옥은 내무대신 관할로 경무사가 관리하되, 미결감과 기결감으로 나누고 재판관과 검사는 감옥을 순시토록 하였다. 실제로는 다음해 3월에 가서야 재판소구성법이 공포되어 판사와 검사제도가 생겼다.

감옥에는 감수장이 있어 새 입감자에 대해서는 재판소 또는 경무서에서 발행한 문서에 의하여만 신병을 인수하도록 하였으며, 특이한 점은 3세 미만의 유아가 있는 여죄수는 유아와 함께 들어갈 수 있도록 하고 재감인은 수양 내지 직업상의 독서를 할 수 있게 한 것이다. 그리고 기결수로서 형기를 만료한 사람은 만기일의 익일 오전 10시 이전에 석방하도록 하였다.

(3) 1895년 개편

새로 부임한 이노에 공사는 오도리 전 공사의 지나친 내정개혁을 시정하며, 또한 대원군과 민비의 국정간여를 막으면서 국왕체제의 궁중업무와 부중업무를 엄격히 구별하고, 관리의 명백한 직분과 법률에 의한 정부와 국민 간의 관계를 규정하려는 복안을, 전승국으로서의 배경을 업고 강력하게 실행하였다.

그 결과, 다음해인 1895년에 이르러 내각제와 경무청제도가 바뀌고 지방은 23부제로 개편되었다. 그러나 크게 개혁된 것은 없고 갑오개혁의 연장에 불과하였으며, 정계에서 대원군과 민비가 제거된 것과 군국기무처를 폐지한 것이 중요사항이었다. 그리고 경찰관제에 있어서는 내부의 지방국에서 전국의 경찰업무와 감옥업무를 관장토록 한 것과 한성부를 제외한 22개 관찰부에 경무관, 경무관보, 총순 및 순검을 배치한 것이 개편의 중요 내용이었다.

1) 내부 지방국

1895년 3월 25일에 의정부를 내각제로 개편하고 그날부터 전년의 8아문제를 7부(농상아문과 공부아문을 합하여 농상공부로 개편)로 하여 종전의 내무대신은 내부대신으로 호칭을 바꾸었는데, 이는 한일합방 때까지 계속되었다.

내부의 각국에는 주현국·토목국·판적국·위생국·회계국만 있었고, 경찰관계의 내국은 없었다. 그러다가 동년 5월 5일에 주현국을 지방국으로 개칭하고 8월 6일에는 내부관제를 개정하여 지방국의 관장업무에 경찰과 감옥업무를 추가하여 비로소 내부대신 아래에 경찰관계의 내국이 설치되었다.

2) 경무청 변동

이번의 개편에서는 관방에 서무·회계관계과를 두고, 또한 관내 감독관을 둔 점과 총무국에 신문계 신설 및 궁내 경무서를 따로 둔 것이 특색이다. 그리고 경무청처무세칙과 경무서처무규정이 제정되어 관계법규가 한층 정비되었음을 볼 수 있다. 경무지서에 관하여는 이번의 관제에서 경무서로 개칭되어 '지'자가 탈락하였다. 경무서 처우규정은 다음과 같다.[8)]

---

8) "한국경찰사 I", pp.349~351.

서장의 역할은 법률 규칙 및 명령에 따라 관내의 경찰업무를 맡아서 안녕질서를 유지하고 부하를 지휘·감독하되 수시로 관내를 순시하여 민정시찰과 부하의 업무집행을 살피며 부하직원에게 상부의 명령과 경무법규를 주지시키고 각부 주무관·군·읍·동장 및 기타 관계관청과 문서왕복을 할 수 있으며, 서장의 유고시에는 수석 총순이 대리하도록 되어 있다.

총순의 역할은 순검의 용모복장을 바르게 하기 위하여 매일 아침 교대시간에 점검하고, 입직총순은 주야간에 관내를 순시하여 순검의 근무를 독려하는 것이었다. 순검의 역할은 내근·외근으로 나누되, 내근순검은 문서처리 회계 및 탐정에 종사하고, 외근순검은 행순이나 사찰 등에 종사하는 것이었다.

업무처리 지침으로 공문서 및 민원서류는 접수부에 기재하여 서장의 결재나 위임으로 처리하게 하였으며, 구두소원자에 대하여는 검토한 후에 서류를 제출케 하거나 또는 대서를 해주어 처리케 하고, 발송문서도 건명대장(件名臺帳)을 만들며 서류는 일정한 장소에 잘 단속해야 한다고 하였다.

경찰관의 복무시간은 주야 24시간을 근무하되, 서장과 내근요원은 아침저녁에 출·퇴근하고, 외근요원은 갑·을반으로 나누어 격일제로 24시간 근무하며 교대시간은 3월 1일부터 9월 말일까지는 오전 8시, 10월 1일부터 익년 2월 말일까지는 오전 9시로 하였다.

이는, 당시의 다른 관청의 근무시간이 4시간 내지 6시간인 점과 비교해 볼 때, 경찰은 장시간 근무의 어려움이 있었음을 보여주고 있다.[9]

3) 지방경찰

전국을 23관찰부로 나누고 각급 읍을 군으로 개편함에 따라 23부는 334군을 관할하게 되었는데, 한성부에는 경무청을 따로 두고 있었으므로 경찰관 배치가 없고, 다만 경무청의 관할구역이 한성부의 새로운 관내 10군에 확장되었다.

그러나 기타의 22개 관찰부에는 관찰사 1인, 참사관 1인, 주사 약간 명에 경무관 1인, 경무관보 2인, 총순 2인 이하를 배치하였다. 그 밖에 순검을 두었는데, 당시 지방 순검의 정원은 1,540명이었다.

9) 일반관청의 근무시간은 다음과 같았다.
곡우－소서 : 오전 9시~오후 3시
소서－백로 : 오전 8시~정오(12시)
백로－곡우 : 오전 10시~오후 4시
* 토요일 : 정오까지

그리고 지방 관찰부에 배치된 경무관은 당해 지방재판소에 검사가 결원일 때에 재판소 처무규정통칙 제9조에 따라 검사직무를 대행하였다.

한편, 각부의 관리 직장에 관해서는 세무에 관한 규정밖에 보이지 않으나, 후일의 순검으로 개칭되었으리라고 여겨지는 장교의 명칭과 정원 및 연봉액수가 보인다. 그리고 장교 아래에 사령의 명칭이 보이는데, 이것도 전래의 개념으로 경찰에 든다고 파악된다.[10)]

이와 같은 23부제의 실시에 따라 각 개항장의 감리서는 인천·부산·원산이 5월 1일에 폐지되고, 그 3개항에 배치했던 경찰관은 그대로 존속시켜 각 관찰사의 지휘 감독을 받게 하였다.

4) 경찰규칙

그 동안 각종 법률이 차차 제정되었는데, 경찰에 관계된 주요법률은 10월 6일에 제정된 「부령·경무청령·부령에 부하는 벌칙제한에 관한 건」을 들 수 있다.

이는 일종의 행정벌로서 각부대신 경무사 및 관찰사는 각각 그 부·청·부령에 위반하는 자에 대하여 각부대신은 30원 이내의 벌금 또는 30일 이내의 구류에 처하는 벌칙을 규정할 수 있게 하였다. 그리고 경무사와 관찰사는 10원 이내의 벌금 또는 10일 이내의 구류 처분만을 규정할 수 있도록 제한한 것이다.

이것은 법률위반과 구별하는 것인데, 법률과 법률에서 위임한 부·청·부령을 구별하려는 것으로 근대식 입법임을 나타낸다.

(4) 1896년 개편

1896년 대한제국을 칭하고 아울러 연호도 건양을 사용하며, 대한제국을 공포하여 독립국의 면모가 뚜렷한 시기였다.

이 동안 내각으로 개칭되었던 의정부가 부활되고 23부지방제가 13도제로 환원되는 등, 상당히 낯선 제도가 정비되었다. 그리고 경찰제도도 각 개항장 경무서의 신설을 비롯하여 각 도·부·군의 경찰관 배치 등의 발전이 있었다.

1) 내부대신의 격상

1896년 9월 24일에 의정부가 복설되면서 경찰의 최고관청인 내부대신은 수상인

---

10) 군관과 장교는 갑오개혁 이전에는 각 읍에서 수령 아래에 군무와 포도업무에 종사하였는데 군대가 사실상 해체되고 중앙에 훈련대 등으로 형식적인 신제군제가 재편성되는 과정에 있었으므로 포도업무에 종사하던 장교는 지방의 경찰이 서울식으로 고쳐지기 전의 마지막 명칭으로 남아있었던 것으로 보인다.

의정 다음의 부수상격으로 다른 대신보다 격이 향상되었다.

그리하여 내부대신은 의정부 회의 시에 수상인 의정이 신병이나 기타 유고 시에는 의정을 대신하여 수석이 되고, 또 필요한 경우에는 의정의 사무를 서리하도록 되어 있다.

이 제도는 만 3년 가까이 시행되다가 내부대신과 수상은 서로 직무가 다르고 의정이 각 부·부 대신을 감독할 수가 없다고 하여 1898년에 경무청관제를 바꾸어 내부대신의 지위를 다른 부의 대신과 동격으로 환원하였다.

2) 경무청 변동

경무청관제는 큰 변동이 없었으나, 그 후 1898년에 경무청관제를 개정하여 총순 정원을 30인 이하에서 40인 이하로 증원하는 정도의 변경만 하였고, 경무사 이하의 복제를 변경하여 평상복과 예복의 규정을 두었을 뿐이다.

그리고 경무청 소관인 감옥서에 관하여는 법제를 정비하여 감옥세칙을 공포하였다. 이는 종전의 감옥규칙에 비하여 상당히 진전된 것으로, 감옥규칙이 수인관리규정에 급급해 옹색한 것이었다면 개정된 감옥세칙은 면회규정과 사식·사물 등에 관한 규정을 추가하고 모범수 규정 등이 삽입되는 등 발전된 모습을 보여주고 있다.

3) 13도제와 지방경찰

종전의 23부제를 폐지하고 13도제(1부 13도 7부 1목 331군)를 채택했다. 13도제는 오랜 전통의 8도제를 확장하여 경기·황해 및 강원의 3개도를 제외한 충청·경상·전라·함경 및 평안의 5개도를 남·북도로 각각 분리한 것이다. 이 제도는 일제의 지배 아래에서도 변경되지 않고 이어 온 제도이다.

이에 의하여 각 도에 배치된 관원을 보면 관찰사 1인, 주사 6인, 총순 2인, 순검 30인, 서기 10인, 통인 4인, 사령 15인, 사용 8인 및 사동 8인으로 되어 있다. 그런데 23부제 때에 배치되었던 경무관과 경무관보는 없어지고 총순과 순검을 배치하였으며, 그 인원도 약 반으로 줄었음을 알 수 있다.

지방관리직제에 의하여 규정된 총순의 역할은 '관찰사의 지휘감독을 받아 관내 경찰업무에 종사하되, 소속 순검을 지휘 감독함'으로 되어 있고, 총순의 관등은 판임관으로 되어 있었다. 하지만 관찰부에 배치된 총순은 당분간 내부에서 파견하되, 차차 지방의 경찰이 성장하면 관찰사가 현지의 순검 중에서 선발하여 내부에 임명을 납신하게 하였다.

13도와 동격으로 한성부를 두었는데, 여기에는 경무청이 따로 있어서 경찰관의 배치는 없고, 관찰사의 관할 아래 있는 지방 7개 부 중 일부에는 별도로 개항장경무서가 설치되었다. 그리고 부·목·군에는 순교가 배치되었는데, 이는 전년까지 있었던 장교의 개칭인 듯하며, 말단기관에 순교라는 신식명칭의 경찰관이 배치되기는 그 때가 처음이다. 그 밖에도 순솔과 사령이 배치되었고, 이듬해인 1897년에는 별순교와 청사 등이 각각 증치되었다.

4) 개항장 경무서

동년 개항장(開港場)에 감리서를 두어 감리로 하여금 종래의 관찰사 등이 관장하던 개항장 업무를 관장케 함으로써 감리서제가 복구되고, 이어 각 개항장에 외부소속의 감리서와 별도로 내부소속 경무서가 새로이 설치되었다.

이때 감리서는 인천·동래·덕원·경흥부의 4개처이고, 경무서도 이 4곳에 설치되었다. 그 후 1897년 무안 삼화에 감리서와 경무서가 증치되었고, 1899년에는 옥구·창원·성진 및 평양에 감리서가 설치되었으며 이 4곳에 경무서가 추가 설치되었다. 이와 같은 제도는 1906년에 전국적으로 경찰서 지서 분파소제가 정해지면서 폐지되었다.

개항장경무서에는 경무관과 총순·순검·청리 및 압뢰(유치장 간수)가 배치되었는데, 그 제도는 수도의 경무서에 준한다고 하였으며, 경무관은 당해 감리의 지휘를 받아 부하직원을 감독하고, 총순은 경무관의 지휘를 받아 소속직원을 감독하도록 하였다. 다만, 내부에 관련된 사항은 감리를 거치지 않고 경무관이 바로 내부에 보고하는데, 이는 개항장경무서가 내부에 소속된 까닭이었다.

2. 경부시대

(1) 경부의 독립(1900)

1900년 6월부터 1902년 2월에 이르는 1년 8개월 동안 우리나라에서 처음으로 경찰이 내무행정기관에서 독립된 시기가 있었다.

1900년 6월 9일에 고종황제는 “갑오년에 경무청이 내부직할에 속했으나, 현금에는 국내의 경찰사무가 점차로 번잡하여 시제(時制)가 소완(小緩)을 불용하므로 경부를 별설하되, 관제를 신정(新定)하여 정부가 곧 회의하여 만들도록 하라.”고 하였다.

이리하여 3일 이후인 6월 12일에 경부관제가 반포되었는데, 그것은 전문 46개조의 방대한 것이었다. 그리고 초대 경부대신에는 탁지부대신 조병식이 서리로 겸임되었으며, 협판차관에는 조윤승이 임명되었다.

경부관제는 서무국에 속해 있던 회계과가 회계국으로 승격되어 3국제로 시행되었다. 이렇게 시행된 경부관제에 의하면, 경찰 업무가 감옥까지 관장하며 행형을 포함함은 전과 같으나, 종래 내부대신 감독하에 있던 것이 부로 승격되어 전국의 경찰을 관할하게 되고, 또 한성과 개항장 경무서 등을 관할하게 되었다.

경부대신은 경찰의 최고관청으로 각부 대신과 동일한 직권을 가지며 의정부찬정을 겸하고 의정부회의에 참석하여 발언·제안·의결에 참여한다.

또한, 부내의 소속관리를 통솔 지휘하고 전국의 경찰업무를 지휘한다. 경부보좌기관으로는 경부협판·경무국·서무국·회계국과 관방이 있으며, 외국(外局)이라 할 수 있는 감옥서를 두고 감옥서장과 서원을 지휘 감독하여 감옥업무를 장리하였다.

(2) 지방경찰과 한성 경무감독소

지방경찰에 관하여는 13도 1부제에 따라 각 도에 총순 2인과 순검 34인씩을 두고 각 부·목에는 순교 8인씩과 각 군에는 순교 6인씩을 두었으며, 일부 부·군에는 별순교·청사(廳使) 등을 두었는데, 이들이 각기 지방장관의 지휘·감독을 받아 관내 경찰업무를 수행하였다.

한성부는 종래 경무청이 한성부와 독립하여 경찰, 소방, 감옥의 업무를 담당하여 왔다. 그런데 이번 경부가 내부로부터 독립할 당시에 최초의 2국제관제를 보면, 한성에 경무감독소를 설치하고(경무관 1인, 총순 2인), 한성판윤의 명을 받아 경무감독소가 관내 5개경무서를 지휘하여 범인을 구속하며 또한 경부의 지시를 받게 하였다. 이렇게 보면, 경무감독소는 한성부의 내국으로 경찰업무를 담당하게 되어 마치 종전의 경무청이 한성부의 내국으로 변한 것 같은 모습으로 생각할 수 있게 되었다. 결과적으로 한성판윤도 13도의 관찰사와 같이 경찰기관이 되었다고 볼 수가 있었다. 그러나 곧바로 개정된 3국제관제에는 이러한 경무감독소 규정이 빠짐으로써 그 시행 여부를 알 수 없게 되었다.

그리하여 한성부 관내에는 종전과 같이 5개 경무서만을 규정하고 있는데, 이것은 오히려 경부의 외국과 같은 인상을 깊게 하며, 그 아래에 새로이 3개 분서가 창설되어 주목을 끈다.

즉, 이는 한성부의 5개 경무서 명칭과 더불어 이번에 처음 나타난 것으로, 관할구역이 큰 경무서서(警務西署)에 마포경무분서와 서호경무분서를 설치하고 경무남서(警務南署)에 한강경무분서를 설치한 것이 바로 그것이다.

(3) 함경북도 변계경무소

1901년에 함경북도 변계경무소가 신설되었다. 이는 국경지대의 민간을 보호한다는 목적으로 경부 관할 아래 경무관 2인과 총순 4인 및 순검 200인의 상당한 규모로 구성되었는데, 이는 근대적 국경경찰서의 시초라고 할 수 있을 것이다.

(4) 경위원

1901년에 궁내에 경위원(警衛院)을 두었는데, 이는 1895년에 창설한 경무청 관할의 궁내경찰서의 후신이다.

경위원은 황궁 내외의 경비와 수비를 담당하며 수상한 자와 위법자를 단속 또는 체포하는 업무에 종사하고 총관 1인을 두되 칙임관으로 보좌하며, 그 밑에 총무국장 1인과 경무관 7인 및 총순 16인과 주사 6인을 두어 많은 고급경찰관이 배치된 것을 볼 수 있다. 그리고 순검은 총관이 왕의 재가를 얻어 정원을 정한다고 하였다.

이와 같은 경위원은 경부가 폐지되기 전까지 왕실의 권한을 강화하는 기능을 했는데, 1905년에 폐지됨으로써 주전원(主殿院)에 황궁경위국을 두었다.

(5) 경부 설치의 의의

경부는 1년 8개월여 만에 폐지되고 말았는데, 이는 경부대신이 정권쟁탈의 방편으로 이용될 만큼 강력한 실력을 가진 것이 이유라는 견해도 있다. 이는, 그 기간 동안 1대 조병식부터 11대 이지용까지 무려 11명이 교체된 것만 봐도 짐작할 수 있다. 다만, 당시 국권을 둘러싼 열강을 비롯한 내부의 대립이 더 큰 원인일 것이며, 주체적으로 제도를 운용할 국력이 무엇보다 중요하다고 할 것이다.

3. 대경무청 시대

(1) 반독립의 경무청(1902)

국무부서의 하나로 독립되었던 경부는 어떤 폐단이 있었던지 존속 1년 8개월 만인 1902년 2월 16일 종전의 경무청으로 환원되었으며, 이때부터 신 경무청관제가 시행되었다. 그런데 이 경무청관제는 1901년 12월 8일에 재가를 얻었으므로 시행되기까지는 3개월여를 지체하였는데, 그 이유에 대해서는 분명한 바가 없다.

경부가 폐지되고 탄생한 이 새로운 경무청은 구 경무청이 수도경찰관청인 데 비하여 전국경찰을 관리하게 되었으므로 그 격이 상승된 것이었다. 하지만 실제로는 경부가 격하되어 내부대신의 지휘 감독을 받게 된 경우로 볼 수 있으므로 새로운 경무청을 편의상 대경무청이라 함으로써 전의 경무청과 구별할 필요가 있다.[11)]

이 대경무청은 내부대신의 지휘·감독하에 있으면서 사법업무에 한하여 법부대신의 지휘 감독을 받을 뿐, 그 외에는 각 부(部)·원의 장관과 평행으로 문서를 조회하고 지방관찰사 이하에는 훈령 또는 지령을 발하였다. 그리하여 대경무청은 실질적으로는 반독립적인 강력한 조직체라고 할 수가 있다.

따라서, 이는 내부의 외국과 같이 볼 수 있는데, 만약에 그렇게 본다면 내부 지방국의 경찰관계업무와는 어떠한 관계에 놓이게 되는지가 분명하지 않다.

대경무청은 1902년 2월 16일에 발족하여 1905년 2월 26일에 다시 수도에 한하는 경무청관제로 바뀌면서 동일자로 내부에 경무국이 생김으로써 경찰관계내국인 지방국에서 독립하기까지 3년 1개월 동안의 특수한 시기를 이루고 있다.

이러한 대경무청은, 황궁 내외 및 전국의 경찰업무와 감옥업무를 관리하며 모든 경찰관리를 감독하였다.

경무청의 조직은 경무사 아래 관방과 경무국이 있는데, 관방에는 비서과와 감독소를 두고, 경무국에는 경무과 문서과 및 회계과를 두었다. 이는 경부시기에 비하면 3국 5과가 1국 4과로 축소된 것이었다.

그리고 한성에 5개 경무서와 3개 경무분서를 둠은 변동이 없고, 지방의 경찰관리를 관할하되 도 총순의 징계권을 가짐과 군의 순교를 지방 경찰이 발전하기 전까지 관할함도 경부시대와 같았다.

(2) 구 토포영 부활

1903년에는 전년의 흉년으로 전국에 도적이 극심하여 당시의 지방경찰력으로는 이를 단속하는 데 철저를 기하지 못하여 갑오전의 진영 및 토포영을 겸하던 읍 가운데 일부 중요한 곳을 골라 토포영제를 실시하여 포도에 종사케 하고, 경기와 3남(충청, 전라, 경상도)의 17개부·군의 수령에게 별순교(각 12인)와 청사(각 5인)를 증치하여 본읍뿐만 아니라 인근의 부·군내 순찰과 포도업무를 전담케 하였다.

그리고 포도에 관한 세칙은 내부대신이 정한다고 하며, 이들 토포영의 구체적인 관할 구역은 언급이 없으나, 이 역시 내부령으로 정하였을 것으로 생각된다.

---

11) 앞의 책, p.459.

4. 소경무청 시대

(1) 소경무청(1905)

1) 내부 경무국의 독립

1905년 2월 26일에 대경무청제를 폐지하고 경무청을 다시금 수도경찰기관으로 환원시키면서 내부관제를 개정하여 경무국을 3등국으로 독립시켰다. 독립된 경무국의 관장업무는 도서출판을 포함하여 전국의 행정·고등경찰에 관한 업무와 감옥업무를 여전히 포함하게 하였다.

2) 소경무청과 경무서

이번 관제 개편에서 가장 중요한 것은 대경무청을 갑오개혁 때의 수도경찰청으로 환원한 점이다. 소경무청의 특징은 내국의 명칭이 갑오년 당시의 총무국에서 경찰국으로 바뀐 점과 종래 법제상 없던 경찰과와 신문과 2개과가 나타난 점이다. 그리고 감옥서에 남·녀 감방의 분리와 의사를 배치한 점도 발전적 특징이라 하겠다.

관방에 비서과와 문서·회계과를 두고 경무관으로 된 감독 3인 이하를 배치한 점 및 한성부 내 5개 경무서·3개 분서를 둔 점은 종전과 같다.

3) 지방경찰

이 시기의 지방제도 변경은 한성부관제를 독립시켜 판윤·소윤을 폐지하고 부윤으로 바꾸어 한성5부의 행정 등을 행하게 한 것 외에는 중요한 것이 없다. 지방경찰조직도 종전에 총순만 있던 각 도에 경무관 1인씩을 두게 하고 총순 정원 2인을 1인으로 감축하였을 뿐이다.

(2) 1906년 개편

1) 위생업무의 인수

1906년에 내부관제를 개정하여 지방국 소관의 보건·위생에 관한 3개 업무를 경무국으로 이관하였다.

그리하여 경무국에는 경보과와 위생과를 두되, 경보과에서는 도서출판 및 감옥업무를 포함한 전국 일체의 경찰업무를 관장하고, 위생과에서는 공중위생에 관한 업무와 의사의 개업 및 약품관리, 기타 위생경찰업무를 관장케 하였다.

2) 경무청의 간소화

경무청관제 개정으로 경무청 내에 경찰국이 없어지고 관방 각과가 서무과로 통합되어 경찰과, 서무과, 신문과로 되었다. 또한, 종래 관방에 소속되었던 감독제가 없어지고 경무학교가 발족되었으며, 경무청의 인원이 대폭 감축되었다.

여기에 과장은 경무관으로 보좌하고, 계장은 총순 또는 주사로 보좌하며 경무학교장은 총순으로 보좌하였다. 과장은 과원을 지휘 감독하며 주관업무에 관하여는 경무사를 경유치 않고 각 부와 지방관아의 주무관과 문서 왕복의 권한이 있었다.

3) 지방의 경찰관서 신설

이 시기에 그 동안 오랜 숙원이던 지방의 경찰관서가 조직되어 수도의 경무서-분서조직과 같이 이루어지기 시작하였다.

즉, 지방 각 도에 서울과 같이 경무서와 경무분서를 창설하는 법적 조치가 「지방 13도 각 관찰부 경무서 및 분서 설치에 관한 건」으로 이루어졌다. 이에 의하면 도 단위로 1개 경무서를 설치하고, 서장에는 경무관을 두어 도내의 모든 경찰업무를 관장케 하는 한편, 도내 중요한 지역에 분서를 두어 분서장에는 총순을 임명하였다.

그러나 이는 바로 이루어지지 않고 중·남부의 6도부터 시작하여 점차 확장하게 되었다. 종래 수도에만 있던 경무서·분서제가 우선 충청남·북도, 전라남·북도, 경상북도 강원도의 6개 도에 실시되어 도소재지에 경무서를 두고 기타 중요지역에 분서를 두어 분서제가 이루어졌다.

경무서는 1도 1서제로서, 말하자면 1개도를 관할로 하는 대경찰구이다. 그러나 경무서는 관할구역을 가진 점에서는 경찰구이지만, 경무서장인 경무관이 지방관제상 각 도 직원으로 되어 있고 관찰사의 명령을 받는다고 하는 것을 보면 경무서는 도의 외국적 성격을 띠고 있다고 볼 수 있다.

분서는 총순이 분서장이 되어 독자적인 관할구역을 가지고 있는 중경찰구로서 도경무서의 출장소격이라 할 수 있다. 이 분서제는 1910년 6월 경찰권을 상실할 때까지 계속 그 수가 증가되었다.

이와 같이 6도에 6서 8분서로 시작한 신제 경찰관서조직은 3개월이 지나서 각 도에 일률적으로 이루어지고 그 말단기관으로 분파소를 신설하여 경무서와 분서 관할 아래에 배치하였다. 그리하여 13경무서-26분서(각도 2, 경북 3, 황해 1만 예외)-299분파소가 수도의 경무청 관할 외의 진국에 조직되었으며, 이때 한성의 서부경무서 내에 용산분파소가 추가되기도 하였다.

이와 같은 경찰조직은, 1907년에 각 개항장 경무서와 함경북도 변계경무서가 폐지되고 분서가 늘어난 반면, 분파소가 감소하는 과정을 밟게 된다.
즉, 1월 31일자로 지방의 경찰조직은 13서 37분서 298분파소로 개편되고, 그 뒤에 6월 30일자로 13서 51분서 252분파소로 개편되었다. 이때의 경무서나 분서는 단순한 감독기관만은 아니고, 분파소와 같이 직할구역을 가지고 있었기 때문에 분서의 증가는 그만큼 분파소의 수가 감소함을 의미한다.

5. 경시청시대

(1) 내부 경무국의 확장

1908년에 내부 분과규정을 개정하여 종래 경보과·위생과의 2과제를 경무과, 보안과 및 민적과로 확장하고, 위생업무는 내부에 새로 생긴 위생국에 이관하였다.

(2) 경시청(1907)

그 전해인 1907년 의정부를 내각으로 고치게 한 일제는, 다시 경무청을 경시청으로 고치고, 경관의 계급호칭도 종래의 경무관·총순·순검을 경시·경부· 순사로 고치게 하였으며, 경무서는 경찰서로 개칭하고 분파소는 순사주재소로 개칭하도록 하였다.

새로운 경시청관제의 두드러진 특징은, 첫째로 갑오년 이래 경무청이 담당해 오던 감옥업무가 빠지고, 둘째로는 경시청의 관할구역이 한성 5부에다 황궁과 경기도도 포함되었다는 것이다. 경기도는 7개월 후인 각 도에 경찰부가 창설될 때까지 경시청에서 관할하였다.

(3) 지방경찰

종래 수도에만 신경찰제도가 시행되고 지방에는 개항지나 국경에 특수하게 신경찰을 두었다가 뒤늦게 1906년 10월부터 겨우 도경무서－분서－분파소제를 시행해 오던 것을, 이 시기에 도경무서제를 폐지하고 복수 경찰서제로 전환시켰다가 다시 도경찰부를 설치하여 도에 경찰관계 내국을 법제화하고 각 분서를 경찰서로 승격시켜 신설된 도경찰부 아래에 둠으로써 지방경찰은 경찰서－순사주재소제로 개편되었다.

이러한 경찰기구는 전국적으로 오늘의 경찰기구와 제도상 비슷하게 완성시킨 시대라고 할 수 있다. 이때의 경찰기구는 한성에 6개 경찰서와 1분서 및 3개의 순사주재소가 있었고, 지방에는 104개 경찰서와 372개의 순사주재소로 되어 있었다.

(4) 국권 상실과 당시 경찰의 특징

일제 침략이 노골화되면서 대한제국 경찰제도도 형해화(形骸化)되어 갔다. 국권이 상실되는 와중에 경찰제도도 완벽하게 이뤄지지 못하였고, 그 반대로 통감부 영역은 확대되어 갔다. 1906년에 통감부가 설치되고 1907년에는 고문경찰이 확대되면서 경찰조직이 전국적으로 넓혀지지만, 통감부가 일본인 경무국장 지휘 아래 있는 한, 이는 국권 침탈을 위한 도구에 불과하였다. 당시 경찰의 특징은 다음과 같다.[12)]

1) 경찰조직의 중복과 업무집행의 곤란

당시 경찰권을 행사하는 기관으로는 대한제국경찰·일본이사청경찰·일본헌병·청국영사경찰 등이 있었다. 대한제국경찰 중에는 다수의 일본경찰관이 있어 일본의 경시·경부·순사로서 혹은 일본의 무관으로서 대한제국경찰의 현직에 있는 자들이 실권을 장악하였다.

대한제국경찰은 청·일인을 관할할 수 없었다. 폭도진압의 권한은 일본군사령관에게 있고 사법권은 거의 일본경찰관의 손에 장악되어 있었으며, 이사청·헌병의 관할구역이 행정구역과 상이하고 영사경찰과 대한제국경찰이 중복 배치되는 등 실로 경찰조직은 복잡하고 업무집행은 지난(持難)하여 피보호국가의 참상을 여실히 보여주고 있었다.

2) 무경찰 지역의 존재

당시에는 산간벽지까지 경찰병력을 배치할 수 없었으므로, 경찰관서 소재지 이외의 지역은 무경찰 상태를 나타내고 있었다.

3) 조장행정을 위한 원조사무의 과다

대한제국경찰은 당시 하녀와 같았다는 평이 있듯이, 지방경찰관서는 본연의 사무 이외에 산림·토목·근업·징세·재판의 강제집행·집달리 업무, 심지어는 우편의 호위까지를 담당하였음을 미루어서 그 업무내용과 범위를 짐작할 수 있다.

4) 수상경찰의 발족

1909년경부터 해적의 무리가 각 도서에 출몰하여 어업자를 압박하고 재물을 약탈하는 등의 사건이 그치지 않으므로, 대한제국정부는 일본통감부에 대하여 단속·진압용으로 경비선 10척과 순찰선 6척의 급조와 선원을 고용할 것을 의뢰하고 동

---

12) 현규병, 앞의 책, pp.134~137.

년 9월에는 이들 경비선을 내부 경무국 소관으로 하여 목포·여수에 수상경비소를 설치하였고, 전북 졸포에 수상출장소를 설치하였다.

5) 경비전화의 가설

1907년에 일제가 관리하던 전신·전화선이 단절되었으므로 대한제국 정부는 각 경찰서 사이에 경비전화선로를 건설하였는데, 이는 경찰통신의 효시이다.

6) 맹수경찰의 존재

당시 맹수에 의한 인축의 피해가 컸으므로 이의 예방·퇴치 등 소위 맹수경찰이 중요하게 생각되었다.

제 7 장

일제하의 경찰제도

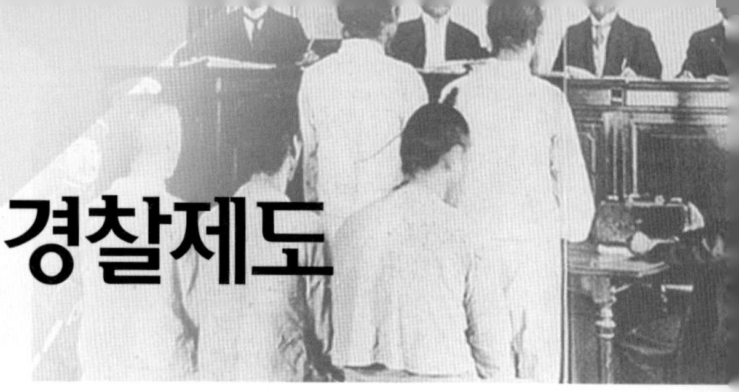

제 1 절 일제 전후의 시대상황

1. 통감부 설치

1905년의 을사늑약과 1907년의 헤이그(Hague) 밀사사건을 빌미로 일본은 한국에 통감부를 설치하고 고종 퇴위 등을 감행하며, 교활하고도 본격적인 침략에 들어갔다.

늑약이 체결되자, 일제는 주한 일본공사관을 철수하고 소위 통감부를 서울에 설치하여 종래 각 개항지의 일본영사관을 없애고 이사청을 개설하였다. 이토히로부미가 초대통감이 되어 통감부와 10개소의 이사청은 1906년 2월 1일에 사무를 시작하였다. 이사청은 그 해에 12개가 설립되고, 다음해에 13개째가 설립되었다.

소위, 늑약은 일종의 외교청부로서 대한제국정부는 이에 대하여 '외부'를 없앨 수 밖에 없었으며(의정부에 외사국을 둠), 통감은 일본황제에 직예하되, 한국외교에 관해서는 일본외무대신과 총리를 경유하고 기타 사무는 바로 총리를 경유하여 일황의 재가를 받는 것으로 되어 있었다.

통감은 공사와 마찬가지로 대한제국에서 일본정부를 대표하되, 각 국의 주일외교대표를 경유하여 일본정부에 통하는 루트를 제외하고 대한제국에 있는 각국 영사관 및 외국인에 관한 사무를 통할하고, 또한 대한제국 정부의 외국인에 관한 시정사무를 감독하도록 규정하였으며, 종래 일제가 대한제국과의 조약으로 얻은 이권을 유지하고, 또한 일인관헌이 담당하던 감독사무를 맡게 되었다.

통감은 대한제국주재 일본수비군사령관에게 출병요구권을 가지고 있었다. 그리고 직원은 총무장관·농상공무총장·경무총장·비서관·서기관·경시·기사·통역관·속·경부·기수·통역생 등을 두었다. 나아가 1907년에는 경찰사무집행에 관한 취극서(取極書)를 조인하여 대한제국경찰관으로 하여금 일본관헌의 지휘 감독을 받아 경찰업무를 집행케 하였다.

2. 경찰권 상실(1910)

1910년 6월 24일에는 대한제국의 경찰사무 위탁에 관한 각서가 조인되어 대한제국경찰제도를 완전히 개선하고 대한제국재정의 기초를 공고히 한다는 미명 아래 한일합병의 준비공작으로 대한제국경찰업무를 일본에게 위탁하게 되었다.

그 내용은 2개조로 되어 있는데, 그 내용은 다음과 같다.

제 1 조 대한제국의 경찰제도가 완비될 때까지 대한제국정부는 경찰업무를 일본정부에 위탁한다.
제 2 조 대한제국 황궁경찰사무에 관하여는 필요에 응하여 궁내부대신은 당해 주무관과 임시 협의하여 처리케 할 수 있다.

아울러 대한제국정부가 현재 경찰기관으로 인하여 지출하는 금액 약 250만 원을 매년 경찰권위탁의 경비로 일본정부에 교부할 것을 계약했다. 대한제국정부는 6월 30일을 기하여 대한제국경찰관제를 전폐하는 동시에 일본은 조선총독부관제를 공포하였다.

따라서 신경찰관서는 헌병본위의 조직이므로 조선주둔 헌병사령관이 통감부 경무총장을 겸임케 하여 서울의 경찰은 통감부의 직할로 하고, 각 도에서는 종래 문관이던 경시로 경찰부장을 보임하던 것을 개정하여 헌병분대장인 무관(중·소좌)으로써 경무부장을 겸임케 하였다. 종래 한국정부에 소속하였던 일인경관 약 2,000명과 한국인 4,000명을 더하여 통일적인 신헌병경찰제도를 확립하게 되었다.[13)]

제 2 장 경찰제도의 변천

1. 구 한말 일제경찰

(1) 구 한말 일제경찰

구 한말의 일제경찰은 대한제국경찰이 없어지기까지 2종으로 나누어진다. 그 하나는 한일 간의 불평등조약으로 생긴 영사재판권 집행을 위한 영사경찰이요, 다른 하나는 러일전쟁으로 인하여 생겨난 고문경찰이다.[14)]

13) 이현희, "한국경찰사", 덕현각, 1979, PP.99~100. 이 시기를 통감부시대로 칭하는 예도 있으나(현규병, 앞의 책), 우리경찰권이 상실되어 사실상 일제하 조선총독부로 넘어가는 과정으로 볼 수 있어 별도의 구분을 없앴다.
14) "한국경찰사 I", pp.693~700.

1) 영사경찰

영사경찰은 각 개항지에 거류 내왕하는 일본인의 범죄에 대해 일본국법에 의한 재판권을 행사하기 위하여 본국 외무성으로부터 경찰관을 파견하여 공사관과 영사관에 배치하였다. 그런데 이것이 러일전쟁 중에 일본의 이주자와 내왕자가 많아지고 특히 경부선의 개통으로 상업과 무역에 종사하는 일인 내왕이 증가함에 따라 이들의 단속을 위하여 경찰관을 증원하게 되었다.

1906년에 통감부가 개설되자 영사경찰은 통감부(공사관 해당) 및 이사청(영사관 해당) 경찰로 개편하여 외무성에서 떨어져 나갔으며, 통감부에 경무부를 두어 경무총장을 장으로 하고 경시·경부·순사를 통감부와 각 이사청에 두었는데, 경시 7명 및 경부 50명과 순사 500명이었다.[15)]

그리고 한성·부산·인천·원산 및 평양 이사청소재지에는 경찰서를 두고 구 주재소 중에서 큰 곳은 분서로 승격시켰으며, 따로 여러 곳에 순사주재소를 증치하였다. 그리고 통감부 및 이사청경찰관에는 본국에서 우수한 경찰관을 선발하여 오기로 하였으며, 일반적으로 급여와 각종 수당을 증액하고 특별수당도 신설하였다.

2) 고문경찰

일제가 대한제국에 고문경찰을 들여온 것은 청일전쟁 당시 일군이 이 땅에 진주하면서 내정개혁을 강요할 때에 오도리 주한공사가 경질되고 이노에 공사가 부임하면서 일본외무성 경시 다케시마가 경무고문으로 내한한 것이 시초이다.

이때의 경무고문은 순검 훈련에 치중하고 일본의 순사 채용규칙을 번역하다시피 하여 대한제국 순검채용의 규정을 삼았을 정도의 역할을 하였다. 기타 분야에서 간섭을 하려고 하였으나 대한제국정부가 이를 달갑지 않게 생각하여 별다른 업적이 없이 돌아갔다. 그 후 영국인 '시프'를 경무고문으로 채용하였는데, 그는 정치적 색채가 없었기 때문에 말썽이 없었다.

그러나 일제가 러일전쟁을 도발하여 다시금 이 땅에 일군이 진주하게 되자, 일제 헌병이 대한제국의 경찰권을 장악하고 사실상 헌병정치를 시행하였다.

이에 대하여 대한제국정부는 경찰권을 되찾고자 부심하는 가운데, 일제가 ① 군사상의 필요성과 ② 대한제국경찰을 신뢰할 수 없다는 점 등을 이유로 들어 그 해결책으로 일인 경무고문을 초빙하게 되었다.

---

15) 이사청은 한성, 부산, 인천, 원산, 평양, 진남포, 목포, 마산, 군산, 성진(1906. 1), 대구(1906. 8), 신의주(1906. 11), 청진(1907. 12)의 13개소였다. 그리고 관찰부소재지에 주로 지청을 두었다.

그리하여 1905년 1월에는 동경 경시청 제1부장인 마루야마가 내한하여 내부대신 조병식과 경무고문 고용계약을 맺게 되었다.

마루야마 경시는 일본 경부 6명을 데리고 와서 서울 각 경찰서에 배치하는 등 전횡을 일삼았다. 그러자 경무사 신태휴는 이를 반대하여 사표를 제출하고 각 서장에서 일본경찰 요구에 불응하게 하였으며, 나아가 1,500여 순검과 동맹파업을 기도하는 등 고문경찰에 대한 방해를 계속하였다.

이에 주춤하던 일본의 국권 침탈이 러일전쟁 승리의 여세로 얻은 을사조약을 계기로 다시 가속화되었다.

이어 경무고문 소속 보좌직원을 모집하여 각 도에 배치하더니, 1907년에는 정미7조약에 의거하여 일인 고문경찰이 확대되었다. 이로써 경무고문 마루야마가 경시총감에 임명되고 「경찰관리 임용에 관한 건」에 의하여 11월 1일에 일본고문경찰들이 자동적으로 대한제국 정부경찰관으로 임용되었다. 또한 보좌관은 경시, 보좌관보는 경부, 보조원은 순사로 임용되었다.

이때 대한제국경찰에 통합된 재한 일본경찰은 다음과 같다.

표 7-1 재한 일본경찰의 경력

구 분	경 시	경 부	순 사
통감부 및 이사청경찰	5	42	500
고문경찰	21	78	1,705

그리고 재한 일본경찰관서의 수는 경찰서 12, 경찰분서 3, 주재소 59개소였다.

이것이 약간 폐합되어 그대로 대한제국경찰관서로 흡수되었다. 11월 1일의 조치, 즉 대한제국경찰에 재한 일본경찰을 흡수한 것은, 3년 반 후인 1910년 6월 24일이었다. 이는 일제가 대한제국경찰권을 송두리째 탈취케 하는 길을 닦아준 조치로 볼 수 있다. 1908년과 1909년 말 한국인 경찰관과 일본인 경찰관 수의 대비는 다음과 같다.[16)]

표 7-2 한인 경찰관과 일인 경찰관 수의 대비

연 도	한인 경찰관	일인 경찰관	계
1908	3,128	1,863(37%)	4,991
1909	3,259	2,077(39%)	5,336

16) "한국경찰사 I", p.700.

(2) 일제헌병의 치안경찰 담당

일제의 육군이 우리나라의 치안을 불법으로 담당하기는 1894년의 청일전쟁 때부터이다. 그러나 이 땅에 일제의 헌병대가 주재하기는 1896년 1월 25일부터이며, 군용전신(軍用電信)을 수비한다는 명목 아래 임시헌병대를 설치하였다가 조선주답헌병대로 개칭하여 조선주답군사령관에 속하게 하였다.

이때 일군을 반대했던 우리 국민들이 서울 부근을 중심으로, 특히 함경도에서 일군의 작전을 방해하였다. 그에 대한 방어책으로 발표된 군율에는, 전선·철로가 통과하는 각 촌은 촌장을 책임자로 하여 자치적으로 이를 보호하고 가해자가 체포되지 않는 경우에는 촌장 아래에 있는 보호위원을 태형 또는 구류에 처하게 하였는데, 구류 중 침구와 음식을 본인의 부담으로 한다는 규정도 있었다.

이어 전국 일원으로 그 시행구역이 확대되고 무기와 군사시설도 대상으로 하였으며, 7월 20일에는 군사경찰훈령을 내림으로써 서울과 그 부근에 군정경찰을 시행하고 이어 10월 9일에는 작전지역인 함경도에 군정을 폈다.

군정에는 모든 자유가 제한됨은 물론이며, 현지의 대한제국 지방관이 일본에 불리하다고 인정되는 때는 퇴거를 강제집행하거나, 신임지방관도 그들의 군사령관 승인장을 가지지 않으면 취임을 거절할 수 있게 하였다. 그 후 일제헌병은 점점 국내 각지에 분주하여 저들의 영사경찰과 우리정부에 대한 고문경찰 사이에서 3자정립의 상태로 이 땅을 사실상 지배하게 되었다.

그리하여 1906년 2월에 통감부가 개설되자, 그들의 칙령에 의해서 이 땅에 주답하는 헌병은 군사경찰 외에 행정경찰 및 사법경찰을 맡되, 행정 및 사법경찰에 관하여는 통감의 지휘를 받고 군사경찰에 관하여는 군사령관의 지휘를 받도록 하였다.

이로써 이 땅에서 사실상 일제의 소위 헌병경찰제(비군사적인 것은 일인 고문경찰이, 군사상 필요한 곳은 헌병이 맡음)가 시작되었다. 그러나 이즈음 대한제국정부에 고문이란 형식으로 들어온 고문경찰단의 팽창과 이에 따른 대한제국 경찰기관이 지방에 확장됨에 따라, 헌병경찰은 서울 및 그 부근의 고등경찰 사항을 맡고 보통경찰 사항은 될 수 있는 한 간섭치 않도록 하였다.

그들의 고등경찰 사항이란, 한일 양국의 친교를 해치는 비행단속을 주목적으로 하여 ① 집회·결사의 단속 ② 문서·도서 등의 유포 단속 ③ 병기·탄약·폭발물 기타 위험물의 단속 ④ 고등군정경찰 시행지역 내의 출입단속 등이었다.

그들의 편제는 이때까지 12개 분대로서 55개 분견소를 거느리고 있었는데, 이때

32개 분견소로 줄이고 조선주답헌병대를 해산하여 제14헌병대로 축소하였으나, 고종 퇴위와 군대해산을 계기로 의병이 크게 일어나자 일제는 이의 진압책으로 헌병대를 계속 확충하였다. 이리하여 다시 조선주답헌병대로 승격시켜서 전일본 헌병사령관과 동격인 소장으로 대장을 삼고, 조선주답헌병은 군사경찰 외에 치안유지에 관한 업무를 맡도록 규정하였다.

그 간의 병력은, 처음 288명에서 통감부 설치 후에 782명으로 증가하였고, 다시 1907년 말에는 2,000여 명으로 대폭 증가하였다가 1908년에 한인헌병보조원 4,065명을 모집함으로써 그들의 가세로 헌병의 병력은 6,000여 명에 이르고 분견소는 배로 늘었다.[17)]

2. 헌병경찰 시대

(1) 조선총독부 설치

일제는 통감부를 없애고 1910년 10월 1일부터 총독제를 실시하였다.

즉, 총독부에 총독을 두되, 총독은 육군대장으로 보좌하고 위탁의 범위 내에서 육해군 통솔 및 한국 방위를 담당케 했으며 제반의 정무를 통솔케 하였다. 총독은 직권 또는 특별한 위임에 의하여 조선총독부령을 발하였고 1년 이하의 징역 또는 금고·구류, 그리고 2백 원 이하의 벌금 또는 과료의 벌칙을 부과할 수 있었다.

총독부에 정무총감을 두고는 총독을 보임하고 부무를 통리하며 각 부국의 사무를 감독케 하였다. 조선총독부의 통치성격을 보면, 무관인 총독 밑에 문관인 정무총감을 두어서 군정체제를 유지하고 있었음을 알 수 있다.

그 후 1912년에 총독부 관제가 일부 개정되어 총독은 칙임으로 해군대장도 보할 수 있었으며, 총무부가 없어지고 관방에 총무국·외사국·토목국(신설)이 소속되었다. 그리고 총독부가 설치되면서 중추원제를 두고 총독의 자문에 응하도록 하였다. 중추원의장은 총독부 정무총감이 당연직이 되었다. 그리고 부의장 1인, 고문 15인, 찬의 20인, 부찬의 35인, 서기관장, 서기관 2인, 통역관 3인, 속 3인을 두었다.[18)]

(2) 헌병경찰제

합방을 계획한 일제는 마지막으로 경찰권을 탈취하자 합방에 이르기까지의 임시조직으로 소위 통감부경찰관서 관제를 제정하여 러일전쟁 개전 이래 사실상 대한제국

17) 앞의 책, p.702.
18) 앞의 책, p.755.

의 경찰권을 장악하고 반일운동 내지 의병활동을 봉쇄하여 오던 헌병을 경찰관서로 인정하였다. 이로써 보통경찰은 도읍지나 철도 연변에 배치하고 인구가 적은 산간이나 후미진 곳에는 헌병대를 배치함으로써 헌병경찰제를 수립하였다. 합방 후 헌병경찰제는 총독 아래 그 기능을 더욱 강화하였다.

헌병경찰제의 조직은 중앙에는 총독 아래 독립관청으로 경무총감부를 두고, 각 도에는 행정관청(관찰사)과 분리하여 경무부를 두었으며, 도내 각 군에 경찰서 및 경찰서의 직무를 행하는 헌병분대를 두었다.[19]

1) 경무총감부(1910)

총독 아래 경찰 최고기관으로서의 경무총감부에는 경무총장을 두어 전국의 경찰사무를 총리하고 경찰관서의 전직원을 지휘하였다. 그리고 경무총감부는 직할로 황궁(1서)과 한성(3서 4분서)의 경찰구역을 관장했다.

경무총감부에는 총장 아래 경무관 2인을 두었다.

경무총장에는 일본육군의 조선주답헌병사령관(장관)이 겸하며, 이로써 보통경찰은 주도권을 헌병에게 넘기게 되었다. 경무관 2인 중 1인이 책임으로, 아마도 이에는 보통경찰관이 취임하여 부총장 격이었던 것으로 짐작된다.

경무총장은 독립관청으로 부령을 발할 수 있었다. 경무총감부의 내부조직은 총장관방 외에 고등경찰과·경무과·보안과·위생과의 4과가 있었으며, 각과에는 계가 있었다. 또 경무과에는 경무계, 경비계, 민적계가 있었다. 그리고 관방의 장은 관방이사이며, 각 과의 장은 경무관 또는 경시로 보하였다.

2) 경무부

각 도에는 관찰부와 독립하여 경무부를 두고 경무부장이 장이 되어 도내의 경찰사무와 관내 경찰서를 관장하였는데, 각 도의 일본헌병대장이 겸하였다. 경무부는 또한 독자적으로 부령을 발할 수 있었다.

3) 경찰서와 헌병분대

각 도 관내에는 종전과 같은 경시 또는 경부가 장이 되는 경찰서와 또한 경찰서 직무를 행하는 헌병분대가 있어서 경찰사무를 관장하여 하부직원을 지휘 감독하였다. 그리고 이 곳에서는 순사와 순사보 및 순사보와 동격인 헌병보조원을 다수 채용하였다.

---

19) 앞의 책, pp.717~721.

4) 헌병경찰의 배치

1910년 8월 5일자로 도시 및 철도연변에 원칙적으로 배치하기로 하였고, 각 도의 경찰서 및 순사 파출소와 주재소 배치가 정하여졌다. 하나는 「경무부 및 경찰관서명칭·위치 및 관할구역의 건」이고, 또 하나는 그 하부구조를 정한 「순사파출소 및 순사주재소의 명칭·위치 및 관할구역의 건」이다.

그리고 작전 예상지역에 배치되는 헌병은, 동일에 76개 분대를 배치하였다. 그런데 경찰의 주재소 급의 분견소는 만들지 않고 우선 수 개 군을 관할하는 경찰서 급의 헌병분대만을 마련한 것이 그 특징이었다. 분견소가 분대관할 아래에 만들어진 것은 12월 10일로, 74헌병분대 아래에 총 539헌병분견소로 분화되었다.

이는, 아직 각지의 항일 의병활동이 그치지 않았으므로, 그들이 분대단위로 병력을 집중하여 일반 유사시에 강력한 타격대를 출동시키던 시기였다. 이로써 경찰권 피탈 이전의 112서, 1분서는 97서, 4분서로 경찰서·분서를 통하여 12개가 감축되고 그 대신에 경찰서와 동등한 76개의 헌병분대가 설치되어 이를 통산하면 결국 64개가 증가한 것으로 되어 있다.

한편, 1910년 10월 12일 이후부터는 서울헌병대사령부가 전국의 헌병대를 관할하였다. 그리고 수원헌병대는 경기도, 해주헌병대는 황해도, 춘천헌병대는 강원도, 진주헌병대는 경상남도, 대구헌병대는 경상북도, 광주헌병대는 전라남도, 전주헌병대는 전라북도, 공주헌병대는 충청남도, 청주헌병대는 충청북도, 평양헌병대는 평안남도, 의주헌병대는 평안북도, 함흥헌병대는 함경남도, 경성헌병대는 함경북도의 각 헌병대 및 치안상황을 사찰하였다.

이렇게 전국적인 조직과 배치를 완료한 헌병경찰기관의 수는 매년 증가 상태였다. 즉, 헌병대는 1910년 653개소 2,019명이었던 것이 1911년도에는 935개소에 2,249명으로, 1914년에는 1,036개소에 8,260명으로 늘어났다. 그리고 경찰관서는 1910년의 481개소에 5,881명이, 1911년에는 677개소에 6,222명, 1914년에는 731개소에 5,829명이나 되었다. 이로써 1917년의 헌병경찰총수는 1만 2,423명으로 인구 1,400여만 명과 대비하여 1인당 1,100명을 담당하는 규모였다.[20]

(3) 일제의 탄압과 만행

이때 헌병이 담당한 직무한계는 광범위하였다. 즉, 보통경찰 직무 외에 첩보수집, 의병토벌, 장교하사(경시·경부)의 검사직무대리, 범죄의 즉결, 민사소송의 조정, 집달리의 업무, 국경세관의 업무, 산림감시, 민적사무, 외국여권, 우편호위, 여행자 보

20) 이현희, 앞의 책, pp.106~11.

호, 도살가축의 검역, 수출하는 소 검역, 우량의 관측, 수위의 측량, 해적 및 밀어선과 밀수입의 경계단속 및 경비선에 관한 사무, 맹수의 구제, 묘지의 단속, 노동자(일본행 노동자 및 재한 중국인노동자)의 단속, 일본어 보급, 도로의 개수, 국고금 및 공금의 경호, 식림, 농사의 개량, 부업 장려, 법령 보급, 납세의무의 독려, 재류금지자의 단속 등을 담당했다. 이는 군사경찰뿐만 아니라 행정·사법, 기타 잡무에 이르기까지 간섭하지 않음이 없었으니, 가히 헌병 만능시대였다.

총독부 한 해의 예산을 볼 때에 세출 7,751만 원 중 경찰비와 헌병보조비로만 510만 원이란 액수가 나간 것도 헌병경찰의 직무와 권한을 확장하여 오직 한국민의 권한을 속박하기 위함에 있었다.[21]

고등경찰과는 더 중요하게 취급되었는데, 국내적인 사찰정보 등 업무 외에 만주각지, 블라디보스토크(Vladivostok), 북경, 상해, 남경, 하와이, 샌프란시스코, 뉴욕, 로스앤젤레스 등 해외 각지에 이르기까지 망명 애국인사를 미행·잠복·추격하여 감시는 물론이고 교묘한 수법으로 탄압하며, 심지어는 밀정을 시켜 암살하기까지 한 비밀경찰이었다. 1910년 이후 무단치하에서 일어난 대소의 독립자주 항쟁은 계획의 대부분이 사전에 입수되었기 때문에 상당한 곤경을 겪었다.

한편, 1910년 11월 16일에는 경무총감부에서 민족의식과 자립정신을 말살하기 위하여 「초등 대한역사」, 「을지문덕」, 「미국독립사」 등 51종에 달하는 서적의 발매·반포를 금지하고, 기타 신문·잡지 등을 다수 압수하는 등 사상탄압의 성격도 극악성을 보였다.

1911년에는 헌병보조원규정을 제정함으로써 한국인 순사 및 순사보는 헌병보조원에 채용할 수 있었으며, 복무 연한은 만 2년이었으나 본인의 지망에 의해 50세에 이르기까지 복무연장할 수 있도록 하였는데, 이 헌병보조원은 특히 각 지방에 배치되어 헌병을 도와서 의병을 토벌하는 데 주로 협력하였다.

1913년 3월 말로 추가 해산된 대한제국군대의 대장 이하 상장관은 헌병장교 또는 경부로, 하사졸은 2개월 교육 후에 헌병보조원으로 채용키로 되었다. 그에 따라 제대병 202명 중 199명을 헌병사령부에 인계함으로써 입대식을 거행하였다. 이는, 한국민으로 헌병보조원을 삼아 동족상쟁의 비극에 이용하려는 잔혹한 의도라 할 것이다.

일제는 1914년에 각 헌병대장과 경무부장에게 경찰사무에 관한 80여 종의 각종 보고서를 임시 제출케 하였으니, 이후 약 30년 동안 한국 내에서 '비(秘)'로 취급하는 경찰보고를 가장 신뢰하게 되었으며, 어느 곳 어느 때의 사소한 사건도 총독부 경무국에 앉아서 일일이 파악할 수 있었다.

---

21) 앞의 책, pp.112~115.

일제는 '1910년 제정된 범죄즉결례'에 의하여 경찰서장 혹은 이와 동등한 직무를 행하는 헌병분대장으로 하여금 그 관할구역 내에 있어서의 ① 구류, 태형, 과료의 형에 해당하는 자 ② 3개월 이하의 징역 혹은 100원 이하의 벌금의 형에 해당하는 자 ③ 행정법규 위반에 해당하는 자 등에게는 범죄즉결사무를 행할 수 있게 하였다. 더욱이 민사쟁송 조정까지도 행할 자격을 부여하였기에, 경찰서장·헌병대장·분견소장은 각기 해당 관할구역에서 모두 민사재판을 재결하였다. 그럼으로써 법률·사법·재판사무에 상식조차 없는 그들이 관여한 사항은 근본적으로 우리사회의 미풍양속과 전통적인 관습제도를 혼란케 하였다. 이는, 일제 만종(蠻種)의 관습으로 아름다운 윤리를 모독한 일이었다.[22] 그 뿐만 아니라 헌병경찰은 일반공업, 공작물, 상업행위, 자산신용, 사교, 노동, 오락, 도로 등에도 관여하였다. 게다가 세금 체납자의 재산은 자의로 평가하여 방매하였다.

「경찰범처벌규칙」의 예를 보면, 경찰이 즉각 단속할 수 있는 것이 ① 소위 불온 연설문서 도서 시가 등의 게시·반포·낭독 ② 관공서 소환에 불응한 자 ③ 경찰관 게시사항 위반 등 무려 87항목에 달하고 있다. 총독정치에 불평불만을 토로하는 자 등은 소위 부랑자라 하여 3주일 이상에서 3개월까지 징역에 처하였다. 그 수가 10만 명이나 되었고 '학생, 지식인, 재산가, 공공사업가, 신사' 등이 모두 부랑자였다. 직업을 구하고자 사방으로 왕래하는 자도 범죄자로 간주하여 무조건 투옥시켰다.

소위 범죄자 취급을 받으면, 사법기관을 거치지 않고 즉시 체포·구금함이 본인에 한한 것이 아니고 친족과 지우에도 연좌되었다. 그들을 오랫동안 감금하여 인사불성케 된 뒤에 심문을 하여 악형으로 자백을 강요하였고 증거가 없어도 죄를 성립시켰다. 혹 불법처분에 불복하고 사법재판을 요구하면, 악형이 더욱 심하게 가해짐은 물론이고, 오랫동안 죄명을 붙여 감금하기 때문에 자연히 억울한 누명을 쓰고 복역하는 예가 허다하였다.

3. 보통경찰 시대

(1) 문화정치와 회유책

경찰관은 물론이고 일반문관이나 교원까지도 금테 제복·제모와 세이버(Saber)를 패용케 하여 식민지 지배체제를 의식적으로 확립하는 등, 일제는 각종 사회적·정치적인 유형무형의 탄압을 계속하였다. 그러므로 한국인의 배일항일 감정은 극에 달하게 됨으로써 드디어 3·1운동이 일어나게 되었다.

---

22) 박은식, "한국독립운동지혈사", 서문당, 1975, p.37.

한말에 무장의병을 진압하여 악명 높던 헌병경찰도, 맨주먹의 민중운동에는 문화정치라는 이름으로 굴복하고 말았다.[23)]

그 이전에도 1910년에 '이왕직관제'를 제정하여 왕실을 우대하는 인상을 주면서 왕을 중심으로 한 반일 동향을 감시하였고, 왕족뿐만 아니라 친일귀족을 회유하기 위해 조선귀족령을 제정하였다. 그리고 친일분자와 그 유가족에 대해 '임시은사금'을 배분하고, 또 지방유림들에게서는 '상치(尙齒)은사금'을 분급하였지만 반발이 크자 헌병을 동원하여 수령을 강요하기도 하였다.[24)]

문화정치기에는 반일운동을 더욱 억압하기 위해 친일파와 배일파를 구분하여, 전자에 대해서는 가능한 한 편의와 원조를 제공하고 후자에 대해서는 탄압하는 등 다음의 대책을 수립하였다.

- 친일분자를 귀족, 양반, 유생, 부호, 실업가, 종교가 등에 침투시켜 그 계급과 사정을 참작하여 각종 친일단체를 조직할 것.
- 종교적 사회운동을 활용하기 위해 사찰령을 개정하여 불교 각 종파의 총본산을 서울에 두고 그 관장 내지 원조기관의 회장에 친일분자를 배치하는 동시에 기독교에 대해서도 상당한 편의와 원조를 제공할 것.
- 친일적 민간유지에게 편의와 원조를 제공하여 수재교육의 명분 아래 친일 분자로 양성할 것.
- 친일 민간유지 중 상당한 학식을 가지면서 유식자(遊食者)가 된 자를 구제할 것.
- 조선의 부호 및 자본가와 일본 자본가와의 연계를 추진할 것.
- 민간유지에 편의와 원조를 제공하여 일선융화의 수제회(修齊會)를 조직하고 이에 국유림의 일부를 불하하고 입회권을 주어 농촌 지도에 힘쓸 것 등이다.[25)]

또한, 자치권을 부여하는 조치를 취하여 제한적이나마 일본인 집단지역인 부(府)를 중심으로 선거제가 도입되었다. 자문기관인 도평의회를 의결기관으로 격상시킨 도의회는, 정원의 1/3을 도지사가 임명하고 나머지는 부·읍협의회원 및 면협의회원에 의한 간접선거로 선출되었으며, 의장은 도지사가 당연직으로 임명되었다.

그러나 회원은 의안의 발표권과 예산거부권을 갖지 않았다. 게다가 여기에서도 한·일인 간에 차등을 두어서 일본인 집단지역인 부읍회는 의결기관이지만, 면협의회는 자문기관에 불과하여 한국인은 입법과정에 참여할 수 없었다.

1920년 지방행정제도 개혁에 대한 주요내용은 다음과 같다.

---

23) '문화정치'가 일제의 기만적 용어라는 지적이 많다. 아울러 합방 직후를 '무단정치'라고 하는 데 대해서도 부정적 논의가 있다 : 김덕룡, "한국제도사연구", 일조각, 1997, pp.353~355.

24) 한국법제연구원, "조선총독부 법령사료(Ⅰ)", 1996, pp.31~34.

25) 그러나 이러한 대대적인 방침에도 불구하고, 친일조직은 1920년대 전반기에 활동되었을 뿐, 1925~6년 이후에는 그 존재의의를 상실하였다.

- 도장관을 도지사로 개칭하고, 헌병경찰제도의 폐지에 따라 도지사가 경찰권을 관장하며 지방 제3부에 경찰서를 설치한다. 도지사는 행정권, 경찰권, 위생관리와 사법권의 일부를 행사한다.
- 경찰관강습소를 설치한다.
- 지방단체에 대해 공선 또는 임명제의 자문기관을 설치한다.

또, 구 대한제국 관리나 지배층을 회유하기 위한 중추원이 1919년까지는 소집된 적이 없었는데, 그 후 확대되면서 식민자료 조사나 행정방침 등을 자문하였다. 그러나 이는 형식적이고, 실제로는 지방세독촉 등 조선 총독의 불법정치를 합리화하는 데 불과한 역할을 하였다.[26)]

(2) 보통경찰제(1919)

1919년에는 문화정치를 시행하기 위하여 조선총독부관제를 개정하여 총독의 군사령관적 성격을 제거하였다. 첫째, 총독의 병권 위임을 해제하고, 둘째로 무관만 임용될 수 있는 임용요건을 철폐하여 군사권은 조선사령관이 갖는 것으로 하고, 총독은 군사력에 대한 청구권만을 갖는 것으로 하였다. 그러나 실제로는 문관총독이 임명된 적이 없으며, 일본 내에서도 천황과 육군대신의 통제를 받아 결국에 조선지배는 군벌의 영향력 아래에 있었다.

관제개정 이후 헌병경찰을 소위 보통경찰제로 고쳤는데, 조선총독부는 경무총감부를 폐지하고 경무국을 신설하였으며, 각 도에는 제3부를 두고 경찰권을 도지사 직할로 하였다. 경무국장은 이제 명령을 내릴 수 없었으며, 이는 총독부령으로 간주되었다. 경무국에는 경무과를 비롯하여 고등경찰과 보안과 및 위생과를 두었다.

그들은 3·1독립선언 직후인 동년 5월에 임시사무비를 증액하여 순사 1만 561명을 증원하는 한편, 경찰서는 종래에 비하여 29개가 감소되었으나, 순사정원에 있어서는 2,423명이 급증하는 등 의연 강세 일로에 있었다. 그 뿐만 아니라 경찰관은 민중에 접촉하여 임무에 임하게 훈련하고, 보통경찰 이후 헌병과 경찰업무를 분리하였다고는 하나, 헌병분대와 분견소 직원은 계속 경찰업무를 집행케 하고 1부군 1경찰서에 1면 1주재소제로 강화하여 매년 관서와 직원이 증가하였다.

만주사변 후 외국간첩 단속과 소·만 국경 단속을 위한 외사경찰과가 만들어지고 공습에 대비한 방공요원 배치와 국경경찰 강화조치가 있었다.

또한, 국방경제체제를 위한 경제경찰과와 방공을 담당하는 방호과가 생기고 민간

26) 김운태, "일본제국주의의 한국통치", 박영사, 1986, pp.230~234.

방호를 위한 경찰단이 만들어졌다. 그리고 사찰이 강화되어 헌병의 역할이 커짐에 따라 보통경찰의 권한은 상대적으로 약해져 갔다.

(3) 민족말살정책

문화정치 이후 보통경찰제는, 외면적이며 가식적인 정책일 뿐, 근본적인 면에서는 오히려 합병 이후 10여 년간의 무단통치 못지 않은 무서운 압박·수탈· 가렴주구·방해·압제의 연속이었다.

만주사변 이후 조선은 대륙침략의 병참기지로 중요한 위치를 차지하게 되고, 그 후에 내선일체와 황국신민화의 민족말살정책이 강도 높게 추진되었다.

1931년에 시작된 농촌재건 운동은 일선융합·내선일체화의 추구로 한국인력을 식량증산과 대륙침략정책에 동원하려고 하였다. 이어 1937년에는 조선연맹과 그 하부 조직이 조직되었다.

조선연맹은 애국반을 바탕으로 하여 조회에 궁성요배와 황국신민서사를 제창하고 애국일을 월 1회 정하여 국기게양과 신사참배를 강요하였다. 그에 따라 1촌 1신사 설치를 추진하여 신사(神社) 69개와 신사(神祠) 922개를 건립하였다.

1938년 2월에 '육군특별지원병령'을 공포하였는데, 이는 직접적으로 병력의 보충보다는 징병제 실시준비와 황민화 정책의 실시가 주목적이었다. '국체명징', '내선일체', '인고단련'의 3대 강령에 의거하여, 조선교육령을 개정함으로써 한일교육을 동일하게 하고 조선어 사용을 금지하였다.

1939년에는 창씨개명을 실시하였고, 국민징용령을 제정하여 한국인력을 수탈하였다. 전쟁 말기에는 국민총력 운동을 전개하여 징병제를 준비하면서 모든 산업을 군수사업으로 하고, 이와 함께 불안한 국내의 치안유지에 중점을 두기도 했다.

제 3 절 경찰운용의 특징

1. 과도기적 성격

일제하의 경찰제도는, 식민탄압을 위한 도구로 악용되었을 뿐, 국민을 위한 진정한 근대 경찰제도 수립에는 관심이 없는 시대였다. 오히려 억압과 강제의 상징으로서 오늘날까지 남아 있는 부정적 경찰 이미지를 형성해 왔다고 봐야 할 것이다.

당시 경찰제도운용에 영향을 준 몇 가지 요인을 검토해 본다.[27)]

(1) 법규의 난립

당시 이 땅에서 시행되는 법규는 일제 법률 및 칙령 중 당연히 대한제국에도 시행되는 것, 특히 칙령으로서 그 전부 또는 일부를 대한제국에도 시행할 것을 규정한 것, 소위 입법사항을 총독이 발하는 제령으로서 규정한 것, 기타 총독부령이나 도령 외에 1919년 제도개정 전의 경무총감부령 또는 경무부령 등이 있어 상충되기도 하고 복잡하였다. 특히 경찰법규 중에는 총독부 설치 당시에 그 효력을 상실한 일제 법령, 즉 총독부령과 이사청령 및 한국법령으로서 효력을 가진 것도 있었다.

일본인과 한국인에 따라서 그 적용법규를 서로 달리하는 것도 많은데, 출판 단속에 관한 법률은, 일본인에 대하여서는 소위 출판주의를 채택하여 일본 본국의 출판법을 적용하였고, 한국인에 대하여는 소위 허가주의를 채택하였으며, 신문 등에 관해서는 신문지법(1907년 대한제국법률 제1호)을, 보통출판물에 관하여는 출판법(1909년 동법률 제6호)을 적용하였다. 또한 집회·결사 등의 단속에 있어서 일본인에 대하여는 보안규칙(1906년 통감부령 제10호)을, 한국인에 대하여는 보안법(1907년 대한제국법률 제2호)을 적용하였다. 이와 같이 경찰관계 법규는 극히 복잡하였고 통일되지 않았으므로, 이의 적용에 있어서도 많은 문제점이 있었다.

(2) 경찰관의 구성

경찰관의 비율은 일본인이 50%였다. 그런데 어학능력의 통계를 보면, 번역·통역이 가능한 자 8%이고 통역에 지장이 없는 자 30%인 반면, 겨우 대화 가능한 자 이하가 60%였다. 그리고 조선인 경찰관의 일본어에 관한 능력은 상당히 높았다. 곧, 풍속과 문화를 서로 달리하는 일본인을 근간으로 하는 이민족의 혼성편성이었고, 특히 언어가 상이한 특수한 상황에서 경찰행정이 운용되었다.

(3) 교통 및 통신기관의 불비

경찰관서의 배치도 면적 및 산악지대 등 각종 상황에 대비할 수 있는 적절한 것이 되지 못하였고 교통 및 통신 등도 극히 불편하였다. 또한, 본서와 주재소 간이나 주재소 상호간의 연락에 수십 리를 도보로 왕래하는 등 많은 시간과 노력을 요하여 업무상 지장을 초래하였다. 이와 같은 교통 및 통신기관의 불비는 직접·간접적으로 경찰운용에 많은 영향을 미치는 요인이 되었다.

---

27) 서기영, "한국경찰행정사", 법문사, 1976, pp.322~324 ; 327~333.

(4) 조장행정 기타 원조사무

경찰은 그 본래의 사무 외에 다종다양한 원조사무도 부담하고 있었다. 곧 범죄즉결, 민사소송조정, 검찰 및 집달리 사무와 같은 법무 계통에 속하는 사무도 행하였다. 그 뿐만 아니라 삼림의 보호와 세관 및 전매사무도 행하였으며, 해수(害獸)의 구제 등에도 종사하여 직접·간접적으로 소위 통치에 미친 영향은 다대하였다. 그 몇 년간의 상황을 개괄하면, 매년 그 연인원은 20만 명 내외이며 1일 평균으로 550명 내지 600명에 이르렀다. 곧, 경찰총원의 약 3%는 언제나 이 같은 원조사무에 종사하였다.

(5) 범죄 양상의 변화

불안한 시대를 반영하여 귀신 신앙이나 묘지 등 미신에 기인한 범죄가 증가하고 기근에 기인한 나병 치료를 위한 남근·인육·쓸개 습득을 위한 살인죄가 증가되었다. 그리고 부녀에 의한 살인이나 영아 살해도 급증하였으며[28], 금 수출금지에 따른 금 밀수출이 빈번하게 이뤄졌다.

2. 일제 시대의 잔존

일제 시대를 식민시대로서 가장 혐오하면서도 우리는 일제 때의 식민지 억압법제, 제도, 운용의 습관 등을 그대로 가지고 있는 사례가 많다.

해방 60년에 건국 60년을 훨씬 지나면서 잔존해 있는 일제 잔재청산을 되돌아볼 필요가 있다. 특히, 미군정기를 통해 그대로 답습해 온 형사법제에 대하여 인권 보장의 입장에서 신중한 검토가 필요하다고 본다.

일제의 침략적 형사입법을 차례로 보면, 1910년인 한일합병까지의 경찰범처벌 령(1908)·범죄즉결령(1909), 헌병경찰기까지의 출판규칙(1910)·집회취체령(19 10)·조선태형령(1912)·조선형사령(1912), 보통경찰기까지의 정치에 관한 범죄 처벌의 건(1919)과 각종 공산주의와 사회주의 운동 및 노동·농민운동의 규제, 마지막으로 말기까지의 독립운동·사상운동·문화운동 규제 등을 들 수 있다.[29]

이러한 억압적 법령의 상당부분이 미군정기를 거쳐 유효하게 잔존되어 왔는데, 형법까지도 1953년에 새로 제정될 때까지 그 효력이 있었으며, 그 새로운 형법마저 일제시대인 1940년에 만든 일본형법 가안을 기초로 한 것이었다.

---

28) 1935년 남자 살인 2,303건, 부녀 살인 211건이었다.

29) 한상범, “일제잔재, 무엇이 문제인가”, 법률행정연구원, 1996, pp.53~55.

이는, 형법제정의 주도적 세력이 일본법학으로 훈련받기도 하였지만, 기본형법의 성격이 내외의 사회변동이나 헌법과는 무관하다는 의식구조 속에 수구적·전체주의적 식민통치 아래에서의 강압적인 안녕질서에 대한 동경에 사로잡혀 새로운 시대적 요청을 형법제정에 충실히 반영하지 못한 결과라고 하겠다.

형법제정 당시의 객관적 상황이 걷잡을 수 없을 정도의 정치적·민족적 이데올로기의 대립상을 겪은 해방 후의 혼란기, 그리고 한국전쟁 직후에 제정된 것도 그 이유라고 볼 수 있다.

여기에 치안형법이나 경찰법규는 더욱 시대적 요청에 따를 필요성이 있는 데도 사회구조의 법의식 미비로 아직 청산할 소지를 많이 남겨 두고 있다.

이것들 중 우리 헌법에 비추어서 개인의 기본권 존중사상, 법의 적정절차원리, 권력분립주의사상 등에 배치하는 것들을 비판적으로 선별하여 과감히 개폐할 필요성이 있다. 국가권위주의·체제옹호에 치우친 것들은 폐기되어 마땅하다.

형사절차에 있어서 죄형법정주의, 객관주의, 범죄화주의, 탈윤리주의 등에 반하는 전통은 버려야 한다. 법규의 불명확성, 형벌권과잉발동, 지나친 한정합헌해석, 윤리주의, 처벌 및 수용 제일주의 경향은 지양되어야 한다.[30)]

그러므로 국민의 인권을 보장하고 편익을 제공하는 법제, 제도, 운용습관을 다시 정립해야 한다.

30) 한상범, 앞의 책, p.59.

제 8 장 대한민국 임시정부 경찰제도

제 1 절 대한민국 임시정부의 성격

1910년 한일합방 후 항일의병활동과 독립운동은 지속적으로 전개되었으나, 일제의 극렬한 탄압·검거 속에 거의 종적을 감추고 1915년을 고비로 독립운동의 주류는 해외로 옮기게 되었다.

세계 제1차대전이 끝나면서 1919년 3·1독립운동이 거국적으로 일어났다. 이 운동의 큰 의의는, 지난 8년 반 동안 공백으로 비어 있던, 우리 정부가 수립되게 되었다는 점에 있다. 그리하여 비록 '임시'라는 형용사는 붙었을망정, 대한민국 임시정부가 세워져서 한민족의 역사는 이어졌다.

임시정부는 3월 하순에서 4월 사이에 러시아와 중국 상해 및 미국 워싱턴에서 상호 정립되었다가 9월에 가서 단일정부로 되고 그 위치를 상해의 프랑스 조차지에 잡게 되었다.

제 2 절 임시정부 초기 경찰제도

정식 정부가 아닌 임시정부의 경찰이란 영토고권이 결여되기 때문에 법적인 효력을 갖지 못함은 당연한 일이다. 더욱이 재판권이 망명지에 있기 때문에 사법경찰권이란 도저히 있을 수가 없는 일이었다. 그러므로 우리 임시정부의 경찰이란 사회단체의 감찰기관의 성격을 벗어나지 못함은 말할 나위가 없었다.

1919년 11월 임시정부는 대한민국 임시관제를 제정하여 내무부에 경무국을 두고 경무국장 아래에 경호부장과 경호원을 두었다. 그리고 동년 12월에는 연통제로, 도에는 경무사(警務使)를 두고 각 부·군에는 경감을 두어 경찰·위생업무에 종사케 하였으며, 그 밑에 경호원을 두었다.

1. 내무총장

1919년 9월의 통합헌법에 의하면 '내무총장은 헌정주비의원 선거, 지방자치, 경찰, 위생, 농상공무와 종교 자선에 관한 일체 사무를 통할함'이라 하여, 내무총장은 경찰에 관한 최고관청임을 규정하고 있다. 대통령제 관제상 초대 내무총장은 이동녕이었다.

2. 경무국과 분국(1919)

경찰의 최고관청인 내무총장의 보좌기구로서 내무부에 비서국, 지방국, 농상공국(이는 미개설)과 함께 경무국이 있었다. 경무국의 소관업무는 ① 행정경찰 ② 고등경찰 ③ 도서출판 및 저작 ④ 일체의 위생에 관한 사항으로 규정되어 있었다. 여기에 사법경찰 사항이 빠진 것은 역시 사법권과 관련된 영토고권이 없기 때문이었다. 그리고 한국인은 국제법적으로 일본국적이기 때문에 일본영사재판권에 속하게 되어 있었다.

초대 경무국장에는 후에 주석이 된 김구가 취임하여 5년 동안 근무하였다. 당시 경호원으로 생활보조비는 은 25원이었고, 복제는 양쪽 가슴에 주머니를 단 더블 힐금(詰襟)을 착용하였다.[31)]

경무국은 우리 교포가 다수 거주하거나 내왕이 빈번한 곳에 분국을 두었다.

1921년 11월 14일자의 일제보고에 의하면, 천진에 임시정부의 경무분국이 곧 설치되어 분국장과 국원 몇 명을 두어 경찰업무를 전장하리라는 것과 분국장에는 박세훈이 추천되었다고 했다.

그리고 경무국장이 천진에 오리라는 정보도 전하고 있다.

3. 연통제

임시정부는, 본토를 비록 적에게 빼앗겼다고 하더라도 지방제도가 있어야 하고, 임시정부의 연락과 선전 등에 종사할 기관과 정부재정의 필요성을 느꼈으므로 연통제를 실시하게 되었다.

연통제는, 전국 13도를 그대로 도로 정하고 도에는 지방장으로 독판을 두었으며, 그의 보좌기구로는 비서실·내무사·재무사·교통사 및 경무사를 두도록 하고, 사의 장은 도참사로 보좌하고 그 밑에 장서·경감·기수 및 통역을 두었다. 그리고 부·군에는 부장과 군감을 장으로 하여 참사·장서·경감을 두었다. 이를 보면, 독판(독판)과 부장

31) 신동아, 1967. 2, pp.499~500.

·군감은 경찰관청이고, 경감과 그 하급직으로 경호원이 있어서 경찰업무를 보좌·집행하도록 되어 있었다.

도의 경무사를 포함한 각사의 사무분장규정은 내무총장이 정하도록 하였다.

이와 같은 연통제의 실질적 목적은 점령된 본국의 국민들에게 독립의식을 잊지 않게 하고, 또한 독립운동자금을 염출하며 최종 목적으로는 일대 반항운동을 일으켜 보려는 데 있었다.

연통제는 약 반년 동안에 경상남·북도와 강원도를 제외한 10개도에 조직되었는데, 군감까지 임명된 것은 함북·함남·평북·평남·황해·경기 및 충북의 7개도였다.

연통제의 실질적 조직은, 상하계통은 서로 알되 횡적으로는 서로 모르게 하였다. 그런데 1919년 9월에 함북 회령지방기관이 적에게 탄로되어 이로 인해서 경기도와 평안남·북도의 커다란 조직이 드러나 김인서 등 50명이 유죄판결을 받았다.

체포된 사람들 중에는 총독부관리·학생·전도사 등 유식층이 많았으므로 세인을 놀라게 하였다. 이때 연통제 7조목이 공판심문 중에 드러났다.

제 3 절 임시정부 말기 경찰제도

1944년 4월 주·부주석제 헌법이 통과 시행되자, 5월 25일에는 정부조직이 개정되었다. 이에 의하면, 행정부의 최고기관으로 국무위원회가 있고 그 아래 각부의 장관과 국무위원회주석으로 구성되는 행정연석회의가 있으며, 행정 각부에는 내무·외무·군무·재무·문화 및 선전의 7부가 있고, 그 밖에 위원회를 둘 수 있다고 하였다. 그리고 각 부에는 부장이 있고 그 밑에 차장·비서·과장 및 과원의 직원을 두었으며, 사무분장을 위하여 과(科)와 특종위원회를 두었다. 경찰은 내무부에 속하며, 내무부 내 국으로서 경무과를 두었다.

1. 내무부장

행정 각 부의 장은 초기에는 총장으로 불리다가, 그 후에 내무장이니 법무장이니 변경했다가 주석제 헌법 때부터 부장으로 개칭하였다. 그러다가 주·부주석 제헌법이 채용되면서 국무위원을 각 부장이나 참모총장·검사원장보다 상격으로 하고 하급직을 겸할 수 있게 하였다. 이는 1921년 이래로 불화했던 좌익을 포섭하여 임시정부가 좌우합작으로 구성되면서 감투배분의 필요상 확장된 결과였다.

그리하여 각 부의 부장은 원칙상 국무위원보다 하급이었다. 그러나 내무부장이 경찰의 최고관청임은 변동이 없었다. 내무부장은 헌정주비·의원선거·지방시설·교통·농상공무·종교·진휼·구제 및 인민단체에 관한 일체의 사무와 경찰 위생에 관한 업무를 통할한다.

2. 경무과와 경위대(1944)

내무부에 총무과 및 민정과(지방국 해당)와 함께 경무과가 있어 내무부장의 경찰업무를 보조함은 종전의 경무국과 다름이 없었다.
경무과의 관장업무는 다음과 같다.

- 일체 경찰에 관한 사항
- 질서·기율에 관한 사항
- 국무 및 인구조사에 관한 사항
- 징병 및 징발에 관한 사항
- 국내정보 및 적정수집에 관한 사항

그리고 별도로 경위대를 두었는데, 그 규칙은 경위대 조례를 따로 둔다고 하였다. 이때의 내무부장은 신익희였으며, 경무과장은 이지일이었고, 경위대장도 이지일이 겸하였다.

제 4 절 백범일지

김구의 백범일지 중 초대 경무국장 시절은 다음과 같다.[32)]

나는 내무총장인 도산 안창호 선생을 보고 정부의 문지기를 시켜 달라고 청하였다. 벼슬을 시켜주지 않는 반감으로 그러는 것이 아닌가 하여, 도산은 의아해하고 염려하는 빛을 보였다.
나는 "일찍이 본국에서 교육사업을 할 때에 어느 곳에서 순사 시험과목을 보고 집에 가서 혼자 시험을 쳐서 합격하지 못한 사실이 있다." 또 "서대문 감옥에서 옥살이를 할 때, 후일 만일에 독립정부가 조직되면 정부의 뜰을 쓸고 문을 지키기로 마음먹은 적이 있다." 그런가 하면 "이름자는 '구(九)'로 별호는 '백범(白凡)으로 고쳤다."

32) 도진순(주해), "백범일지", 돌베개, 1997, pp.301~309.

이런 예를 들면서 나의 진정한 평소 소원을 말하였다. 이에 도산은 쾌히 승낙하고, 자기가 미국에서 백악관을 지키는 관원이 있는 것을 보았다며, "백범 같은 이가 우리 정부청사를 수호하는 것이 적당하니, 내일 국무회의에 제출하겠다."라고 하여, 나는 마음 속으로 매우 기뻐하였다.

다음날 아침, 도산은 뜻밖에도 나에게 경무국장 임명장을 주며 취임하여 근무할 것을 권하였다. 나는 "순사의 자격에도 못 미치는 내가 경무국장의 직책을 도저히 감당할 수 없다."하며 굳이 사양하였다. 그러나 국무회의에서 "백범은 여러 해 감옥생활을 하여 왜놈 사정을 잘 알고, 혁명시기에는 인재의 정신을 보아서 등용한다."라며 나를 적극 추천하였다고 하면서, "이미 임명된 것이니 사양하지 말고 공무를 집행하라."고 권유하였다. 결국 나는 경무국장에 취임하였다.

나는 5년 동안 경무국장으로서 신문관·검사·판사뿐만 아니라 형집행까지도 담당하였다. 범죄자 처결을 요약하면, 말로 타이르는 것 아니면 사형이었다.

예를 들면, 김도순이라는 17세 소년은 본국에 파견되었던 임시정부특파원의 뒤를 따라 상해에 와서 왜영사관과 협조하여 그 특파원을 체포코자 하였다. 그 소년은 왜영사관으로부터 여비 10원을 받았는데, 그가 미성년자임에도 불구하고 부득이 극형에 처한 일이 있었다. 이러한 일은 기성국가에서는 보지 못할 특종사건이라 할 수 있다.

남의 조계지에 붙어 사는 임시정부이니 만큼, 경무국 사무는 현재 세계 각국의 보통경찰행정과는 달랐다. 그 주요 임무는 왜적의 정탐활동을 방지하고, 독립운동자의 투항 여부를 정찰하여 왜의 마수가 어느 방면으로 침입하는가를 살피는 것이었다. 나는 정복과 사복 경호원 20여 명을 임명하여 이 일을 수행하였다.

홍구의 왜영사관과 우리 경무국은 대립·암투하였다. 그런데 당시 불란서 조계 당국은 우리의 독립운동에 대해 특별히 동정적이었다. 그런 까닭으로 일본 영사가 우리 독립운동자의 체포를 요구할 때에 불란서 당국은 미리 우리 기관에 통지하였고, 마침내 체포할 때는 일본 경관을 대동하고 빈집을 수색하고 갈 뿐이었다.

한 번은 황포 선창에서 오성륜 등이 왜구 다나카 기이치에게 폭탄을 던졌으나 폭발되지 않았는데, 오성륜이 다시 권총을 발사하여 미국 여행객 여자 하나가 죽은 사건이 일어났다. 이 사건 후에 일·영·불 세 나라 합작으로 불란서 조계지의 한인을 대거 수색·체포한 일이 있었다.

당시는 어머님까지 상해에 와 계시던 때인데, 하루는 이른 아침에 왜경 7명이 노기등등하여 침실에 침입하였다. 그 중 불란서 경관인 서대납(西大納)은 나와 친한 사이로, 내 집인 줄 알았으면 잡으러 오지 않았을 것이다. 그러나 왜말과 불어가 서로 달랐으므로 체포장에 기재된 이름자가 김구인지 모르고 한인 강도를 체포하러 왔던 것이다.

그런데 와서 보니, 잘 아는 친구가 아닌가. 왜놈들이 달려들어 철수갑을 채우려 할 때, 서대납이 제지하며 나에게 "옷을 입고 불란서 경찰국으로 가자."는 뜻을 밝혔다.

그 말에 따라 승산로의 경찰서로 가 보니, 원세훈 등 5명을 먼저 잡아서 유치장에 구금해 놓았다. 내가 유치장으로 들어간 후에 왜경이 와서 신문하려 하자, 불란서 사람은 허락하지 않았다. 또한 일본 영사가 인도를 요구해도 듣지 않고 나에게 묻기를,

"체포된 5명은 김군이 잘 아는 사람인가?"

"5명이 다 좋은 동지요."

"김군이 5인을 담보하고 데려가기를 원하는가?"

내가 원한다고 대답하니, 즉시 그들을 석방시켜 주었다.

여러 해 동안 불란서 경찰국에서 한인 범죄자들을 체포할 때, 나는 배심관으로 임시정부를 대표하여 신문·처리하였다. 그런 까닭에 불란서 경찰국에서는 나를 인도치 않았을 뿐만 아니라 내가 보증하면 현행범 이외에는 즉시 풀어주었다.

왜는 불란서 사람과 나의 관계를 알고 난 후부터는 체포를 요구하지 않고, 정탐꾼으로 하여금 불란서 조계 밖에 있는 영국 조계지나 중국지역으로 나를 유인하게 하여, 중·영 당국에 통보하고 잡아갈 생각을 하였다. 이러한 의도를 안 후, 나는 불란서 조계지를 한 걸음도 넘어서지 않았다.

불란서 조계지 생활 14년 동안 겪은 기이한 사건들을 일일이 기록할 수 없고, 또 연월일시도 잊어버렸으므로 순서를 차리기도 어렵다.

경무국장 시절 고등정탐꾼 선우갑을 유인하여 포박·신문한 일이 있었다. 그는 죽을 죄를 지었음을 시인하고 스스로 사형 집행을 원하였지만, 나는 뉘우치는 것을 보고 "살려 줄 터이니 큰 공을 세워서 속죄할 것이냐?"라고 물었다. 그가 소원이라고 하기로, 결박을 풀어 보내주었다. 그랬더니 그는 상해에서 정탐한 문건을 임시정부에 바치겠다는 뜻을 밝혔다. 나는 시간을 약속하고, 그를 만나기 위해 김보연·손두환 등을 왜놈의 승전여관으로 보냈다. 과연 그는 왜놈에게 고발하지 않았고, 내가 전화로 호출하면 시간을 어기지 않고 즉시 대기하였다. 그러다가 4일 후, 몰래 도망하여 본국에 돌아가서 임시정부의 덕을 칭송하고 다닌다는 소문을 들었다.

강인우는 왜놈의 경부로서 비밀사명을 띠고 상해에 와서 "김구 선생에게 자기가 상해에 온 임무를 보고하겠으니 면회를 허락해 달라."는 글을 보내왔다. 그는 만나는 장소를, 왜놈과 동행하면 나를 체포할 수 있는 영국 조계지의 신세계 음식점으로

청하였다. 약속된 시각에 가서 보니 강인우 혼자만 있었다. 그는 "총독부에서 제가 받은 사명은 모모 사건이므로 그 점을 주의하십시오."라고 알려주고, 또한 "선생께서 거짓 보고자료를 주시면 귀국하여 책임이나 얼버무리겠습니다."라고 제안하였다. 내가 쾌히 승낙하고 자료를 만들어 주니, 그는 귀국하여 그 공로로 풍산군수가 되었다고 한다.

구한말 내무대신이었던 동농(東農) 김가진 선생은 한일합병 후에 일본으로부터 남작의 직위를 수여 받은 인물이었다. 그런 그가 기미 3·1선언 이후에 대동당을 조직해 활동하다가, 아들인 의한 군을 데리고 남은 인생을 독립운동의 책원지(策原地)에서 보낼 목적으로 상해에 도착하였다.

후에 왜총독은, 남작이 독립운동에 참가한 것은 일본의 수치라 생각하고는 동농 며느리의 사촌오빠가 되는 정필화를 비밀리에 파견하여, 동농 선생에게 은밀히 귀국을 종용하였다. 이 사실을 알아차린 경무부에서 정필화를 비밀리에 검거하여 심문하니, 그가 모든 일을 낱낱이 자백하였으므로 교수형에 처하였다.

해주사람 황학선은, 독립운동 이전에 상해에 도착한 청년으로, 우리 독립운동에 열정이 있어 보였다. 그런데 그는 각 방면에서 상해로 모여든 지사들이 자신의 집에 숙식하는 것을 기화로, "임시정부는 세워진 지 며칠 되지도 않은 정부"라고 악평하였다. 이 때문에 새로 도착한 청년 중, 동농 선생과 같이 서울에서 열렬히 운동하던 나창헌 등은 황의 악랄한 계략에 걸리어 정부에 대해 극단적인 악감정을 품게 되었다.

마침내 김기제·김의한 등의 십여 명이 임시정부 내무부를 습격한 사건이 발생하였다. 이에 당시 정부를 옹호하는 청년들이 극도로 분격하여 육박전이 시작되었고 나창헌·김기제 두 사람이 중상을 입었다. 이로써 내무총장 이동녕 선생의 명령에 따라 포박된 청년 10여 명은 타일러서 풀어주고, 중상을 당한 나·김 두 사람은 입원 치료하게 하였다.

경무국에서는 그 분란의 원인을 깊이 조사하였는데, 마침내 놀랄 만한 사실을 발견하였다. 나·김 등의 활동 배후는 황학선인데, 황이 이들에게 활동자금을 제공하였고, 배후의 일본 영사관은 황에게 자금과 계획을 제공한 것이었다.

마침내 황을 비밀리에 체포하여 심문한 결과, 그가 나창헌 등의 애국 열정을 이용하여 정부의 각 총장과 경무국장 김구까지 전부 암살할 무서운 계획을 꾸미고 있다는 사실을 알게 되었다. 황은 외딴 곳에 3층 양옥을 세내어 대문에 '민생의원'이란 큰 간판을 붙이고, 나창헌이 의과생인 점을 이용하여 정부요인들을 유인한 다음에 암살할 계획이었다.

황의 심문기록을 나창헌에게 보여 주니, 나군은 깜짝 놀라며 황에게 속아서 자기도 모르게 큰 죄를 범할 뻔하였다고 했다. 그는 그간의 사연을 설명하고, 황가를 극형에 처할 것을 주장하였다. 그러나 그 때는 이미 황의 사형이 집행되었고, 나군 등의 행위를 조사 중이었다.

한 번은 박모라는 우리 청년이 경무국장 면회를 청하기에 만나 보았다. 그는 초면에 눈물을 흘리며 품속에서 권총 한 자루와 왜놈이 준 수첩 하나를 내놓으며, "본국에서 먹고살기 위해 며칠 전에 상해로 오게 되었다."면서 다음과 같이 자백하였다.

"첫 대면에 일본 영사관이 나의 체격이 튼튼한 것을 보더니, '김구를 살해하고 오면 돈도 많이 주고 본국 가족들에게는 국가의 토지를 주어 경작하게 해주겠다.'라고 하였습니다. 그러나 만일 불응하면 '후데이센(不逞鮮人)으로 체포하여 취조하겠다.'라고 하기에 응낙하였습니다. 불란서 조계지에서 독립을 위하여 애쓰시는 선생을 보고서, 한인의 한 사람으로 어찌 감히 살해할 마음을 품을 수 있겠습니까? 이런 까닭으로 권총과 수첩을 선생께 바치고, 중국지역으로 가서 상업에나 종사하고자 합니다."

이 말을 듣고 나는 감사의 뜻을 표시하였다.

나의 신조는 "일을 맡기면 의심하지 않고, 의심하면 일을 맡기지 않는다."는 것이다. 이러한 신조로 인하여 종종 해를 당하면서도 천성이라 평생 고치지 못하였다.

경호원 한태규는 평양사람인데, 사람됨이 부지런하고 착실하여 7~8년 써 오는 사이에 안팎 사람들의 신망이 심히 두터웠다. 그는 내가 경무국장을 그만둔 후에도 경무국 사무를 보고 있었다. 그러던 어느 날, 계원 노백린 형이 아침 일찍 나의 집을 방문하여 말하였다.

"뒷 도로변에 어떤 젊은 여자 시체가 하나 있는데 중국인들이 한인이라고 떠듭니다. 백범, 같이 나가서 알아봅시다."

계원과 같이 나가서 보니 명주의 시체였다. 명주는 하층여자로 어찌하여 왔든지 상해에 와서 정인과·황진남 등의 식모로도 일했고, 젊은 남자들과의 추잡한 행동도 있다던 여자였다. 어느 날 한밤중에 한태규와 같이 다니는 것을 보고, 나는 무심히 '한군도 청년이니 서로 친한 관계에 있나 보다.'라고 생각한 것이 그다지 멀지 않은 때로 기억된다.

시신을 자세히 살펴보니, 피살된 것이 분명하였다. 타박으로 머리 위에 피묻은 흔적이 있고, 목 부분에 노끈으로 조른 자국도 있었다. 그런데 교살한 수법이, 내가 서대문감옥에 있을 때에 김진사로부터 배운 활빈당에서 사형하는 방법으로, 경호원들에게 연습시켜서 정탐꾼 처형에 응용하던 것과 흡사하였다.

나는 불란서 경찰국으로 달려가서 서대납에게 고발하고 합동조사에 착수하였다. 한태규가 명주와 밤중에 출입하던 집에 어떤 남녀가 세들어 산 일이 있는가를 조사하여, 1개월 전에 한과 명주가 동거한 사실을 알아냈다. 그러나 그 집은 명주의 시체가 있었던 곳과 거리가 너무 멀었다.

그래서 시체가 놓여 있던 근처 셋방 명부를 조사하니 10여 일 전에 방 하나를 한씨 성을 가진 사람에게 빌려준 근거가 있었다. 방문을 열고 자세히 살펴보니, 마루 위에 핏자국이 남아 있었다. 이로 인해 한에게 혐의가 집중되었다.

서대납에게 한태규 체포를 상의하고, 한태규를 불러서 요즘은 어디서 숙식하는지를 물었다. 그는 방을 얻지 못하여 이리저리 다니며 숙식한다고 답변하였다. 바로 그 때 불란서 경찰이 들어와서 한을 체포하였다.

나는 배심원으로 심문했다. 내가 경무국장을 그만둔 뒤, 한은 여러 가지 사정으로 왜놈에게 매수되어 밀탐하며 명주와 비밀리에 동거하던 중, 명주에게 왜놈의 앞잡이란 사실이 알려지게 되었다. 명주는 비록 배우지 못해 아무 것도 알지 못하는 하류 여자였지만, 애국심이 강하고 나를 절대적으로 믿고 존경하였다. 한은 "명주가 반드시 고발할 형세이므로 흔적을 없애기 위하여 암살하였다."라고 자백하였다. 이에 한을 종신징역으로 처벌하였다.

이 사건을 같이 조사한, 나우 등은 나에게 이런 말을 하였다.
"우리는 한이 돈을 물쓰듯하며 괴상한 행동을 하는 것을 보고, 십중팔구 정탐꾼이라고 추측한 지 이미 오래였습니다. 그러나 확실한 증거를 얻지 못해 선생께 보고하지 못했습니다. 의심만으로 보고하였다가 도리어 동지를 의심한다는 책망이나 들을 것 같아서 입을 다물고 있었습니다."

그 후 한태규는 감옥 중죄수들과 같이 탈옥을 모의하여 양력 1월 1일 이른 아침에 거사하기로 하였다. 그러나 한은 그 사실을 불란서 간수들에게 밀고하였다. 약속된 시간에 각 감방의 문이 일제히 열리며 칼·몽둥이·돌을 가진 죄수들이 쏟아져 나오자, 경비 중이던 간수들이 죄수들을 총으로 쏘아서 그들 중에 8명이 즉사하였다. 이를 본 다른 죄수들은 감히 움직일 엄두도 못 내었고, 그로써 옥중 소동은 진정되었다.

한태규는 재판정의 증인으로 출정하여 여덟 명의 시체를 담은 관머리에 서서 증언했다는 말을 들었다. 그런 악한을 절대 신임하였던 나야말로 세상에 머리 들기 어렵다는 자괴심으로 지냈다.

그로부터 얼마 후, 한태규의 서신이 날아들었다. 불란서 감옥관으로부터 같이 고생한 감옥 친구를 8명이나 죽인 공로를 인정받아 특전으로 풀려났으니, 전죄를 용서하고 다시 써 달라는 내용이었다. 그러나 나의 회답이 없음을 보고 겁이 났던지, 그는 귀국했다고 하였다. 그 후 평양에서 소매상으로 돌아다니더라는 소문을 들었다.

제 9 장 미군정 경찰제도

제 1 절 군정경찰권의 확립과 성격

1. 해방과 군정경찰

1945년 해방 후 1948년 8월 15일에 대한민국이 수립될 때까지 3년 동안 우리나라는 정부수립의 과도적 기간으로 미군정 아래 있었다.

미군이 정식으로 한국에 진주하게 된 것은 1945년 9월 9일이었다. 따라서 해방 후 미군이 진주할 때까지 24일간은 경찰권을 담당할 기관이 없었으므로 치안은 공백 상태를 벗어나지 못하였다. 그리하여 국내치안은 주로 동리단위로 임의 조직된 청년단체나 야경원 또는 치안대 등이 담당하였으나, 그것은 무계통적인데다가 질서 있는 기구가 아니었으므로 사회의 무질서와 혼란상태는 어쩔 수 없는 일이었다.

이와 같은 국내치안 담당기구는 전국적인 조직이 없이 지역적이고 극히 부분적인 것으로 방범에 치중하였는데, 미군 진주 후부터 군정경찰이 경찰권을 행사하게 되었다.

해방직후에 일경은 혼란과 무질서 속에서 패전군을 무장경찰관으로 개편하여 각 경찰서에 수백 명씩 배치하였다. 그 이유는, 첫째로 미군진주에 따른 보복이 두려웠기 때문에 피신하려는 속셈이었고, 둘째로는 한국인들이 저지를지도 모르는 일본인에 대한 보복을 사전에 방지하기 위한 방책이었다.

또한, 일경은 해방되던 그날 밤에 경찰기관의 파괴를 기도하였다. 그것은 일본의 한국에 대한 모든 식민적 정책의 시행중추가 경찰이었고, 또한 정치적 탄압에 반대하는 일반민중에 대한 억압의 증거가 바로 경찰이었기 때문이었다. 그러므로 무엇보다도 먼저 그들 경찰이 가지고 있던 중요 비밀문서의 처리가 급했기 때문이었다.

이러한 상황은 일경과 한국인 경찰관 사이에 극심한 반목을 야기하였으며, 상호간에 살기가 등등하여 위기감을 조성하였다. 그래도 한국인 경찰관들은 다시 찾은 조국의 치안을 위하여 질서회복에 진력하려고 하였으나, 일반 국민의 생각은 그렇게 이

해적인 것만은 아니었다. 민중들은 한국인 경찰관을 무조건 왜경의 앞잡이·반역자로 몰아서 적대시하였으며, 일제학정하의 감정이 사감으로 변하여 구타·폭행·살해·방화 등을 자행하였기 때문에 한국인 경찰관들은 진퇴양난에 빠지게 되었다.

이러한 혼란스러운 분위기 속에서도 8월 17일에는 건국준비위원회가 조직되어 해방직후의 혼돈을 수습하고 치안을 확보하기 위하여 경비대를 결성하였으며, 경비대는 그 조직을 학생대와 청년단 및 경찰대로 한다고 하였다. 그리고 조속한 시일 내에 정규군대도 편성한다고 방송까지 하였으나, 경찰은 별로 이에 호응하지 않았다.

다만, 한국인 경찰간부들은 정식으로 정부가 수립될 때까지 경찰은 중립을 엄수하고 부과된 치안확보의 사명에 전력을 경주할 것을 결정한 바 있었다. 그리하여 비록 나라 없는 경찰이지만, 경찰은 자발적으로 치안유지에 나서기 시작하였으며, 일경들이 잔존하고 있는 곳에서는 그들의 악질적 행위의 방지와 경찰권의 회복에 노력하기 시작하였다. 그런 가운데 8월 18일까지는 거의 한국인 경찰관의 손에 일경의 경찰권이 넘어오게 되었으며, 일본인 경찰들은 전부 추방되었다.

그러나 8월 18일에 일경들은 상부의 명령이라는 이유로 일시적이나마 또다시 경찰직무를 집행하기에 이르렀다. 그러면서 그들은 패전국이라는 처지를 망각했음인지 모든 일본인 경찰관을 1계급 혹은 2계급씩 승진시키기도 하고 압수품을 횡령 매각하여 처분하는 등 실로 발악적인 행동을 자행하였다.

그러다가 9월 9일에 미군의 진주가 있자, 남조선미군사령관 하지(J. R. Hodge) 중장과 일인총독 아베 간에 항복조인식이 거행됨으로써 일경은 사라지고 한국인 경찰관이 비로소 경찰업무를 담당하게 되었다.[33)]

2. 군정경찰권의 확립

1945년 9월 7일 태평양미육군총사령부는 포고 제1호를 반포하여 모든 국가기능은 잠정적으로 그 본래의 기능을 회복한다고 하였으며, 이에 따라 직장을 이탈하였던 한국인 경찰관들도 대부분 복귀하여 치안확보를 담당하게 되었다. 또한 9월 14일에는 군정장관 아놀드(A. Arnold) 소장이 다음과 같은 성명서를 발표하여 기존 경찰기구의 행정적 이용과 새로운 경찰체제의 성격 및 그 기능을 명시하였다.

성 명 서

1. 연합국최고사령부 포고 제1호 제38조에 의하여 현재 한국(북위 38도 이남)의 경찰기구는 그 기능을 계속하고 있다.

---

33) "한국경찰사 I", pp.924~925.

2. 정치단체·귀환병단 또는 타의 일반 시민대가 경찰력 또는 그 기능을 행사하거나 또는 행사하려는 것을 금한다.
3. 현재의 경찰기구는 종전의 일본정부와는 전연 관계없고 군정장관인 나의 밑에 운영되며 그 조직의 실권은 내가 이것을 부여한다. 또 그 조직은 헌병 사령관 시크 준장에 직속한다.
4. 경찰관은 '나'로부터 다음과 같은 권한을 보유한다.
① 무기의 휴대 ② 체포 ③ 분쟁의 진압 ④ 법규 및 질서의 유지 ⑤ 한국인 및 일본인으로 되어 있는 현재의 경찰관은 종국에 있어서 전부 한국인으로 조직하기로 한다. 유능한 한국인의 채용 및 훈련을 속히 실시할 것이다.

이 성명에 의해 군정경찰은 탄생되었다. 이에 따라 불량 경찰관의 축출과 더불어 새로운 한국인 경찰관의 모집이 행하여지는 한편, 치안확보를 위한 긴급조치와 일제 때의 모든 악법의 폐지가 시기를 놓치지 않고 실시되었다.

우선, 위 성명서 제2항에 따라 사설 치안단체는 전부 해체되었고 사회질서확립의 임무는 오로지 한국인 경찰관의 손으로 넘어왔다. 그러나 극심한 경력의 부족을 느꼈으므로 자격여하에 구애됨이 없이 대량의 신규 경관의 채용이 있었다. 그 결과로 경찰관으로서는 마땅치 않은 전과범이나 결격 사유자들이 잠입하여 은신하게 되었다. 이러한 부작용은 곧 경찰의 약화와 더불어 민중으로부터 비난의 대상이 되었다.[34)]

또한, 단기훈련으로 신규 채용된 경찰관들에게는 오히려 직권의 한계와 임무를 오인시키게 되어 직권남용의 결과를 초래했고, 따라서 경찰관의 자질은 급속도로 저하되었다. 게다가 특채된 경찰간부들은 민주주의를 이해하지 못하고 법령에 어두웠으며, 사욕을 탐하여 민중에게 지탄을 받기도 했다. 이러한 사실들은 경찰관의 위신과 체통을 크게 손상시켰다.

이와 같은 부작용으로 말미암아 비난의 소리가 높아지자, 군정당국은 불량경찰관의 도태를 단행하기에 이르렀다. 10월 1일을 전후하여 민주주의 훈련이나 경찰관으로서의 교양이 부족하고 부정·불량한 경관들을 우선 제외시켰다. 한편, 경찰관은 민중에게 군림하는 것이 아니고 친절히 봉사하는 것이며, 사회의 공복이 되어야 한다는 민주경찰로서의 교양을 주입시켜 나갔다.[35)]

아놀드(A.V.Arnold) 군정장관의 성명에 따라 치안회복을 위한 일경기구의 활용과

34) 1945년 12월 19일 경찰관 모집상의 자격조건은 ① 연령 : 22~35세 ② 신장 : 5피트 3인치 이상 ③ 외모 : 단정(호감을 주는 인상), ④ 교육 : 3년 중졸 이상 ⑤ 신체조건 : 무질병, 성병 기타 전염병에 대한 검사 통과자 ⑥ 범죄기록 : 비정치범 죄를 범하지 않은 자 ⑦ 국적 : 한국인 등이었으며, 이러한 자격조건의 사전 설정에도 불구하고, 많은 무자격자가 지방에서 서울의 조선경찰학교로 추천 파견되었다. 한 집단에서는 450명 중 260명이 범죄기록, 문맹, 신체결함 등의 사유로 입교가 거부되기도 했다. 신상준, "미군정기의 남한 행정체제", 한국복지행정연구소, 1997, p.267.

35) 앞의 책, pp.928~929.

경찰권의 귀일, 무기휴대, 체포 등의 여러 기능이 경찰관에게 부여되었다. 그러나 무엇보다도 각처에 산재하고 있거나 또는 개인이 지니고 있는 무기·탄약의 회수와 폐기가 문제였다.

9월 26일에는 군정청법령 제4호「일반인민의 무장 해제와 전가보도 혹은 역사적 유물인 무기」등의 조항에 따라 일반인의 무장해제와 검 및 절복도(切腹刀) 등을 회수하였다. 또한 9월 29일에는 법령 제5호로써 전기 법령 제3호를 개정하여 무기 또는 탄약·폭발물의 불법소지를 금지하는 동시에, 소지자들에게 일정한 기간 내로 경찰관서에 보관시키도록 하였으므로 이와 같은 방책은 다소나마 해방 후의 무질서한 혼란상황을 누그러뜨리게 만들었다.

3. 군정경찰권의 성격

(1) 군정권은 전시 점령지에 대한 점령국의 행정권에 관한 것으로 전시점령은 전쟁 중의 일시적 현상에 불과하였다. 군정권은 소속국의 권력행사를 정지하는 한편, 점령군의 안전과 법질서확립을 위하여 필요한 복종을 요구했다.

이를 위하여, '점령군의 보전을 도모하고 점령지역의 공중치안과 질서의 안전을 기하기 위하여' 사상·언론·종교·집회의 자유를 제한할 수 있었고, '군정위반에 대한 범죄'로서 82개 조항에 달하는 주민의 각종 자유를 제한하였으며,「미국인의 군령위반 방조금지」에 의해 주민에게 재한국 미육군 군인 및 군속에 대한 군령위반 방조금지 의무를 부과하였다. 또한, 정치경찰의 일종인 사찰기능을 강화시킴으로써 정계동향과 그 기밀에 대한 내사 및 문화·외사경찰을 관장케 했다.

(2) 군정경찰은 한국경찰의 독립을 목표로 하는 과도기적 경찰이었다. 이러한 군정과 독립의 양면성은 처음 군정고문의 횡포로 나타났다가, 군정의 '한국화 전략(Koreanizaion Policy)'에 따라 완화되었다.[36]

(3) 군정경찰은 전투경찰로서의 특수한 성격도 지니고 있었다.

해방직후 정권을 탈취하기 위하여 좌익분자들은 수단을 가리지 않고 협박·공갈·살인·방화 등을 자행하였다. 또한 그들은 민중을 선동하여 폭동을 야기시켰으며 질서를 문란케 하였다. 이에 경찰은 무력으로 이들을 제압하지 않을 수 없었으므로 칼빈(Carbine)으로 재무장하였으며, 군정경찰은 자연히 전투경찰로서의 임무를 띠지 않을 수 없었다.[37]

36) 신상준, 앞의 책, pp.324~325.

37) 김석준, "미군정 시대의 국가와 행정", 이화여대출판부, 1996, pp.262~263.

(4) 군정경찰은 그 후로 한국경찰의 경찰제도상에 있어서 중요한 전기를 마련한 경찰사의 한 장이다.

제도상의 차이에서 볼 때 군정경찰은 군정권에 의한 기형적인 경찰이라고 할 수 있지만, 독·일 대륙법계 경찰에서 벗어나 영미법계 경찰제도로 전환된 점에 큰 의의를 지니고 있다. 이렇듯 제도의 전환은 일제 때의 모든 경찰악법폐지와 경찰대검의 폐기, 여자경찰관제도의 창설, 경찰 즉결처분의 폐지와 이에 수반하는 치안관제도의 창설 등에서 알 수 있다. 또한, 군정경찰의 표어인 '봉사와 질서'를 흉장으로 패용했으며, 그것을 기본이념으로 하는 경찰조직과 기구의 획기적인 개혁으로 괄목할 만한 변화를 가져왔다.

(5) 군정경찰은 그러나 이상적인 형태를 갖춘 전면적인 전환은 되지 못하였다. 이는, 군정이라는 시간적·목적적 제약과 해방직후 사상투쟁으로 인한 혼란이 원인이라고 봐야 할 것이며, 오히려 패전국인 일본보다도 더 낙후된 경찰제도를 잉태시키고 말았다.

제 2 절 민주경찰제도의 도입

1. 경무국 시대(1945)

(1) 경무국 시대(1945)

국립경찰이란 이름으로 정식 출범한 한국경찰은, 비록 그것이 군정법령에 근거를 둔 군정경찰의 성격을 띠고 있었으나, 그 운영자체는 우리의 손으로 이루어졌다.

더욱이 1945년 10월 2일에 군정청은 경무국을 창설하여 관방·총무과·수사과·통신과를 두고, 지방에는 도지사 밑에 경무부를 두어 경무과·보안과·형사과·경제과·정보과·소방과(경기도 한)·위생과를 설치하여 본격적인 경찰업무를 수행하게 되었다.

12월 27일에 경무국 고문인 매글린(W. H. Maglin) 헌병대령이 서명한 「조선국립경찰의 조직에 관한 건」은 다음과 같다.[38)]

1. 조선경찰은 하나의 국립경찰부대임. 조선인 경무국장은 조선 내의 모든 경찰의 최고사령관임.
2. 경무국장은 국립경찰의 조직·관리·훈련·수속·활동·인사 등에 관하여 책임이 있음.
3. 경무국 예산자금은 경무국장에게 배당되며, 경무국장은 이를 각 도 경무부장에게 할당함.

---

38) "한국경찰사 Ⅱ", pp.56~57.

이에 대하여는 여하한 정부기관도 간섭할 권한이 없음.

4. 각 도 경무부장은 그 도내에서 법률과 질서를 유지하고 경찰에 부과된 직무를 완수함에 있어 도지사에 대하여 책임이 있음. 도지사는 이 목적을 수행하는 데 필요한 지시를 각 경무부장에게 할 수 있음. 도지사는 경찰의 조직·관리·수속·재정·인사에 관한 명령을 발할 권한은 없음.
5. 시 최고 경찰책임자는 시 관할구역 내에서 법률과 질서를 유지하고 경찰에 부과된 직무를 완수함에 있어 시장에 대하여 책임이 있음. 시장은 이 목적을 달성하는 데 필요한 지시를 시 최고경찰책임자에게 할 수 있음. 시장은 경찰의 조직·관리·수속·재정·인사에 관한 명령을 발할 권한은 없음.
6. 경무국장은 상례적 사항에 관하여는 각 도 경찰부장과 직접 통신함. 각 경찰부장은 그 도내의 모든 경찰관과 경찰사항을 관장처리하고, 그 도내에서 발생한 모든 중요사건을 도지사에게 통보할 것. 시 경찰 책임자는 시에서 발생한 모든 중요사건을 시장에게 통보할 것.
7. 도지사는 경찰의 행동에 관하여 불만스럽게 생각되는 사례가 있으면 경무국장을 통하여 군정장관에게 보고할 것.
8. 도지사·각 경찰부장·시장·시 경찰 책임자는 이 경찰체제를 원활히 운영하는 데 모든 노력을 다할 의무가 있음.
9. 지방분권적으로 운용하는 동시에 중앙집권적 통할을 하는 것이 현 경찰조직의 관건임. 이것은 각자 관할지역에서 통치기관으로서 그 임무를 다하는 데 책임을 질 수 있는 경찰로서의 필요한 부속기관의 특징을 가진 조직체로서 조선인이 잘 아는 바임.

이와 같은 국립경찰의 조직은 그 특징이 경찰행정권을 도지사의 권한으로부터 분리시켜 독립시켜 버린 것이었다. 그리고 도지사나 시장은 다만 횡적인 연락에 그치고 전국의 경찰지휘와 감독은 경무국장이 직접 담당하였으며, 예산이나 인사 등 가장 중요한 사항마저도 지방장관에게는 하등의 권한이 없게끔 조직된 것이었다. 다만, 지방장관은 경찰이 직무를 수행하는 데 필요로 하는 사항에 한해 지원을 하도록 하였을 뿐이다.

이러한 조직의 문제는 그 후 일반 행정관서와 경찰 간에 잡음을 야기하였고, 권한의 귀속문제 같은 것으로 논란이 일게 하였다.[39)]

한편, 12월 10일에는 일본경찰의 기구에서 전적으로 벗어나는 경찰관명·분장개정을 하여 경찰부차장과 경찰감찰관을 두기로 하였으며, 이와 거의 동시에 중앙의 경무국조직 및 사무분장과 각 과 소관의 직무를 규제한 경무국조직 및 참모장교 직장에 관한 건을 실시하였다.

39) 다음에서 보듯이 국립경찰과 시·도지사는 협의를 거쳐 일반행정 지원만 하고 경찰 인사·예산 등에 관여치 못하게 되었는데, 이는 건국 후에도 계속 이어져 온 전통이었다.

이 과정에서 경제경찰과·경비과·도서과·위생과 등이 폐지되고, 소방과·인사과·범죄수사과·통신과·용도과 및 경리과가 신설되었다. 그러나 이러한 기구도 오래 지속되지 못하고, 1946년에 가서는 자주 개폐가 이루어졌다.

경찰관명·분장개정안에 나타난 초기의 경찰조직은 경무국장·경찰부장·경찰부차장·감찰관·경시·경부·순사부장·순사 그리고 형사경시·형사경부·형사순사부장·형사가 있었고 기술원·서기·기타 직원 등 총 14등급으로 구분되었다. 그러나 동급인 형사와 기타 직급을 제하면, 경찰의 구조는 7등급으로 분리되어 있는 셈이었다.

(2) 경무부 시대(1946)

1) 경무부

조직과 편성에 있어 안정을 이루지 못했던 경찰은 그런 대로 혼란한 사회질서의 확립과 국민의 생명·재산보호에 진력하여 오던 중, 1946년 1월 16일 경무국 경무부에 관한 건의 반포에 의하여 그 조직·직능·정원·관명 등이 확립되었다. 이에 관한 주요 내용은 다음과 같다.

1. 경무부는 법률 및 질서의 유지와 범죄의 방지와 범인의 체포에 관여하는 경무국 제복경찰관 전부를 포함하는 것임.
2. 경무부에는 경찰관 전부에게 고등 전문적 경찰업무를 교습하기 위하여 국립경찰학교를 두고 조직·수속·통계를 정리하는 경무과 및 경찰조직과 감찰을 분장하는 공안과를 설치함. 공안과에는 교통과 풍기의 계가 있음.
3. 각 도에는 도경찰부장을 설치하고, 경찰부차장은 이를 보좌하고 소방·총무·문서·공안·형사·교통·통신의 제과를 둠.
4. 시에 7개 이상의 경찰서가 있을 때에는 경무감을 설치함. 그 관등은 총경 또는 감찰관으로 함.
5. 경찰서장은 관내의 경찰활동에 관하여 도 경찰부장에 예속케 함.
6. 지서장은 그 지서가 소속되는 경찰서장에게 예속케 함.
7. 정원은 제복 경찰관과 형사를 합하여 2만5천 명을 초과하지 못하며, 그 중 50%를 형사부에 배치함.
8. 관등은 경무부장－도경찰부장－도경찰부차장－총경－감찰관－경감－경위－경사－순경으로 함.

이러한 조직과 편성은 경찰행정권을 도지사의 권한으로부터 분리하여 독립된 경찰부를 설치한 결과를 가져왔으며, 이로 인한 일반행정과 경찰행정의 조정을 위해 1947년 9월 11일부로 경무부장이 경찰행정운영 개선에 관한 건을 지시하였다. 그 중요 본문내용은 다음과 같다.

1. 도지사와 국립경찰과의 관계
 1945년 12월 27일부 「국립경찰조직에 관한 건」에 의하면 도지사는 각 관구 경찰청장에 대하여 경찰의 조직·운영·훈련·재정·인사관계로 명령할 권한이 없고, 각 관구경찰청장은 관할구역 내의 법령·질서의 유지와 경찰에 부과된 모든 직무를 수행함에 있어 도지사에 대하여 책임을 지고 도내에서 발생한 중요사건을 도지사 또는 시장에게 통보할 책무가 있을 뿐이다.
2. 관구경찰청평의회의 조직에 관한 건
 지방경찰행정에 관한 중요정책 실천의 원조협력을 얻고 민심을 수렴하여 경찰본래의 책임완수를 강력히 추진하기 위하여 각 관구경찰청 내에 도지사를 의장으로 하는 관구경찰평의회를 조직하고 운용의 만전을 기할 것.
3. 구경찰위원회 조직에 관하여 적절 타당한 협력 원조를 얻고 지방사정에 적합하게 경찰권을 발동하고 처리함으로써 지방민심을 수렴하여 경찰본래의 책무를 원활·명랑히 수행하기 위하여 각 구경찰서 내에 군수 또는 시장이 참가하는 구경찰위원회를 조직하고 운용의 만전을 기할 것.

한편, 중앙에는 경찰중의원을 구성하여 경찰행정의 자문에 응하도록 하였는데, 구성은 입법부·사법부·행정부 대표 각 2인과 미국인 대표 2인 및 경무부장이다.[40)]

경찰중의원은 5월에 설치되었으나(위원장 안재홍 민정장관), 실제로는 중앙경찰위원회가 12월에 설치, 대치된 것으로 보인다(법령157호 : 1947년 11월 25일).

이는 6인의 위원으로 구성되는데 민정장관이 2인, 각부처장 중 2인, 사법부장이 추천하는 심판관, 검찰관 각 1인을 민정장관이 임명한다. 경무부장은 표결권 없이 참여한다.[41)]

2) 관구경찰청

지방경찰기구는 1946년 1월 16일부터 경찰관주재소를 지서로 개칭하였고, 주재소의 수석을 지서장이라 개칭하였으며, 과와 서에 계와 반을 설치하였다. 또한 4월 11일에는 일대 개편을 단행하여 종전의 각 도경찰부가 관구경찰청으로 개칭되었고, 각급 일선 경찰서는 지명위주의 서명에서 구번호별로 바뀌게 되었다. 따라서, 이 개편으로 8개의 관구경찰청이 생겼으며, 경찰계급의 호칭도 바뀌어 경찰부장이 경찰청장으로, 경찰부차장이 경찰부청장으로 변경되었다.

40) 경찰중의원은 1947년 4월 10일~11일간 「국립경찰의 제문제-특히 국립경찰과 도지사 및 서울시장과의 관계」 주제로 열린 협의회에서 협의된 사항으로 9인의 의원으로 구성된다. "한국경찰사 I", pp.941~944.
41) 신상준, 앞의 책, p.659.

한편, 1946년 8월 1일에는 제주도가 전라남도에서 분리되어 제주도로 독립 승격됨에 따라 제8관구 경찰청 제22구 경찰서이었던 제주도경찰이 제주경찰감찰서로 발족되었다. 그 후 제주감찰청으로 개칭되었다가 1947년 3월 10일에는 다시 제주경찰감청으로 개명되었다.

1946년 9월 17일에는 각 관구경찰청의 경찰활동을 더욱 조직적으로 감독하기 위하여 3개의 경무총감부를 신설하였는데, 그 명칭과 관할구역은 다음과 같다.

제1경무총감부(제1·2관구, 본부 : 서울)
제2경무총감부(제3·6·8관구, 본부 : 전주)
제3경무총감부(제4·5·7관구, 본부 : 대구)

경무총감은 경무부장을 대리하여 예하 관구경찰청의 경찰활동을 일반적으로 감독하고, 경무부차장의 지휘 명령에 따르되, 경무부차장과 동일한 직급과 봉급을 받는다. 그러나 경무총감은 협의의 행정기관이 아니므로 경무부장의 명령이 없는 한, 일반경찰업무에 관하여는 명령계통에 설 권한이 없고 주로 감독을 행할 수 있을 따름이었다.

한편, 1946년 9월 18일에는 서울특별시가 설치됨에 따라 경기도에서 서울이 분리되고, 서울이 제1관구 경찰청에서 수도관구경찰청으로 분리창설되었다. 이에 따라 제1경무총감부는 수도관구경찰청을 추가로 관할하게 되었다.

이때 경찰기구를 도시하면 그림 9-1과 같다.

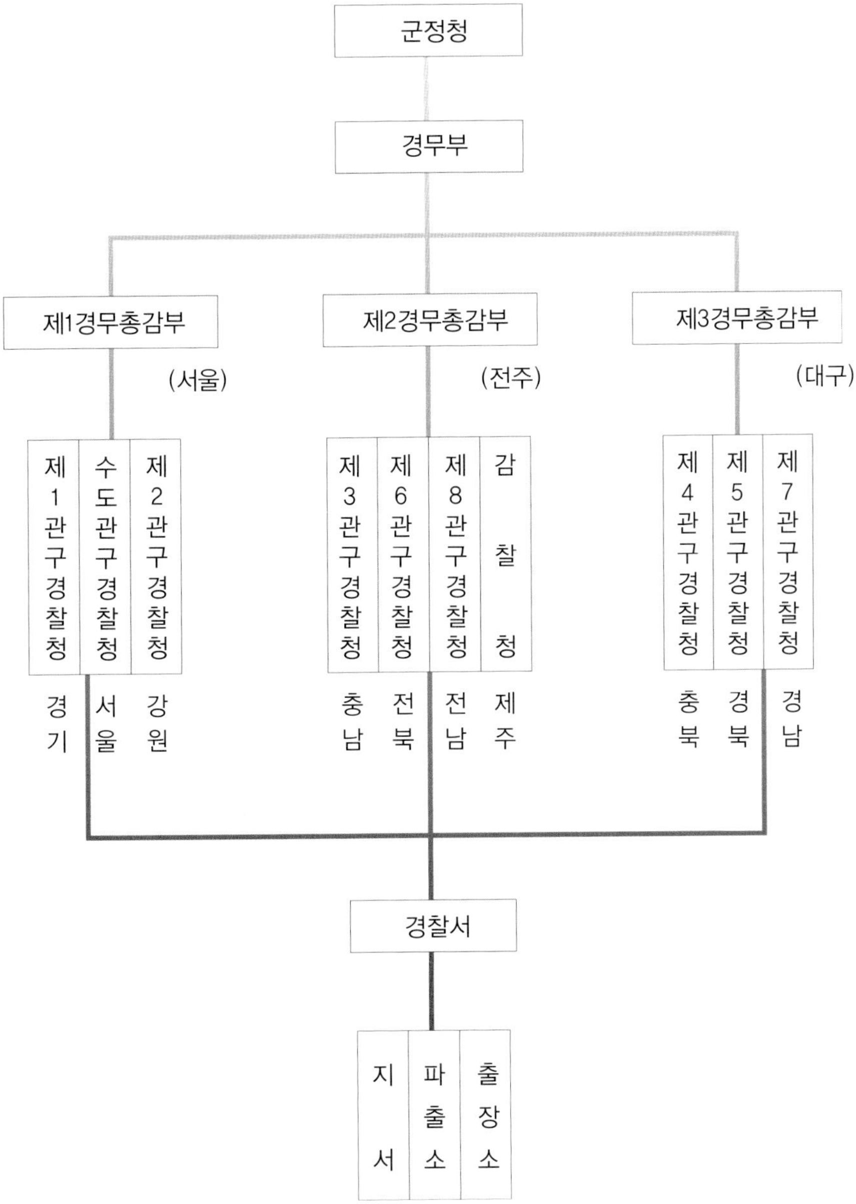

그림 9-1 미군정 경찰기구

2. 제도정비

군정시대의 국립경찰은 사실상 1946년에 접어들면서 본격적인 활동을 하게 되었다. 경찰 전반에 걸친 조직과 편성 및 기타 예규 등 일체의 기본적인 업무에 대한 기초작업이 이루어졌으며, 민주경찰로의 발전이 본격화된 것도 1946년이었다.

7월 1일에는 경무부 공안국에 여자경찰과를 설치하였으며, 8월 1일에는 제주감찰청의 발족이 있었고, 8월 15일에는 조선국립경찰학교를 국립경찰전문학교로 승격시켰다.

여기는 경위급 이상 간부만을 교육시켰으며, 순경급 신임경찰관 교육을 위하여 각 도에 경찰학교를 개설하였다. 동년 9월 17일에는 각 관구청의 경찰활동을 일반적으로 감독하기 위해 경무총감부도 신설하였다.

또한 9월 18일에는 수도경찰청을 분리 창설하였고, 10월에는 경무부 교육국의 관장업무이던 경찰관 교양업무를 지방에서 시행하도록 각 관구경찰청 공안과에 교양부를 설치하였다.

그리고 관구경찰청이 발족된 이래 각 청의 편제가 구구하고, 업무분장에 통일성이 결여되어 있을 뿐 아니라 일부 관구에서는 임의로 기구를 개편하는 사례가 많아서, 1946년 4월에는 경무부에서 업무분장의 통일과 경찰기구에 관한 지령을 내리기도 하였다. 이러한 조치에 따라 편제에도 없는 경찰청의 부과장제와 경찰서의 부서장 및 과제 등이 폐지되었다.

다음 해인 1947년 2월에는 서울을 비롯하여 인천·대구·부산 등 국내 중요도시에 여자경찰서를 신설하였다.[42)]

동년 3월 5일에는 운수부 소관의 특별경찰인 운수경찰을 국립경찰로 흡수하여 1개 관구의 철도경찰청으로 발족시켰다.

12월 13일에는 관구경찰청 사찰과 설치에 관한 건에 의하여 관구경찰청에 사찰과를, 그리고 각 경찰서에 사찰계를 설치토록 하였다. 이와 같이 사찰업무를 전담하는 부서가 생긴 것은 1948년에 실시하게 되어 있는 총선거에 대비하여 비합법단체의 활동과 모략적·파괴적 행동의 예방을 위한 것이었다.

---

42) 경찰의 업무분야는 광범위하여 그 가운데 여성피의자의 수색이나 여자범죄인의 감시, 부녀를 대상으로 하는 제반 단속, 불량 소년소녀에 대한 조치, 미아나 노인 기타 요구호자에 대한 보호조치 등에 관한 업무는 남자경찰관보다는 오히려 여자경찰관이 수행함이 더 효과적이다. 이러한 점을 감안하여 선진국에서는 이미 여자경찰관을 두고 있었다.

이와 같은 선진 제국의 여자경찰제도는 경찰업무의 능률 향상은 물론, 합리적이고 바람직한 일이며, 경찰제도의 민주화와 발전을 도모할 수 있다. 그 때문에 우리나라 경찰에도 이를 도입하여 여자경찰관을 채용하기에 이르렀다.

1946년 5월 15일, 처음으로 여자경찰관을 모집하여 조선국립경찰학교에서 2개월 간의 교육과 훈련을 실시한 후, 7월 16일에 배출하였다. 이들이 졸업하기에 앞서 7월 1일에는 경무부 공안국에 여자경찰과를 신설하고, 다음해인 1947년 2월 17일에 수도관구경찰청에 여자경찰서를 창설하였다. 곧이어 같은 해 5월 23일에는 부산·대구·인천 등지에도 여자경찰서가 창설되었다. 그 후 동년 6월 21일에는 여자경찰관의 임무와 운영에 관한 통첩으로 여자 경찰의 전반적인 운영에 조직적이고 규율적인 방향을 제시함으로써 사상 최초의 여자경찰을 갖게 되었다. 여자경찰서는 총무계·조사계·수용계·순라계로 구성되며, 부녀자 및 14세 미만 남자를 취급하였다.

그리고 1948년 5월 5일에는 경찰서 등급제도를 실시함에 따라 경찰서를 1급지서와 2급지서로 구분하여 1급지서에는 감찰관으로, 2급지서에는 경감을 서장으로 보좌하였다.

3. 경찰업무의 일원화

군정경찰은 일제시대에 경찰이 갖고 있던 많은 업무를 경찰 외의 다른 분야로 이관시키면서 민주경찰 본연의 자세에 충실하였다. 경찰의 임무가 국민의 생명과 재산의 보호에 있음은 말할 것도 없고, 또한 범죄의 예방과 질서의 유지에 있음은 민주국가의 경찰로서 당연한 일이다.

그러나 이와 같은 사명과 목표를 광범위하게 확대 해석하면 국가의 모든 행정분야에 경찰력이 침투되고 경찰의 만능화가 되어 오히려 경찰국가로서의 우려가 있게 된다. 따라서, 민주경찰에서는 이와 같은 폐단을 사전에 방지하기 위하여 경찰의 소관업무를 축소시켜 봉사와 질서 유지에 국한시키는 것이 무엇보다도 중요한 일인 것이다. 이와 같은 관점에서 경찰이 갖고 있던 많은 업무를 다른 부서에 이관시켰는데, 순서대로 고찰해 보면 다음과 같다.[43]

(1) 위생업무의 이관

1945년 9월 24일자의 법령 제1호는 「위생국 설치에 관한 건」으로서 경무국의 위생과를 폐지하고 위생국을 신설하여 그 업무를 이관시켰다.

그리고 동년 10월 27일에는 위생국을 보건후생국으로 개칭하고 경무국 방호과 전재민(戰災民)계의 업무마저도 이관하게 되었다. 또한, 1946년 1월 7일에는 각 도에 보건후생부를 설치하고, 도경찰부 위생과, 경찰서 위생과, 도경찰부 지방공의, 도경찰부 군인원호과의 경찰업무를 전부 보건후생부로 이관시켰다. 그리고 1947년 5월 13일에는 「공설 욕탕 및 음식점의 면허에 관한 건」에 의하여 욕탕과 음식점의 허가권도 각 도 보건후생부에 이관하고 경찰에서는 다만 그 부대허가만을 취급하게 되었다.

그 내용은 공설 욕탕면허신청서에 영업소가 풍기를 상당히 보전할 수 있다는 경무부의 증명서를 첨부하는 것과 요리 또는 무주정음료의 판매에 관하여 그 판매인은 경무부 기타 소관청으로부터 그와 같은 종속업무에 관한 부가적 면허를 얻게 하는 등이었다.

43) "한국경찰사 I", pp.964~975.

(2) 일제악법의 폐지

1945년 10월 9일, 일제하 한국인에게 차별 및 압박을 가하기 위하여 만들어진 법률을 철폐하였으니, 그 내용은 다음과 같다.

제1조 특별법의 폐지

1. 북위38도 이남의 점령지역에서 조선인민과 그 통치에 적용하는 법률로부터 조선인민에게 차별 및 압박을 가하는 모든 정책과 주의를 소멸하고 조선인민에게 정의의 정치와 법률상 균등을 회복케 하기 위하여 아래 법률과 법률의 효력을 갖는 조문 및 명령을 폐지함.
   가. 정치범 처벌법
   (조선법규류편 제6권 제14편 제1020항, 1919년 4월 15일)
   나. 예비검속법(동 제2권 제8편 제26항, 1941년 5월 15일)
   다. 치안유지법(동 제2권 제8편 제16항, 1925년 5월 8일)
   라. 출판법(동 제2권 제8편 제255항, 1910년 2월)
   마. 정치범보호관찰령(동 제2권 제8편 제23항, 1936년 12월 12일)
   바. 신사법(神社法, 동 제2권 제6편 제1항 88항, 1919년 7월 18일)
   사. 경찰의 사법권(동 제6권 제3편 제939항, 940항)

제2조 일반법령의 폐지

1. 기타 법률 및 법률의 효력을 가진 조령 및 명령으로서 그 사법적 또는 행정적 통용으로 인하여 종족·국적·신조 또는 정치사상을 이유로 차별을 생하게 하는 것은 전부 폐지함.

그 뿐만 아니라 형벌법·부역법 등 죄형법정주의의 원리와 불법구금처벌의 금지 등을 규정·공포하여 일제하의 모든 비민주적이고 독재적인 요소를 없애고 민주적인 새로운 질서의 확립에 주력하였다. 경찰서장의 즉결 처분권도 사법부에 넘기고, 치안관제도를 신설하여 각 경찰서에 주재케 하였다.

(3) 경제경찰의 폐지 및 이관

일제하의 제반 경제체제는 그 대부분이 민주사회와 자유경제질서의 원리에 위배되는 것이었으므로, 1945년 10월 24일에 경무국 경제경찰과를 폐지하였다.

그러나 그 후 경제질서의 교란과 폭리행위 등을 단속하기 위한 경제통제가 필요하게 되어, 1946년 5월 28일에는 「경제통제에 관한 건」에 의거 경제경찰업무를 일부 부활시켰으나, 그 업무수행을 위한 별도의 기구는 설치하지 않고 다만 관련기관인 물가행정청의 관장 아래에 두었다.

(4) 소방부 창립

소방업무의 지방자치단체관리를 위하여 1946년 4월 10일 「소방부 및 소방위원회의 창설에 관한 건」을 공포하여 각 시·읍·면의 감독과 운영 아래 독립된 소방부를 창립하고 종래 경찰에서 취급하던 소방부의 운영 및 관리를 이관시켰다.

한편, 상무부 토목국 내에 중앙소방위원회를 창설하고, 각 도에 도소방위원회를 창설하여, 이들로 하여금 소방예산을 작성케 하여 소화상 중요하다고 인정되는 제반 장비의 규격화와 시·읍·면 소방부의 조직적 계획을 비롯하여 소방에 대한 급수 및 용수배급·화재경보와 전달제도 등을 연구케 함으로써 소방을 경찰로부터 완전히 분리시켰다.

(5) 검열 및 출판업무 이관

1946년 4월 12일에는 「활동사진의 취체에 관한 건」을 공포하여 활동사진 필름의 검열 및 단속에 대한 책임을 공보부로 이관시켰다. 이러한 조치로 말미암아 경찰이 가지고 있던 영화의 제작·배급 및 상영의 감독·단속에 대한 업무는 공보부로 이관되었다. 다만, 공연장의 질서 유지는 경찰의 공안업무이므로 임검만은 경찰이 담당토록 하였다.

동년 5월 29일의 「신문 및 기타 정기간행물 허가에 관한 건」 및 1947년 3월 20일의 개정에 의하여 출판경찰을 상무부로 이관시켰다가 후에 다시 공보부로 이관시켰다.

(6) 기타 허가권의 이관 및 폐지

1947년 12월 30일에는 「허가권의 이관 및 폐지에 관한 건」을 공포하여 총포·화약의 저장, 흥신업, 도선 및 유선업, 전당포업, 고물영업, 인쇄업, 자동차와 운전수 등에 관한 경무부의 허가 또는 면허사항을 제외한 그 밖의 허가권을 도지사와 서울시장에게 이관하고 용달업, 하차(荷車), 마차, 제조장, 원동기, 노점 등에 관한 경무부의 허가권을 폐지하였다.

(7) 형사소송법 개정

1948년 3월 20일 형사소송법을 개정하였는데, 이것은 영미법계의 형사소송제도의 장점을 도입하여, 걸핏하면 구속해 버리는 일경시대와 달리, 불법구속에 대한 인민의 자유권을 충분히 보장하기 위한 획기적인 입법조치였다.

(8) 지문업무의 흡수

이에 반해 경찰업무로 이관된 것이 있다. 1945년 10월 30일 및 1946년 3월 20일자 법령에 의하여 경무국은 지문록 및 형사조사제도의 수립과 유지의 직능을 갖게 되었다. 이러한 조치에 따라 종래 법무국 형사과 지문계에서 갖고 있던 제반 지문에 관한 업무와 문서·재산 및 인원을 경무국에 이관하게 되었다.

인권을 무시한 혐의자의 대량 검거와 이들로부터 자백을 강제적으로 받으려던 과거 일경시대와는 달리, 민주경찰의 기본적인 수사는 과학적 방법에 기초를 두어야 하기 때문이다. 과학적인 수사 경찰의 발전은 비단 지문뿐만 아니라, 다음과 같은 수사국 법의실험소의 직능에서도 알 수가 있다.

1. 부검과 과학적 시험에 관한 사항
2. 혈액·체액·모발의 분석시험에 관한 사항
3. 총포·탄환의 시험 감정에 관한 사항
4. 위조문서 및 필적감정에 관한 사항
5. 잠복 지문감정 및 현상에 관한 사항 등

제 3 절 국립경찰 창설의 모태

1. 국립경찰제도

한 국가의 경찰제도는 순수 국립체제와 순수 자치경찰체제 및 국립·자치혼합체제로 나눌 수 있지만 보통 순수 국립체제나 혼합체제를 선택하고 있다. 이는 당해 국가의 일반적 국가체제와 밀접히 관련되어 있으며, 아울러 국토 내지 인구규모, 사회상황, 재정능력, 역사적 전통 등의 다원적 변수가 그 중 어느 쪽을 결정하게 된다.[44]

당시 미군정당국과 민정당국과의 논의 결과, 국립경찰의 형태를 갖게 된 동기는 다음과 같다.[45]

1. 국토가 협소하다는 것(더욱이 38 이남이기 때문에)
2. 좌우사상 대립으로 공산주의자들의 직·간접적인 침략이 예상된다는 점
3. 지방재정이 빈약하여 지방자치단체에서 경찰의 운영을 감당할 수 없다는 점
4. 통일된 일원화 조직으로 신속 활발하고 유기적인 활동과 업무수행을 할 수 있는 점.

44) 신상준, 위의 책, p.656.
45) "한국경찰사 I", pp.974~975.

한편, 국가경찰은 다음과 같은 장점도 가진다고 했다.[46)]

1. 조직방법·수속·급료·승진 등과 그 밖의 행정적인 면이 통일되어 있다는 점
2. 긴급사변·재난 시에는 일원화된 조직이기 때문에 신속한 대처를 위하여 빠른 시간 내에 총동원할 수 있다는 점
3. 관할상에서 발생될 수 있는 알력 또는 감정대립을 제거할 수 있다는 점
4. 지방의 정치적 동향에 영향을 받지 않는다는 점
5. 불편 부당한 행동을 보증할 수 있다는 점
6. 또한, 경찰로 하여금 어느 정당이나 단체에 가입할 수 있는 가능성을 배제할 수 있다는 점

1946년에는 경무국이 경무부로 되면서 국립경찰제는 더욱 강화되어 나갔다. 이러한 경찰의 중앙집권체제화는 당시 미국의 분권적 경찰체제와는 상반되는 체제였으며, 1919년 8월 이전의 조선총독부 경찰체제로 되돌아간 것이나 마찬가지였다. 이 국립경찰제도는 1948년 8월 15일을 기하여 대한민국 정부가 수립된 후에 중앙에는 내무부장관 밑에 치안국을 두고 지방의 도지사 밑에 경찰국을 둠으로써, 제도상으로는 다시 경찰분권체제로 환원되었다고 볼 수 있다.[47)]

2. 경찰행정의 민주화

1946년 3월 4일, 군정청의 「국립경찰조직에 관한 기본지침」 6개 항은 경찰행정의 능률화만을 의식한 것이지 경찰행정의 민주화를 도외시한 것으로 한국에 민주정부를 수립하겠다고 표방한 군정청의 기본정책과는 상반된 처사였다.[48)] 그러나 민주적 개혁이 전혀 없었던 것은 아니다.[49)]

1. 민중에 대한 협박과 위하의 도구였던 대검 대신, 불량배를 방어하고 선량한 시민을 보호하기 위한 경찰봉을 들게 했으며,
2. 위압적이었던 휘장과 계급표시의 견장을 떼고 소형 무궁화의 계급장을 달게 하였다.
3. 상상도 못했던 여자경찰제도를 신설하여 노유자나 부녀자 등의 보호에 임하게 하였고,
4. 경무부와 지방경찰청에 공보실을 설치하여 경찰과 국민과의 이해 접촉을 원활히 도모하였다.
5. 경제경찰을 폐지하고 위생경찰·소방경찰·검열경찰·풍속경찰의 업무를 대폭적으로 시·도에 이관하여 경찰 본래의 업무에 국한케 하였으며,
6. 경찰기관의 사법권, 즉 즉결권을 폐지하고,
7. 일경의 악폐였던 고문을 폐지하였다.

---

46) GHQ Commander-in-Chief, "United States Army Forces, Pacific, United States Army Militart Government Activities in Korea", No 10, July 1949, Part Ⅱ, Section 2, par "police".
47) 신상준, 앞의 책, p.657.
48) 신상준, 앞의 책, p.660.
49) "한국경찰사 I", p.954.

이러한 조치는 1946년 1월 현재 경찰간부 중 82%가 일경 출신인 현실에서 하루아침에 이뤄질 수는 없었다.[50] 그간 위로부터의 민주화 개혁 노력은 끊임없이 이어져 왔는데, 아놀드 군정장관은 1946년 4월에 국립경찰체제를 마련한 후 경찰의 임무에 대한 훈시에서 민주경찰인 상을 '민중의 공복'으로 제시하고, 주민에 대한 구타·고문 등 가혹행위가 없도록 아래와 같이 지시하였다.[51]

> 본관은 한국경찰관을 도우려는 희망을 가지고 이 글을 쓰며, 각자 이것을 숙독하여 일상 임무에 그 원리를 실행해 주기를 바란다.
>
> 민주주의 국가에서는 경찰은 민중의 공복이요, 인민의 생명 재산을 보호하는 자이다. 경찰은 정직하고 임무에 성실하며 피의자나 일반대중을 친절히 대할 때에 비로소 양민에게 존경을 받게 된다. 경찰관은 정치적 단체와 같이 작용할 바도 아니요, 정당의 지배를 받을 바도 아니다. 경찰은 치안유지에 있어서 오직 국가, 사회, 상사에 충성하여야 한다. 국가에의 충성, 사회에의 충성, 상사에의 충성은 경찰의 신성한 의무이다.
>
> 민주주의 국가에서는 경찰이 처벌을 친히 실행치 아니하고, 판사가 이를 행한다. 죄인을 취급할 때에 그들에게 위풍을 보이거나 그들을 무섭게 하려고 구타는 절대 하지 아니하며, 죄인이 폭력으로 저항하거나 도주할 때에만 무력을 써야 한다. 피의자에게 자백을 받으려고 구타하거나 고문을 하지도 않는다. 그런 방법으로 얻은 자백은 민주주의 국가 법정에서는 증거의 자료가 되지 못한다. 민주주의 경찰에서는 임무수행이 최고법전이요, 그렇게 함으로써 민중의 진정한 경애를 받는다. 경찰은 그들이 싫어하는 사람이나 그들의 사상과 다른 사람들을 사적으로 복수하거나 강압하지도 않는다.
>
> 우리는 한국에 민주주의가 충분히 발달되기를 희망하고 있다. 이는, 진정한 민주주의는 우리 행복에 불가결한 까닭이다.
>
> 진정한 민주주의라 함은 치안을 방해하지 않고 국민에 대하여 죄를 범하지 않는 범위 내에서, 각 개인의 사상의 자유와 신앙의 자유를 의미하는 것이다. 이와 같은 이상적 민주주의의 최선의 표현 중 하나는 민중의 신망을 받는 능률적이요 온건하고 정직하고 공정한 경찰인 것이다.
>
> 우리는 이런 경찰이 남한에 있기를 바라며, 당장이라도 극소수를 제외하고는 그런 훌륭한 경찰이 남한에 있다. 오직 몇 사람이 범죄자를 그릇 취급했고, 오직 몇 건의 복수적 구타 또는 비행이 모든 경찰에 누명을 끼치며, 동시에 선동자들에게 경찰 증오운동의 구실을 제공하는 것이었다. 선동자의 희망은 경찰의 기백을 좌절시키자는 것이다. 우리는 각자 경계하여 극소수의 비행으로 말미암아 모든 경찰 증오 선전의 기회를 주지 말아야 할 것이다. 치안은 공정과 상호 존중의 정신으로 하고, 죄인의 처벌은 재판소에 일임할 것이다.
>
> 본관은 한국경찰을 비판하려는 의사는 없다. 남한의 경찰은 우량하며 본관은 그들을 신임한다. 본관이 이 글을 발표함은 극소수 사람이 경찰 전체의 명예를 오손치 말고 선동자들에게 모든 경찰을 공격하는 구실을 제공치 말기를 희망하기 때문이다.

---

50) 신상준, 앞의 책, p.270.
51) 신상준, 위의 책, p.296.

당시 경찰의 반민주적 형태의 주요 유형은

① 불법 부당한 피의자의 체포 및 구금
② 수사 기타 직무집행과정에서의 고문 등 가혹행위
③ 공무집행상의 뇌물수수 행위였다.

특히 고문 등 가혹행위는 정부에 대한 주민의 반목을 야기한 중요한 요인이 되었다.[52)]

그리하여 경찰의 권력 남용을 방지하기 위한 경무당국의 지시 또는 서한이 하달되기도 했다. 1946년 3월 22일에는 "경찰은 사건을 심판할 권리가 없으며 경미 사건은 특별심판원이 심판한다."라는 지시를 하였고, 3월 12일에는 군정장관이 공안장교에게 "경찰이 고문을 사용하지 않도록 하는 것은 공안장교의 책무이다."라고 주지시켰으며, 3월 18일에는 보건후생부 지시로 구치장 환경개선에 관해서 여러 가지 개선사항을 지시하였다.

그리고 4월 24일에 조병옥 경무국장(조선인 국장)은 경찰관에게 정치활동을 하지 말고 정치적 목적으로 수사 또는 체포하지 말며, 특히 미소공동위원회 개최 중에는 모범적 행위를 할 것을 지시한 바 있었다.

8월 12일 경무부장 매글린(Maglin) 대령(미국인 경무부장)은 각 관구 경찰청장에게 다음과 같은 지시문을 보냈다.

① 경찰은 전제적, 비관용적, 권력남용적, 강압적이어서는 아니 되고
② 고문이 너무 많이 자행되고 있으며
③ 일제 강점시에 훈련된 경찰관을 감시하고
④ 비범죄인으로부터 자백을 강요받아서는 아니 되며
⑤ 한국여인이 미국인과 교제하는 것을 비방하는 캠페인에 경찰이 관여하지 말 것

이러한 주한미군정청의 노력이 있었음에도 불구하고, 일선에서는 경찰의 고문 등 가혹행위 기타 권력남용행위가 근절되지 않았다. 경찰의 반민주적인 대민 가혹행위는 공산주의자들의 반체제활동과 폭동에 명분을 제공하기도 했다.

제도상으로는, 군정기에 경찰중립화법을 제정하지 않았으므로 권력이 경찰을 이용하기에 쉬웠다는 것이 민주화에 역행한 큰 이유가 된다. 엄정히 정치로부터 중립하여 개인의 자유와 권리를 보호하고 공공의 안녕·질서의 유지에 전념케 해야 하는데도, 그러한 법적 뒷받침을 군정당국에서 하지 않았음은 아쉬운 일이다.

---

52) 신상준, 앞의 책, pp.663~664.

제4부 현대 경찰제도

제10장 치안국 시대
제11장 치안본부 시대
제12장 경찰청 시대

제 10 장

치안국시대

제 1 절 대한민국 정부수립과 건국경찰

1. 정부수립과 경찰의 축소

1947년 6월 3일, 군정법령 제141호에 의거하여 북위 38도선 이남의 입법·행정부문의 재조선 미군정청 조선인기관을 남조선 과도정부라고 개칭하였으나, 그 실권은 여전히 미국인 고문들에게 있었다. 이에 앞서 한국인 책임자들을 통할하는 민정장관으로 안재홍이 임명됨으로써 이미 창설된 입법의원(의장 김규식) 및 법원(대법원장 김용무)과 더불어 한국인의 통치기구는 완성되었다.

미군정 아래 남조선과도입법의원에 의하여 기초된 국회의원선거법은 1947년 9월 3일에 공포되었다. 이 법의 특징은 일본 강점기에 일본 정부에서 작위를 받은 자, 제국 일본 의회에서 의원이 되었던 자, 일제 강점기에 판임관급 이상의 경찰·헌병·헌병보 및 고등 경찰직에 있었던 자와 밀정 행위를 한 자 등 친일파에게는 선거권 및 피선거권을 박탈한 점이다.

1948년 5·10총선거에 의해 198인의 제헌국회의원이 선출됨에 따라, 지금까지 입법기능을 맡아 오던 남조선과도입법의원은 동년 5월 20일에 폐원되고, 5월 31일 10시를 기하여 역사적인 제헌국회가 개원되었다.

7월 17일 신공화국의 헌법을 공포하고, 이 헌법에 의거하여 초대 정·부통령을 선출하여 이승만과 이시영이 각각 당선되었으며, 동년 7월 24일에 정·부통령 취임식을 갖게 되었다.

이어 8월 15일 대한민국 정부의 수립을 선포하고 12월 12일에는 파리에서 개최된 제3차 유엔총회에서 대한민국이 한반도에 있어서 유일한 합법정부임을 국제적으로 승인받게 되었다.

정부 조직은 이미 7월 17일에 대한민국 법률 제1호로 제정된 정부조직법을 근거로 하였다. 동 법률 제14조에는 정부에 내무부·외무부·국방부·재무부·법무부·문교부·농림부·상공부·사회부·교통부·체신부를 두고, 부에 장관 1인을 둔다고 규정하고 있다.

또한, 제15조에서 내무부장관은 지방행정, 선거, 치안, 소방, 도로, 교량, 하천, 수도, 건축과 통계에 관한 사무를 장리하고 지방자치단체를 감독한다고 규정하였다. 그리고 전항의 업무를 분장하기 위하여 내무부에 지방국 · 치안국·토목과 통계국을 둔다고 하였다. 이리하여 미군정하 남조선 과도정부의 경무부이었던 경찰의 최고 조직은, 새로운 행정조직의 체제 속에서 내무부 치안국으로 축소되었다. 미군정 아래의 부가 대부분 대한민국의 부로 계승되었지만, 경무부는 내무부의 일개 국으로 예속되었다.

2. 건국경찰

(1) 사회혼란과 경비경찰

대한민국 정부가 수립되어 경무부가 내무부의 치안국으로 축소되었다는 것은 경찰 업무의 비중이나 양에 비하여 명분과 형식을 중요시한 당시의 상황이 반영된 것이었다. 해방 후부터 계속하여 무력에 의한 반란과 소요가 발생하여 경찰의 힘이 여기에 집중되어 왔지만, 기구상의 반영은 실현되지 못하였다.

폭동과 반란을 진압하기 위한 전투는 당시의 사회적 기현상으로 받아들여져서 경찰의 특수임무로 간주되고, 이러한 인식은 임시기구인 비상경비총사령부의 설치를 가져왔을 뿐이었다.[1)]

폭동이 있을 때마다 가장 큰 피해를 보는 것은 경찰이었다. 왜냐하면, 폭도들이 가장 직접적인 적으로 삼는 것이 경찰이었으며, 그들의 목적이 치안의 교란에 있었기 때문이었다. 그리고 그들의 경찰관 학살과 경찰기관의 파괴가 상당히 성공할 수 있었던 것은, 경찰에 대한 국민의 적대감이 작용하였기 때문이었다. 이는, 일제 때부터 갖고 있었던 한국인 공통의 감정이었다.

그리하여 미군정기부터 경찰의 이미지 쇄신에 힘써 왔지만, 경찰의 간부들이 대부분 총독부경찰 출신이고 졸속히 모집한 경찰관들 중에도 질적 수준이 낮은 직원이 많아서 이러한 노력은 성공하지 못하였다.

한편, 북한에서는 남한 내의 그들 하수세력을 강화시키려고 노력하였다. 남한에서의 공산당은 해방직후부터 찬탁운동과 위폐 사건을 비롯한 각종 파괴행동을 자행했지만, 남한에 그들의 공산정권을 수립하려는 기도는 끝내 좌절되고 말았다.

파괴활동은 1946년 가을의 총파업선풍으로 시작되었다. 좌익세력의 선동으로 철도

1) 경찰대학, “한국경찰사”, 1988, pp.203~209.

종업원의 파업을 비롯하여 출판노동조합의 파업이 있었으며, 대구 각 공장의 파업이 연이어 야기되었고, 경성전기파업과 선원총파업, 그리고 부산전신국 파업, 인천부두 노조의 파업이 있었다.

또한, 서울에서는 입법기관 설치 반대의 시위가 있었고 각 대도시의 학생들이 동정 데모를 감행하였다. 이것이 이른바 9월 총파업이었다.

이와 연계하여 공산당들은 각지에서 폭동을 일으켰다. 동년 10월부터 11월에 걸쳐서 경북·전남을 비롯하여 남한 73개 군의 세포조직을 동원하여 대규모의 폭동을 일으킴으로써 살인·방화·약탈 등 만행을 저질렀으며, 대구에서는 무지한 노동자와 학생을 선동하여 한때 경찰서를 점령하기도 하고, 전주·광주 ·대구에서는 수감죄수가 탈옥소동을 일으키는 한편, 전국 각지에서 경찰요인을 저격하는 등 그들의 악랄한 행동은 계속되었다.

이것이 소위 10월 폭동으로서 그들은 유혈혁명에 의하여 목적을 달성하려고 했다. 군경의 진압에 의하여 그들의 욕심은 분쇄되고 말았지만, 이때의 경찰 피해는 막대하였다.

9월 파업·10월 폭동을 중심으로 공산계열의 파괴 공작이 얼마나 심하였는가는 1946년 4월부터 1947년 3월까지 경찰이 검거한 건수가 12만 건에 이른 것을 보아도 짐작할 수가 있다.

그 후 폭동과 파괴의 목적은 총선거 반대로 옮아갔다. 1948년 4월 5일에 서울에서 시작된 불순학생들의 선거사무소 습격은 지방에까지 파급되어 다수의 인명이 희생되었으며, 5월 1일부터 10일 사이에 사상자가 323명, 폭동건수가 400건 이상, 철도·통신기관에 대한 파괴행위 및 방화가 1천 건 이상에 이르렀다.

특히, 4월 3일에 제주도에서는 군경의 난폭 행위에 대항하여 도민들이 14개소의 경찰지서를 습격하고 살인·방화·약탈 등을 자행하였다. 이것이 이른바 제주 4·3사건이다.

좌익세력의 이러한 파괴공작에도 5·10선거를 거쳐 대한민국이 수립되자, 그들은 더욱 파괴공작에 열을 올리게 되었다. 5월 14일에 북한은 남한에 대한 파괴공작의 한 수단으로써 송전을 단절하였으며, 10월 1일에는 제주사건 때에 도주한 패잔병이 한라산으로 들어가 숨어 있다가 불시에 부락을 습격하고 방화하여 550명의 사상자를 내었으며 이어서 매일같이 출몰하였다. 그리고 동월 20일에는 여수·순천폭동이 일어났다. 즉, 여수에 주둔하고 있던 14연대 내에 전부터 잠입하고 있던 적색분자가 외부와 합류하여 반란을 일으킴으로써 경찰서 등의 기관을 파괴하고 대량으로 인민을 살해하였으며, 다시 순천으로 올라간 다음에 소위 인민재판을 열고 무자비하게 민중을 학살하면서 북한의 군대가 서울을 점령하였다는 등의 허위선전으로 민중을 공포와 죽음의 구렁으로 쓸어 넣었다.

다시 11월 2일에 대구 6연대 내의 적색분자가 반란을 일으켜서 그 일부는 칠곡군 내의 지서까지 습격하였으며, 12월 6일에는 대구에서 수송대의 일부가 반란을 일으켰다.

그러나 이와 같은 반란군은 군경의 힘으로 대부분 소탕되었고, 나머지 패잔병은 지리산·태백산으로 숨어 들어간 뒤에 북한에서 끊임없이 투입되는 게릴라와 합세하여 소란을 계속 피웠다.

이와 아울러 북한은 국군의 실력을 시험하면서 민심을 교란시킬 목적으로 여러 차례에 걸쳐서 괴뢰군을 월경시켜 습격해 왔다. 특히, 1949년부터 습격사건이 계속 일어났는데, 그 가운데서도 1949년 7월의 개성사건과 8월의 옹진사건은 대규모의 것이었다.

이와 같이 공산당의 공작은 대체로 노동자 파업·군대 반란·게릴라 작전이라는 순서로 자행되다가, 후에는 38선 교란이라는 형태로 나타났다.

해방과 더불어 미소의 분할점령이 가져온 이러한 일련의 사태는 경찰에 대한 도전이기도 하였다. 경찰은, 국가를 지킨다는 사명뿐만 아니라, 자체를 방위하기 위해서라도 공산주의를 진압하지 않을 수 없었다.

경찰은 경찰장비의 변천에 따라 5개시대로 구분할 수 있다. 즉, 경찰봉 시대·칼빈 시대·중화기 시대·방독면 시대·전자총 시대다.2)

경찰봉 시대는 1945년부터 1946년 9월까지 계속되었는데, 8·15 해방을 계기로 일제식 대검은 사라지고 새로 탄생된 경찰은 과거 일경 시대와는 그 궤도를 달리하여 이 땅에 처음으로 민주발전을 실현시키고 자유조국을 재건하기 위한 민중의 공복을 자처하였다. 그러나 당시의 국내외 정세의 복잡한 변화와 미소의 한국 분할점령은 이 나라 모든 분야에 극도의 혼란을 야기시켰으며, 더욱이 공산주의의 갖은 만행이 사회 곳곳에서 자행되었고 이로 인하여 국립경찰은 칼빈 소총을 소지하지 않을 수 없게 되었다.

미군정은 군대보다 경찰을 우대하는 경향이 있었고, 경찰에 좀 더 큰 임무를 부여하여 미국식 무기와 제복이 경찰에게 먼저 지급되었다. 그리하여 칼빈 시대는 1946년

---

2) 내무부 치안국, "경찰 10년사", 백조사, 1958, pp.153~158.
__, 서기영, 앞의 책, pp.471~473.
__, 경찰대학, "한국경찰사", 1988, pp.205~206 참조.
그러나 민주주의가 정착되는 현대에는 전자총, 무인 단속 카메라, 음주 측정기, 녹음기 등 전자총시대가 추가됨이 좋을 것이다.

10월의 폭동 무렵부터 시작된다.

이제 민주국가로 일어서려는 남한에 대하여 북한의 음모와 폭동이 이 무렵부터 대대적으로 야기되어 많은 경찰관과 양민이 학살당하였다. 당시 경찰은 이러한 폭도들의 만행으로부터 국민의 생명과 재산을 보호하기 위하여 칼빈 소총으로 무장하지 않을 수 없게 되었다.

이리하여 경찰은 자신의 피를 흘리면서 건국경찰의 역할을 유감없이 수행하였다. 미군정 당시 각 지방에 특별경비대를 설치한 바 있는 경찰은, 이른바 여·순반란이 일어나자 1948년 10월에는 치안국에 비상경비총사령부를 설치하고 전국의 모든 전투경찰을 지휘하였다. 또한, 각 도의 경찰국에도 비상경비사령부를 설치하고, 사령관에는 경찰국장이 임명되고 작전과장에는 보안과장이 임명되었다.

(2) 범죄발생과 수사경찰

범죄수사에 대한 종국의 목적은 범죄사실을 발견하고 증거를 완전하게 수집하여 범인을 빠짐없이 검거한 다음, 범인으로 하여금 유죄의 판결을 받도록 함으로써 일반예방과 특별예방을 기하여 명랑한 사회를 이룩함에 있다.

인권적인 면에 있어서의 수사는 그것을 과학적으로 수행함으로써 무고한 사람에게 피해를 주는 일이 없어야 한다. 그리하여 미군정당국은 일제 때의 각종 악법을 폐지하고 형사소송법을 개정하여 경찰수사에 있어서 죄형법정주의와 인권옹호를 강조함으로써 고문제도의 근절을 도모하였다.

그러나 조국광복으로 인한 자유민주주의 사조가 일시적인 방종으로 오인되어 국민들은 그릇된 착각에 빠지게 되고, 그 결과로 국내 치안상태는 극도로 문란해지면서 각종 범죄가 포화상태에까지 이르게 되었다.

이들 범죄를 진압하고 치안을 유지하는 과정에서 경찰은 일본 강점기에 자행되던 고문제도의 불행한 역사적 인식을 버리지 못하고, 이른바 '선체포 후조사'의 비과학적 수사방식으로 고질적인 고문수사를 공공연히 행하게 되었다. 그리하여 자백은 증거의 왕이라는 원칙이 수사관의 관념으로 화하여 여하한 수단을 통해서라도 자백을 먼저 얻어내고 그 자백을 근거로 범증을 갖추는 식의 규문주의 수사방법이 자행되었다.

이와 같은 수사상의 맹점인 고문행위에 관하여 그 폐단을 시정하려는 노력이 이어져 왔다.

그것은 수사의 과학화를 통한 개선방법의 일환으로 감식과의 설치와 법의시험소의 발족에서 찾아볼 수 있으며, 한편으로는 수사기관의 통일을 통하여 수사의 체계를 일원화하려는 시도에서 엿볼 수 있다.

한편, 도난방지와 미풍양속을 유지 지도하며 경찰을 지원하기 위한 향보단 조직이 수도경찰청에 조직되었다. 이는, 경찰관을 보조하는 각 동단위의 민간단체였다.[3]

(3) 남북분단과 사찰경찰

해방초기에 이념을 달리하는 정당·사회단체의 난립과 불안한 정세 아래에서 사찰경찰은 각종 정당 및 사회단체의 시위와 집회에 관한 조사 및 법적 조치를 단행하여 신생국가의 건설에 방해되는 불순요소를 제거·단속하는 역할을 했다.

사찰경찰은 편의상 사상경찰·정치경찰·외사경찰 등 소관별로 분리 운영하였는데, 사상경찰은 일제의 고등경찰을 의식케 하는 면도 있었으나 공중치안질서를 문란케 하는 다중적 불법월권행위의 단속을 주관하였다.

정치경찰은 군정법령 제55호에 규정된 「정당에 관한 규칙」과 「정당 및 사회단체의 시위행렬과 집회 허가에 관한 건」을 주관하였다. 그리고 외사경찰은 해외 왕래자와 체재 외국인 및 해외거주교포 등에 대한 동태를 조사하여 불법 입국자에 대한 조사단속을 주관하였다.

그리고 국가를 불법으로 파괴 전복하려는 일체의 반국가적 행위에 대처하기 위한 국가보안법이 제정되었다.[4] 이 법을 바탕으로 한국을 적화하기 위하여 살인 방화 등 각종 만행을 자행하던 좌익계열의 책동을 완전히 봉쇄 제거함으로써 신생국가의 기틀을 튼튼히 하는 데 기여하기도 하였다.

이와 아울러 미군정 때의 수사국에 예속되어 있던 사찰과가 분리 독립되어 사찰과로 되고, 이에 따라 지방경찰기구인 국·서에서도 사찰과와 사찰계로 개편되었다.

3. 건국경찰제도

(1) 치안국(1948년)

1948년 11월 4일에 내무부 직제가 마련되고, 치안국의 설치는 이에 근거를 두고 있다. 치안국은 경무과·보안과·경제과·사찰과·수사지도과·감식과·통신과·여자경찰과·소방과의 9개 과로 구성되었다.

경찰의 조직, 인사, 보급, 공보 등을 다루는 경무과는 그 명칭이 일본 강점기 때부터 사용되어 오던 것으로 미군정 때에 한때 총무라는 이름이 사용되다가 다시 환원된 것이다. 경찰 내에서 차지하는 경무의 역할이란, 다른 부처의 총무 또는 서무와

3) 대한경제일보사, 앞의 책, p.180.

4) 1948. 12. 1. 제정된 이 법을 바탕으로 그 후 중앙정보부, 국가안전기획부, 국자정보원 등이 생겼다.

다를 것이 없지만 경찰에서는 그 뒤에도 계속 경무라고 부르고 있다.

경제경찰에 관한 사항을 다루게 된 경제과는 일본 강점기의 전시체제에 따라 경제통제를 위하여 경무국에 설치되었으나, 해방 후 미군에 의하여 실시된 자유경제정책으로 이 경제과는 폐지되었다가 다시 정부수립과 함께 부활되었다.

미군정 당시 종래의 고문에 의한 수사의 전통을 말살하고 인권존중의 이념을 바탕으로 수사를 합리화하려던 노력에 의하여 수사국에 설치되었던 감식과가 그대로 존속하게 된 것은 실질적으로 승격됨을 의미하는 것이다.

이때 감식과와 함께 상대적 승격을 본 것이 여자경찰과다. 미군이 점령통치의 인상을 쇄신하고 경찰의 봉사기능을 강조하기 위하여 창설한 여자경찰제도는 공안국 여경과가 담당하였는데, 이는 이번의 전체적 하락에도 불구하고 상대적으로 승격하였다.

경찰과 한때 분리되었던 소방업무를 위하여 소방과도 다시 설치되었다.

그리고 미군에 의하여 중요시되고 사회적 혼란에 의하여 중요성이 다시 확인된 통신은, 미군정 때에 설치된 통신과가 계속 남아서 관리하게 되었다.

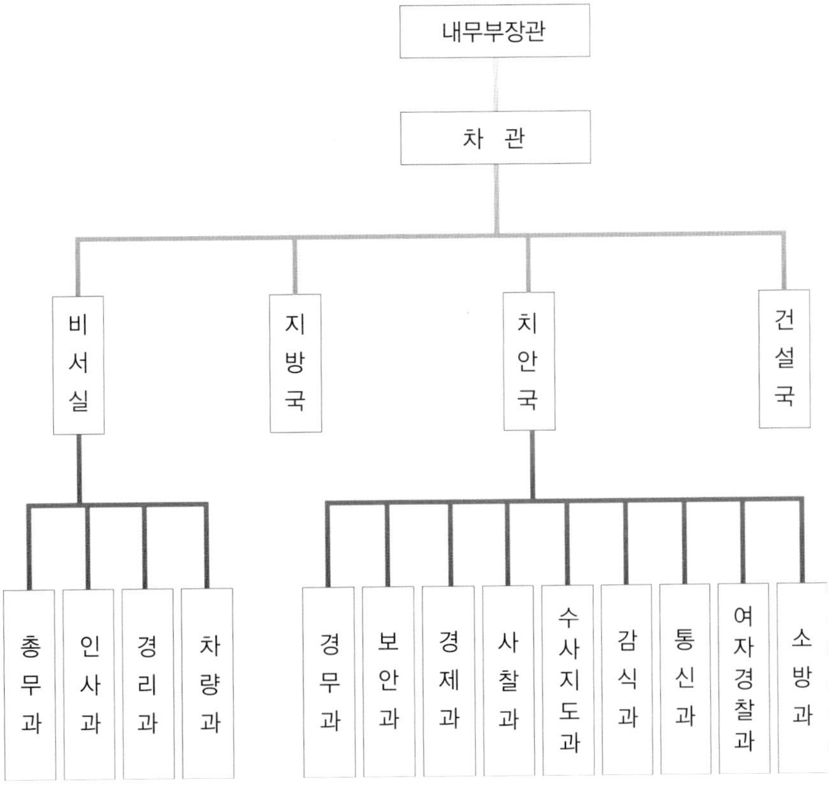

그림 10-1 치안국과 내무부 관계 기구

한 마디로 말해서 정부수립 후 최초의 치안국 기구는 일본식 전통을 바탕으로 미군정 아래 새로운 제도를 도입하여 독립국가 경찰로서의 형식을 갖춘 것이라고 말할 수 있다. 치안국과 내무부 관계 기구를 도시하면 표 10-1과 같다. 한편, 치안국은 경찰조직을 운영하기 위하여 각 시·도의 경찰을 관리하고 경찰전문학교와 일선경찰인 여자경찰·철도경찰을 직접 관할하였다.

이러한 치안국의 조직은 그 뒤에도 큰 변동없이 유지되어 오지만 지엽적인 변화는 계속되었다. 그 첫 변화가 경제과의 폐지였다. 이어서 같은 해 9월에는 교육과가 설치되어 경무과로부터 교육행정이 분리되었다. 경제과의 폐지와 교육과의 설치는 모두 미군정 때로의 환원에 가까운 조치였다.

교육과의 설치는 치안국에 설치되었던 경찰전문학교가 내무부장관 직속으로 승격됨에 따라 취해진 조치였으며, 경찰관의 교양·훈련과 승진시험을 교육과가 담당하게 되었다.

그 후 행정간소화 추세에 따라 치안국도 9과에서 7과로 줄었는데, 소방과와 여자경찰과가 폐지되고 이들의 업무는 보안과로 흡수되었다.

(2) 지방경찰

경찰이 내무부에 예속됨에 따라 각 시·도의 경찰국도 시장 또는 도지사의 보조기관이 되었다. 따라서, 서울시장과 도지사는 각 관구경찰청을 인수하게 되었다. 그러나 서울시장과 도지사의 경찰청 인수는 단순한 일이 아니었다. 내무부가 과도정부의 여러 부를 인수한 것은, 내무부가 새로 신설된 것이기 때문에 문제가 적었지만, 서울시장이나 도지사는 지방의 경찰청과 대등한 위치에 있었기 때문이었다.

지방경찰의 인수가 이루어지고 경찰의 계통을 치안국－시도경찰국－경찰서로 단순화한 정부는, 미군정 때부터 번호에 의하여 호칭되던 경찰국과 경찰서의 명칭을 1949년 2월 23일을 기하여 지명에 의하여 부르도록 개정하였다.

이는, 경찰조직이 내무부에 흡수됨을 뜻하기도 하였다. 예컨대 종전의 '경기도지사－제1관구경찰청' 관계는 양자의 독립 병존을 느끼게 하지만, '경기도지사－경기도경찰국장'의 관계는 후자가 전자에 종속되는 느낌을 주게 된다.

(3) 철도경찰

8·15해방 직후부터 철도치안을 확보해 오던 철도경찰도 지방경찰기구의 인수와 함께 국립경찰에 편성되게 되었다.

즉, 1949년 4월 22일에는 치안국 보안과 내에 철도경찰본대를 두고, 서울의 용산·청량리·인천·개성·대전·이리·광주·목포·순천·대구·안동 및 부산에 철도경찰대를 두도록 하여 철도치안의 확보는 물론이고 한국전쟁을 전후하여 수많은 공비토벌에서도 혁혁한 전과를 거두기도 하였다.

(4) 교육제도

해방 후 경찰관의 다량 모집은 그만큼 교육을 요구하였다.

1945년 9월 미군정은 일제 때에 사용하던 서울의 경찰관교습소와 각 도의 순사교습소를 인수하여 이를 경찰관강습소로 개칭하고, 얼마 뒤인 10월 15일에는 다시 조선경찰학교로 개칭하였다. 그리하여 해방직후의 단기교육을 폐지하고 1개월 과정의 경사급 교육을 시작으로 일선 경찰관의 감독 및 지도방법에 관한 교육을 하게 하였다.

1946년 2월 1일에 조선경찰학교는 국립경찰학교로 개편되고 각 도에도 경찰학교가 발족됨으로써 전자는 간부만의 교육을 담당하고, 후자는 초임의 순경 및 경사 교육을 실시하였다.

그 후 동년 8월 15일에 국립경찰학교는 국립경찰전문학교로 승격됨으로써 경찰교육은 새로운 전기를 마련하게 되었다.

경찰전문학교는 1949년 여름부터 형식적 제도정비를 하게 되어 경찰교육직제가 공포되고, 치안국에 교육과가 신설되어 경찰교육제도를 정비하게 되었다.

그리하여 경찰전문학교가 치안국에서 내무부장관 직속으로 격상되고, 지방의 경찰학교가 시·도경찰국에서 시·도지사의 직속기관이 되었다.

4. 민주경찰로서의 평가

대륙법계 경찰제도에다 영미법계 경찰제도를 접목하려는 시도는 미군정의 짧은 기간 동안 성과를 거두기는 힘들었다. 건국 후에 경찰이 남북 분단에 따른 사회혼란 대처에 몰두하다 보니 '봉사와 질서'라는 모토는 대공문제로 집중되었고, 폭동을 진압하다 보니 아직 체제를 갖추지 못한 군과의 불화도 큰 문제로 되었다. 이런 상황에서 민주경찰로서의 제도변화는 힘들었다고 봐야 한다.

중립성 보장과 자치경찰 인정 및 수사권의 적정화는 엄두도 내지 못했을 뿐더러, 군정 아래 경무부에서 내무부의 치안국으로 격하된 결과, 경찰의 정치적 중립성과 독자성은 더욱 요원하게 되었다.

당시 국회에서, 독립된 부가 아닌 오히려 축소를 주장한 측은 법치주의·민주주의·

국제적 위신과 같은 대의명분을 들고 나왔고, 거기에 좌익계통의 경찰권 약화시도가 작용하였다. 그 반면에 우익측에서는 치안, 그 중에서도 주로 반공상의 이유로 독립부 안을 밀고 나왔으나, 표결결과 독립안이 패배하였다.

여기서 군정시대에 갑자기 늘어난 질이 우수하지 못한 일부 경찰관의 횡포에 대한 반감에서 좌익이 아닌 소위 중간노선인들도 가담한 것으로 보이며, 순수하게 좌우익의 이념상 대결만으로 결정된 것 같지는 않다는 사실이다.

그들은, 경찰관의 횡포를 막으려 경찰의 질적 향상과 근무조건의 개선을 기하는 방법보다는 예산과 인원 및 기구의 축소를 통해 이를 묶어 놓는 방법을 택하였다는 것이었다.[5)]

이런 제도 아래에서 경찰권의 올바른 기능을 기대할 수 없었는데, 이는 오늘날까지도 숙제로 남아 있다.

제 2 절 한국전쟁과 구국경찰

1. 전쟁과 경찰

건국의 기초가 다져지지 않은 상황에서 공산주의 침략을 위한 북한의 남침으로 야기된 한국전쟁은, 경찰의 구국정신을 다시 한 번 일깨워 준 계기가 되었다. 당시는 군의 역할이 극히 미미한 때였으므로 경찰의 임무는 더욱 중요하였다. 한국전쟁에서의 구국경찰을 차례로 살펴본다.[6)]

(1) 남침과 후퇴

북한의 남침음모가 점차 현실감 있게 나타나던 1950년 6월 10일, 치안국 비상경비총사령부에서는 38도선 접경의 경기·강원도에 대하여 비상경비태세를 한층 강화하여 불의의 사태에 대비하도록 명령하였다.

이로부터 보름이 지난 6월 25일 새벽 4시를 기하여 북한공산군이 남침을 개시하였다. 소련제 전차를 앞세운 적의 주공부대는 동두천→의정부→서울 방향으로 침공

---

5) "한국경찰사 Ⅲ", pp.67.
6) 위의 책, pp.239~246.
__, 경찰대학, "한국경찰사", 1988, pp.209~214 참조.

해 왔다. 그리고 여타 조공부대는 옹진, 개성, 춘천, 강릉 방면으로 일제히 침공해 왔다.

수적으로나 장비 면에서나 열세에 놓였던 38도선 일대의 수비 군경대는 서전부터 고전을 면치 못하였다. 개성철도경찰대가 전원순국하고, 인제·춘천·강릉 지역의 격전 등 치열한 방어전을 계속하면서 남으로 후퇴하지 않을 수 없었다. 국군의 작전계획에 따라 6월 27일 3시경에 한강이북의 경찰대는 한강이남으로 후퇴하였고 치안국도 수원까지 일단 후퇴하였다. 그러나 국제연합군의 한국참전이 확실하다는 소식을 접한 치안국과 서울시 경찰국은, 동일 오후 4시경에 다시 서울로 복귀하여 전선과 후방에서 용전하였다.

그럼에도 불구하고 전세는 악화일로에 있었으며, 6월 28일 오전 2시에 정부가 수도에서 철수함에 따라 치안국도 다시 서울에서 철수하였다. 이 날 아침까지 한강을 도하한 경찰대는 수원의 집결지로 향하였다. 그리고 한강교의 폭파로 부득이 철수하지 못한 경찰대원들은, 적과의 육탄전을 감행하는 등 장렬한 전사로 최후를 마치는가 하면, 혹은 9·28수복 때까지 적의 후방교란에 전력을 경주하기도 하였다.

한편, 철수 중의 경찰력은 비상경비총사령부에 의해 즉시 재편성되어 연합군 진주 때까지의 시간을 얻기 위한 군의 지연작전에 가담하였다.

대체로 7월 15일까지는 군경합동작전과 군주요보급로의 경비 등에 적극적으로 참가하였다. 아울러 피난민의 정리 및 구호조치, 중요시설의 경비, 후방 게릴라의 소탕 등에도 진력하였다. 그 중에서도 영월·울진지구 공방전과 충주·대천지구 전투 및 금강방어작전, 그리고 경북 북부지역 전투에서 경찰은 혁혁한 전과를 올렸다.

(2) 대구 사수

7월 13일에는 미8군사령관으로 지상군을 지휘하게 된 워커(Walton H. Walker) 중장이 도착하여 낙동강 불철퇴선으로서의 워커 라인(Walker Line)이 설정되었으며, 동월 14일에는 한국군의 지휘권이 유엔군사령관에게 완전 이양되었다. 이 날 금강방어선이 일부 돌파당하자 치안국은 육군본부와 동시에 대구로 철수하였는데, 대구를 위요(圍繞)한 전세는 날로 악화되어 가고 있었다.

대전을 침략한 적 제13사단과 경북 함창을 점령한 적 제11사단은 대구를 목표로 남진을 계속하였고, 풍천을 침공한 적 제8사단은 안동·의성방면을, 단양을 점령한 적 제12사단과 제766부대는 안동·청송방면을 각각 위협하였으며, 강릉 쪽의 38도선으로부터 영덕에 육박한 적 제5사단은 포항을 지향하고 있었다.

서부에서는 거창을 침략한 적이 다시 합천을 공략한 후에 대구방면 진공을 계속하였고, 진주를 침략하고 의령을 침략한 적과 고성을 침략한 적 제6사단의 주력은 마산 및 부산 점령을 집요하게 시도하였다.

이때 적의 주공은 대구를 지향하고 있었다. 낙동강전선의 최북단에 위치한 대구의 방어는 아군의 공세 이전의 교두보이자 워커 라인의 방벽으로서, 또 정치적으로도 중요한 의의를 가지고 있었다.

이리하여 군은 대구 방어에 만전을 기하기 위하여 대구지구방위사령부를 설치하였고, 7월 27일에는 대구지구방위작전 군경연석회의를 개최하여 방위계획을 수립하였다.

이에 따라 경찰은 종전의 임무를 더욱 확충 강화하여 검문검색의 강화 및 후방치안 확보에 진력하는 한편, 대구시 외곽경비를 위하여 7월 28일에는 팔공산지구에 경찰력을 배치하고 동 29일에는 청도지구에도 배치하였다.

이와 동시에 총사령부는 경찰력 확보상 인원 교체를 엄격히 제한하였고, 무저항 후퇴 및 임의철수는 극형에 처할 것을 선포하였으며, 각기 종래의 소속과 계통을 주장하는 관념을 버리고 모든 경찰이 국난을 극복하는 데 일치 단결하도록 강조하였다.

그리고 8월 6일, 경찰은 군의 작전계획에 따라 각 시도경찰국 단위로 전투지역을 설정하고 낙동강 연안에 배치되어 그 경비에 철저를 기하였다.

동월 8일에는 워커 중장의 명령에 의거하여 경찰이 대구 방위에 있어서 실질적으로 모든 책임을 맡게 되었다. 따라서 경북경찰국은 8일 오후 4시를 기하여 대구방위사령부로부터 업무를 인수하였다. 그러나 2일 후인 8월 10일에 군은 다시 일원적 통합지휘를 기하기 위하여 재차 대구방위사령부를 설치함에 따라 경찰은 동 업무를 다시 인계하였다.

적의 공격은 더욱 치열해졌다. 8월 10일 전후로 적의 일부 병력이 낙동강을 도하하고 적의 주력부대 1천여 명은 대구의 배후를 위협하였으며, 성주 방면에서 발사하는 포탄이 대구시내에 떨어지면서 대구는 일시 동요하여 피난을 서두르는 시민의 아우성으로 혼란을 빚었다. 이러한 상황에 부딪치자, 국방부와 미8군사령부가 부산으로 철수하고, 대구는 실로 위기에 직면하게 되었다.

이런 긴박한 상황에서 조병옥 내무부장관은 비상경비총사령관인 치안국장 및 각 참모를 긴급 소집하여 비상사태를 검토하고 경찰의 진퇴를 토의하였다.

그 결과, 전략적 필요에서뿐만 아니라 정치적 의의에서도 경찰의 주력은 수십만 동포와 함께 생사를 걸고 대구를 사수할 것을 비장하게 결의하였다.

만약에 이때 치안국이 대구에서 후퇴하였다면 수십만 명의 시민과 피난민은 전화를 면할 수 없었을 것이며, 낙동강 주변과 각 전선에 투입된 1만 5천여 명의 경찰방어진은 일시에 와해되어 재수습의 여지가 없었을 것이다. 대구 사수를 결의한 경찰의 방침은 예하 각 대에 시달되고 치안국을 위시한 모든 경찰은 상하 총동원되어 다함께 임무완수에 사력을 다하였다.

이리하여 이루어진 경찰의 대구 사수는 한국전쟁사에 길이 빛나는 장으로 기록되었으며, 이의 결과는 전장의 국면에 커다란 영향을 미쳤다.

(3) 수복과 치안유지

9월 15일에 맥아더(Douglas MacArthur) 원수의 인천상륙작전이 성공하자, 낙동강 전선의 전병력은 총 반격작전을 개시하여 9월 28일에 서울이 탈환되고, 동월 말경에는 38도선 이남을 거의 수복하게 되었다. 이때 경찰은 각 전선에서 군의 진격작전에 호응하여 실지수복작전에 힘을 기울였다.

9월 20일에는 영일경찰서 수복을 필두로 차례차례 수복이 이루어졌다. 24일에는 경인지구 치안확보에 만전을 기하기 위하여 파견할 선발대(치안국 116명 서울시경 809명 경기도경 1,057명)가 편성되어 그 다음날 대구를 출발하였다. 이들은 해로를 통하여 10월 1일 오전 2시에는 인천상륙으로 탈환지구에 진입하였으며, 뒤이어 치안국의 일부도 10월 4일에는 서울로 진입하였다.

이를 전후하여 각 시·도경찰국도 수복되게 되었다. 즉, 9월 30일에 충남도경이, 10월 1일에는 서울·경기·충북·전북도경과 철도경찰대 본대가, 10월 3일에 전남도경이, 10월 4일에 강원도경찰국이 각각 완전히 수복되었다.

수복 이후 경찰은 아군의 총 반격작전에 의하여 퇴로를 차단당한 상당수의 잔존 공비의 소탕과 그들에 대한 자수·귀순공작 등 후방지역의 치안확보에 노력하였다.

한편, 군의 북한수복작전에 따른 38선 이북 수복지구의 치안질서를 확립하기 위하여 치안국 비상경비총사령부에서는 경찰대의 실지진주계획을 수립하였다. 즉, 강원도 북부지역에 강원도경찰 일부를, 황해도에 제201대대를, 평안남도에 제202·203대대를, 함경남도에 제205대대를 각각 편성하여 진입케 하려고 하였다. 그러나 이러한 계획은 중공군의 개입으로 실현되지 못하고, 제201·202대대는 철로기동부대로, 제203·205대대는 지리산지구전투경찰대로 개편 발족하게 되었다.

국군이 후퇴하여 38도선까지 철수하게 되자, 그 동안 태백산·지리산 지역에 숨어 있던 적의 패잔병과 부역도피자들은 다시 준동하기 시작하여 후방지역의 경찰관서 및 중요기관을 습격하거나 군보급로를 차단하는 등 후방치안을 교란하기 시작하였다.

이에 대하여 경찰에서 12월에는 제202·207대대로 태백산지구전투경찰대를 편성하고, 제203·205대대로는 지리산지구전투경찰대를 편성하여, 그 사령부를 영주와 남원에 각각 설치하고 이들 공비를 소탕하기 시작하였다.

한편, 서울·경기·강원도의 경찰은 1951년 1월에 중공군의 제1차 공격 이래 피난민의 호송조치 및 자체철수와 더불어 3월 15일 제2차 서울 수복 때까지 32개 대대로 편성하여 군 주요보급로 경비와 잔비토벌에 임하였다.

(4) 공비토벌

제2차 서울수복을 전후하여 전세는 아군에게 유리하게 되어 갔다. 그러나 태백산·지리산지구 등 후방지역에서의 공비는 끊임없이 치안을 문란케 하고 있었다. 이에 치안국 비상경비총사령부에서는 전국 경찰력을 총동원하여 3차에 걸친 대대적인 토벌작전을 전개하였다.[7)]

1951년 3월 1일부터 4월 10일까지로 정한 제1단계에서는, 그 동안 치안력의 미흡으로 대한민국의 행정력을 수복하지 못한 지역의 완전 수복과 그 지역의 공비토벌을 완수하는 데 작전의 주목표를 세워서 시행하였다. 그 결과, 총 54,206명의 공비를 사살 또는 생포하거나 귀순시켰으며 각종 화기 8,475점을 노획하였다.

이어 4월 15일부터 5월 25일까지의 제2단계에서는 나머지 공비의 섬멸을 작전목표로 세우고 수행한 결과, 총 8,670명을 사살·생포 또는 귀순시켰으며, 916점의 각종 총포를 노획하였다. 그리고 7월 15일부터 8월 15일까지의 마지막 3단계에서는 총 4,260명의 공비를 소탕하고, 1,520점의 총포를 노획하였다.

이와 같은 경찰의 대대적인 토벌작전에 이어서 군에서도 지리산지역의 공비를 완전 소탕할 목적으로 남원에 야전전투사령부를 설치하였다.

그리고 동년 12월 1일을 기하여 지리산지구를 중심으로 공비의 출몰지역인 충북 영동군, 전북의 내륙 전지역, 전남의 고흥을 제외한 내륙 전지역과 경북의 금릉군, 고령군, 그리고 경남의 진양, 산청, 하동, 함양, 거창, 합천 등 제군에 비상경계령을 선포하고 공비소탕전을 전개하였다.

경찰은 군의 주 작전에 적극 협조하여 지리산지구와 태백산지구의 전투사령부와 각도 전투경찰대 및 비상계엄지구 내의 모든 경찰을 총동원하여 본 작전에 참여케 하였다. 그리고 각 전투경찰대의 지휘 및 연락을 원활히 하기 위하여 치안국 및 각 도경찰국에서 파견된 연락관으로 구성된 치안국 연락처를 동년 12월 1일자로 남원에 설치하고, 지역 내의 모든 경찰작전을 통할하기 위하여 치안국장 대리관을 상주케 하였다.

이상과 같이 공비소탕작전은 끊임없이 전개되었지만, 상당수의 공비가 잔존하여 계속 후방 치안을 교란하였다. 그리하여 정부에서는 과거의 전투경험에서 체득한 바를 토대로 태백산 및 지리산지구 전투사령부가 내포하고 있었던 모순과 결함을

7) 앞의 책, pp335~342.

제거하고, 전투경찰의 기본조직을 혁신하여 보다 합리적이고 유기적인 부대운용을 목적으로 새로운 기구를 창설하였다.

즉, 1953년 5월 1일에는 서남지구전투경찰대사령부를 남원에 설치하였다. 그리고 전북의 남원, 장수, 임실, 순창, 전남의 순천, 승주, 광양, 곡성, 구례, 경남의 함양, 거창, 산청, 하동 등 1시 12개 군의 경찰행정과 지역 내의 전투임무 일체를 관장케 하였다.

이 기구는 휴전 후까지 계속 임무를 수행하다가, 1955년 7월 1일을 기하여 해대식을 가졌다.

2. 전시하의 경찰제도

(1) 성 격

전쟁 중의 경찰은 전쟁 전에 설치한 비상경비총사령부와 각 도 비상경비사령부의 전투경찰대조직을 살리면서 부여된 전투임무를 수행하였다. 그러나 전쟁의 전투조직은 경찰의 일반조직과 별도로 편성된 것이기 때문에 그 시기의 경찰은 이중구조를 이루고 있었다.

전투요원의 필요 때문에 경찰관의 수요는 급속히 증가하여 1951년에는 6만여 명을 상회하였다. 전시 상태에 있어서 경찰관에게는 징집보류의 특혜가 주어졌으므로, 경찰관의 증원은 비교적 쉬운 편이었다.

그리고 새로 선발된 경찰관은 경찰전문학교 등에서 단기간의 군사훈련만을 받고 전선으로 투입되었다. 그러나 그 후 전선의 안정은 교육기간을 연장시킬 수 있게 하였으며, 이런 와중에서도 경찰의 북한진주계획에 따라 북한치안을 담당케 할 목적으로 경찰관을 다량으로 모집하여 교육하였다.

한편, 전투로 인한 경찰관의 사망과 부상은 그들에 대한 의료와 원호문제를 필요로 하게 되었다. 그리하여 경찰병원이 설치되고 원호에 관한 제도가 마련되기 시작하였다. 또한, 경찰의 기율을 엄격히 다스리려고 비상시경찰관특별징계령이 공포되기도 하였다.

경찰의 임무수행을 위한 예산은, 1950년도의 경우에 국가일반회계의 30%를 차지하였다. 그리고 이 기간에 있어서 경찰의 일반시설은 전후 약 3개월 동안에 거의 파괴되었다. 문서는 멸실되고 통신장비 등도 거의 파손되었다. 그러나 무기는 많이 보충되었는데, 그것은 정상적인 절차로 갖춘 것도 있지만, 중화기류의 대부분은 전투를 통하여 노획한 전리품이었다.

이러한 구조변화와 더불어 경찰의 기능적인 면도 다양화되었다. 병사업무나 피난민의 보호는 물론, 부역자의 처리 등을 담당하여야 했으며, 보건부 소관인 위생업무의 일부가 다시 경찰에 넘어오기도 하였다. 그 반면, 전선이 소강상태에 빠지면서 전재(戰災) 복구에 나서게 되었으며, 전쟁으로 황폐해진 산림녹화 등의 임무가 경찰의 주요임무로 등장하였다.

(2) 직제조정

한국전쟁의 발발과 더불어 경찰의 임무는 본격적으로 전투로 전환되었으며, 경찰 본연의 임무와 기능은 발휘할 수 없게 되었다. 이는 기구의 개편부터 시작되었는데, 치안국이 대구로 후퇴한 지 일주일이 지난 1950년 7월 27일에 치안국에 부국장제가 마련되고 보급과가 설치된 것이 그것이었다.[8)]

급변하는 상황은 지휘권을 약화시키기 쉬우며 지휘관으로 하여금 경찰력의 실태를 파악하기 어렵게 만들었다. 또한, 전쟁은 경찰로 하여금 처리할 업무량을 증가시켰으며, 생명의 안전을 보장하지 못하게 하였다. 부국장제의 설치는 이러한 맥락에서 이해될 수 있었다.

한편, 경찰의 기능이 전투에 집중되자, 이러한 기능을 지원하기 위하여 보급과의 설치가 요구되었다. 전쟁이 가져온 또 하나의 업무는 경찰관에 대한 원호였다. 그리고 이 업무는 경무과에서 담당하도록 명문화하였다.

보급과의 설치로 8개과로 늘어난 치안국은, 다시 과의 폐합을 보게 되었다. 즉, 낙동강 방어선이 형성될 무렵인 1950년 8월 10일에 사찰과와 수사과가 통합되어 정보수사과가 만들어졌다. 이처럼 경찰의 내부적인 변화가 이루어지다가 서울수복 후에는 경찰과 다른 부처 사이의 업무분장 문제가 제기되었다.

일제 때에 경찰이 관장하던 위생업무는 미군정 이후 보건부로 넘어가고, 경찰은 그 불법과 비위를 단속할 뿐이었다. 그리하여 허가권자와 단속권자 사이에 알력이 없지 않았는데, 1950년 10월 18일자 대통령령으로 청소 및 접객영업 업무관장에 관한 임시조치법이 공포되어 경찰이 이를 담당하게 되었다. 그러나 보건부는 정부조직을 근거로 상기 대통령령이 위법이라고 주장하여 1951년 8월 24일자로 이에 관한 권한을 되찾아갔다.

그리고 경찰관의 질병과 부상을 진단하고 치료하기 위하여 경찰병원이 설치되었다. 경찰병원은 전투 중이던 경찰관들의 전사상을 돌보는 것을 당면 목표로 하였지만, 경찰관의 가족뿐만 아니라 일반시민의 진료도 행하였다.

---

8) 앞의 책, pp.506~509.

물론, 그 이전에도 각 도에서는 경찰의 진료를 위한 시설이 설치된 곳도 있었으며 중앙에서도 1949년 10월 18일에 경찰병원 창립위원회가 만들어져서 병원 설치를 추진하고 있었는데, 그러다가 1·4후퇴로 다시 부산으로 피난 중일 때에 정식 설립되었다.[9)]

(3) 경찰관 교육과 부역자 처리

1) 경찰관 교육

전쟁발발 전부터 경찰전문학교는 경찰관들에게 전술을 가르치고 전투훈련을 시켜왔다. 그 이유는 당시 국군의 능력만으로는 38선을 지키기가 어려웠을 뿐만 아니라, 당시 사회정세의 불안으로 경찰은 치안 외에도 군사적 임무를 수행해야 하였기 때문이었다. 이 때문에 경찰에서는 군에 요청하여 군경의 군사훈련 통일을 위한 특별교육을 1950년 1월에 실시하였으며, 이어서 경위급 약 2백여 명을 3개월 동안 육군보병학교에서 위탁교육을 받게 한 바 있었다.

전쟁이 발발한 후 경찰전문학교는 대전으로 옮겨 가서 모든 교육을 전투훈련에 집약 실시하였다. 그리고 대전에서 전시교육대를 편성하여 단기교육을 실시하고 나서 전선에 투입하였다.

대구로 옮긴 경찰전문학교는 후퇴해 온 경찰관에게 군사훈련을 실시하는 한편, 새로 경찰관을 채용하여 교육을 실시하였다.

이때 경찰전문학교는 제1차에 130명을 양성하여 대구근교 낙동강 연안에 출동케 하고, 제2차로 530명을 청룡대대로 명명하여 교육을 실시하였으며, 제3차로 대한청년단원 330명을 모집하여 경찰관으로 임명하고 군사교육을 실시하였다. 또한, 철도경찰본대로부터 초임순경 315명을 위촉받아 전투교육을 실시하였다. 청룡대대 및 한청대대는 교육 중 서울이 탈환됨에 따라서 서울특별시경찰국에 인계되어 그 후에는 북진경찰대 편성에 많은 도움이 되기도 하였다.

한편, 경찰관의 교양문제는 국립경찰 창설 이래 여러 방면으로 논의 실시되었기 때문에 그간 적지 않은 성과를 달성한 바 있었다. 그러던 중 경찰관의 질적 수준을 더욱 향상시키기 위하여 1952년 8월 6일에 경찰관교양규정을 공포하였다. 그리하여 모든 경찰관으로 하여금 애국애족정신의 함양과 엄격한 규율 및 예의범절을 갖추도록 교양을 하고 인격과 성품을 닦도록 하였으며, 나아가서 직무집행상 필요한 지능을 계발케 하는 데 최선을 다하였다.

9) 내무부 치안국, "경찰10년사", p.93.

2) 부역자 처리

'부역자(附逆者)'라는 말은 공산주의 사상을 이념적으로 공명하거나 또는 이론적으로 맹신하여 대한민국의 민주정치를 반대함은 물론이고, 국가의 기본조직을 파괴하는 행동을 취하거나 또는 그들의 행동에 가담하여 반민족적·비인도적 행위를 강행한 자를 총칭한다. 이를 이념적 공명자, 반정부감정 포지자, 대세뇌동자, 피동분자로 나눌 수 있다.

민주주의 국가도 국가 존립조건을 파괴하는 자에 대하여는 관용할 수 없다. 따라서 극렬분자에 대하여는 마땅히 준엄한 형벌을 과하나, 국가 존립에 직접적인 위험을 가하지 않은 부역자에 대해서는 관대한 처벌을 하였다.

국회는 적정 아래서 혹은 자진하여 혹은 위협과 강제에 못 이겨 부역한 자들을 적절히 처리함으로써 민족의 정의를 밝히고 불안한 민심을 진정시키고자 부역행위특별조치법을 제정하였다. 그리고 그 처벌상의 신중을 기하기 위하여 중앙과 지방에 부역행위특별조사위원회를 설치하여 반드시 위원회의 심사를 거치도록 하는 한편, 공소시효를 90일로 하여 최단기한 내에 처벌을 완료하도록 하였으며, 사형금지법을 제정하여 징치를 빙자한 개인이나 권력기관이 인권을 유린하는 폐단을 방지하도록 하였다.

또한, 악질적인 부역자를 제외한 비조직원은 원칙적으로 관용 포섭하게 하였다. 즉, 한국전쟁 전에 좌익과 아무런 관계가 없던 자로서 갑자기 전란을 당하여 자기 또는 가족이나 애국동포의 위난을 피하기 위하여 부득이 적에게 가담한 자에 대하여는, 특히 중죄가 아닌 한, 수사기관에서 불구속 또는 기소유예의 범위를 확정하고 재판에서도 특별히 관대한 판결을 내렸다.

당시 부역자의 검거현황을 보면 검거인원 153,825명에 자수인원 397,090명으로 모두 550,915명에 달하였으며, 이들 중 일부에 그치는 의식분자 19,116명을 제외하고는 대부분이 적의 강압으로 부득이 부역한 자들로 나타났다.[10)]

3. 휴전 후 경찰제도

(1) 성 격

전쟁이 쉬게 되면서 경찰은 종래의 이중구조에서 원래의 치안기구로 환원하는 것이 급선무이나, 당시 상황은 전쟁피해 복구와 잔비 토벌에 주안점을 두고 경찰제도가 정비되었다.

10) 내무부 치안국, "경찰 10년사, 1958, p.267.
___, "한국경찰사 Ⅱ", pp.547~549.

경찰은 우선 공비의 소탕에 마지막 힘을 기울였다. 즉, 휴전성립 3개월 전에 설치된 서남지구전투경찰대는, 지리산 일대로 압축된 잔비에 대한 포위망을 더욱 압축하여 최종적인 작전을 계속하였다.

또한, 철도경비의 필요성이 감소되어 가고 아울러 치안국을 비롯한 각 시·도경찰국에 경비과가 설치되면서 철도경비대가 해체되었다. 그리고 정부의 해양주권선언으로 경찰은 이른바 평화선의 경비를 담당하게 되어 해양경찰대를 발족하였으며, 이어서 경찰항공대도 신설하였다.

전란 중에 폐합되었던 수사정보과는 수사과와 특수정보과로 다시 분리되었으며, 임시로 설치되었던 치안국의 부국장제와 보급과가 폐지되었다. 그리고 전후 범죄의 지능화에 대비하고 범죄수사의 현대화를 위하여 감식과를 폐지하는 대신, 내무부장관 직속기관으로 국립과학수사연구소를 신설하였다.

경찰활동의 법제화를 위하여 경찰관직무집행법을 제정함으로써 경찰직무의 표준을 규정화하였고, 행정대집행법을 마련하여 행정의무 불이행자에 대한 경찰권 발동의 근거를 마련하였으며, 일본 강점기 때의 경찰처벌규칙을 경범죄처벌법으로 대체 제정하여 개선하였다. 이와 아울러 경찰 인사제도의 확립을 위한 정비도 병행하였는데, 전란 중에 제정한 비상시 경찰관특별징계령을 존속시켜 경찰관의 기강을 확립하는 데 노력한 점을 비롯하여 순경임용규정과 경찰관승진시험규정의 제정·시행이 그것이다.

행정관리에 대한 반성도 휴전 후부터 나타났다. 1954년에 치안국은 임시 경찰사무정비위원회를 설치하여 각종 예규와 통첩·보고·통계서류의 정비에 힘썼다. 전국적 규모의 경찰사무감사가 이 무렵부터 시작되었다. 그리하여 이 시기 말기에 기획계가 설치되어 이와 같은 업무의 수행을 담당하게 되었다.

제도적 정비와 아울러 경찰의 인원과 장비에 관한 정리 및 개선도 이루어졌다. 전란 중에 전투를 위하여 긴급히 다량으로 모집하였던 경찰관 정원이 1953년에는 6만 3천 명을 넘었는데, 이는 일본 강점기 말기 남한지역 경찰관 수의 5배를 넘는 숫자였고, 또한 정부수립 당시의 경찰관에 비하여 배가 넘는 규모였다. 그러나 이 무렵에 이르러서는 경찰의 전투에 관한 임무가 상당히 가벼워지고, 그렇게 많은 경찰관을 유지하기 위한 예산을 지출할 필요가 없다고 판단되어 경찰인력의 조정이 필요하게 되었다. 이와 같은 정원 조정은 또한 다량 모집에서 생긴 경찰관의 질적 저하를 개선하기 위한 시책이기도 하였으므로 국가적 차원에서 추진되었다.[11)]

---

11) 전란이 끝남에 따라 경찰에 지급되었던 전란수습비 특별회계가 폐지됨으로써 경찰의 예산규모는 상대적으로 축소되었다. 전란 중에 한때는 국가예산의 거의 3할 정도가 되던 경찰비가 휴전 무렵에는 전전 수준인 18%로 감소되었으며, 1957년도에는 약 8%로 격감되었고, 1960년도에는 다시 5.8%로 떨어졌다. 이러한 예산추세는 바로 경찰관 정원문제와 관련이 있었다.

경찰관 정원을 전전 수준으로 낮추기 위한 대규모의 감원작업은 1953년부터 3년마다 3차에 걸쳐서 이루어졌다. 제1차 감원에서 경찰관 정원은 1만3천 명이 줄어든 5만 명으로 되고, 1956년의 제2차 감원으로 3만9천 명으로 줄었으며, 다시 1959년의 제3차 감원으로 3만3천 명이 되었다. 그러나 간부급의 감원을 기피한 탓으로 상부가 과대한 기형적 계급구성을 형성하게 되었다.

이와 같은 감원과정에서 인사상 이례적 조치가 야기되었다. 즉, 강등을 해서라도 경찰에 머물기를 원하는 수가 많았으므로 강등시험이 이루어지고 감원의 명분을 찾기 위하여 징계제도가 병용되기도 하였다.

한편, 이와 같이 정원 조정으로 인한 신분의 박탈은 국민들에게 경찰직에 대한 매력을 감소시켰다. 전쟁과 휴전 초기까지는 경찰관에 대한 징집보류특혜 등으로 경찰관 선발이 용이하였다. 그리고 제대군인을 비롯한 많은 지원자가 있었으나, 점차로 지원자가 줄어들었다. 이는 경찰관의 강제감원조치에다 징집보류제도의 폐지 등이 작용하였기 때문이며, 이로 인하여 정원을 보충하기가 어려운 경우도 있었다. 이러한 현상은 한편으로 신임경찰관의 교육부진을 초래하기도 하였다.[12)]

이 같은 변천을 겪는 동안에 통신을 비롯한 경찰의 시설과 장비 면에도 괄목할 만한 발전이 이루어졌다. 전쟁피해로 인한 잿더미 위에서 새로운 물적 자원을 마련하면서, 경찰은 전전 수준을 목표로 한 복구작업에 그치지 않고 이 기회에 일제의 낡은 유산을 말끔히 버리고 미제의 신식장비를 갖추려고 노력하였다. 이러한 노력은 미국의 원조에 의해 어느 정도 가능하였다.

무선장비와 신식소방장비·신종 차량이 도입되어 경찰의 기동력을 강화하였다. 이로써 그 동안 제2차대전 이전에 제작된 각국의 잡다한 낡은 차량들을 가지고 있던 경찰의 기동력은, 실로 새로운 단계를 맞이하였다.[13)]

(2) 경찰기구의 정비

1) 치안국

휴전을 앞두고, 치안국은 2년반 만인 1953년 6월 18일 서울로 돌아왔다. 이 무렵, 치안국은 경찰의 전투행위를 후방에서 준동하는 공비의 소탕에 국한시키고 전투시의 경험을 토대로 기구를 개편하였다. 즉, 1953년 7월 6일 경비과를 신설하고 정보수사과를 분리하여 특수정보과와 수사과를 설치하였다.

---

12) "한국경찰사 Ⅱ", p.591.
13) 앞의 책, p.793.

한때 치안국에는 9개 과가 있었다. 그런데도 경비업무를 보안과에서 담당하면서 경비과를 두지 않은 것은 당시 우리나라의 특수사정에 비추어 볼 때에 자연스러운 일은 아니었다. 그러한 현상은 업무의 능률보다는 명분을 중요하게 생각한 결과로 볼 수밖에 없었다.

보안과로서 38선을 경비하고 폭동을 진압하며 공비와 전투하는 임무를 관장케 하던 치안국은, 이제 보안과에서 경비업무를 분리함으로써 경비는 물론이고 침체되었던 일반보안활동까지지도 활성화할 수 있는 전기를 마련하게 되었다.

이러한 조치에 따라 1953년 9월 30일에는 제주도를 제외한 각 시도경찰국에 경비과가 설치되었으며 각 경찰서에도 경비과가 설치되었다.

또한, 전시에 수사과와 사찰과를 통합하여 정보수사과를 설치하였었다. 이제 전투활동도 식어 가고 치안문제가 다시 대두하게 되자, 이를 다시 분리하여 수사과와 특수정보과를 설치하였다.

또, 정부수립 후 없어졌다가 1949년 9월에 부활되었던 교육과가 다시 폐지되어 교육행정에 관한 업무는 경무과로 이관되고, 이듬해에는 다시 교육업무가 경찰전문학교로 옮겨졌다.

1954년 5월 10일에 부국장제가 폐지되고, 이듬해 2월 17일에는 보급과가 폐지되었다. 그러나 공비와 전투는 계속되고 있었다. 그럼에도 불구하고, 이와 같이 기구를 정비한 것은 공비들의 저항이 길지 않을 것임을 확신한 때문이었다. 아울러 수사과는 수사지도과로 개편하고, 감식과는 폐지하는 대신 국립과학수사연구소를 설치하도록 하였다.

치안국 체제는 1955년에 실질적으로 전시체제에서 벗어남에 따라 1956년의 조정으로 일단 정비되었다. 이 체제는 4·19 이후까지 큰 변동없이 유지되었다.[14]

2) 직속기구

① 서남지구전투경찰대와 경찰기동대

한국전쟁을 전후하여 공비들의 은거지가 되어 온 지리산지구는 여러 행정구역과 연관되어 있으므로 이 지역 일대를 다스리기 위해서는 여러 기관이 합동하여 동시에 작전을 수행해야만 가능하였다. 그러나 실제로는 한계불명·책임소재의 불명확 등으로 작전의 실효를 거두지 못하고 있었다. 그리하여 1953년 5월 1일 서남지구전투경찰대를 설치하였다. 그 후 공비들의 세력이 현저히 약화되면서 1955년 7월 1일에 서남지구전투경찰대는 해체되었다.

14) 앞의 책, p.589.

지리산지구 일대는 비록 공비의 소탕이 끝났으나, 그 지역 외곽지대에 은신 또는 준동 중인 공비의 재집결이 우려되었다. 또한, 계속 남파되는 대남공작대 등의 근거지로 이용될 여지가 농후하였다. 그 때문에 이 기구에 대치할 기동병력의 존치가 필요하다고 인정되어 경찰직무응원법에 의한 경찰기동대가 설치되고 전남·북 및 경남일원의 공비토벌과 후방경비의 임무를 수행하게 되었다.

그러나 국내치안상태의 호전에 따라 동기구도 다음해인 1956년 9월 7일에 해체되고 그 인력은 각 시도에 전배조치되었다.

② 철도경찰대의 해체

1953년 7월에는 치안국에 경비과가 설치되고 그로부터 약 2개월 뒤에는 각 시도 경찰국에 경비과가 설치되면서 그 동안 전국적인 조직을 갖고 있던 철도경찰대를 폐지하고 그 업무를 경비과에 이관하였다. 즉, 경비과의 신설은 철도경찰대의 폐지를 전제로 한 작업이었다.

그리하여 1953년 9월 26일에 동기구는 폐지되고 대원의 대부분은 각 경찰기관으로 분산되었으며, 그 업무는 각 시도경찰국 경비과로 이관되었고 장비와 기타 재산은 임시조직된 철도경찰잔무처리위원회에 의하여 10월 31일까지 처분되었다.

③ 해양경찰대와 경찰항공대

일본의 영해침범, 북한의 대남공작대의 해상침투, 전시금제품의 수출입 등 각종 해상범죄가 계속 야기되자, 정부에서는 해양경찰대의 설치를 추진하게 되었다.

그리하여 1953년 12월 23일에 경남 부산에서 발대식을 거행하고, 기간경비함정으로 A. M. C 소해정 6척을 해군으로부터 인수하였다. 이와 함께 기술요원으로서 해군예비역장병 79명을 경찰관으로 채용하고, 전국경찰관 중에서 기술요원 및 행정요원을 선발하여 해양경찰대를 편성하였다. 그러던 중 1955년에 해양주권선의 경비임무가 상공부 소관으로 편입하게 되었으므로, 동년 2월 7일을 기하여 해양경찰대의 임무와 편제 등 일체가 상공부 해무청으로 이관되었다.

그 뒤 1961년 10월 정부조직법 개정에 따라 동 대는 다시 내무부에 편입되어 경찰권의 일원화를 보았으며, 1962년 4월에 해양경찰대설치법이 공포·시행됨으로써 해양경찰대는 관할수역의 경비임무 외에 해상경찰에 걸친 본연의 임무를 띠고 민주경찰의 역군으로 직무에 임하게 되었다.

한편, 1954년 4월부터는 대한경무협회가 경찰의 경비용 항공기를 도입하려는 계획을 추진하여 1954년 10월에 경찰항공대가 발족되었다. 그리고 10월 20일에는 도입된 경비행기 ‘Cessna-180’ 3대를 완전 조립하여 그 명명식을 거행하고 임무를 개시하였다. 이리하여 경비과에 속하게 된 항공대는 주로 공비토벌의 작전을 공중에서 지원하게 되었다.

④ 경찰전문학교와 과학수사연구소

1954년 3월에 지방경찰학교가 폐지되고 경사 및 순경의 교육도 경찰전문학교에서 실시하게 됨으로써 경찰교육기관도 일원화되었다.

내무부장관 소속으로 편입된 경찰전문학교는 모든 경찰교육을 맡게 되고, 교육에 관한 행정도 경찰전문학교에서 관장하도록 하였다. 한편, 1955년 2월로 감식과가 폐지되면서 그 과가 분장하던 업무 중 지문감식은 수사지도과에서 맡게 되고 그 나머지 업무는 신설된 국립과학수사연구소에 이관되었다. 소장은 내무부장관의 지휘를 받으며, 그 소관임무는 감식뿐만 아니라 연구업무까지 수행하게 되어 있었다. 그리하여 수사에 적용할 만한 연구결과는 각 경찰기관이 이용할 수 있도록 하였다.

그리고 1959년에는 연구소에 이화학과와 법의학과가 설치되었다.

3) 경찰서와 소방서

전쟁 중에 경찰서는 이동을 거듭하지 않을 수 없었으나, 전선이 안정됨에 따라 대부분의 경찰관서가 제자리로 찾아들었다. 그러나 휴전협정 체결에 따라 대한민국의 통치권이 미치는 범위가 바뀌어지고, 또한 정부수립 이후 신설되거나 폐지된 경찰서가 있었을 뿐만 아니라 각 경찰서의 위치나 관할구역이 변경되기도 하였다.[15]

이러한 실정을 감안하여 1952년 8월 25일자로 경찰서 직제가 제정됨으로써 1급경찰서장은 총경으로, 또 2급경찰서장은 경감으로 보하게 되었다. 그리고 동년 12월 26일에는 경찰서의 등급구분에 관한 건이 공포됨으로써 69개 경찰서가 1급경찰서로 규정되고 98개 경찰서는 2급경찰서로 지정되었다.

한편, 경찰서의 직제가 조정되는 동안, 소방서에도 변동이 있었다. 1952년 8월 16일자로 소방서 직제가 공포되고, 전국에 24개의 소방서가 생겼다. 그리고 소방서도 1급소방서와 2급소방서로 구분하고, 전자에는 총경이 서장으로 임명되었으며, 후자에는 경감이 임명되었다.

휴전이 성립됨에 따라, 대한민국 정부의 주권이 미치는 영역 중, 특히 경기도와 강원도의 북부지역은 전전에 비하여 그 판도가 크게 달라졌다. 또한, 사회적 변화는 인구의 이동을 초래하였고, 이에 따라 경찰서의 관할구역이나 위치를 조정해야 할 상황이 조성되었으므로 경찰서를 신설 또는 폐지하였다.

15) 앞의 책, pp.617~627.

이처럼 여러 개의 경찰서가 경찰행정수요를 감당하기 위하여 설치되는 동안, 1957년에는 여자경찰서가 폐지되었다.

종래 서울·인천·대구·부산의 4개 지역에 여자경찰서를 두어 왔으나, 여자경찰서는 일반경찰서와 토지관할이 중첩되어 있었기 때문에 사무관할의 구분이 확실하지 못하였으며, 제반 경찰업무의 취급에 있어서 양자간에 업무와 책임한계가 모호하게 됨으로써 혼동을 빚어 왔다. 그리하여 이를 폐지하고 각 경찰국 보안과에 여경계를 두었으며, 중요 1급지경찰서 보안계에는 여경반을 두었다. 이로써 여경업무를 일반경찰서에서 일원화하여 그 효율적인 운영을 도모하도록 여경제도를 정비·개선하였다.[16)]

(3) 경찰활동의 법제화

당시 헌법 제9조에는 '모든 국민은 신체의 자유를 가진다. 법률에 의하지 아니하고는 체포·구금·수색·심문·처벌과 강제노역을 받지 아니한다.'라 하였고, 동 제10조·제11조·제12조에도 '법률에 의하지 아니하고는……'라고 하였다. 그러므로 법률로써만 국민의 자유와 권리를 제한할 수 있는데, 이를 뒷받침할 경찰관직무집행법과 경범죄처벌법이 이때에 만들어졌다.

1) 경찰관직무집행법

경찰관이 맡은 바 직무를 집행하는 데 있어서 그 권리행사의 한계를 규정하는 경찰관직무집행법은 1953년 12월 14일에 법률 제299호로서 공포되었다.

동법은 목적(제1조), 불심검문(제2조), 보호조치(제3조), 위험발생의 방지(제4조), 범죄의 예방과 제지(제5조), 위험방지를 위한 출입(제6조), 무기의 사용(제7조) 등 직무집행요령과 이의 남용에 따른 벌칙 등 전문 9조 및 부칙으로 구성되어 있다.

그 요지는 ① 검문 검색 및 연행에 대한 권한의 제정 ② 묵비권 규정 ③ 가영치물의 영치기간을 30일로 하고 주정꾼이나 길 잃은 아이 등을 보호하는 기한을 24시간으로 하였으며 ④ 화재·교통사고 등에는 긴급조치와 치료명령을 할 수 있다고 하였다. 나아가서 본법에 규정한 직권을 남용하여 민폐를 끼쳤을 때에는 6개월 이상의 금고 또는 징역에 처한다고 하였다.

당시 국회축조심의에서는 제4조 경찰관이 화재·교통사고 등으로 긴급조치를 행하였을 때에는 사후에 도지사와 지방검찰청장 등에게 보고하도록 되어 있는 것을 행정계통의 상관에게만 보고하기로 수정하고 원안대로 통과시켰다.[17)]

16) 당시 여자경찰서 존폐에 관하여 논란이 많았다. 실무적으로 담당건수가 너무 적어서(1개월에 3, 4건) 실효성이 없었다고 함이 우세했던 것 같다. 조선일보, 1957. 6. 10자 대담 요약.

2) 경범죄처벌법

일본 강점기에 일본은 1912년 3월에 경찰범처벌규칙을 제정하여 항일의병과 독립운동가 등을 진압 색출하면서 식민통치의 수행에 활용하였다. 거기에는 모두 82종에 달하는 많은 경찰범죄가 규정되어 있다. 국민들은 이에 저촉하지 않으면서 생활하기가 아주 어려웠다. 이는 총독부가 이를 악용하여 모든 국민을 범인으로 다룰 수 있게 하려는 수단으로 제정하였다고 말할 수 있다.

그러나 해방 후에도 이에 대한 조정을 하지 못하고 정부수립 전후의 사회혼란과 한국전쟁을 극복하면서 경찰의 임무가 변질·운용되어 오다가, 휴전이 성립되고 사회가 안정되면서 경찰행정의 개선에 임하게 되었다.

그리하여 1954년 4월 1일에 법률 제316호로 경범죄처벌법을 공포하였다. 동법은 4개조와 부칙으로 되어 있으며, 경범죄의 종류도 45종으로 축소하고 공공의 안녕과 사회질서의 유지에 필요한 사항으로 제한하였다. 아울러 본래의 목적을 벗어나서 본법을 적용해서는 안 된다는 남용금지조항을 두고, 일제 때의 경찰범처벌규칙은 폐지한다는 부칙을 두고 있다.

4. 경찰의 정치화와 중립화 시도

(1) 경찰의 정치화

1955년은 건국 10년이 되고 군정 아래 탄생한 민주경찰 10년이 되는 해였다. 이를 기념하여 경찰 스스로 정치에 좌우되지 않는 경찰기구를 재검토하고, 경찰공무원법 제정과 경찰공제조합을 조직하는 등 경찰개혁에 대한 시책을 마련한 적이 있었다.[18]

그러나 창설 10주년을 맞이한 경찰은 점차 부패와 정치화라는 타락의 길로 들어가고 있었다. 전시체제를 벗어나면서 해이해진 기강은 경찰관의 부패를 조장하였고, 그 동안 전쟁수행이라는 무거운 짐을 덜게 된 여당인 자유당은 정권 방어를 위하여 경찰관의 부패를 이용함으로써 경찰관을 정권유지의 수단으로 삼으려고 하였다.

경찰관의 부패는 어떤 면에서는 불가피하게 나타난 현상이라 볼 수도 있다. 경찰업무의 수행을 위한 경비는 예산부족 탓으로 제대로 반영되지도 않았으며, 경찰관의 보수는 기본적 생활을 유지하기에도 너무 부족하였다. 고위 관리층에서는 업무수행과 별도로 민폐 없이 업무수행경비와 생활비를 마련하기 위한 방법과 그 개발을 공개적으로 묵인할 정도였다.

17) "한국경찰사 Ⅱ", p.640.
18) 조선일보, 1954. 12. 14자.

이와 같은 배경을 갖는 경찰의 부패는 조장행정과도 깊은 관련이 있었다. 휴전 후에 경찰이 관장하던 조장행정분야는 확대되었다. 그리고 이러한 업무를 수행하면서 경찰업무의 수행에 필요한 경비를 조달하였으며 아울러 자신의 생활비를 마련하기도 하였다. 그리하여 많은 경찰관이 일선에 나가기를 원하였으며, 좋은 자리에 한 사람을 계속 근무시킬 수 없게 되었으므로 잦은 전보인사가 이루어졌다. 그에 따라 장기간 근무함으로써 얻을 수 있는 업무의 전문화와 능률화는 기대할 수가 없게 되었다.

부조리를 자행하던 당시의 경찰은 부패한 정권 앞에서 무력한 존재가 될 수밖에 없었다. 그리고 자유당의 장기집권 욕망은 정책의 방향을 공산당 타도에서 야당 탄압으로 전환시켰으며, 그 수단으로서 경찰력을 이용하였다.

1954년 11월의 이른바 4사5입 개헌에서 본격적으로 정치에 개입하기 시작한 경찰은, 1956년의 총선거에서 부정을 자행하였다. 그리고 1960년도의 총선거에 임하면서 경찰의 부정은 극에 이르게 되었다.

그리하여 국민의 마음속에 비쳐진 경찰상은 한국전쟁 당시의 용감하던 전투경찰에서 민폐와 정권의 도구인 부패경찰로 전락하게 되었다.[19]

(2) 경찰중립화 시도

경찰중립화는 정부수립 초부터 시작된 문제였다. 군정 때의 경무부가 내무부의 치안국으로 격하되어 버렸기 때문이었다. 이제 전쟁이 끝난 후에 체제가 안정되자, 다시 거론되었다.

1955년 9월 11일의 정례국무회의에서는, 경찰행정을 내무부로부터 분리시켜 대통령 직속으로 설치된 경찰위원회에 맡겨서 그 운영을 관리케 하는 경찰법(안)을 상정·심의한 끝에 대체로 법무부 원안대로 의결되어 국회에 회부할 준비를 진행하였다. 이 법안은 경찰을 3인 위원회의 운영에 맡긴 점과 내무부로부터 대통령 직속으로 격상시킨 점에서 당시의 경찰제도로서는 획기적이었다. 특히 대통령의 비상사태선언이 있으면 전 경찰이 대통령의 직접관장에 속한다는 규정이 주목을 끌고 있었다.

이 법안은 우리나라의 경찰조직에서 일제의 잔재적인 색채를 불식하고 민주주의적 자유의 이상에 따른 경찰제도를 수립함으로써 국민의 자유권과 재산권을 보호하며, 또 경찰 인사행정의 공정을 기함으로써 경찰공무원의 질적 향상을 기하고, 아울러 경찰공무원의 신분을 보장함으로써 민주적이고 능률적인 경찰상을 갖기 위하여 마련되었다.

19) "한국경찰사 Ⅱ", p.593.

이 법안에 나타난 경찰제도의 특색은 다음과 같다.[20)]

1. 경찰행정을 내무부로부터 분리시켜 대통령 직속으로 하는 경찰위원회로 하여금 경찰행정과 운영을 관리하게 한다.
2. 경찰위원회의 위원은 위원장을 합하여 3인으로 하되, 대통령이 이를 임명하며, 그 임기는 2년으로 하고 동일정당이나 사회단체에서 2인 이상의 위원을 임명할 수 없다.
3. 특별시장과 도지사 소속하에 특별시·도경찰위원회를 두고 경찰위원회의 지휘를 받아 경찰행정사무를 관장하게 하며 위원 수는 위원장을 합하여 3인으로 하고, 위원 중 2인은 대통령이 임명하고 1인은 특별시장 또는 도지사가 되며, 그 임기는 2년으로 하고 동일정당 사회단체에서 2인 이상의 위원을 임명할 수 없다.
4. 경찰위원회와 특별시·도경찰위원회의 집행기관으로서 경무청과 특별시·도경무청을 둔다. 경무청에는 경무사를 두고, 경찰위원회의 제청에 의하여 대통령이 임명한다. 특별시·도경무청에는 각각 경무청장을 두고 서울특별시경무청장은 경찰위원회의 제청에 의하여 대통령이 임명하고, 그 밖의 경무청장은 경찰위원회가 임명한다.
5. 경찰의 하부기구로서 구·시·군마다 경찰서와 소방서를 둔다.
6. 간부경찰관은 경찰전문가만으로 구성키 위해 경감 이상의 임명자격을 법으로 정한다.
7. 경찰공무원의 신분보장을 확고하게 하기 위하여, 경찰징계위원회의 의결로만 징계할 수 있게 한다.
8. 비상사태가 발생되었을 때에는 대통령이 직접 경찰을 통제하여 치안확보에 유기적인 기능을 발휘하도록 한다.
9. 사법경찰관은 검사의 지휘하에 범죄수사의 확실성과 신중을 기하도록 한다.

법무부가 작성한 이 법안은 경찰위원회와 경무청을 대통령 직속으로 설치하는 경찰의 승격과 대통령에 의한 통수를 강조한 것으로 정치적 입장에서 본다면 여당의 선거운동에 유리한 제도였다. 여러 가지 이유로 이 안이 철회된 뒤, 1956년 8월에 자유당 총회에서 경찰의 독립을 기하기 위해 대통령 직속기관으로서 공안위원회를 설치할 것을 주장하는 안이 제출되었는데, 1955년도의 경찰법안과 비슷한 것이었다. 다만, 경찰위원회와 공안위원회라는 명칭이 달랐다. 이러한 여당의 주장과는 달리, 야당인 민주당의 주장은 경찰의 중립화에 그 초점이 있었다. 이 중립화라는 말은 민주당에 의해 자주 사용되었다.

1957년 4월, 민주당 정책위는 정당활동의 자유보장과 인사행정의 공정화와 더불어 '경찰의 중립화'를 문제로 삼았으며, 공정한 선거를 위하여서라도 공안위원회의 제도가 필요하다고 주장하였다.

---

20) "한국경찰사 Ⅱ", pp.1266~1267.

이러한 개혁논의가 계속되다가, 1959년 7월에는 경찰중립화 법안을 조속한 시일 내에 국회에 제출할 것을 결의하기도 했다. 이러한 경찰중립화 시도가 추진되던 중에 4·19를 맞게 됨으로써 새로운 전기가 시작되었다.

제 3 절 4·19혁명과 경찰중립화 좌절

1. 4·19 혁명과 경찰의 시련

(1) 경찰의 부정선거 개입

부정선거가 공공연하게 자행되고 법적 소송까지 제기되기 시작한 것은 1954년 제3대 민의원선거 때로, 경찰이 부정선거에 개입한 것도 이때부터라고 보아야 할 것이다. 그리하여 선거 후 당선무효·선거무효 소송이 25건이나 제기되었다.

부정선거의 방법과 수단은 처음의 금전매표 정도에서 더욱 복잡 교묘해짐으로써 등록방해·선거운동방해는 물론이고 번호표를 주지 않는 것을 비롯하여 유령투표·대리투표·사전무더기투표·3인조 또는 9인조 등의 공개투표가 자행되고, 개표에 있어서는 투표함 이송 도중에 투표함 또는 표의 바꿔치기와 불계표에 이어서 올빼미·피아노·대리미 등의 환표방법이 속출하였다.

1960년 정·부통령선거의 부정을 위하여 내무부장관 최인규와 치안국장 이강학 등은 그들의 계획을 충실히 이행할 인물을 미리 선정하여 경찰서장·사찰과장 등 각급 중요직책에 임명함과 아울러 신임할 수 없는 자는 후선으로 배치하는 등으로 그 조직을 완료하였다. 그러나 그 일조차 믿을 수 없었으므로, 1959년 말부터는 개별적으로 내무부에 호출하여 부정선거에 관한 비밀지령을 내리고 불이행 시를 대비하여 사전에 사직서를 받아 두었다. 비밀지령은 다음과 같다.21)

> 첫째, 정·부통령선거에서 85%의 득표를 목표로 한다.
>
> 둘째, 투표구 단위로 조를 편성하고, 유능한 사찰경찰관으로 하여금 조장을 맡게 하여 선거에 당한다.
>
> 셋째, 각 조장은 유권자의 성분을 세밀히 검토하여 될 수 있는 대로 자유당에 입당케 하여 전원 포섭을 목표로 한다.

---

21) 합동연감, 1961, pp.151~152.

넷째, 각 조장은 시·읍·면의 관계직원과 긴밀히 연락하여 유권자를 3인조·5인조 또는 9인조 단위로 편성하고 각 조책은 자유당의 열성분자로 충당한다.

다섯째, 선거인 명부에는 미리 15%의 유령유권자를 조작하고 그 이외에 25%의 기권자를 조작하여 40%의 사전투표를 감행한다.

여섯째, 투표일 당일에는 투표 개시 전에 40%의 사전투표를 감행하고, 3인조·5인조 또는 9인조 편성에 의하여 공개투표를 감행한다. 선거종사원으로 하여금 그 결과를 확인케 하는 한편, 투표진행 중 2시간마다 득표결과를 보고한다.

일곱째, 이러한 분위기를 조성하기 위하여 자유당 완장을 유권자 전원에게 배부함과 아울러 개표구·투표구 선거위원을 완전 포섭한다.

여덟째, 이러한 부정선거의 실천을 강행하기 위하여 사찰계장·주임·지서주임과 각 조장의 사표를 미리 받아 둔다.

아홉째, 득표 결과가 목표에 미달할 경우에는 개표구 선거위원장으로 하여금 미리 준비한 85%선의 득표를 미리 선포토록 한다.

경찰의 선거 방해는 지방에서 더욱 극심하게 자행되었고, 자유당은 선거당일 계획된 대로 부정선거를 감행하였다. 그리고 민주당은 선거참관의 포기와 그 선거의 무효를 정식으로 선언하였다.

대통령에 이승만이 당선되고 부통령에 이기붕이 당선되자, 이러한 부정·불법선거에 대한 전 국민의 분노는 곧 폭발하였다.

특히 2차 마산 데모에서 경찰이 다시 발포하여 사망자 1명과 부상자 10여 명을 내게 되었고, 이 일은 마침내 부산을 비롯한 전국 각지에 파급되어 각처에서 항의 데모가 잇달아 일어났으며, 이는 4월 18일 고려대학교 학생에 의한 규탄 데모로 발전하였다. 고대 학생들의 데모 대열은 종로 4가에서 경찰의 지시에 의한 깡패들의 습격을 받았고, 이로 인하여 4월 19일에는 모든 서울시내의 학생들이 대대적으로 데모를 하게 되었다. 경무대로 밀어닥친 학생시위대에게 발포를 시작한 경찰관은, 마침내 시내 전역에서 발포를 개시하여 사망자 144명에 부상자 1,000여 명을 내게 되었다.

사태가 점점 심각한 국면에 이르자, 국회는 4월 26일 대통령의 하야를 요구하는 결의안을 만장일치로 가결하였다. 그리고 대통령은 국회의 건의에 따라 27일 정오에 하야성명을 발표하였다.

이에 허정 외무장관은 자동적으로 대통령서리에 취임하고, 선거를 위한 과도정부의 당면과제로 정·부통령선거를 국회와 협의하여 실시할 것과 경찰중립화 방안을 추진하며 과도정부의 각료는 비정치인으로써 구성할 것 등 3개 항목을 추진사항으로 발표하였다.

한편, 자유당정권의 붕괴로 경찰의 치안력이 마비되었으므로, 계엄사령부는 시내 각 대학교의 학생들을 각 서에 배치하여 학생들로 하여금 군과 협조하여 치안을 회복토록 하였는데, 각 대학의 경찰서 배치는 다음과 같았다.[22)]

> 성북경찰서(건국대), 청량리경찰서(경기대), 마포경찰서(경희대), 중부경찰서(고려대), 경무대경찰서(국민대), 종로경찰서(동국대), 동대문경찰서(서울대), 서울특별시경찰국(성균관대), 서대문경찰서(연세대), 영등포경찰서(중앙대), 성동경찰서(한양대), 용산경찰서(홍익대), 치안국(기타 단과대학들)

(2) 공민권 제한과 경찰관 숙청

제2공화국 탄생과 함께 부정선거 책임자의 처벌 문제와 무차별 발포한 경찰관의 처벌 문제가 중요한 과제로 등장하게 됨으로써 소급입법이 이루어졌다.

이 헌법개정이 이루어진 뒤에 4개 혁명입법 중 부정선거관련자처벌법과 특별재판부 및 특별검찰부설치법은 모두 통과시켰으나, 반민주행위자공민권제한법은 의견이 일치하지 않았기 때문에 다음과 같이 결정되었다.

> 첫째, 자동 케이스를 설치하고 그 해당범위를 3·15선거 당시의 자유당 정·부통령후보자·중앙당무위원·기획위원·국무위원·정무위원·심계원장·대통령비서관을 비롯하여 경찰·중앙 및 지방행정기관의 지도층과 3군참모총장 등으로 정하였고,
>
> 둘째, 심사 케이스를 설치하여 이 밖의 현저한 반민주행위자를 심사대상으로 정하였다.

경찰관은 제4조(현저한 반민주행위 의제)에 의해 '다음 각 호의 1에 해당하는 지위에 있었던 자는 그 지위를 이용하여 현저한 반민주행위를 한 자로 간주한다.'고 하여 선거당시 내무부 치안국장·치안국정보과장·특수정보과분실장·동 분실제2계장·시도경찰국장·경찰서장·경찰국의분실장· 분실제2계장·사찰과장·사찰 및 형사주임을 대상으로 하였다.

또, 제5조(심사의 대상)는 '다음 각 호의 1에 해당하는 지위에 있던 자로서 현저한 반민주행위를 한 자는 심사위원회의 판정으로 공민권을 제한한다.'라고 규정하고, 해당자로는 1960년 3월 15일에 시행된 대통령·부통령선거 당시 사찰계형사로 근무한 자와 경찰서의 분실장·분실제2계장·사찰계장·사찰 및 형사주임·5·2선거 당시의 경찰서장 등으로 하였다.[23)]

동법에 의하여 민원을 산 경찰간부들과 사찰경찰의 대다수가 숙청되었다.

즉, 11월 말까지 경무관 18명, 총경 106명, 경감 258명, 경위 634명, 경사 1,135명,

---

22) "한국경찰사 Ⅱ", p.103.

23) 5·2선거는 1958년 4대 민의원선거를 말한다.

순경 1,798명 등 총 3,949명이 정리되었다. 그리고 총경 9명, 경감 7명, 경위 44명, 경사 141명, 순경 370명이 징계 면직됨으로써 결국 경찰관 4,520명이 정리되었다.

특히, 사찰경찰은 경위급 이상의 90%가 면직되었으며, 그 이하 경사·순경 역시 심사 또는 감시 아래 두게 되었다.[24)]

(3) 경찰력의 약화

반민주행위자공민권제한법으로 인하여 정보경찰은 막대한 인력이 손실되어 요원부족은 물론이고 내부적인 백안시와 더불어 일반국민들로부터도 지탄의 대상이 되어 정보경찰 기피현상이 생김으로써 정보경찰의 사기는 극도로 저하되었다.

더구나 국가보안법을 대폭 축소·완화함으로써 국내 혁신계 또는 좌익계의 발호에 대하여도 수수방관하는 태도로 임하였으며, 또한 집회에 관한 법률이 제정되어 정당·단체 등의 관계집회라는 이유로 하등 신고도 없이 집회하거나 또는 평화적 시위라는 명목으로 관할경찰서에 대한 신고의무만 이행하고 자유로이 시위나 집회를 연일 계속함으로써 교통 질서는 물론이고 치안상 적지 않은 혼란을 야기하였어도 경찰은 아무런 제재를 가할 법적 뒷받침이 없었고, 다만 파괴행위의 방지에만 노력할 뿐이었다.

4·19 이후 5·16까지의 학생시위 통계는 대학교 51회에 고교 이하가 117회로 모두 119,015명의 학생이 참여하였으며, 노조시위는 35건에 2만여 명이 동원되었다. 이는 민주당 집권 9개월 동안 1일 평균 155명이 시위를 한 셈이었다.

한편, 신문 및 정당 등의 등록에 관한 법률과 정치운동에 관한 법률의 제정으로 인하여 언론기관은 무려 1,500종이나 출현하였고, 정당활동도 활발하여 좌경정당 23개에 혁신정당 16개 등 모두 50여 개의 정당이 조직되기도 하였다. 그 뿐만 아니라 민주당정권의 과도한 민주화 정책으로 말미암아, 자유당 정권 시에는 북진통일 외에는 어떠한 통일론도 용공적이라 규정되었으나, 이 때는 통일론에 관해서도 자유로이 활발한 토론이 전개되었다.

이러한 상황에서 정보경찰의 활동을 기대하는 것도 무리한 실정이었으며, 한편으로는 국가안보를 위하여 적극적으로 또는 과감하게 투쟁해 보겠다는 근무의욕도 상실된 실정이었다. 따라서 공무원들은 희생적·애국적 정신자세가 해이되고 일종의 좌절감과 패배의식에 사로잡혀 무사안일·복지부동을 보신책으로 삼는 풍조가 만연하게 되었다.

이러한 결함을 보완·탈피하기 위하여 경찰당국에서는 학사경찰을 대폭 채용하여 인원을 보완하는 한편, 조직의 정비강화에 노력하였다. 그러나 종전의 정보경찰의

24) 앞의 책, p.151.

면모는 다시 찾아볼 수 없었으며, 국내에 잠복활동 중인 좌익분자는 물론이고 북한에서 남파되는 간첩검거에도 뚜렷한 성과를 올리지 못하였다.

이와 같은 경찰관 숙청작업은, 정보활동의 약화뿐만 아니라 경찰의 모든 분야에 걸쳐서 사기 저하를 가져왔고, 그 활동 역시 무기력하게 되었다.

그 원인은 크게 세 가지로 볼 수 있다.[25)]

① 발포책임의 처리문제로, 고위간부는 무죄를 받고 명령을 받은 말단경찰관만 유죄를 받았다.

② 공무원 정리요강에 의한 지위 불안정으로, 악질적인 행위자만을 처리하지 않고 말단 지서주임까지 일률적으로 정리하였다.

③ 생계대책으로, 묵시적으로 용인되던 민폐의 길은 완전 봉쇄되고 국민의 시선도 곱지 않았다.

2. 경찰중립화의 좌절

(1) 국회의 경찰중립화 방안

1960년 5월, 제4대 국회는 내각책임제 개헌과 동시에 경찰중립화를 헌법조문화하였다. 1960년 6월 15일에 국회를 통과한 헌법 제75조는 '행정각부의 조직과 직무범위는 법률로서 정한다. 전항의 법률에는 경찰의 중립을 보장하기에 필요한 기구에 관하여 규정을 두어야 한다.'라고 되어 있었다.

또한, 1960년 7월 1일의 정부조직법 개정법률은 제13조에서 '① 경찰의 중립을 보장하기 위하여 공안위원회를 둔다. ② 공안위원회의 조직과 경찰행정에 관하여 필요한 사항은 법률로서 정한다.'라고 규정하였으며, 동법 부칙 제4조는 '제13조 제2항의 규정에 의한 법률이 시행될 때까지 치안·소방에 관한 사무는 내무부장관이 장리하고 그 사무를 분장하기 위하여 내무부 치안국을 둔다.'고 규정하였다.

이보다 앞서, 제4대 국회는 경찰중립화 법안 기초특별위원회를 구성하고 5월 24일부터 경찰중립화 법안을 기초하여 공청회까지 열었던 바 있다. 논의의 초점은 경찰의 관리기구문제, 경찰의 주체문제, 경찰관의 자격문제, 범죄수사의 주체문제 등이었다.[26)]

첫째, 경찰의 관리기관은 선진국가에서와 같이 민주형식에 부합하는 위원회관리형식, 즉 행정수반 소속하의 공안위원회로 하여금 경찰집행기관을 관리토록 하자는 데에 별 이의가 없었다.

25) 동아일보, 1960. 10. 30자.

26) "한국경찰사 Ⅱ", p.1273.

둘째, 경찰의 주체를 국립경찰로 하느냐, 자치경찰을 두어 이원화하느냐는 이론이 많았다. 국립경찰로 일원화하자는 측은 협소한 지역에 자치경찰을 따로 두면 경찰력이 약화되어 치안을 유지하기 어렵고 지방자치단체들도 재정상 자치경찰을 유지할 만한 능력이 없다는 것이 그 논거였다. 반면에 자치경찰을 두자는 측은 자치행정은 민주정치의 근간이며 그것은 경찰의 자치화에 의한 민주경찰의 구현에서만 가능하다고 주장했다.

셋째, 경찰관의 자격에 대해서는 엄격한 규제를 두어, 4급 공무원인 경위와 경감은 대학졸업자로 하고 총경 이상은 고등고시합격자로서 하자는 의견이 많았다.

넷째, 범죄수사의 주체 문제에 대해서는 대체로 현행법대로 검사로 하여금 범죄수사의 주체로 하자는 의견이 많았으나, 한편에서는 범죄수사의 주체를 경찰관으로 하여 그 책임을 명확히 하고 수사의 능률을 올리게 하자는 의견도 있었다.

사법기초위는 이러한 여론을 참작하여 법안을 기초하여 6월 7일에 민의원법제사법위원회의 통과를 보게 되었다.

법제사법위원회의 통과를 본 경찰중립화안의 골자는 다음과 같았다.

> 경찰의 책무를 개인의 생명 신체 및 재산의 보호와 범죄의 예방 진압 및 수사피의자의 체포, 교통의 단속 기타 공공의 안녕·질서의 유지에 국한시켰다. 경찰의 관리체계는 국무총리소속하에 중앙공안위원회를 두고 중앙공안위원회는 국무위원을 위원장으로 한 5인의 위원으로 구성하며, 중앙공안위원회의 관리하에 경찰청을 두고, 지방에는 도공안위원회를 두어 그 밑에 지방경찰청을 두도록 하였다. 그리고 경찰공무원은 일반직으로서 현행대로 경무관, 총경, 경감, 경위, 경사, 순경의 6계급으로 하고, 순경과 경사는 고등학교졸업자로, 경위와 경감은 대학졸업자로, 총경(그 중 20% 이내는 승진자)·경무관은 고등고시합격자로 하였다.

그러나 이 법안은 4대 국회가 해체됨에 따라서 폐지되어 아직까지도 유사한 법이 만들어지지 않았다.[27)]

(2) 경찰행정개혁심의회

과도정부는 누년의 악성을 불식하고 민주화된 경찰운영을 모색하기 위하여 6월 1일에 경찰행정개혁심의회를 구성하였다. 동 심의회는 10여 차에 걸쳐 토의한 결과로 앵글(Bairon Angle), 로(Robert. C, Low) 등의 미국인 전문가들의 의견을 참작한 후에 경찰중립화 방안 등을 입안하여 내무부장관에게 건의하였다. 그 요지는 다음과 같다.[28)]

27) 5대 국회 때에 민주당이 분당을 하여 야당이 된 신민당이 이 안을 제안하여 기초하였으나, 여당인 민주당은 '공약'과 '단 것' 중 '단 것'을 찾게 되어 경찰중립화는 무산되었다.

28) "한국경찰사 Ⅱ", pp.1279~1294.

1) 한국경찰개선

① 저명한 공민사상을 지닌 시민들에 의해 구성되는 국가공안위원회의 창설은 경찰행정상의 정책을 작성하는 데 있어서 경찰과 국민 사이에 적절한 교량 역할을 유지하는 방편이 될 것이다.

만일, 이와 같은 위원회가 한국에 설치된다면 동 위원회가 대통령예하에서 그 기능을 발휘할 것을 제의한다.

② 경찰제도의 지방분권화를 찬성하는 의견이 있기는 하지만, 현재 행정 및 사법부가 중앙집권화되고 있는 이상, 지방분권화된 경찰력은 원활치 못할 뿐만 아니라 적절한 기능을 발휘하지 못할 것이다. 해당 지역에 있는 경찰의 시책과 운용 면에 그 지방의 견해가 반영될 수 있는 기회가 이루어져야 한다. 이와 같은 사항을 실현하는 데 있어서 유효한 방도는 도단위로 공안자문위원회를 설치하는 것이다.[29)]

2) 수사기관의 조직(경찰의 수사주체화)

① 요지 : 신법제정에 있어서는 사법경찰관리인 경찰관은 범죄가 있다고 사료될 때에는 범인 및 증거를 수사하는 제1차 책임을 갖는 수사기관으로 하고, 검사는 필요하다고 인정할 때에 스스로 범죄를 수사하는 제2차 책임을 가지는 수사기관으로 하는 것이다.

② 이유 : 현행법상 범죄수사의 중심기관은 검사이며 사법경찰관리는 검사의 보조자로서 검사의 지휘권을 받은 다음에 수사를 행하도록 되어 있다.

이와 같이 검사를 범죄수사의 중심기관으로 하고 검사에게 사법경찰관리에 대한 수사상의 전면적 지휘 명령권을 부여한 것은 수사업무의 수행을 통일하고, 또한 수사업무에 관한 책임의 소재를 명확히 할 필요가 있기 때문에 각종 수사기관을 통일적으로 구성함으로써 그 중심이 되는 것을 정할 필요가 있다고 판단하여 검사로서 이에 충당함을 최적으로 생각하였던 까닭이다.

왜냐하면, 범죄수사는 국가형벌권의 실현을 목적으로 하는 형사절차의 제1단계로서 일체의 범죄수사는 공소의 실행을 향하여 집중되지 않으면 아니되는 것이며, 따라서 공소관인 검사를 범죄수사의 중심기관으로 정하여 다른 모든 수사기관을 검사

29) 경찰행정개혁심의회는 내무부에 대하여 국회가 경찰법안을 수정하게 하도록 건의하라고 요구하였으며, 그 내용은 내무부가 정부에 요구하게 되었다.

내무부의 요구 내용 중 주요골자를 보면, 수사의 책임한계를 명확히 할 것, 경찰로부터 군사적 전투행위의 책임을 면해 줄 것, 중앙공안위원회의 성격을 관리기관으로 하고 경무청을 집행기관으로 할 것, 중앙공안위원회의 임무 및 권한에 관한 규정을 명확하고 중복 없이 할 것, 중앙공안위원회 의장의 표결권을 없앨 것, 위원의 자격을 확대시키되 직업군인 출신을 배제할 것 등이다.

의 보좌 또는 보조기관으로 둔다면 적당한 범죄수사와 능률적인 공소실행이 이루어지리라고 기대하였기 때문이다.

그 뿐만 아니라, 범죄수사에 있어서는 범죄사실의 법률적 구성이 필요하기 때문에 그 임용자격에 있어서 거의 재판관과 다름 없는 엄격한 자격을 필요로 하여 법률적 소양이 높은 검사를 범죄수사의 중심기관으로 하고, 기타 수사기관은 검사의 지휘·명령을 받아서 수사를 행하도록 하는 것이 최적이라고 생각하였던 까닭이다.

그러나 이와 같은 제도나 사고는 반 세기 이전까지지는 그 타당성이 인정되어 왔다. 그러나 20세기 초부터 급격히 발달된 사회문물의 혼란과 이에 따르는 범죄의 양상 및 규모 등에 대비하려면 경찰로 하여금 수사에 대한 제1차적 책임을 지우고 수사의 주체로서 그 조직과 시설을 충분히 활용케 함이 오히려 효율적이고 타당하다.

특히, 헌법상의 기본원칙인 민주주의에 있어서는 권력의 집중은 될 수 있는 한 이를 피하여야 하는 것이며, 또한 책임의 명확화라는 것이 강력히 요구되지 않으면 아니 된다. 이번에 새로 제정되는 본 경찰법은 경찰의 민주화와 경찰의 정치적 중립을 제도로서 확고부동하게 확립하여 놓을 것을 기본원칙으로 한다.

종래 구 경찰이 범죄수사권이라는 뒷받침과 검찰당국의 비호 아래 각종 정치에 관여 또는 탄압할 수 있었고, 그렇게 하여 왔음은 부인할 수 없는 실정이었음을 감안할 때, 만일에 검사동일체 원칙의 지배를 받고 있는 통일적 국가기관인 검사가 전면적으로 경찰을 지휘 명령한다는 제도를 그대로 존속시킨다면 이는 확실히 새 경찰법 제정의 정신에 위배된다.

그러므로 행정기구에서의 개혁만으로 경찰중립화를 도모한다는 것은 무의미하여 경찰의 중립이란 유명무실화할 것이 명약관화한 바이다.

또한, 현행법(형사소송법)에서는 전술한 바와 같이 검사를 유일한 책임 있는 범죄수사의 주체로 하고 사법경찰관리는 검사의 지휘 명령을 받아서 수사에 종사케 되는 검사의 보조기관으로 정해져 있으나, 실제의 운용에 있어서는 검사의 지휘 명령권은 행정관청에 있어서의 지휘 명령과 같이 법문 그대로 엄격히 그 철저를 기할 수 없으며 따라서 사법경찰관리가 행하는 범죄수사에 대한 책임의 불명확을 초래하여 왔음은 부정할 수 없는 바이다. 이와 같이 현실과 갭(gap)이 있는 제도를 그대로 존속시킨다는 것은 책임의 명확화를 강력히 요구하는 민주주의에 있어서는 도저히 허용될 수 없는 일이다.

이에 단 한 가지 고려되는 점은 경찰관의 탈선적 행위에 대한 방비 문제이나, 이 점은 별문제가 되지 않는다. 즉, 임용자격의 엄격화(시험제도), 교양의 철저화(정기적으로 학교에서 수강하는 의무), 새로운 책임으로 하부직원에 대한 엄격한 감독 및 감독 강화 등을 비롯해서 검사 스스로도 수사권이 있기 때문에 현재와 다름 없이 이를 감시·견제할 수 있다.

이상 여러 문제를 고려한 결과, 신법 제정에 있어서는 검사와 사법경찰관리(신법에서는 이를 사법경찰직원이라 개칭코자 함)를 각각 독립의 수사주체로 하고, 또한 검사의 공소관으로서의 직무를 특히 중시하여 검사는 오히려 공소의 실행에 주력을 경주하도록 하고 범죄수사의 제1차적 책임을 가지는 기관을 사법경찰로 정함이 신생 제2공화국의 정치개혁 중 가장 중요한 과업의 하나이며 초미지급이라 아니할 수 없다(구미선진제국 및 일본제도 참조).

제 4 절 5·16 쿠데타 이후의 경찰제도

1. 5·16 쿠데타와 유신

극도로 혼란스러웠던 제2공화국은 1961년 5·16쿠데타에 의해 군정체제로 들어가면서 군장교를 특채로 임용하였다. 그 결과로 그들이 군정경찰의 핵심을 이루었다. 그 2년 후인 1963년 12월 17에 제3공화국이 탄생되어 경제발전에 주력하다가, 1972년 10월 유신에 의하여 제4공화국으로 승계되었다.

이 기간 동안 정치사나 정당사는 숙면기라고 할 수 있었으나, 경찰제도는 제도면이나 운용면에서 많은 발전이 있었다. 다만, 정치적·사회적 시위에 점차 매달렸고, 경찰제도의 질적 발전은 소홀했다고 평가된다.[30)]

그러한 사정으로 인하여 경찰의 위상을 높이려는 노력의 일환으로 1974년 12월에 법률이 개정되고, 다음 해인 1975년 1월에 종전의 치안국은 치안본부로 승격하게 된다.

2. 경찰제도의 발전

(1) 경찰기구의 확충

5·16쿠데타 당시의 치안국은 경무과, 보안과, 경비과, 수사지도과, 정보과, 통신과 등의 6과와 그 하부기구로서 19계로 구성되어 있었다. 그러나 1961년 10월에 기획

30) 치안본부, "한국경찰사 Ⅲ", 1985, p.44.

수사과와 소방과가 신설 추가됨으로써 치안국은 8과 23계로 늘어나게 되었다.

내무부 직속기관으로는 경찰전문학교, 경찰병원, 과학수사연구소, 해양경찰대가 있었다. 경찰종합학교는 1972년에 경찰대학으로 승격되었다. 그 후 경찰기구가 확충되었는데, 1966년 7월 1일에 외사과를 신설하였고, 경무과 홍보계를 공보계로 개편하였으며, 정보과 내의 정보 4계를 폐지하고 외사과에 1·2·3계를 두는 등 경찰기구를 확장·개편하였다.

이어 1967년 9월 1일에는 치안국에서 내륙작전 수행을 위하여 서울특별시와 각 도에 전투경찰대를 발족시키고, 동년 12년 30일에는 치안국 경비과에 전투경찰대 업무를 통합·관리케 하기 위하여 작전계를 신설하였다.

1968년 11월 16일에는 교통과, 방위과, 장비과가 신설되었다. 또한, 교통과에 교통계, 지도계, 사고조사계를 두었다. 그리고 장비과에는 장비1·2·3계를 두었으며, 방위과에는 방위1·2·3계를 두었다.

1969년 1월 14일 치안국장을 이사관에서 치안총감으로 보하고, 과장은 치안감 또는 경무관으로 보하도록 하였으며, 경비과 1·2·3계를 경비계·차량계·무기계로 변경하였다. 이어 동년 9월 20일에는 경비과 내에 작전2계를 신설하였다.

1972년 6월 29일 경무과 인력관리담당을 폐지하고 보안과 방범담당을 보안담당으로, 방위과 동원담당을 민방공담당으로 개칭하였다. 또한 보안과에 외근담당, 교통과에 고속도로순찰대, 경비과에 종합상황실을 두었다. 수사지도과에는 특수대, 그리고 통신과에는 경찰 마이크로웨이브 통신대를 각각 설치하였다.

시·도경찰국도 1961년 당시의 경비과와 통신과를 통합하여 경비통신과로 개편하고 다시 정보과를 신설하였다. 따라서 경찰국의 직제는 경무과, 보안과, 경비통신과, 수사과, 정보과의 5개 과로 확장되었다. 또 1962년 11월 21일에는 부산시의 치안수요에 대응하기 위하여 부산시를 관장하는 부산시경찰국이 경상남도 경찰국으로부터 분리·독립하여 발족되었다.

1967년 9월 1일에는 각 시도경찰국에 전투경찰대가 발족되고, 소방과와 통신과가 신설되었다. 또한 1969년 5월 8일에는 제주도경찰국 1과와 2과를 1·2·3과로 분할하였다가, 6월 4일에 1과를 경무보안과로, 2과를 경비통신과로 하고, 3과를 정보수사과로 개칭하였다.

1969년 9월 20일에는 해양경찰대에 정보수사과를 신설하여 밀수 등 해상범죄단속을 강화하였다. 그리고 1970년 4월 6일에는 서울과 부산시경찰국 교통과의 지도단속계와 사고조사계를 교통안전계로 통합운영토록 하였으며, 소방 및 방위업무의 효율화를 기하기 위하여 서울과 부산시경찰국에는 방호과를 신설하고, 기타 경찰국(제주도 제외)에는 소방과와 방위계를 통합하여 방호과를 설치하였다.

(2) 전투경찰 순경제도

1967년 9월 1일 이후, 대간첩 작전에 대비하여 이를 전담할 전투경찰대가 37개 중대 4,100여 명의 일반경찰관으로 구성되어 있었다. 그러나 이들 대원의 평균연령이 30세로 전투작전요원으로는 나이가 많은 경향이었다.

그 때문에 1970년대 초부터 격화된 북한의 도발을 효과적으로 저지하고 대간첩 작전업무를 성공적으로 수행하기 위해서는 젊고 원기 왕성한 작전요원의 필요성과 고도로 훈련된 강력한 전투력의 확보가 시급하다는 점이 요청되었기에 전투경찰대설치법을 제정함으로써 전투경찰대 운영에 일대 혁신을 가져오기에 이르렀다.

1971년에는 3차에 걸쳐서 1,552명의 전투경찰대요원을 확보하고 37개 전경대에 일반경찰과 충원·교체하였다.

(3) 국토건설단과 향토예비군 운영

정부는 사회정화의 암적 요소가 되고 있는 폭력배와 치기배를 거국적으로 단속하여 형집행보다는 재범방지와 근로정신의 체득으로 참신한 자활력을 함양시킴으로써 항구적인 사회 정화를 도모하고자 하였다. 그에 따라 그 유휴노동력을 투입하여 국토건설사업을 실시키로 하고, 1962년 2월 10일에 국토건설단을 창단하였으며, 군에서 1·2차로 운영하여 왔다.

제3차로는 1969년 4월 21일에 실시되었다. 즉, 전국 각 시·도 경찰국에서 검거되어 취역을 희망하는 자원 1,800명(폭력배 155명, 치기배 245명 등)을 강원도 경찰국에 인계하였다. 이들은 태백·홍천·인제 지구의 전술도로 개설 및 확장공사와 춘천 소양강 다목적댐 건설로 인한 양구지구의 이설도로공사 등 6개 지구로 분할 취역시키다가 1969년 10월에 해단·귀가 조치하였다.[31)]

한편, 1968년 1월 21일에 발생한 북한 124군부대의 청와대습격사건을 계기로 1968년 4월 1일에는 향토예비군이 창설되었으며, 당년 6월 1일자로 예비군 운영권을 경찰서장이 인수토록 하였다.

이에 따라 경찰이 관할구역의 예비군 교육훈련에 이르기까지 방대한 임무를 담당하게 됨으로써 경찰은 본연의 임무 외에도 예비군 업무까지 관장하는 격무를 수행하게 되었다. 그러나 군은 시·군 단위에 조정관(소령급)을 파견하여 경찰을 감독하

31) 경찰청, “경찰 50년사”, 1995, pp.283~284.

는 임무를 수행함으로써 경찰이 군에 예속하는 직무를 수행하는 하급관청의 관계를 면하지 못하게 되었다.

조정관의 감독권이 각 서 및 지·파출소에까지 미침으로써 예비군무기실탄 점검과정에서 발견되는 손질불량 무기를 강제회수하고 상급관청에 보고하여 담당 경찰관들을 문책받게 하는 등, 군의 월권 감독으로 야기된 군과 경찰과의 마찰이 자주 발생하였다. 그러자 1971년 7월 1일 예비군 운영권을 국방부에 이관하였다.

3. 경찰작용 법제의 발전

(1) 경찰공무원법 제정

제3공화국시대의 경찰 인사제도는 일반공무원과 마찬가지로 국가공무원법에 의하여 시행되고 있었는데, 경찰의 직무상 요구되는 강제성·긴급성·위험성 등 일반공무원과 상이한 특수성이 전혀 고려되어 있지 않았다.

특히, 무장공비의 침투가 증가할 것으로 예상되는 당시의 치안정세에 비추어서 모든 경찰력이 대간첩 작전 태세에 주력케 하기 위해서는 엄격한 상명하복의 계급구조와 강력한 지휘체계의 확립 및 경찰력 충원의 신속화 등 군대에 준하는 인사제도가 요청됨에 따라 1969년 1월 7일에 경찰공무원법이 제정되었다.

주요내용은 다음과 같다.

1. 경찰관의 계급구조를 종전의 8개 계급에서 경정과 경장을 신설하여 10개 계급으로 확대하였고,
2. 경찰관의 인사에 관한 내무부장관의 자문에 응하게 하기 위하여 내무부에 경찰인사위원회를 두었으며,
3. 경찰관의 직무의 종류에 따라 직능별 전문화를 기하기 위하여 경과제를 채택하였고,
4. 시험승진에 의하던 제도를 지양하고 근무성적·경력평정 기타 능력에 따른 심사승진을 원칙으로 하고 시험승진을 별도로 운영케 하였다.
5. 경찰관 업무의 특수성을 감안하여 경찰 고유의 보수체계와 연금제도를 도입하였으며,
6. 교육훈련제도의 비합리적인 면을 개선할 수 있는 법적 근거를 마련하여 직급별·직능별 전문화 교육의 기틀을 마련하였고,
7. 인사의 원활한 신진대사를 기하기 위하여 연령별 정년퇴직 외에 계급별 정년제를 도입하였다.
8. 경찰관의 기본정신을 밝히고 선서제도를 두어 내적인 충실과 기강 확립을 시도하였으며,
9. 지휘체계의 확립과 감독권의 수행에 능률을 도모하기 위하여 경찰국장과 전투경찰대장에게 상벌권을 주어 강력한 지휘체계를 확립케 하였다.

(2) 경찰윤리헌장 제정

4·19를 겪은 경찰은 5·16 이후 정치에서 중립하여 경찰 본연의 임무로 환원하기 위하여 과감한 체질개선에 힘쓰게 되었다.

그와 같은 노력으로 경찰은 국민 앞에 발전된 민주경찰의 모습을 보여줌으로써 국민은 경찰을 이해하게 되고 경찰은 국민의 신뢰를 받을 수 있다는 판단에서 최대한의 친절로 대민 봉사에 노력하는 한편, 정신적 재무장을 하기 위하여 1966년 7월 12일에 경찰윤리헌장을 제정·공포하였다.

헌장을 제정하게 된 동기는, 경찰관의 도의심을 높이고 정신자세를 정립하는 동시에 경찰의 기강을 바로잡기 위한 과감한 자가교정을 하자는 데에 있었다. 또한, 경찰관 개개인의 내핍생활과 인간관계의 원활화, 지식의 함양, 직장과 가정에 있어서의 생활태도 개선 등 공사생활의 건전화를 도모함에 있었다.

동 헌장은 자율적이고 적극적인 봉사자로서 갖추어야 할 기본정신과 실천하여야 할 경찰의 윤리적인 행동지표를 제시하고 있는데, 이를 요약하면 규범성·연대성·성실성·근면성·공정성·청렴성·합리성과 사명감에 대한 경찰관의 덕목을 정한 것이었다.

— 경찰공무원 윤리헌장 —

우리는 국민의 생명과 재산을 보호하고 공공의 안녕과 질서를 유지하는 경찰관으로서,

- 우리는 헌법과 법률을 수호하고 명령에 복종하며, 각자 맡은 바 책임과 임무를 충실히 완수한다.
- 우리는 냉철한 이성과 투철한 사명감을 가지고 모든 위해와 불법과 불의에 과감하게 대결하며, 항상 청렴 검소한 생활로써 명리를 멀리하고 오직 양심에 따라 행동한다.
- 우리는 주권을 가진 국민의 수임자로서 공공의 복리를 증진하고 국민의 자유와 권리를 존중하며 성실하게 봉사한다.
- 우리는 국민의 신뢰를 명심하여 편견이나 감정에 사로잡히지 않고 공명정대하게 업무를 처리한다.
- 우리는 이 모든 목표와 사명을 달성하기 위하여 끊임없이 인격과 지식의 연마에 노력할 것이며, 민주경찰의 발전에 헌신한다.

경찰윤리를 확립하기 위하여 경찰은 부단한 교육 훈련 외에 감찰업무를 강화하여 왔다.[32)]

---

32) 이 경찰공무원 윤리헌장은 경찰헌장으로 다시 정립되었다가. 즉, 1991년 8월 1일 경찰청 창설과 함께 전문 강령과 본문 5개 세항으로 만들어졌다.

제11장 치안본부 시대

제1절 치안본부 승격의 의의

1. 8·15 저격사건과 시국치안

유신으로 인한 긴급조치와 이에 저항하는 정치인과 학생 소요로 어수선한 가운데 영부인이 피살된 1974년 8·15 저격사건이 발생하였다. 이로 인해 유신이후 강조되어 온 안보치안이 더욱 강화되었으며, 이를 담당할 경찰기구가 확장되었다.

치안본부시대는 1991년의 경찰청 발족 이전까지 4, 5, 6공화국을 거치면서 대내외적인 격변기를 거치게 된다. 정통성에 담보 잡힌 정권으로서는 우선 안보를 들어 통치할 수도 있었고, 아세안 게임과 올림픽 대회를 개최하여 통합할 수도 있었으며, 과다한 자율을 무기로 여론을 이끌 수도 있었다.

그 와중에 경찰은 국민의 요구를 무리하게 억압하며 정통성의 비난을 막아 주는 역할을 감내하면서 거리의 시위진압에 온 경찰력을 사용하였다. 이러한 시국치안에 급급하다 보니, 경찰제도의 발전에는 상당히 미흡한 시기이기도 하였다.

2. 치안본부 승격(1975)

8·15사건을 계기로 정부에서는 경찰활동의 강화를 재인식함으로써 1974년 12월 24일에는 정부조직법을 개정하여 종전의 내무부 치안국을 내무부 치안본부로 개편하고 치안본부장을 별정직으로 하며 차관급으로 승격시켰다. 그리고 치안본부에 제1부, 제2부, 제3부를 두고, 치안본부장을 치안총감으로, 각 부장을 치안감으로 보하도록 하였다.

치안본부로 승격되긴 했으나, 여전히 내무부 산하에 있는 기구로서 조직의 독립성에는 미치지 못하였다. 따라서, 그 후에도 계속 독립성 문제와 함께 수사권의 독자성 문제가 거론되어 왔다. 그러나 정치적으로는 전혀 반응이 없는 시기이기도 하였다.

1989년에 치안본부가 독립청사를 갖게 된 것이 그나마 위안일 뿐이었다.

제 2 절 치안수요의 급증

이 시기는 우리 현대사에 있어서 정치·경제·사회·문화 등 다방면에서 큰 변혁을 이룬 때였다. 그러나 사회가 안정기에 드는 시기인 만큼, 군의 힘을 빌리기보다는 경찰의 힘으로 원래의 치안수요를 담당하고자 애쓴 시기이기도 하였다. 이 시기를 편의상 유신말기, 과도기, 격동기, 민주화과정기로 나누어서 당시의 사회상을 본다.[33)]

1. 유신말기(1975 ~ 1979)

유신헌법 제정 이후 1974년 1월 8일부터 1975년 5월 13일까지 9회에 걸쳐서 대통령 긴급조치를 선포하였는데, 이 긴급조치는 헌법 제53조에 근거를 둔 것으로, 국가가 위급한 사태에 처하였을 경우에 발동되는 조치로서 당시의 긴박한 사정을 확실히 증명하여 주고 있다.

긴급조치에 대한 비난이 거세지자, 1975년 2월 12일에 국민투표를 실시하였다. 그리고 73.1%로 신임을 받게 됨으로써 거국체제를 구성했으며, 이어 7월 16일에는 사회안전법을 제정하였다. 이로써 반국가적 사상을 가졌던 자라 하더라도 일시적 과오로 죄를 범하기는 하였으나 진정 개과천선하여 건전한 국민으로 국가발전과 민족중흥을 위하여 열과 성을 다하고 있다면 반국가 사범일지라도 선처한다고 하였다.

그러나 무수한 긴급조치위반과 무분별한 보호시찰 처분, 주거제한 처분, 보안감금처리제도 등은 국민의 정치적 자유를 억압하였고 그만큼 경찰의 치안수요는 증가하였다.

2. 과도기(1979. 10. 26 ~ 1980)

1979년의 10·26사태 이후 긴급조치 9호가 폐지되고, 동 조치위반 구속자들의 대거 석방·복권·사회 복귀 등 해빙사회로의 이행 과정에서, 1980년 봄이 되자 대학가에서는 기존에 불법화되어 있던 각종 이념 서클에서 공개적으로 신입생을 모집하고 연일 정국을 비판하는 대자보를 붙이는 등 비방활동을 재개하였다.

또한, 3월 28일의 서울대 총학생회 출범을 시작으로 각 대학에서는 학생회 구성이

---

33) 경찰청, "한국경찰사 Ⅳ", 1994, pp.776~843 ; pp.1028~1115.

본격화되었으며, 학생회 구성을 마무리한 대학가에서는 소위 학내민주화투쟁에 돌입했다. 이어 '서울의 봄'을 맞아 5월에는 거리로 나감으로써 대학가는 전면적인 가두시위에 나서게 되었다. 마침내 5·17 전국적 비상계엄 확대조치로 학원가는 점차 평온을 회복하였다.

한편, 전라도 지역에서는 전남대학 등을 중심으로 한 비상계엄령 확대거부 시위로 5·18 광주민주화운동이 일어났으나 곧 좌절되고 말았다. 이 운동은 그 후 매년 연례적인 학원시위를 유발시켰으며, 끝내 역사적 재평가를 받게 되었다. 또한, 1980년 4월에 강원도에서 발생한 사북사태는 광원과 그 가족들이 4일 동안 사북읍을 무법지대로 만든 최악의 노사분규였다.

3. 격동기(1981 ~ 1987)

(1) 정치집회

신한민주당이 1985년 1월 18일의 창당과 함께 그 해 2월 12일에 실시된 제12대 국회의원 선거에서 제1야당으로 급부상하면서 대통령 직선제 개헌 등 민주화 쟁취를 위한 정치집회가 1987년의 6·29선언 이전까지 지속적으로 전개되었다.

한편, 1987년 1월 14일 박종철 고문치사사건 발생으로 일기 시작한 고문치사 조작 및 호헌철폐규탄 열기는 4월 13일의 호헌 조치 이후 증폭되어 6월 10일에는 전국 22개 도시 104개소에서 신민당 등 야권·학생·일반시민의 6·10항쟁으로 절정을 이루었고, 마침내 6·29 대통령직선제 개헌 등 시국수습 8개항 선언으로 민주화를 향한 국민적 갈증이 해소되었다.

(2) 학원사태

1980년의 5·18 광주민주화 운동을 고비로 제5공화국 출범 초기 학원사태는 소강상태를 유지하였으나, 1984년의 학원자율화 조치를 분기점으로 급격하게 증가추세를 보였다.

1985년에는 개학 초부터 '총준위'를 중심으로 임의 총학생회를 구성하여 학내외 시위를 주도하여 대학 내를 운동권의 거점으로 삼고 재야와 연대함으로써 '민주헌법 쟁취' 이슈를 부각하는 한편, 투석·화염병 투척과 분신위협 또는 주요기관 기습 투석 및 점거농성 등 극단적인 투쟁방법이 난무하였다.

1986년에는 1학기 중에 신민당의 개헌추진 시·도지부 결성과 종교계의 민주화를 표방한 개헌서명운동과 각계각층의 시국선언 등으로 학원사태가 고무되었다.

동년 3월 4일에는 서울대 연합시위를 계기로 삼민투 후신인 '자민투'와 '민민투' 등의 주동자를 경찰이 검거함으로써 사태는 감소현상을 보인 반면, 4명의 학생이 분신 사망하는 등 극렬상을 시현하였다.

1987년에는 연초부터 박종철 군의 사망사건으로 재야, 종교계, 학원 등이 연계, 소위 '2·7 국민추도회', '3·3 국민 평화대행진' 등 대규모의 극렬 시위가 양적으로 격증했다. 질적으로는 단식·삭발·혈서 및 경찰관 납치·구타·공격과 시설 방화 등 도시 게릴라식 폭력 시위로 변질되었으나, 6·29선언으로 진정되었다.

(3) 노사분규

80년대 초기에는 제3자 개입금지 등 제도적 장치와 불법행위 강력 단속으로 소강상태에 있었으나, 1987년 6·29 이후 급격히 증가했다.

1987년도 총 노사분규는 4,676건으로, 이는 전년도의 379건에 비해서 약 12배의 규모가 되고, 특히 6·29 이후의 발생건수는 총 4,431건이었다. 이는 제3공화국 이후 25년 동안에 발생한 4,377건보다도 오히려 많은 숫자이다.

이 시기의 노사분규는 규모가 대형화되고 장기적으로 전개된 것이 특색이었으며, 근로자의 투쟁이 종전에 비해 훨씬 조직적이고 극한적인 양상을 표출했다.

4. 민주화 과정기(1988~1991)

(1) 학원사태

제6공화국은 88올림픽 개최를 위해 대외적인 유화 제스처가 필요한 때이기도 했다. 학원가도 반미투쟁, 통일투쟁, 5공비리 시위 등 쟁점을 창출해 나가는 양상을 띠었다.

1991년에는 '5월 투쟁'으로 그 절정을 이루었으나, 8월 이후 통일투쟁으로 발전하였다. 그 후에도 민주정부수립을 목표로 야당·국민연합 등과 연계하여 정치투쟁을 계속하였다.

(2) 노사분규

6·29 이후 급증되던 노사분규는 줄어들었지만, 소위 민주노조 주도의 과격투쟁으로 공권력 투입이 크게 증가(1988년 2건, 1989년 43건)한 특징을 보였다. 또한 지역·업종별 연대투쟁 및 분규 장기화로 생산차질이 확대되었고 재야는 문제권 학생들과 연계하여 정치성 집회가 확산됨으로써 산업사회 안정을 크게 저해하였다.

이 시기의 노사분규는 전국적으로 파급되었고, 요구조건도 12~15개 항목으로 다양하였으며, 노·노경쟁으로 인한 과다한 요구도 많아서 관련 산업 전체에 경제적 타격을 가하곤 하였다.

(3) 집단사태

사회분야 집단사태는 6·29선언 이후에 계속 증가하였는데, 이는 산업화 과정에서 수반된 공해피해 발생과 지역개발에 따른 보상요구와 사소한 지역 현안문제 및 불만사항 등을 집단적인 실력행사를 통해 해결하려는 사고의 팽배와 함께 지역 내에서 해결가능한 문제도 중앙기관 요로에 대한 진정·집단 상경 등의 방법으로 해결책을 강구하려는 풍조에서 기인한 것으로 보인다.

이는, 민주화와 개방정책에 따른 욕구분출로서 계속 증가되고 있는 실정이며 요구사항도 추곡 수매 등의 농업 민원을 비롯하여 재개발 철거 등의 서민 민원이 감소된 반면에 공해와 핵폐기물처리 등의 환경관련 민원이 빈발하였다.

지역·단체 이기주의의 팽배로 무조건적인 반대 분위기 속에서 지역주민 중심으로 대책위·투쟁위 등을 구성하여 조직적 장기투쟁을 전개하였으며, 운동권 학생과 직업적 재야운동가 등의 선동으로 조직화·광역화·장기화 양상을 보였다.

당시 급증하는 치안수요 속에서 자조하는 경찰상이 어느 지방 경찰관의 '꼭두각시 경찰'에 잘 나타나 있다.[34)]

- 국민들이 경찰에 대한 관심을 많이 가져주는 것은 고맙다. 그만큼 아끼고 필요하기 때문이리라. 더 격려하기 때문이리라.
- 인권에 대하여 질타하는 것은 만 번 옳은 일이다. 순이 우임금에게 이르기를 "인심은 치우치기 쉽고, 도심은 참 미묘하니 소신으로 중심을 가지라." 하였다. 악한 인심도 참 많은 세상인데, 이를 제어하려는 경찰만 도심을 가지려니 정히 어렵다.
- 「태백산맥」의 어느 주인공은 "공산당 세포를 심으려면 그 여자와 관계하라."는 지령을 받고 성교육의 실행을 합리화시킨다.
- 작년 어느 외국통신은 10대 뉴스 사진에서, 군중을 몽둥이로 때리며 질질 끌고 가는 방글라데시 경찰 모습과 화염병 불꽃 속에 방패로 앞을 가려 웅크리고 있는 일단의 한국경찰 모습을 실었다.
- 요즘 사람들은 경찰신(神)을 요구하는가 보다. 「로보캅」이나 「육백만불 사나이」도 되어야 하고, 「나이팅게일」 같은 희생도 해야 하고, 성직자 같은 수양도 있어야 하고, 맞고만 있어야 하는 바보도 되어야 하고, 맞닥뜨리면 무조건 피해자가 되어야 하는 전인전능, 무소불통의 신을 바라고 있다.

---

34) 진주경찰서, 월간 "무궁화", 1988. 2, p.8.

- 87년 서부, 동부, 금산, 사봉 지·파출소 직원들의 근무시간을 빼보니, 하루 평균 17시간이었다. 연 52일인 일요일도 쉬지 못했다. 그런 사람들은 무슨 영양제를 먹고 철인이 되었는가?
- 1월 초 노름판 강도가 발생하여 20여 일 동안 대구, 부산, 마산, 수원 등지를 쫓아 5인조를 검거했는데 연인원 150명에 수사비 300여만 원이 들었다. 그 동안 무슨 수로 경비를 충당했는지 귀신들이다.
- 제도를 그대로 두고 경찰을 쇄신한다는 게 공염불이란 것은 해방이후 쭉 들어온 말이다. 영국이나 미국에서는 보수면이나 인력면에서 좋은 조건이니 경찰에 대한 지망도 많고 평가도 좋을 수 있다. 일본에서는 인사보장과 기구독립으로 소신껏 일할 수 있다. 우리 제도에서는 후진국 수준보다도 훨씬 뒤떨어진 낙후한 행정체계 속에서 무한봉사와 혹사로서 이를 대신하고 있다.
- 왼손은 L이, 오른손은 N이, 오른발은 A가, 왼발은 S가, 그리고 머리는 G의 끈으로 조정되는 꼭두각시 경찰로서는 국민의 이웃이라기보다 국민의 적 모습이다.
- 만인만색으로 경찰을 매도하다 보면, 바로 이웃에 도둑이 들고 사회가 어지러워지며 국가의 응집된 힘이 헝클어진다. 모든 책임은 우리 스스로에게 있다. 이런 때일수록 꿋꿋하게 제자리를 지켜 힘 모아 기다리자.

제 3 절 경찰제도의 확충

1. 대폭적인 경찰기구 개편

(1) 치안본부

치안본부에 3부를 둔 후, 1975년 1월 23일자로 치안본부 보안과에 있던 삼림단속계를 폐지하고 인사교육과 내에 인사근무계를 신설하였다. 그리고 동년 9월 30일에는 치안본부 인사교육과 내에 인력관리계를, 경비과에 방호계를, 작전과에 전경계·훈련검열계를, 수사지도과에 수사3계를, 정보과에 정보5계를 각각 신설하였다. 또한, 1976년 4월 5일에 정보과를 일반치안정보 관장을 위한 정보1과와 대공업무를 전담하는 정보2과로 분리 설치하고, 1977년 4월 9일에는 치안본부제2부에 해경과를 설치하였다가 그 이듬해인 1978년 8월 9일에는 해상보안과로 개칭하여 해상공해업무를 관장토록 하였다.

1981년 6월 18일에는 한반도의 특수한 상황 등 경찰의 정보기능 강화가 요청되었으므로 치안본부에 제4부를 설치하게 되었다. 따라서 제3부는 수사1과·수사2과·감식과·외사과를 담당하고, 제4부는 정보1과·정보2과·정보3과·대공과의 4개 과를 담당하게 되었다. 그리고 치안본부에 치안본부장을 보좌하는 참모부서로서 치안감사 담당관을 신설하고 조사과·감사과·전경감찰과를 관장하게 하였다. 이로 인하여 치안본부 조직은 4부 1담당실 1소 18과 80계로 증편되었다.

1982년 1월 22일에는 전경감찰·관재·경찰자료·기획2·기획3·인력운용·전경장비·무선·해상구난·해상공해·작전4·국제협력·외사수사대·정보 1과 3업무·대공의 업무를 폐지하고, 일부 업무의 명칭을 변경하였다.[35)]

1984년 8월 18일에는 전경대가 담당하고 있는 해안경계 임무를 군부대로 이관하는 계획을 수립하고 순차적으로 임무를 전환시켰다.

1986년 1월 28일, 경찰조직의 직급이 상향 조정되고 직제도 확대되어 인원이 크게 증가하였다. 주요 내용은 치안본부 계장인 총경을 과장으로, 과장인 경무관을 부장으로, 부장인 치안감을 조정관(대외명칭 차장)으로 하였다.

그리고 당시 치안감이 맡고 있던 서울시경국장 및 해양경찰대장을 치안정감으로 격상하였으며, 본부의 경무관 6인을 감축하여 그 중 4인을 서울시경(2인)·부산시경(1)·경기도경(1)의 담당관요원(신설)으로 활용토록 하였다. 직급을 올리면서 세분화되어 있는 치안본부 과·계 기구를 축소 통합하여 4부 19과 70계에서 4조정관 9부 26과 4담당관으로 다른 부처와 균형이 맞도록 조정하여 86아시안게임과 88올림픽에 따른 치안수요에 대비토록 함으로써 경찰조직은 진일보하게 되었다.

동년 10월 27일에는 대공경찰의 기능을 강화하기 위하여 치안본부에 제5조정관을 신설하였다. 제4조정관이 관장한 대공업무를 제5조정관이 맡음으로써 대공 1부·대공 2부·대공 3부를 산하에 두었고, 제4조정관은 외사와 정보업무만을 관장하게 되었다.

1987년 3월 2일에는 공안분실을 신설하고 치안본부 대공 3부를 중앙공안수사단으로 명명하였다.

1989년 1월 9일에는 경찰기구 및 인력관리 개선 시행계획을 수립하여 ① 형사부(3개 과), 교통기획과, 전경근무과, 외사3과의 신설 및 현실화 ② 전경관리부, 올림픽기획단, 청사관리, 전경교육, 경비 2, 대공수사 6과의 폐지 ③ 상황담당관, 정보 1분실장, 특수 2대장, 전산담당 총경 감축 ④ 자경대 및 경호특공대의 서울시경 이관을 추진하였다.

8월 7일에는 제3조정관 산하에 형사부 및 형사1·2과를 신설하고, 연구발전담당 총경과 감찰담당 총경 및 교통기획과를 신설하는 한편, 청사관리담당관·대공수사 3과·대공수사 6과를 폐지하였다. 또한 대공수사 4·5과는 대공수사 3·4과로 개칭하고,

---

35) 보임 → 인사, 작전1 → 전경, 작전2 → 작전, 작전3 → 훈련지도, 정보2 → 신원.

치안기획관 밑의 장비담당 총경을 장비과로 하고 경무부로 소속을 변경하였으며, 수사부의 수사지도과를 수사과로, 특수수사과는 조사과로 조정하였다.

1990년 4월 17일에는 형사부를 강력부로 바꾸고, 형사 1·2과를 형사과·강력과로 각각 명칭을 변경하였으며, 폭력과를 신설하였다.

(2) 지방경찰

대구직할시 경찰국과 인천직할시 경찰국이 각각 1981년과 1987년에 신설되었다. 경찰국장 직급도 부산('78), 경기('82), 전남('86), 충남('88) 등 순차로 치안감으로 격상되었다.

1975년 8월 28일에는 수도권 방어의 중요성을 감안하여 서울특별시 경찰국 방위과를 폐지하고 작전과를 신설하였으며, 전북·전남·경남경찰국에도 동일자로 대간첩작전 업무를 전문적으로 다룰 작전과를 신설하였다.

1982년 2월 24일에는 작전기능 강화를 위해 강원·충북·충남·경북에 작전과를 신설하고 작전1·2계와 종합상황실을 관장하게 되었다.

또한, 제주경찰국 정보수사과를 정보과와 수사과로 분리함으로써 제주도의 치안수요에 대비토록 하였고, 제주도를 제외한 각 시도 경찰국 정보과에 정보5계를 신설하여 정보업무를 강화하였으며, 부산시 경찰국에는 1960년대부터 조직은 갖추어져 있었으나 효율성이 낮던 경비과 내의 기마대를 폐지하였다.

이보다 앞서 1973년 2월 12일에는 안보치안에 역점을 둔 조직개편의 일환으로 김포·수영·제주공항에 공항경비대를 창설하였으며, 1974년 10월 7일 대통령경호의 중요성을 인식하여 서울특별시 경호국에 경호기동대인 22지역대를 직할대로 설치·운영하도록 하였다.

1985년 2월 13일에는 제주경찰국에 대공과를 설치하고, 5월 6일에는 제주경찰국 경비과에 전경관리계를 설치하였다. 동년 11월 26일에는 86아시안게임과 88서울올림픽에 대비하여 올림픽 경비대(1본부·9중대·4소대), 기동대(12개 중대), 전경대(9개 중대)를 설치하였다.

1986년 6월 14일에는 8개 시·도에 형사기동대 12개 중대를 신설하였다.(서울 5, 부산, 대구, 경기, 충남, 정북, 전남, 경남 각1)

1989년 1월 9일에는 치안본부에서 서울경찰국장 직속으로 서울시경 특수대를 이체하여 운영하다가 동년 4월 11일에 치안본부 소속으로 재조정하였으며, 동년 2월 14일에는 시위관련사범 주관부서를 대공과에서 수사과로 이관하여 수사2계를 신설하고 수사계는 수사1계로 개칭하였다. 동년 8월 7일에는 민주치안확립을 위해 기동대와 교통과 증설 등 대폭적인 조직개편이 있었다.[36)]

1990년 4월 17일에는 직할시 관할 5개 경찰국에 강력과를 신설하고 서울과 경기경찰국 형사과는 강력과로 개칭하였으며, 6개 경찰국(부산, 대구, 인천, 충남 , 전남, 경기)에는 폭력계를 설치하고, 강원·충북·전북·제주경찰국에는 강력계를 설치하였다.

(3) 소방본부 이관

1975년의 월남사태로 빚어진 국내외 정세는 자못 긴장상태에 돌입하였으며, 북한의 남침야욕에 대하여 국민총력전태세를 확립하여야 한다는 국민적 여망을 바탕으로 우리나라에서도 민방위제도를 실시키로 하였다. 이에 따라 내무부에 민방위본부를 설치하고 1975년 8월 26일자로 치안본부 소방과를 폐지하고 그 업무를 민방위본부 소방국에 이관하였다가 그 후에 소방본부로 개칭되었다. 이로써 그 동안 경찰에서 관장하던 소방업무는 다른 기관으로 넘어가게 되었으며, 내무부 소방본부에서는 총괄적 지휘만 하고 각 시·도 소방본부에서 지방행정기관의 지휘를 받아서 자치경찰의 기능을 하고 있다.

2. 의무경찰제도

1982년 12월 31일에는 신임 순경의 모집인원을 당분간 줄이고 이에 따라 부족한 경찰력을 충당키 위해 의무경찰제도를 실시하였다. 즉, 전투경찰대설치법을 개정하여 대간첩 작전을 임무로 하는 전투경찰순경(전투경찰)은 내무부장관이 국방장관에게 요청한 자 중에서 임용하고, 치안업무의 보조를 임무로 하는 전투경찰순경(의무경찰)은 내무부장관이 국방부장관에게 추천한 자 중에서 임용하였다.[37)]

이러한 의무경찰제도는 예산을 절감하고 경찰관들에게 각종 수당의 혜택을 부여하는 데 직접적인 역할을 하였다. 1980년대 초의 야간 통행금지 해제로 각종 풍속사범 등의 치안수요가 폭증할 즈음에 이 제도가 신설되어 순찰·입초·교통보조 등의 단

36) • 서울경찰국 제5담당관 및 대공2과 신설
• 서울 기동대를 4개 기동대로 개편(총경 3명 증원)
• 경기경찰국 제2담당관 신설
• 10개 경찰국(대구, 인천, 경기, 강원, 충북, 충남, 전북, 전남, 경북, 경남)에 교통과 신설
• 경기 경찰국 형사과 신설
• 7개 경찰국(강원, 충북, 충남, 전북, 전남, 경북, 경남) 작전과 폐지

37) 의무경찰제도 신설 이전에도 전투경찰대설치법을 개정하여 1981년도부터 전경대원을 도시 파출소 지원요원으로 활용할 수 있게 함으로써 도시 파출소 1,360개소에 4명씩 5,400명, 교통외근 908명, 일반부서 행정요원 3,579명을 배치하였다.

순 방범업무와 시위진압 등의 분야에서 그 기능을 발휘하였으며, 경찰관의 근무환경 개선에 지대한 공헌을 하였다.

그러나 비교적 사명감이 희박하고 경찰실무 및 사회경험 부족으로 대민 친절봉사라는 점에서는 미흡하다는 단점도 노출되었다.[38]

3. 용역경비제도와 청원경찰

사회가 발전함에 따라 경비수요가 증가하면서 용역경비제도와 청원경찰 등 준경찰력이 확대되어 왔다. 현재는 용역경비업이 증가하면서 청원경찰의 규모가 줄어드는 경향이 있으므로 용역경비업에 청원권을 부여해야 한다는 주장이 있었다.[39] 이에 따라 2001년 용역경비업법이 경비업법으로 전면 개정되었고, 2010년 청원경찰법도 전면 개정되어 현실을 반영하고 있다.

(1) 용역경비제도의 도입

경제규모가 커지고 사회안정이 정착되어 감에 따라 생산공장 등 산업시설이 대규모화되고 대도시와 공업단지에는 고층건물이 세워짐으로써 금융가·상사·무역회사 등의 사업체가 입주하게 되자, 동건물의 출입자 통제 및 방범 방재를 위한 안전관리 수요가 급증하여 전문화된 용역경비업체가 필요하게 되었다.

산업시설에 있어서도 자사의 경비는 전문가에 의뢰하고 경영 및 생산활동 등 본연의 업무에 전념할 수 있다는 장점이 작용하여 선진국에서 이미 실시되어 온 용역경비사업이 한국에도 소개됨으로써 경비회사가 설립되기에 이르렀다. 특히 해방 후에 계속 미군사시설을 경비하던 회사들이 법보호의 필요성을 공감하여 기존 경비회사들과 단합하여 관계부처에 요구함으로써 1976년 12월 17일에는 용역경비업법을 제정·시행하게 되었다.

용역경비의 연혁을 살펴보면, 1962년도에 2개 회사가 220명의 경비원으로 미8군 시설을 경비한 바 있었는데, 1975년도에는 245개 시설에서 4,580명, 1977년도에는 269개 시설에서 4,693명, 1978년도에는 194개 시설에서 4,876명, 1979년도에는 231개 시설에서 5,012명으로 계속 증가하여 왔다.[40]

80년대에도 계속 증가하여 80년대 말에는 경비원이 3만여 명에 달하나, 아직 보완해야 할 부분이 적지 않은 실정이다.[41]

38) 경찰청, "경찰 50년사", 1995. p.342.
39) 정진환, "경찰행정론", 대영문화사, 1998, pp.307~327.
40) "한국경찰사 Ⅲ", p.99.

(2) 청원경찰 배치 확대

부족한 경찰력을 보완하고 중요시설 등의 경비를 위하여 청원경찰을 확보 운용하고자 1962년 청원경찰법이 제정되어 동법이 정하는 시설에 일정장소 등 경비구역을 설정하여 무기를 휴대케 한 후에 경찰관 직무를 대행할 수 있도록 하였으나, 1970년 이전까지는 유명무실한 정도였다. 그러나 1970년대에 이르러서는 지속 신장하여 1973년과 1976년 2차에 걸쳐서 법개정을 보았다. 청원경찰의 주임무는 시설경비, 수송경비, 대간첩침투대비 무장경계, 출입자 통제, 방범방재임무 등이다.[42] 그러나 청원경찰은 1980년대 이후에 용역경비업의 본격화로 규모가 줄어드는 경향에 있으며, 점차 범죄예방적 역할이 강조되고 있다.[43]

4. 경찰대학

경찰행정 수요에 적극적으로 대처하고 경찰교육의 자주성을 확립하기 위하여 4년제 경찰대학을 설립해야 한다는 소리가 높아져 왔다.

이는, 1960년대부터 논의되어 왔던 일로 1972년에 경찰전문학교를 경찰대학으로 개칭하였는데, 동년「70년대 한국경찰의 방향」이나 1978년「수사업무개선연구단」 보고서에서도 주장되었다. 결국 경찰대학설치법이 1979년 통과되어 1981년부터 정상으로 운영되었다.

경찰대학은 경찰간부 인력의 전반적 질적 수준 제고와 조직의 대외적 이미지를 향상시키고 조직타성을 개선하는 데 크게 기여하였다. 그러나 일반대학과 사관학교의 중간적인 성격과 학장의 임기가 짧음으로 인하여 나타나게 되는 교육행정의 가변성, 경찰업무의 성격상 나타나는 근무경력과 능력의 비례성으로 인한 초임 경찰대학 출신자들의 능력에 대한 회의, 집단생활에서 나타나는 경직성 등이 문제점으로 지적되었다.[44]

경찰대학의 부설기관으로는 치안연구소, 경찰수사연구소, 보안간부연구소, 공안문제연구소, 박물관, 도서관 등이 있다. 지금은 대학당국의 꾸준한 홍보와 대학의 높은 지명도로 매년 우수한 학생들이 입학하고 있다.[45]

41) 1996년 말 현재 975 회사에 52,489명의 경비원이 있다. 용역경비업은 1995년 이후에 '경비지도사' 제도 시행으로 한 차원 높은 인식을 받고 있으며, 1997년 이후 외국 시장에도 개방되어 진정한 활성화가 기대된다.___, 경찰청, "경찰백서", 1997, pp.187~188.

42) "한국경찰사 Ⅲ", p.1000.

43) 1996년 말의 청원경찰은 5,293개 소에 30,806명이 배치되었다.

__, 경찰청, "경찰백서", 1997, p.189.

44) 경찰청, "경찰50년사", 1995, p373.

45) '경찰대학과 현실적합성 문제'를 근본적으로 제기한 책이 있다. 경찰개혁(중)(정균환, 밝은세상, 1998)에서, 경찰대학의 각종 문제점과 특혜를 열거하고 그 대안으로 ① 전문대학 수준화 ② 대학

치안본부시대는 공화국이 자주 바뀌면서 정권이 바뀔 때마다 경찰기구에 대한 논의가 발전적으로 되어 온 시기이기도 하다. 그 중 경찰의 독립성 문제는 어느 정도 해결되기도 하였다.46)

제 4 절 경찰제도의 발전시도

1. 1978년 수사업무 개선연구단

치안본부에서는 1977년 10월 15일부터 1978년 6월 30일까지 8개월에 걸쳐서 수사경찰의 현대화 작업을 추진하기 위한 정부예산의 지원방향과 기준을 객관성 있고 과학적으로 판단할 수 있도록 한국과학기술연구소에 용역을 의뢰하여 연구에 착수토록 하였다. 이는 경찰수사 발전을 위한 획기적인 사업으로서 연구단은 동 연구소의 전산개발실장 안문석 외 5명으로 구성되었다.

위 연구단이 제시한 대안과 정책적 건의 요지는 다음과 같다.

(1) 수사제도의 개선

책임과 예산 및 권한의 일치를 위하여 다음과 같은 조치가 필요하다.

- 검사의 수사지휘권을 세부적으로 규정
- 검사는 소송유지 및 고도의 법률지식이 요구되는 사건만 수사하도록 사법경찰관리집무규칙을 내무·법무합동부령 또는 대통령령으로 제정
- 수사업무 능률화를 위하여 수사절차와 서식 등은 경찰과 검찰이 협의하여 결정
- 궁극적으로 경찰의 독자적 수사권 확립(자질향상 선행)

(2) 경찰사관학교 설치(4년제)

- 경제발전에 따른 인재난 배려 자체양성 시급
- 수사요원의 자질향상으로 인력절감효과 거양

원으로의 전환 ③ 입학정원 축소 등을 제시하여 공론회할 것을 요구한다.

46) 이보다 앞서 1972년 치안행정기획단이 구성되어 '70년대 한국경찰 방향'을 제시하였는데, 그 기본정책은 다음과 같다.「현 경찰이 당면하고 있는 약점과 문제점을 과감히 시정 척결하고 경찰력의 제구성요소를 효율적으로 재배합하여 관리함으로써 가속도적으로 변동하는 '70년대 사회수요에 완벽하게 대응하기 위한 경찰의 진로를 제시함에 그 목적이 있다. 국가 기능의 주요일부인 경찰이 '70년대에 구현해야 할 기본정책은 ① 안보경찰 ② 산업경찰 ③ 환경경찰이다. 이를 효과적으로 수행하기 위하여 경찰체제의 부단한 자체 정비가 선행 내지 병행되어야 한다.」

(3) 상설수사대 운영

• 필요성으로, ① 경찰수사력이 주요사건에 집중 투입되므로 국민생활과 밀접한 사건 등에 수사력 미흡 ② 전국적 광역수사체제 확립

• 운영방식으로는, ① 치안본부에서 전국 관할 상설수사대를 설치 운영하여 수사본부 설치 사건에 해당하는 사건만 수사하며 ② 전국에 12개 단위대를 설치

그 밖에도 범죄발생건수를 줄일 수 있는 수사제도 확립, 조사업무 개선, 수사예산 사후심사제, 과학수사연구소의 재단화 등 획기적인 내용이었으나, 경찰대학 설립 외에는 큰 진전이 없었다.[47)]

2. 1980년 6일 교수 헌법안

(1) 10·26사태 이후에 국회 헌법심의특별위원회가 활동 중이던 1980년 3월에 전직 경찰관들의 모임인 대한경우회는 경찰의 정치적 중립과 기구독립을 위한 제도적 장치가 개헌과정에서 마련되어야 한다고 치안본부장에게 촉구하였다.

1980년 4월에 치안본부에서는 ① 경찰중립화를 위한 헌법상 명문규정의 필요성 ② 경찰의 독자적 수사권을 위한 관계 법규 개정을 골자로 하는 대국회 대화자료를 발행, 일선간부들로 하여금 국회의원에 대한 로비를 하도록 지시하였다.[48)] 그리하여 학계에서 주장한 제5공화국 헌법의 민간안에는 경찰중립에 관한 규정이 있었으나, 종래 채택되지 아니하였다.[49)]

경찰중립화 6인 교수안

• 제89조

① 공안유지와 범죄수사의 공정성 및 정치적 중립성을 보장하기 위하여 대통령 소속하에 공안위원회를 둔다.

② 공안위원회는 위원장을 포함하여 6인 이내의 위원으로 구성한다.

③ 공안위원회 위원장은 국회의 동의를 얻어 대통령이 임명하며 그 임기는 3년으로 한다.

④ 위원은 위원장이 제청하여 대통령이 임명하고 그 임기는 3년으로 한다.

⑤ 공안위원회는 범죄수사 및 공안유지 활동을 감시하며 정치적 편파성이 있거나 위법·불공정한 활동이 있는 경우에는 관계장관에게 그 시정을 요구할 수 있다.

⑥ 공안 위원회의 직무범위, 조직, 운영에 관한 사항은 법률로 정한다.

---

47) "한국경찰사 Ⅲ", pp.1052~1062.

48) 정진환, "경찰행정론" 1998, p.102.

49) 치안본부, "2000년대를 향한 경찰 발전 방안", 1985, p.42.

• 제97조 다음 사항은 국무회의 의결을 거쳐야 한다.

17. ……경찰청장……의 임명

(2) 한편, 헌법개정심의특별위원회에서는 경찰중립화 조항을 헌법에 명시하기로 합의한 바 있다. 당시 속기록을 살펴본다.[50)]

• **최치환 위원** : 경찰중립화 문제에 대해서는 소위원회에서 본인이 거론한 장본인입니다. 잘 아시다시피 뭐 여기 현명한 분들한테 경찰이 중립해야 된다는 당위성 필요성을 제가 설명할 시간을 갖지 못합니다. 다만, 경위를 말씀드리자면 경찰이 정권의 하수인적 위치에서는 그 끔찍한 YH사건, 3·15부정선거, 부마사태 이런 것이 재연되지 않음으로 인해서 이 나라의 안보나 또 국가의 그런 여러 가지의 질서가 또 정국이 혼란에 빠지지 않는다 하는 이런 엄청난 경험을 우리가 가까운 과거에 가졌기 때문에 경찰이 그와 같은 정권의 하수인 입장에서부터 중립이 됨으로 인해서 한국의 안보나 또 우리 사회의 질서나 우리 정국에 안정이 온다 이러한 경험을 통해 여실히 이것을 느끼고 있는 사람 중의 하나입니다.

그렇기 때문에 1955년 9월 11일에 법무부가 주동이 돼가지고 국무회의까지 경찰중립을 위해서 가결이 됐습니다. 그러나 이것이 집권자에 의해서 이룩되지 아니하고 또 1956년 8월은 자유당 의원총회에서 경찰중립이 결의가 됐습니다. 그러다가 그것이 실현이 못 되고 있다가 1960년 6월 15일, 제2공화국이 탄생되기 직전 6월 15일 헌법의 개정을 보아 가지고 아까 소위원장께서 보고 드린 바와 마찬가지로 제75조 제2항에 하도 경찰중립이 거론만 되었지 되지 아니 하니까… 채문식 위원님 말씀이 당연합니다. 그러나 경찰이 중립이 안 됨으로 인해서 3·15와 같은 엄청난 일이 있었기 때문에 꼭 중립을 시키도록 헌법에 못박아야 이것이 이룩된다 하는 그러한 역사적인 당위성 때문에 제2공화국 3차 개헌 때 1960년 6월 15일 개정 공포된 제75조 제2항에 정부각부의 조직에 대해서 전항의 법률에는 경찰의 중립을 보장시키고 필요한 기구에 관한 규정을 두어야 한다 해가지고서 이것이 헌법으로서 개정 통과가 되어 가지고 공포를 보아서 소위 정부조직법까지 이것이 반영이 되다가 5·16이 났어요. 5·16이 나가지고 이것이 좌절이 되었습니다.

그러가다 여러분들이 속해 있는 신민당의 '72년 김재광 총무 명의로 또 경찰중립안이 나왔다가 포기가 되었습니다. 그래가지고 우리가 YH사건 부마사태 이런 상태가 되었는데 그래서 우리 위원회에서 경찰의 중립은 이것이 절대로 필요하다. 그러면 이 방법은 어떻게 해야 될 것인가에 대해서 얘기가 있었는데 이것은 전체회의에서 제2공화국 때 3차 개헌 때 있던 제75조의제2항을 우리가 인용해서 여기에 못박아 가지고 헌법에 명시함으로 인해서 비로소 경찰이 중립화가 될 것이고 또 보장이 될 것이 아니냐 하는 그러한 필요성 때문에 거론이 되었다 하는 사실을 제가 제의한 사람으로서 한 번 더 설명을 드립니다. 이것 법률사항으로서 될 수 있어요. 그러나 이것은 백년하청입니다. 저렇게 되어 가지고는 한 사람의 명령에 의해서 또 YH사건 같은 것이 일어나야 되겠습니까? 또, 부마사태 같은 것이 일어나야 되겠습니까? 또 3·15와 같은 엄청난 일들이 우리 한국역사에 또 점철이 되어야 하겠습니까? 하는 절실한 경험에 입각해서 정치하는 우리들이 헌법을 다루는 우리들이 이것만은 이룩되어야 되지 않나 저는 경험을 통한 또 실질적으로 절실히 어느 누구보다도

50) 국회사무처, 헌법개정심의 특별위원회회의록(제19호), 1980. 5. 7자 전체회의.

느끼고 있는 입장에서 이것을 호소하고 여러분에게 동의해 주시기 바라고 이런 식으로 다루었으면 하는 그런 것을 간절히 부탁드립니다.

- **최치환 위원** : 한병수 위원님 지적도 당연합니다. 그런데 지금 우리가 여기에 배부되어서 여러분들 책상에 놓여 있는 유인물 32페이지 87조에 '행정각부의 설치·조직과 직무범위는 법률로 정한다'하는 그 후단에 전항의 법률에는 '경찰의 중립을 보장하기에 필요한 기구에 관하여 규정을 두어야 한다'하는 제3차 개헌의 제75조 제2항을 여기에다가 원용하면 좋겠다 하는 그런 얘기를 우리가 중요문제고 이래서 전체회의에서 거론을 하면서 이렇게 의견을 내자 하는 것이 취지였습니다. 이해해 주시기 바랍니다.

- **위원장 김택수** : 속개를 선포합니다. 경찰중립화 문제는 선언적으로 헌법에 명시하는 데에 대해서 다 합의가 됐습니다. 이의 없으시지요?

  ("이의 없소" 하는 이 있음)

3. 1985년 2000년대 경찰의 발전 방향

1985년에는 2000년대 경찰발전방향연구위원회가 제시한 2000년대 경찰발전방안이 보고되었다. 여기에서 국가치안위원회를 국무총리 소속하에 두고 자치경찰을 도입하는 방안이 제시되었다. 이 보고 책자에는 경찰이 제1차적인 수사주체로서 범인 및 증거를 수사하도록 하며 입건여부 결정권이나 영장청구권 및 경찰작성 피의자신문조서의 증거능력 인정 등 경찰의 독자적 수사권을 인정하되, 검사는 필요하다고 인정할 때에는 스스로 범죄를 수사할 수 있도록 하여야 한다고 주장하였다. 또한, 경찰법과 경찰작용법 제정을 촉구하였다. 그러나 이 보고서는 경찰 내외에서 쉬쉬하며 묻히고 말았다.[51)]

4. 1989년 여·야 경찰법안

경찰중립화 방안이 본격적으로 추진된 것은 1988년 6·29선언 이후였다. 6·29선언 이후 국민의 민주화에 대한 열망은 경찰의 중립화에 대한 요청으로 연결되었고, 정부 및 여·야 모두 경찰의 중립을 위한 방안을 내놓게 되었다. 먼저 1988년 10월 24일에 민주당이 경찰중립화를 위한 경찰법안을 최초로 발의한 후, 동년 11월 25일에는 평민당이, 1989년 5월 10일에는 공화당이 각각 독자법안을 발의하였고, 동년 11월 30일에는 야 3당 단일방안이 나왔다.

정부·여당도 1988년 5월 13일 발족된 행정개혁위원회의 「정부조직 개편과 행정제도의 건의·입안」에 경찰의 중립성 보장을 위한 논의를 포함시켜 1989년 8월 22일

51) 치안본부 발행의 이 보고책자는 307쪽에 달하는 방대한 양이다. 김철수, 이수성, 김남진, 서재근, 이상안, 그리고 대표위원인 최평길 교수가 집필하였다.

「경찰의 중립성 보장방안」을 확정하고, 이를 토대로 동년 10월 20일에 경찰법안 초안이 작성되었다.[52] 야 3당의 주요골자는,

1. 최상급 경찰관청으로 국무총리 소속하에 7인으로 구성된 합의제 국가경찰위원회를 설치하고, 그 산하에 경찰청을 두며,
2. 위원 중 4인은 국회에서 선출하고, 3인은 국무총리가 제청하여 대통령이 각각 임명토록 하여 위원회의 정치적 중립을 도모코자 하였다.
3. 국가경찰위원회는 경찰의 제도·운영 및 예산 등에 관한 권한과 경찰청장 임명제청권을 가지며, 경찰청의 관리·운영에 민주적 감독을 꾀하도록 하고,
4. 특별시장 및 직할시장, 도지사 소속으로 수도 및 지방경찰위원회를 두어 경찰청 관할하에 수도 및 자치경찰본부를 관리토록 하는 지방경찰 요소를 일부 채택하였다.

이에 대해 정부·여당은 기본적으로 경찰의 정치적 중립을 위한 독립관청인 경찰청 설치에는 의견을 같이 하나,

1. 경찰직무의 특수성과 우리나라의 특수한 안보상황 아래에서 최상급 경찰관청으로서 합의제 경찰위원회는 적합하지 아니하므로 독임제 국가경찰체제를 유지할 수밖에 없고, 다만 신중한 경찰행정 수행을 위해 내무부 소속 심의·의결기구로서 경찰위원회를 두도록 하여 독임제와 위원회제의 장점을 절충코자 하였고,
2. 대통령 중심제에서 헌법기관이 아닌 경찰위원회 위원의 국회 선출은 부적당하며, 오히려 정치권의 핵심인 국회의 관여를 초래해 경찰의 정치적 중립이 저해되므로 전 위원의 대통령 임명이 불가피하다고 강조하였다.
3. 그리고 경찰업무의 고도의 전문성, 기술성, 막대한 예산, 지휘 체제의 문제 등 우리나라의 실정으로 자치경찰의 도입은 검토할 수 없고, 다만 일반 지방행정과의 조정을 위하여 치안행정협의회를 설치하도록 하였다.

경찰법은 결국 정부·여당안대로 1991년 5월 31일 통과되어 7월 31일부터 시행하게 되었다. 이 법은 당시 야당안만큼 독자적이지 못하였기 때문에 그 후 오늘날까지 계속 경찰제도 개선이 거론되는 결과를 가져왔다.

표 11-1 야당안과 정부 · 여당안 비교

항목		야당안	정부·여당안
경찰체제		국가경찰 * 자치경찰 가미	국가경찰
조직형태		위원회형	독임제·위원회제 혼합형
지휘체계	중앙	국가경찰위원회 – 경찰청장	내무부장관 – 경찰청장
	지방	경찰청장 – (시도경찰위원회 관리하) 경찰본부장 – 경찰서장	경찰청장 – 지방경찰청장 – 경찰서장

52) 경찰청, "한국경찰사 Ⅳ", 1994, pp.98~99.

제12장 경찰청 시대

제 1 절 경찰위원회와 경찰청 조직

1. 경찰법 제정

1991년 7월 31일자로 시행된 경찰법의 제정은 그 동안 각종 법률과 시행령에 산재하였던 경찰조직에 관한 사항을 하나의 법체계로 정비하였다는 법제도사적 의의와 더불어 경찰조직의 숙원인 독립성 확보 문제를 부분적으로나마 해결하였다는 실질적 의의가 있다.[53)]

경찰법 제정으로 합의제 행정기관인 경찰위원회가 경찰의 주요정책 및 경찰업무 발전에 관한 주요사항을 심의·의결하기 위하여 구성되어 경찰중립화를 위한 획기적 전기를 이루었다. 지난 50년 동안 경찰의 정치적 중립을 보장하기 위한 부단한 노력에도 불구하고 경찰약화지향 또는 경찰을 정치적 목적에 이용하려는 외부제약으로 말미암아 실질적인 제도개혁이 이루어지지 못하고 조직내부의 분화만이 이루어졌었다. 따라서, 경찰위원회의 발족은 그 동안 우리나라 경찰의 가장 큰 문제로 대두되었던 경찰의 정치적 중립성을 보장하기 위한 첫걸음인 것이다.

경찰조직은 정부수립 이후 행정자치부장관[54)]과 시·도지사의 보조기관으로서 법적인 행정관청의 지위를 갖지 못하였으며, 일선기관인 경찰서장도 시·도지사의 지휘·감독을 받게 되어 있었다. 따라서, 경찰행정조직의 문제로서 항상 지휘체계의 이원화가 대두되었다. 즉, 경찰조직의 계선조직이 실질적 계선조직과 법제적 계선조직의 이원적 체계를 갖고 있기 때문에 조직운용상의 비효율을 초래하였다. 법제적으로는 행정자치부장관 → 시·도지사 → 일선경찰서장의 계선조직을 가졌으나, 실질적으로는 행정자치부장관 → 치안본부장 → 시·도경찰국장 → 일선경찰서장의 계선조직으로

53) 한국개발연구원, 앞의 책, pp.121~124.

54) 내무부장관을 행정자치부장관으로 바꾼 것은 경찰청 시대의 현 명칭으로 통일한 것이다. 후에 행정안전부, 이어 안전행정부장관으로 바뀌었다.

이루어졌었다. 그러나 경찰청 발족에 따라 계선조직에 대한 지휘체계의 이원화문제를 해결하여 경찰청은 중앙경찰행정기관으로서 행정자치부장관 소속하의 독립 행정관청으로, 그리고 경찰청의 사무를 지역적으로 분담·수행하기 위한 지방경찰조직으로서 시·도지사의 소속하에 지방경찰청을 두도록 하였으며, 일선경찰서는 지방경찰청장의 소속으로 하였다. 따라서, 경찰조직내부의 계선 지휘체계는 경찰청장→시·도 지방경찰청장→일선 경찰서장으로 일원화되었다.

2. 경찰위원회

경찰법 제5조에 설치근거를 갖게 된 경찰위원회는 출범 당시에는 야당이 일본의 국가공안위원회와 같은 성격의 중립이 보장된 경찰관리기관으로서의 경찰위원회 제도의 도입을 주장하였다.

그러나 경찰업무의 성격에 의한 제한, 통치체제와의 모순, 자치경찰제도의 미도입 등의 문제점이 지적되어 경찰의 상급기관이 아닌 행정자치부 소속으로 설치된 경찰청의 심의·의결기구로서의 모양을 갖추게 되어 미국이나 일본의 경찰위원회와는 거리가 있게 되었다.[55]

경찰위원회의 권한은 경찰법(1991. 5. 31 법률 제4639호) 제9조와 경찰위원회규정(1991. 7. 23 대통령령 제13432호)에 명시된 대로 경찰의 인사·예산·장비·통신 등에 관한 주요정책 및 경찰업무 발전에 관한 사항, 인권보호와 관련되는 경찰의 운영·개선에 관한 사항, 기타 행정자치부장관 및 경찰청장이 중요하다고 인정하여 위원회에 부의한 사항 등을 심의·의결하는 것이다.[56]

다시 말해서 경찰시책에 대한 심의·의결을 통하여 경찰행정의 합리성과 공정성을 확보하고 경찰행정의 대국민 신뢰를 강화시키고자 하는 것이 경찰위원회의 설치 목적이라고 할 수 있다.

경찰위원회는 위원장 1인, 차관급 상임위원 1인 등 7인의 위원으로 구성되며, 사무과는 경찰청에 두고 있다.

---

55) "한국경찰시 Ⅳ", pp.122~123; 한국개발연구원, 앞의 책, p.124.

56) 1947년 12월 25일 설치된 미군정하 중앙경찰위원회의 심의사항은 다음과 같다.
- 중요한 경무정책의 수립 및 경무부장이 회부한 경무정책 및 그 운영의 심의 결정
- 경찰의 처분행위에 관하여 경찰관리의 소환 및 신문
- 경무부장이 추천한 5급 이상의 경찰관리의 임면 이동의 심의 결정
- 경찰사문위원회 결정의 재심
- 기타 경무부 관계사항으로서 군정장관이 회부한 사항의 심의

3. 경찰청(1991)

(1) 경찰청 기구

경찰청은 외청으로의 독자적인 기능을 부여받았는데, 경찰청장은 일선서장인 총경의 전보권과 경정 이하의 임용권을 행사하고 또한 치안시책의 입안 및 시행이나 인력·예산·장비 등 경찰력 운영을 독자적으로 할 수 있다. 행정자치부장관은 그 정치적 책임에 상응하는 지휘권만 행사할 수 있다.

경찰청은 구 치안본부의 5조정관, 16부, 46과(직제 40과)를 1차장, 4관, 7국, 5심의관, 9담당관, 32과로 개편하였다. 또한, 조정·통제기능의 강화를 목적으로 차장제를 신설하였으며, 치안기획관(경무관)을 기획관리관(치안감)으로 격상시켰다. 그리고 교육기관·해경·병원을 경찰청 소속기관으로 이관하였다.

그 주요내용은 다음과 같다.

- 기획관리실·경무·방범·형사·교통·경비·정보·보안국을 두고 실장과 국장은 치안감으로 하되, 방범·교통국장은 경무관으로 한다.
- 청장 밑에 공보관을, 차장 밑에 감사관을 두고 직무범위가 큰 형사·경비·정보국장 밑에 심의관(경무관) 각 1인을 두고, 보안국장 밑에는 2인(보안, 외사)을 둔다.
- 기획관리실과 각국에 2~7개 과(총경)를 둔다.
- ‘조정관, 부장, 과장’ 체제를 ‘국·과’ 체제로 개편, 계층구조의 한 단계 감축으로 의사결정의 신속화를 도모한다.

행정안전부장관 직속으로 치안정책보좌관(경무관)을 설치하여 경찰행정의 정책조정과 지원관리 및 지방행정과의 협조체제를 유지토록 하였다.

(2) 직속기관

해양경찰청에는 기동방제대를 설치하여 국제교류 증대에 따른 해양오염방제 체제를 구축하였으며, 정비창을 신설하여 4부 1창 11과 1담당관으로 기구가 개편되었고, 부산·목포·제주 해양경찰서의 경비통신과를 경비과와 통신과로 분리 신설하였다. 해양경찰청은 1996년 직제 개편으로 해양수산부(현 해양수산부) 외청으로 이관되었다. 경찰대학은 학생대(총경)를 학생지도부(경무관) 및 학생과(총경)로 개편하였으나 다른 교육기관과 경찰병원은 종전대로 운영하였다.

과학수사연구소는 경찰청과 그 소속기관 등의 직제가 제정되면서 종전의 치안본부 직속기관이었던 것이 행정안전부장관 직속기관으로 소속이 바뀌게 되면서 경찰 수사업무의 효율성이 저하되었으나, 치안여건의 변화에 능동적으로 대처하며 경찰수사의 과학화를 추진하기 위하여 감정기능의 보강과 정책개발기능의 신설로 종전 7과에서 2부 7과 3실로 확대 개편되었다.

(3) 지방경찰

1) 지방경찰청

- 시·도지사 소속아래 지방경찰청을 설치하여 청장은 치안정감, 치안감, 경무관으로 한다.
- 지방경찰청장 및 해양경찰청장은 경찰청장의 지휘 감독을 받아서 소관업무를 관장한다. 해양경찰청장은 해양수산부로 이관되었다.
- 지역특성에 알맞은 치안행정이 수행될 수 있도록 시·도지사 소속으로 치안행정협의회를 설치한다.57)

지방경찰청 중 서울지방경찰청은 과거 5부·14과에서 1차장·7부(방범, 교통부 신설)·2단 2담당관·17과로 개편되었다. 직할시·도 지방경찰청의 경우에는 대구·경남 경찰청장의 직급조정이 이루어짐으로써 경무관에서 치안감으로 격상되었으며, 차장제를 신설하여 부산·경기 2인, 충남·전남·대구·경남 1인을 임명하였다. 지방청장의 직급은 제주도를 제외하고 모두 경무관에서 치안감으로 조정되었다.

2) 경찰서

경찰서는 민생치안 기능의 보강을 목적으로 대도시 경찰서에 교통과를 신설(69개) 했으며, 방범업무 전담 계가 없는 경찰서에 방범계를 설치하였고, 112순찰차·수사·교통·지서 및 파출소에 4,000여 명을 증원하였다.

(4) 갑오개혁 이후 경찰기구 변천

갑오개혁 이후 경찰기구 변천의 역사를 살펴보면 표 12-1과 같다. 최근 특이한 것은 2006년 제주자치경찰단이 생긴 것이다.

---

57) 1947년에 설치된 관구경찰평의회의 심의사항은 다음과 같다.
- 경찰청장이 제출한 치안에 관한 사무 연락
- 폭동, 파업, 기타 치안교란사건 수습에 관한 협의와 대책
- 경찰기강과 인권문제에 관한 정보교환과 의견 토의
- 지방행정 사무실시에 대한 경찰협력 방안과 그 한도
- 경찰공지사항 및 민경일체 실현에 관한 사항 심의
- 기타 경찰사무 중 중요사항에 관한 심의

표 12-1 갑오개혁 이후의 경찰기구의 변천

년도	경 찰 청	지방경찰청	경찰서	지·파출소
1894	경무청		경무지서(5)	순검번소(50)
1895	(내부지방국) : 관방(서무·회계과), 총무국(신문계)		경무서	
1896			+개항장 감리서 +개항장 경무서	
1900	경부 : 경무(경무, 신문과), 서무, 회계국		경무서, 경무분서	
1902	대경무청 : +문서, 회계과			순검지소
1905	소경무청 : 경찰과, 신문과 (내부경무국 : 경보, 위생과			분파소
1906	소경무청 : 경찰, 서무, 신문과	1도 1경무서		
1907	내부 경무국 : 경무, 보안, 민적과	경찰부	경찰서	순사주재소
1910	경무통감부 : 기밀, 경무(경무·위생·민적계), 보안과 경무총감부 : 고등경찰, 경무(경무·경비·민적계), 보안, 위생과	경무부	경찰서, 헌병분대	+순사파출소 +헌병분견소 헌병출장소
1919	경무국 :	제3부(경무국)	−헌병분대	−헌병분견소 헌병출장소
1930	고등경찰 → 도서과 + 외사경찰과			+순사출장소
1945	+경비, 경제경찰과			
1945	경무국 : 총무, 공안, 수사, 통신과			경찰관 지서 경찰관 파출소 경찰관 출장소
1946	경무부 : 경무, 통신, 공안, 수사, 교육국, 감찰실	경무총감부 관구경찰청		지서, 파출소 출장소
1947	중앙경찰위원회	관구경찰청평의회	구경찰위원회	
1948	치안국 : 경무, 보안, 경제, 수사 지도, 사찰, 감식, 통신, 여자경찰, 소방과 −경제과, +교육과	시·도경찰국		
1950	−여자경찰, 소방과, +경비보급, 정보수사과 −보급, 감식, 교육과, +수사, 특수정보과			
1961	: 경무, 보안, 경비, 수사지도, 정보, 통신과 +기획심사, 소방과(61년), 외사과(66년), 교통, 방위, 장비과(68년)			
1975	치안본부 : 제1, 2, 3부 −소방, 민방위과(75년) +정보2과(76년), 해경과(77년) +제4부(정보3과 추가 : 81년)			
1986	∴차장(4), 부장(9), 과장·담당관(30)으로 조정 +제5차장(대공 1, 2, 3부 추가 86년)			
1991	: 5차장, 16부 46과 경찰청 : 1차장, 4관, 7국, 5심의관, 9담당관, 32과	시·도 지방경찰청 시·도 치안행정협의처		

년도	경 찰 청	지방 경찰청	경찰서	지 · 파출소
1996	해양경찰청 : 해양수산부 외청으로 독립			
1998	경찰위원회 : 1차장, 5관, 6국, 2심의관, 11담당관, 24과 * 5관 : 기획관리관, 공보관, 감사관, 전산통신관리관, 외사관리관 * 7국(심의관) : 경무, 방범, 형사, 경비교통(교통심의관), 정보(기획정보심의관), 보안국			
1999	경찰위원회 : 1차장, 4관, 6국, 2심의관, 7담당관, 25과 * 4관 : 공보관, 감사관, 전산통신관리관, 외사관리관 * 6국(심의관) : 경무기획, 방범, 수사, 경비교통(교통심의관), 정보(기획정보심의관), 보안국 * 운전면허시험관리단(책임운영기관) 신설		과 통합 * 경비 + 교통과 → 「경비교통과」 (53개서) * 수사 + 형사과 → 「수사과」(29개서) * 정보 + 보안과 → 「정보보안과」 (60개서)	
2000	사이버테러대응센터 신설 * 협력운영팀, 신고경보팀, 수사대, 기법개발팀			〈파출소통폐합〉 총 3,229개 → 2,912개(감축 317개 : 폐지 100, 초소 56, 분소 161)
2001	경찰위원회 : 1차장, 5관, 6국, 1심의관, 9담당관, 24과 * 5관 : 공보관, 감사관, 교통관리관, 전산통신관리관, 외사관리관 * 6국(심의관) : 경무기획, 방범, 수사, 경비, 정보(기획정보심의관), 보안국			
2002	수사국 마약지능과를 지능범죄수사과와 마약수사과로 분리 개편			
2003	전국 생활안전과 소속 순찰지구대 설치			순찰지구대 (치안센터) 특수파출소
2004	경찰위원회 : 1차장, 5관, 6국, 1심의관, 9담당관, 25과 * 5관 : 공보관, 감사관, 교통관리관, 전산통신관리관, 외사관리관 * 6국(심의관) : 경무기획, 생활안전, 수사, 경비, 정보(기획정보심의관), 보안국			
2005	공보관 → 홍보관리관 홍보담당관, 여성청소년과 신설 예산과 → 재정과 치안정책연구소 설치	제주특공대 설치		
2006	외사국 설치(외사관리기관에서)	제주지방경찰청을 자치경찰화		
2007	혁신기획단장 신설 경찰수사연수원 설치	광주, 대전 지방 경찰청 신설		

년도	경 찰 청	지방 경찰청	경찰서	지·파출소
2008	* 홍보관리관 → 대변인 * 총무과 → 운영지원과 * 혁신기획과 → 창의혁신과 * 재정과 → 기획재정과 * 법무과 → 규제개혁법무과 * 지능범죄수사과 + 마약수사과 → 마약지능수사과 * 복지정책과 신설	* 전의경 대체 인력 : 13개 기동대 신설 * 경기2청설치	* 44개 보안과 중 22개는정보과와 통합(정보보안과) * 38개 청문감사관 폐지	
2009	* 혁신기획단장 폐지, 기획조정관과 경무국으로 개편 * 경찰교육원(종전 경찰종합학교) 설치		분소·초소 명칭을 치안센터로 일원화	
2011	운전면허시험관리단이 도로교통공단으로 통합			

(5) 현재의 경찰기구

2013년 현재 국가경찰은 경찰위원회, 경찰청, 16개의 지방경찰청, 249개의 경찰서, 428개의 지구대, 1517개의 파출소를 두고 있으며, 자치경찰은 제주지방경찰청에서 시행되고 있다.

1) 경찰청

치안에 관한 사무를 관장하게 하기 위하여 안전행정부장관 소속하에 경찰청을 둔다. 경찰청장은 치안총감으로 보하며, 경찰위원회의 동의를 얻어 안전행정부장관의 제청으로 국무총리를 거쳐서 대통령이 임명한다. 이 경우 국회의 인사청문을 거쳐야 한다. 경찰청장은 각급 경찰기관장을 지휘·감독하는 권한을 갖는 중앙경찰기관장으로서의 지위를 갖고 있다.

표 12-2 경찰조직 및 구성

조 직	구 성
경찰위원회	위원장1, 상임위원1, 위원5
경찰청	청장, 차장, 4관, 7국, 1대변인, 13담당관, 26과
지방경찰청	서울, 부산, 대구, 인천, 울산, 대전, 광주, 경기, 경기2청, 강원, 충북, 충남, 전북, 전남, 경북, 경남, 제주
경찰서(지구대:파출소)	249개(428 : 1517)

경찰청에는 차장이 있고, 참모기관으로서 대변인·감사관·경무인사기획관·정보화장비정책관·기획조정관이 있다. 계선기관으로서 생활안전국·수사국·교통경비국·정보국·보안국·외사국이 있다. 경찰청은 7국·4관·1대변인·13담당관·26과로 나뉘어져 있다.

경찰청 부속기관으로는 경찰대학, 경찰교육원, 중앙경찰학교, 경찰수사연수원과 책임운영기관인 경찰병원이 있다.

① **경찰대학**은 경찰간부를 양성하기 위하여 설립된 4년제 국립대학으로서 경찰대학생 및 경감 이상 현직경찰관에 대한 필수기본교육을 실시하고 있고, 총경급을 대상으로 치안정책과정 교육을 담당하고 있다.

② **경찰교육원**에서는 간부후보생과 경사·경위 기본교육 및 일선 현장에서 직접 필요로 하는 기능별 직무교육을 담당하고 있다. 간부후보생과정은 1년 동안 경찰간부로서의 소양교육 및 직무교육을 받는다.

③ **중앙경찰학교**에서는 신임순경에 대한 신규채용교육 및 전·의경 교육을 담당하고 있는데, 신임순경에 대하여 6개월 동안 실시하는 신규채용교육은 일반공개채용자와 101경비단·전산·경찰특공대·여경요원 등을 대상으로 하고 있으며, 전·의경 교육은 신임교육을 포함한 각종 전문교육과정을 전담하고 있다.

④ **경찰수사연수원**은 2007년 종래 경찰대학에 있던 경찰수사보안연구소를 확대개편하여 수사경찰의 직무전문교육을 담당하고 있다.

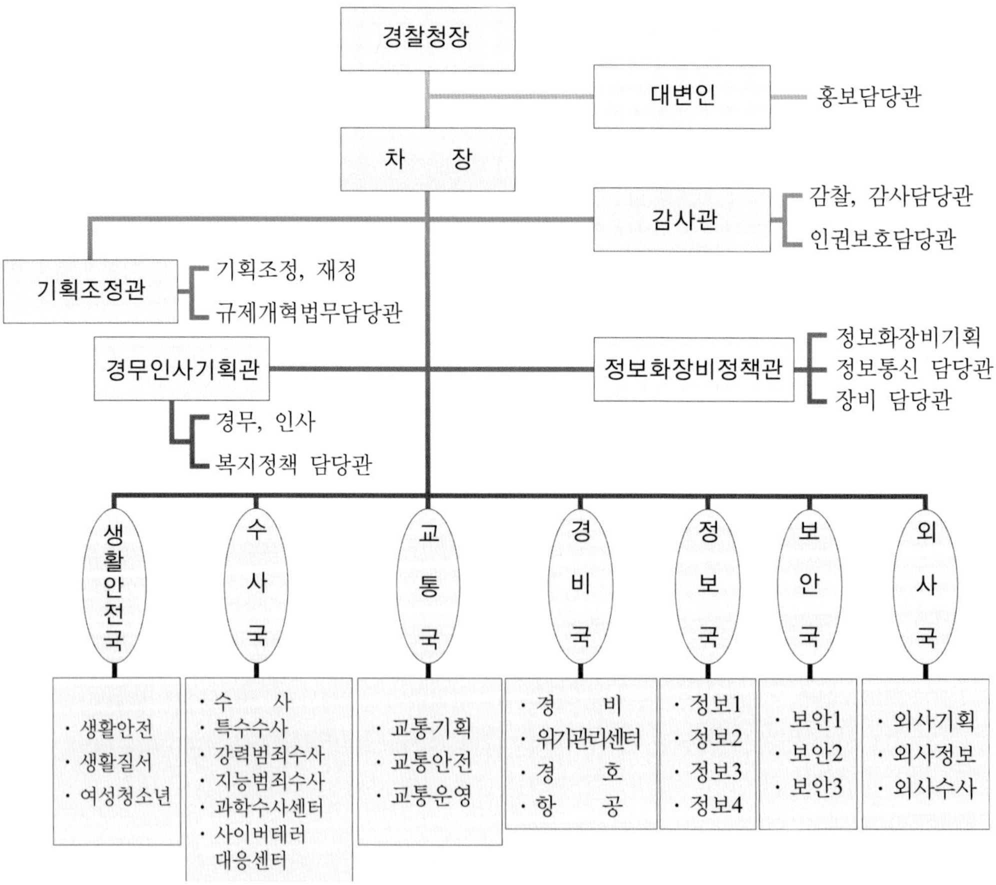

그림 12-1 경찰청 기구

⑤ **경찰병원**은 경찰관(전·의경 포함) 및 일반시민들의 진료 및 건강관리를 위하여 설립된 국립병원으로서 1949년 10월 40병상 규모로 출발, 1991년 1월에는 500병상 규모로 발전하였으며, 경찰관(전·의경 포함)에게는 무료진료를 실시하고 있다.

⑥ **운전면허시험관리단**은 책임운영기관으로서 운전면허시험, 운전면허증의 제작·교부, 적성검사, 면허전산실 운영 등 운전면허 관련사무와 운전면허시험장의 유지·관리에 관한 사무를 관장하였다. 그러나 2011년부터 도로교통공단으로 통합되어 민간기관화 되었다.

2) 지방결찰청

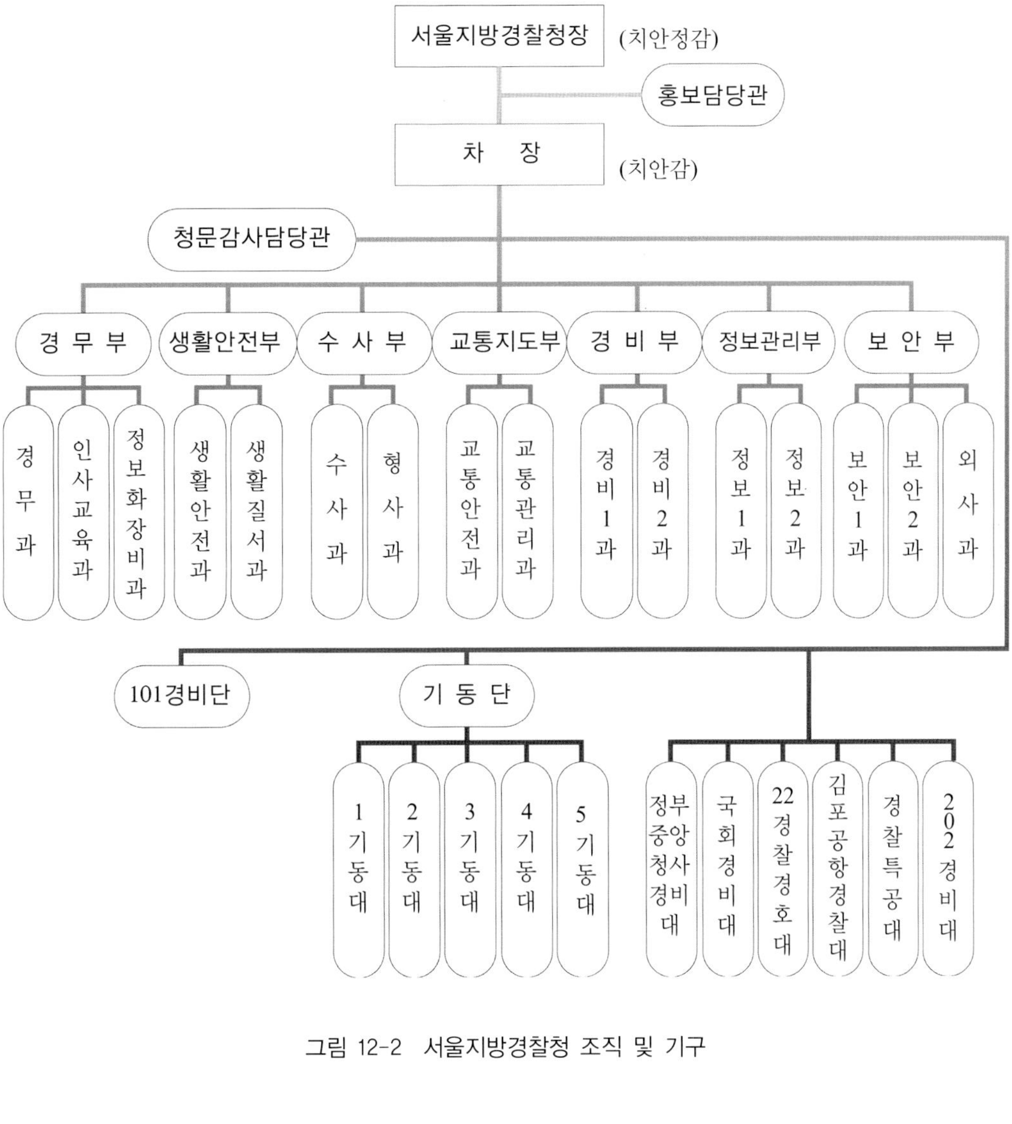

그림 12-2 서울지방경찰청 조직 및 기구

안전행정부 소속으로 **국립과학수사연구원**이 있는데, 국립과학수사연구원은 1955년 3월에 치안국 감식과에서 관장하던 법의 및 이화학적 감식사무를 이관받아 개소하여 계속 확대·발전하였다. 현재 2부 2과, 1센터에 4개 지방분원을 두고 범죄수사 및 사법재판에 관한 증거물에 대하여 법의학 및 교통공학적 감정과 연구를 수행하고 있다.

경찰청의 사무를 지역적으로 분담·수행하기 위하여 전국 특별시·광역시·도의 시·도지사 소속으로 16개 지방경찰청을 둔다. 지방경찰청은 시·도지사의 지휘·감독을 받지 않고 경찰청장의 지휘·감독을 받아 경찰사무를 처리한다. 지방경찰청 중 경기2청과 제주지방경찰청은 특이한 케이스다. 「경기2청」은 경기도 중 한수이북 10개서의 치안사무를 관장하는 준 지방청으로 발족되었다(2008. 10).

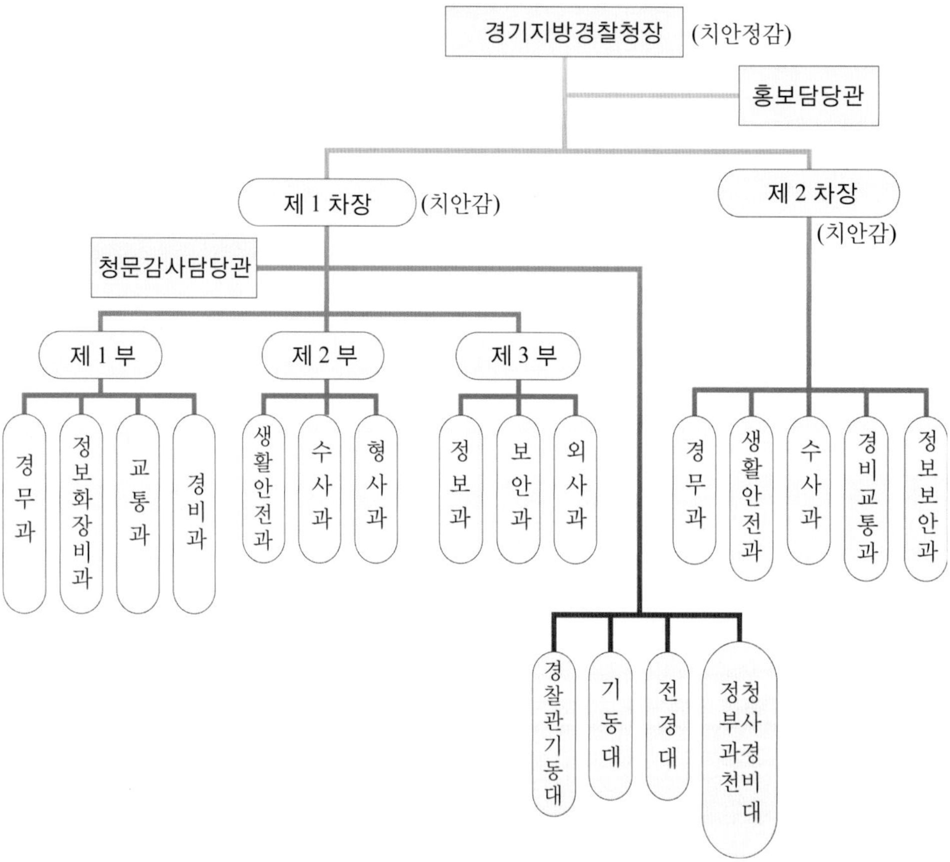

그림 12-3 경기지방경찰청 조직 및 기구

「제주지방경찰청」은 제주특별자치도법(2006. 7)에 따라 제주자치경찰을 관장하는 청으로, 제주특별자치도지방경찰청이 정식 명칭이나 현 약칭도 병행 사용할 수 있다.

지방경찰청장은 치안정감·치안감으로 보한다. 현재 서울지방경찰청은 7부 2담당관 16과, 부산 및 경기지방경찰청은 3부 2담당관 10과, 경기2청은 5과 그 밖의 지방경찰청은 3담당관, 6~9과로 편성되어 있다.

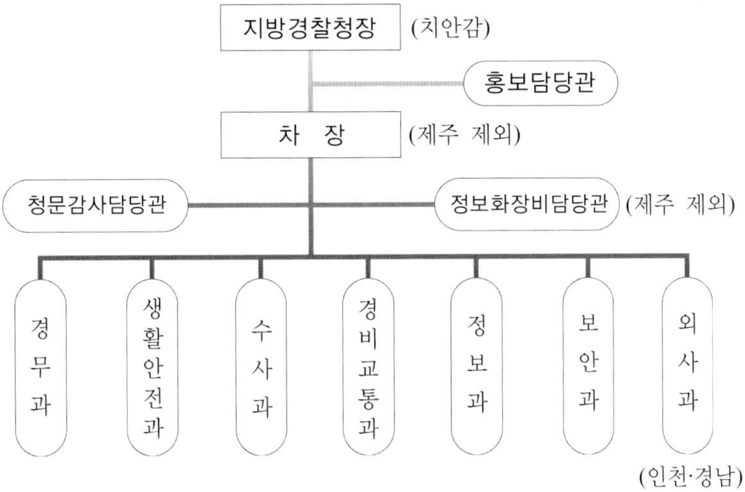

그림 12-4 그 밖의 지방경찰청 조직 및 기구

- 대구, 인천, 울산, 대전, 광주, 강원, 충북, 충남, 전북, 전남, 경북, 경남
- 제주 : 2담당관(공보, 청문감사), 6과(경무과, 생활안전과, 수사과, 경비교통과, 정보과, 보안과)

부산지방경찰청은 청장을 치안정감으로 보하면서 기구는 경기2청을 제외한경기경찰청과 같다.

대구·인천·울산·대전·광주·강원·충북·충남·전북·전남·경북·경남·제주지방경찰청은 경무과, 생활안전과, 수사과, 경비교통과, 정보과, 보안과 등 6개 과와 홍보담당관, 청문감사담당관, 정보화장비담당관 등 3담당관의 조직편제를 가지고 있다. 다만, 제주도는 예외로 홍보담당관과 청문감사담당관 등 2담당관제를 채택하고 있다. 특히 인천·경남은 외사과가 더 있다.

3) 경찰서

지방경찰청장 소속으로 경찰서를 둔다. 경찰서장은 경무관, 총경 또는 경정으로 보한다. 경찰서장은 지방경찰청장의 지휘·감독을 받아서 관할구역 안의 소관사무를 관장하고 소속공무원을 지휘·감독한다. 경찰서는 1~3급서로 나누어져서 1관 4~8과로 구성되어 있다.

경찰서의 사무를 분장하기 위하여 경찰서에 청문감사관과 5과(경무과·생활안전과·수사과·경비교통과 및 정보보안과)를 둔다. 청문감사관은 민원상담·고충해결·민원처리 지도 감독 및 감찰업무를 수행한다.

치안여건을 감안 4과(경무과·생활안전교통과·수사과 및 정보보안과)만을 두거나, 수사과에 갈음하여 수사과와 형사과를, 경비교통과에 갈음하여 교통과와 경비과를, 정보보안과에 갈음하여 정보과와 보안과를 둘 수 있다.

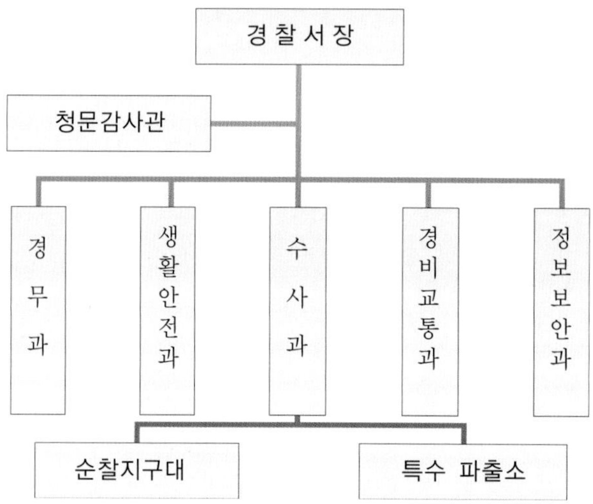

그림 12-5 경찰서 조직

* 치안여건 감안 분과

수사과 → 수사과, 형사과
경비교통과 → 경비과, 교통과
정보보안과 → 정보과, 보안과

* 4과 체제

경무과, 생활안전교통과, 수사과, 정보보안과

제 2 절 치안수요의 다원화

1. '90년대 이후 치안 수요

6공화국을 끝으로 문민정부·국민정부가 들어선 '90년대는 질적으로 많은 사회변화가 수반된 시기다. 부정부패를 끊는 사정이 잇따랐고, 광주민주화운동에 대한 역사적 단죄에 일부 환호했으나, 경제침체로 인한 불황은 IMF 시대의 파고에 속수무책일 수밖에 없는 상황이 도래하였다.

이제는 정치 이슈보다는 실업대책과 경제활성화방안이 더 큰 현안이 됨과 동시에, 사회불안으로 인한 범죄발생, 연간 만 명 이상의 사망자를 내는 교통사고, 북한과의 체제대결 등이 우선 해결해야 할 과제가 되었다.

최근의 범죄는 더욱 흉포화·조직화·연소화되고 있으며, 국제화 시대에 걸맞게 테러 등 국제범죄조직까지 가세하고 있다. 2000년대 들어 한·일 월드컵, APEC회의, G20회의를 개최하면서 국격이 향상되고 있으나 이와함께 다원화된 치안수요가 현재 경찰임무로 크게 부각되고 있다.

2. 범죄와의 전쟁

(1) 1990년 10월 13일 정부는 모든 경찰관을 무장시켜 범죄와 폭력에 정면 대응할 것이라는 '범죄와의 전쟁'을 선포하여 범죄에 대한 전면적인 소탕을 선언하였다.[58)]

1980년대 후반의 잇단 집단시위와 노사분규로 치안역량이 민생분야로 전환되지 못하면서 강력 범죄가 연달아 발생하는 등 사회의 불법과 무질서가 팽배하였다. 그 동안 정당성이 취약한 정권이 낳은 경찰력의 시국분야 투입이 결과적으로는 국가공권력의 첨병인 경찰의 왜소화를 초래하여 종국에는 '전쟁'이라는 강도 높은 표현으로 범죄척결을 선포하게 되었다.

이에 따라 경찰서장이 미성년자 출입제한 지역을 설정하도록 미성년자보호법을 개정하고, 풍속영업의 허가관청은 처벌업소를 경찰서장에게 통보하도록 하는 풍속영업

58) 인권적 법집행을 주로 하는 미국경찰도 1960년대 존슨의 '범죄와의 전쟁'이 있었고, 1980년대 말에도 부시의 '마약과의 전쟁'이 수행되었다. 최근에는 3진아웃제도가 시행되고 있다.
___, 정진환, "비교경찰제도", 학문사, 1996, p.178.

의 규제에 관한 법률을 제정하였다.[59)]

이후 2년 동안 집중 단속한 결과로 대부분의 조직폭력을 와해시켰고, 유흥업소도 32%나 줄이는 성과를 얻었다.

그러나 모자라는 인력 때문에 교육과정조차 제대로 이수하지 않은 신임경찰관을 파출소 등 일선에 조기 배치함으로써 경찰관의 질적 저하를 초래하기도 하였으며, 실적 위주의 단속을 지나치게 강조한 데 따른 일부 무리한 단속이 뒤따르기도 하였다.[60)]

아울러 국민이 피부로 느끼는 체감치안도 뚜렷이 향상되지 못하였다는 아쉬움이 남았다.

(2) 범죄와의 전쟁이 범죄의 큰 흐름을 제압, 사회의 전반적인 분위기를 일신시킨 경찰의 역할은 절대로 과소 평가될 수 없다는 것이 경찰내부의 평가였다. 다만, 국민들과의 공감대 형성을 통한 민경 협력 방범체제로의 전환이 시대적 요청이었고 우리 사회 저변에 깔려 있는 빈부격차·가치관 붕괴·도덕성 상실 등의 범죄유발 요인에 대한 근본적 해결책이 범정부적 차원에서 요구되었으나, 이에 미흡한 것이 사실이었다.

한편, 정치적 시각에서는 6공 정권의 통치능력에 대한 비판, 부정부패로 인한 정치적 위기, 향락풍조 방조에 대한 경제사회적 위기를 탈피하려는 정치적 의도라고 폄하하기도 하였다.[61)]

3. 교통사고 줄이기

(1) 해마다 엄청난 인명의 희생과 물적 피해를 가져오는 교통사고를 줄이기 위해 범정부 차원에서 1992년부터 「교통사고 줄이기 5개년 계획」을 수립하여 강도 높게 추진하여 왔다. 1996년까지 5년에 걸쳐 1991년 기준 교통사고 사망자를 35% 감소시킨다는 목표로 추진된 교통사고 줄이기 운동은 1992년 사상 첫 감소 이후 1994년까지는 사망자수가 매년 감소하는 성과를 거두었다.

그러나 시행 4년째인 1995년부터는 계속되는 자동차 수의 급격한 증가 등 종합적 요인에 의해 사망자 수가 다시 증가세로 돌아서게 됨으로써 보다 강력한 범국민적·정부적 차원의 대책이 강구되어야 할 것으로 분석되었다.[62)]

---

59) 경찰청, "경찰 50년사", 1995, pp.454~455.

60) "한국경찰사 Ⅳ", pp.735~754.

61) 조성권, 권위주의 정권하의 한국조직범죄의 성장요인, 1961~992, 정치적 시각을 중심으로, 형사정책연구 제9권 제2호(1998. 여름), pp.159~192.

62) 경찰청, "교통사고 통계", 2004

(2) 일본이 교통사고를 반으로 줄이는 데 1971년부터 1981년까지 10년이 소요되고, 프랑스는 1975년부터 1995년까지 20년이나 걸린 데서도 알 수 있듯이 교통사고를 단시일 내에 줄인다는 것은 보통 어려운 일이 아니다. 그러나 한편으론 계획기간 동안 사망자 수가 기준 연도와 비교해 볼 때에 전반적으로 감소결과로 나타남으로써 전 국민에게 '우리도 노력하면 줄일 수 있다'는 자신감과 가능성을 갖게 한 성과는 있었던 것으로 평가되고 있다.[63] 20년이 흐른 현재 사망자는 반 이상 줄인 성과를 보이고 있다.

표 12-3 교통사고 사망자(연도별)

연 도	사망자	연 도	사망자
1991	13,429	2002	7,224
1992	11,640	2003	7,212
1993	10,402	2004	6,563
1994	10,087	2005	6,376
1995	10,323	2006	6,327
1996	12,653	2007	6,166
1997	11,603	2008	5,870
1998	9,057	2009	5,838
1999	9,353	2010	5,505
2000	10,236	2011	5,229
2001	8,097	2012	5,392

제 3 장 최근 경찰의 발전

1. 2000년대 경찰의 발전 방안

경찰청 용역으로 한국개발연구원에서는 2000년대 경찰발전방안을 제시한 적이 있다. 여기에서는 경찰의 새로운 위상으로 국민에게 신뢰받는 민주경찰, 전문성 있고 효율적인 선진경찰, 보람 있는 일터인 공직경찰, 시대변화에 부응하는 미래 경찰을 설정하였다. 그리고 이를 지향하는 데 있어서 필수적인 조직의 중립성 확보, 운영의

63) 경찰청, "경찰백서", 1997. p.225.

합리성 제고, 경찰인력의 전문성 확보, 관리의 효율성 제고, 시대변화의 적극적 수용 등 다섯 가지 발전과제를 제시하였다. 또한, 이들 발전과제들을 달성하기 위하여 경찰의 전반적인 발전 제약 요인과 조직, 인사, 예산, 운영, 기능 등 여러 가지 측면에서의 문제점 및 개선방안을 내놓았다.[64]

첫째, 경찰조직의 독자성 확보를 위해서는 과다한 다른 부처 협조업무의 합리화, 경찰수사권의 적정화, 경찰지휘체제의 단일화, 중립성 확보를 위한 경찰조직의 개편 등의 방안과 아울러 경찰인력 배분의 적정화, 기획기능의 강화, 경찰과학연구원(가칭)의 설립, 전·의경제도의 개선, 광역경찰수사본부의 설치, 해양경찰조직의 발전 방안을 제시하였다.

둘째, 운영의 합리성 제고를 위해서는 치안수요 예측과 분석에 입각하여 적정경찰인력 및 예산규모를 먼저 추정하였다. 인력증원의 기본방향은 외근 근무여건의 개선과 수사·형사인력 보강 및 의무경찰인력의 대체로 설정하였으며, 이를 통한 민생치안역량 강화를 강조하였다.

또한, 예산과정의 합리화 방안으로서 예산·기획기능의 활성화와 예산집행·배분에 있어서의 합리성·효율성 기준의 적용 및 내부효율화 방안이 강조되었다.

셋째, 경찰인력의 전문성을 높이기 위해 우수 인력자원을 확보하고 신임 및 재직교육을 강화하며 인사관리제도를 개선하고 경찰직의 후생정진과 사기진작을 강조하였다. 이를 위하여 계급구조의 개편, 정년 및 승진제도의 개편, 채용방식의 합리화, 여성경찰인력채용의 확대, 교육기관의 육성 및 강화, 인사관리제도의 개선, 근무시간의 조정, 경찰복지공단(가칭)의 설립 등이 제시되었다.

넷째, 관리의 효율성 제고를 위해서는 치안종합정보 시스템의 구축, C3제도의 확대 실시 등을 통한 업무관리의 정보화 방안과 수사·형사인력 보강, 과학수사연구소의 이관·강화 등을 통한 수사기능의 효율화 방안과 지·파출소의 증설, 근무교대제의 개선, 주민자율방범조직의 재정비, 용역경비업의 전문화 등을 통한 예방치안능력의 강화방안 등이 제시되었다. 또한, 교통관계업무의 효율화와 과학화를 위하여 교통관제센터, 도로교통정보센터, 도로교통안전시설공사(지방공사) 및 교통사고분쟁처리센터 등의 설립방안과 운전면허시험제도의 개선방안을 요구하였다.

다섯째, 시대변화의 적극적인 수용을 위해서는 국제화시대를 대비하기 위한 외사 기능의 강화와 지방자치경찰제도의 단계적인 도입을 제시하였다.

이와 같은 경찰행정발전의 주요 정책과제들은, 특히 예산 및 인력의 대폭적인 증가를 필요로 할 뿐만 아니라 관련 부처의 이해와 협조가 뒷받침되어야 하고, 대중매체를 통한 홍보로 경찰에 대한 이해가 사회 각계각층에 확산될 수 있도록 유도되어야 한다.

대국민 홍보에서 부각되어야 할 점은, 경찰행정발전은 국민·경찰·관련부처 모두에게 바람직한 결과를 초래하기 때문에 이를 위한 다각적인 방안이 폭넓게 강구되어야 한다. 특히, 고위경찰 간부들의 여론주도층에 대한 개별적인 접촉과 설득작업을 통한 우호적 여론조성이 요구되고 있다.

64) 한국개발연구원, 앞의 책, pp.421~423.

2. 경찰개혁(제 2 창경)

(1) 추진과정

1999년 12월 1일 '경찰대개혁 100일작전'을 선포하게 되었다. "생각을 바꾸면 미래가 보인다."는 대명제 아래 자율·창의·책임의 제2 창경 정신으로 무장하여 총체적 변혁을 추진함으로써, 경찰을 원점에서부터 다시 설계하는 경찰개혁을 추진하게 되었다.

(2) 목표와 전략

개혁의 목표는 국민과 함께 숨쉬고, 국민의 가슴 속에 뜨겁게 파고드는 경찰, 상하간 신뢰와 정으로 신명나게 일하는 조직으로 탈바꿈하여, 국민이 만족하는 치안 서비스를 제공함으로써 국민으로부터 사랑받는 경찰상을 정립하고 국민이 자부하는 21세기 세계일류 경찰로 도약하는 것이다.

개혁의 전략은 불합리한 의식·제도·관행을 철폐하고, 신바람 나게 일할 수 있는 직장분위기를 조성함으로써 개혁의 신바람을 일으켜 '직무만족'을 꾀하고 활력이 넘치는 자세로 국민이 감동하는 치안활동을 전개함으로써 '국민만족' 치안 서비스를 제공하여 기본이 바로선, 국민과 함께하는 국민의 경찰로 자리매김하는 것이다.[65]

(3) 추진 성과

① 제2 창경을 위한 조직관리 혁신이 있었다. 비인간적인 근무행태를 개선, 파출소·형사·교통 등 외근근무부서에서 2~3교대제를 실시하는 등 신명나는 직장분위기조성을 하였고, 치안수요·현장중심으로 인력을 재편하여 치안 수요가 급증하는 경기·인천·울산지역의 경찰력을 보강하였다.

② 국민이 감동하는 치안 성과로는, 2002년 월드컵 대비 준법의식을 함양케 함으로써 선진질서를 이끌어 가는 경찰 이미지를 부각시켰다. 1999년을 '무최루탄 원년'으로 기록하였고, 또한 지도위주의 선별적 교통단속이 정착되면서 경미한 위반행위단속이 감소하였다.

③ 국민과 함께하는 친절한 경찰상이 정립되었다. 경찰서별 행정발전위원회를 발족하여 시민감시와 통제를 활성화하였으며, 경·학 협동체제를 구축, 학계와 치안

65) 경찰청, "21C 한국경찰의 나아갈 방향" —경찰개혁 평가 및 향후 방향 제시, 2000.

문제에 대하여 공동연구와 대응방안을 모색하였다. 운전면허관련 민원행정을 개선하여 면허시험일자에 대해서 지정예고제를 실시하였고, 심야시간대 횡단보도 신호등을 점멸 운영(2,656개소)하며 국민불편·애로 접수창구를 일원화한 '182문의코너'를 개설하였다.

3. 한국경찰의 혁신

(1) 추진 체계

참여정부가 출범한 2003년 4월 3일에 전문성과 개혁성을 겸비한 외부인사 18명으로 경찰혁신의 추진방향 설정, 주요혁신과제의 심의 등을 담당할 경찰혁신위원회를 구성하였다.

경찰혁신위원회는 "업무혁신", "자치경찰", "수사제도"의 3개 분과위로 구성되었으며, 2003년 5월 16일 실무적으로 경찰혁신위원회를 보좌하고 경찰혁신을 주도할 '경찰혁신기획단'을 설치하여 혁신추진체계를 마련하였다.

경찰혁신기획단은 경찰혁신위원회 분과위에 상응하는 3개 팀으로 구성하였으며, 기획단에 근무하는 경찰관은 T/F팀 최초로 공모를 통해 최고의 실력과 열정을 겸비한 경정-경장의 19명을 선발하여 '연구관'이라 명명함으로써 업무의 독자성과 자율성을 최대한 보장해 주도록 하였다.

경찰행정을 '소극적 규제개념'과 '권력작용'으로만 이해하던 지금까지의 관점에서 벗어나 국민의 행복권까지 지켜 주는 생산적 복지개념을 도입하고 경찰이 더 이상 권력기관이 아닌 봉사기관이라는 정체성을 확보하기 위해 치안행정 전반에 걸쳐 대대적인 패러다임[66]의 전환을 시도하였다.

(2) 비전과 추진전략

패러다임의 전환에 맞춰 비리와 부조리가 없는 깨끗한 경찰상을 확립하여 건강한 사회를 선도하고, 국민들의 가슴 속에 진한 감동을 주는 따뜻한 경찰행정을 구현하며, 각종 범죄와 불의에 당당하게 맞서는 든든한 경찰로 거듭남으로써 '가장 우수한 경찰로 가장 안전한 나라'를 만들겠다고 하는 비전을 제시하였다.

---

66) 그리스어로 '사고 및 인지체계의 종합'을 의미하며, 토마스 쿤의 "과학적 혁명의 구조"에서 처음 사용되었다. 즉 조직구성원이 공유하고 있는 세계관, 사물의 인식방법, 사고의 가치규범, 사고의 틀, 신념체계 등을 통칭하는 개념으로, 요약하면 '사물을 보는 관점이나 사고의 틀'이라 할 수 있다.

첫째, 위에서 쏟아 붓는 식이 아닌 아래로부터의 자율 혁신을 유도함으로써 일선 기관들이 혁신의지를 가지고 자율적으로 동참할 수 있도록 하는 데 역점을 두고 참여와 토론으로 현장 의견을 최대한 수렴, 공감대를 확보하였다.

수시로 현장 모니터 및 순회교육 및 설문조사 등을 실시하고 그 결과를 즉시 전파하는 환류조치를 통해 경찰청과 일선이 혁신 마인드를 공유하고 같이 고민하는 일체감을 형성하였다.

둘째, 일시성·전시성이 되지 않도록 단계적으로 내실있게 추진하되 속도감 있고, 차분하면서도 지속적으로 추진하였다.

(3) 추진 과제[67)]

① 혁신선도과제 선정

혁신과제의 선정은 무엇보다도 국민이 변화를 느낄 수 있는 국민체감 과제를 우선 도출하고 과제의 파급효과가 일선현장까지 미치는 변화유발과제를 중심으로 81개의 과제를 선정하였고[68)], 이를 10개 대주제로 분류하여 추진하였다.

내부구성원의 만족을 국민만족으로 승화시키기 위하여 경찰인력을 조사·형사 등 국민과의 접점부서 위주로 전면 재배치하도록 하여, 주요경찰서에 강력계 신설과 현장집행력 강화 등 30개 과제[69)]를 선정, 개선안을 마련·추진하였다.

② 경찰혁신 비전과 아젠다 선정

치안환경의 변화에 능동적으로 대처하고 21세기 경찰이 나아가야 할 바를 정해 경찰혁신을 보다 구체적으로 추진하기 위하여 경찰혁신위원회의 심의·의결을 거쳐 '가장 우수한 경찰, 가장 안전한 나라'의 비전과 5대 항목(만족치안, 봉사치안, 참여치안, 신뢰치안, 성과치안) 및 12개의 아젠다를 설정한 후 세부추진계획을 수립·추진하였다.

③ 자치경찰제 도입 및 수사권의 합리적 배분

참여정부는 2003년 2월 21일 '국정비전과 12대 국정과제'를 발표하면서 지방분권과 국가균형발전분야에 '합리적인 자치경찰제 도입 추진'을 국정과제로 선정하였으며,

---

67) 임창호, "경찰학의 이해", 대왕사, 2004, pp.348~349.

68) 치안연구소, "치안정책 연구" 제17호, 2003, p.399.

69) 주요과제 ① 지휘부서 감축, 조사·형사 등 민생부서 보장 ② 경찰기구 명칭변경 ③ 경찰서별 강력계·폭력계 설치 ④ 경찰권 행사요건 명확화 및 민간피해 보상방안 ⑤ 범죄피해아동 진술녹화제, 전문가 참여제 등 전국 확대시행 ⑥ 순찰지구대 및 치안센터 활성화 등

경찰청은 3월 24일 대통령에 대한 업무보고시 자치경찰제 도입·추진을 보고하였다.

2003년 7월 4일 정부혁신, 지방분권위원회와 협의하여 "자치경찰제 로드맵(Roadmap)"을 확정하였으며, 2004년 9월 16일 기초자치단체에 자치경찰과를 설치하고 방범순찰, 교통단속 경비 등을 담당할 자치경찰제(안)을 대통령에게 보고했다. 2005년 법제화를 거쳐 하반기부터 시범운영하고 보완 후 2006년 하반기부터 전면적으로 시행할 예정이었으나 아직 시행되지 못하고 있다.

수사권의 합리적 배분 문제를 다루기 위한 검·경 수사권조정협의체에 이어 2004년 9월 15일 수사권조정자문위원회가 발족되었다. 그러나 구체적 합의사항이 없는 상태에서 물밑으로 가라 앉았다.

4. 미래비전 2015

(1) 수립배경 및 방향

이명박 정부 들어 경찰청은 경찰중장기 발전전략으로 미래비전 2015를 제시하였다. 이는 경찰발전에 대한 역사의식을 정립하고 지휘부와 직원간의 공동목표를 창출하며 미래를 앞당기는 도전정신을 함양하는 데 있다.

특히 2010년 현재의 외부환경과 내부역량, 경찰의 미션, 경찰정신 등을 고려하며 2030년 바람직한 경찰의 모습을 통해 각각 2020년, 2015년의 비전을 설정하였다. SWOT분석을 통해 전략과제를 도출하고 실행과제와 실천계획을 수립하였다.

(2) 비전과 목표

2015년 비전은 영국 경찰 수준으로, 국민의 신뢰가 회복되어 인정받는 경찰로 매김한다. 이어 2020년에는 국민의 신뢰가 정착된 사랑받는 경찰이 되고 2030년에는 존경받는 경찰이 되고자 한다. 그때는 기관 신뢰도도 1위며, 종합청렴도도 1위를 차지한다. 국가고객만족도도 10위로 상승하게 될 것이다.

(3) 핵심 전략 및 과제

① 경찰작용법의 선진화로 현장 법집행력 확보 등 법질서를 확립하고

② 교통사고 줄이기와 사이버범죄 대응태세를 갖추고 민간경비 역할 강화와 협력치안체제 구축 등으로 안전사회로 정착시키고

③ 수사의 신뢰도를 제고하고 국민과 함께하는 수사구조개혁을 추진하는 등 고객 중심 치안행정을 하며

④ 자치경찰을 도입하고 경찰복지 종합지원시스템을 구축하는 등 치안인프라를 확충하며

⑤ 마지막으로 과학수사 전문역량을 강화하는 등 프로경찰을 육성하는 데 있다.

제5부 한국경찰제도의 방향

제13장 경찰의 중립성과 독자성

1. 필요성

경찰은 그 본질적 성격이 권력기관인데다 국민들과 직접 접촉하여 국민의 신체와 재산을 보호한다는 점을 고려할 때 경찰공무원들에게는 높은 사명감과 투철한 직업의식이 필요하며, 경찰의 정치적 중립성이 특별히 요구된다.

건국 이후 경찰이 안전행정부에 소속되어 정치화되고 독자성을 갖지 못함으로써 경찰행정이 낙후되고, 따라서 국민의 인권보장에 제 기능을 못해 온 것이 사실이다. 경찰의 중립성과 독자성은 바로 공복으로서의 봉사와 인권보장에 있다. 건국 후 이러한 노력이 계속 이어져 왔는데, 그 요지는 표 13-1과 같다.[1)]

2. 경찰법 개정과 경찰작용법 제정

(1) 실질적·형식적 의미의 경찰개념

경찰청의 독립과 경찰위원회의 구성은 경찰행정조직 내부 지휘체계의 일원화와 정치적 중립성 확보를 위한 중요한 조직개혁이라고 평가된다. 그러나 이러한 경찰행정조직의 개편에도 불구하고 다음과 같은 이유에서 경찰조직 발전에 관한 논의는 앞으로도 지속적으로 이루어져야 한다.[2)]

1) 중앙경찰행정기관을 안전행정부장관 보조기관의 법적 지위에서 독립행정 관청인 경찰청으로 바꾸었지만, 아직도 경찰청을 안전행정부장관 소속 아래 두고 있어서 경찰조직의 독립성과 대외위상을 저하시키고 있다.

1) 서재근, "화갑기념논문집", 동국대, 1989, p.71 참조.
2) 한국개발연구원, 앞의 책 p.125~126.

표 13-1 경찰중립화 요구 일지

시대 / 구분	1955년 정부안	1960년 제4대국회안	1972년 신민당안	1980년 6인교수 헌법안	1985년 2000년대 경찰 발전방향 연구위원회	1989년 야 단일안	1991년 경찰법(현)
명칭	경찰위원회	중앙공안위원회	중앙공안위원회	공안위원회	국가치안위원회	국가경찰위원회	경찰위원회
위치	대통령 직속	국무총리 소할	국무총리 소할	대통령 소속	국무총리 소속	국무총리 소속	행정자치부 소속
구성	위원 3인	위원장 포함 5인	위원장과 위원 5인	위원장포함 6인 이내	위원장과 위원 5인	위원장 포함 7인	위원장 포함 7인
위원장의 임명권	대통령 임명	국무총리 임명	국무총리 임명	국회 동의 대통령 임명	국무총리 제청 국회 동의 대통령 임명	대통령 임명	대통령 임명
위원장의 직급	국무위원	국무위원	국무장관		국무위원	국무위원	장관급
위원의 임명	대통령 임명	국회의 2개 다수 교섭단체 각 1명, 법관회의 1명, 변협 1명 선출, 국무총리 인준	국회의 2개 다수 교섭단체 각 2명, 법관회의 1명, 국무총리 인준	위원장제청 대통령 임명	국회 동의 국무총리 임명	4인은 국회선출 대통령 임명 위원장 등 3인은 대통령 임명	위원 2인은 법관자격 대통령 임명
집행기관	경무청	경찰청	경찰청	경찰청	치안청	경찰청	경찰청
기관장의 임명	경찰위원회 제청 대통령 임명	국무총리 동의 중앙공안위 임명	중앙공안위 임명	국무회의 의결	국가치안위 제청 국무회의 의결 대통령 임명	국가경찰위원회 제정 대통령 임명	경찰위원회 동의 대통령 임명
비고	1956년 자유당 정책위원회(안)도 같음 공안위원회로 개칭	헌법규정이 있었고, 경찰행정개혁 위원회에서도 안을 만듬	1962년 국가재건최고회의, 내무행정 중요계획에 경찰법 제정이 포함되었음	1980년 대한 경우회도 건의안을 촉구함	단기적으로는 내무부 소속의 치안청 제시	1988년 경찰대학 총문문회, 성명서 발표	

경찰청에 대한 안전행정부장관의 법적 권한은 경찰위원회 위원과 경찰청장에 대한 임명제청권, 총경 이상의 경찰공무원에 대한 임용제청권, 경찰위원회의 심의·의결사항에 대한 부의권과 결정사항에 대한 재의요구권 등이 있다. 그러나 보다 중요한 권한은 외청 업무에 대한 주무부처의 장관으로서의 일상적인 지휘·감독권 및 부령제정권에 근거한 각종의 지시권·감독권이다. 따라서 경찰청 발족 이후에도 안전행정부장관은 주요 치안정책결정에 광범위하게 관여하고 있다.

2) 안전행정부장관은 정부조직법에 의하면 치안행정 이외에도 정부인사, 인사관리,

지방행정, 지방재정, 지역경제, 지방세, 지방자치단체의 감독 등의 업무와 선거 및 국민투표 관계업무를 수행하도록 되어 있다. 특히, 선거 및 국민투표 등 정치적 업무를 담당하는 각료의 소속하에 있는 경찰청의 정치적 중립성은 크게 저해될 소지가 많다.

경찰조직을 대통령 직속으로 둘 경우 강력한 경찰력을 발휘하여 경찰을 통한 정부정책이 용이하게 집행될 수 있다는 장점이 있기는 하나, 경찰기능은 기본적으로 국가원수의 소속하에 둘 성질이 못되며 경찰국가화할 우려가 큰 점을 고려할 때 바람직한 대안이라고 보기 어렵다. 또한, 중앙경찰행정을 일반부처와 동격인 치안부로 설치할 경우 경찰권의 비대화와 독선화가 우려된다. 따라서 경찰조직의 장기적인 발전을 위하여 경찰위원회와 경찰청을 안전행정부 소속에서 국무총리 소속으로 바꾸는 것이 바람직하다.

3) 경찰위원회는 경찰업무의 중립성 확보를 위하여 중앙경찰기관의 최고관리기관으로 구성되어야 한다. 그러나 우리나라의 경찰위원회는 안전행정부 소속의 합의제 행정기관으로서 안전행정부장관의 영향력을 받도록 되어 있다. 그리고 심의·의결기관의 성격상 안건에 대한 적극적 촉구가 가능하느냐, 또는 경찰청에 대한 간접통제만 가능하느냐가 거론된다. 한편, 지방경찰의 관리기관으로서 시·도경찰위원회의 구성에 대하여는 경찰법에서 다루지 않고 있다. 앞으로 본격적으로 전개될 지방화시대의 지방경찰조직과 시·도 지방경찰위원회의 구성에 관한 논의가 시급히 구체화되어야 한다.[3)]

4) 1994년 야당에서 이런 경찰법 개정안이 발의되었고, 지금까지 자치경찰 등과 관련하여 함께 거론되고 있다.[4)] 사실, 경찰의 중립성·독자성은 자치경찰, 경찰수사권의 적정화와 함께 시행되어야 한다. 정균환 의원도 이러한 경찰법 개정안을 정부·여당 안으로 거의 확정하여 안(案)으로 제시한 바 있다. 즉, 국무총리 소속하에 '국가경찰위원회'를, 특별시장·광역시장·도지사 소속하에 '지방경찰위원회'를 둔다는 것이다.[5)]

(2) 경찰작용법 제정

1) 현행 경찰관직무집행법은 경찰직무대상 및 집행수단 등에 대하여 많은 미비점을 갖고 있으므로 경찰작용법이 제정되어야 한다.

1991년 경찰조직에 관한 일반적인 경찰법을 제정할 때 '외부간섭의 배제'와 '수사

3) 이상안, 앞의 책, pp.120~122.
__, 한국개발연구원, 앞의 책, p.124.
4) 정균환, "자치경찰", 신유영사, 1996.
5) 정균환, "경찰개혁(하)", 밝은세상, 1998, pp.11~26.

권 독립' 조항을 삭제한 일이 있어 이 보완을 위해서도 경찰작용법 제정은 필요하다.

경찰작용법 제정시, 특히 경찰의 타 부처 업무협조의 범위, 절차, 한계 등에 관한 규정을 구체적으로 명문화시켜 경찰이 구체적인 법적 근거없이 행정관행상 또는 행정편의상 타 부처 업무집행에 불합리하게 동원되는 사례를 최소화시켜야 한다. 독일의 「각주 통일경찰법 모범초안」[6]의 주요내용을 참조하여 경찰의 타 부처 업무협조의 범위, 절차, 책임한계의 기본원칙을 정리하였다.[7]

1. 범위에 있어서, 경찰의 타 부처에 대한 협조업무를 공권력행사의 최종수단으로 인정하여 업무협조의 범위를 최소한으로 한다. 즉, '공공의 안녕이나 질서'에 관한 위험방지책임이 다른 행정관청에 주어져 있을 때, 그 특정업무의 집행이 경찰의 권한과 업무처리방법에 의하지 않으면 불가능하거나 적시에 이루어지지 않을 경우에만 경찰은 그 행정관청의 요청에 의하여 집행협조를 하도록 한다.
2. 절차에 있어서, 모든 집행협조의 요청은 사전에 문서로 하며, 그 문서에는 조치의 이유와 법적 근거를 명시하도록 한다. 다만, 긴급한 상황에는 사후 문서처리가 가능토록 한다.
3. 책임한계에 있어서, 경찰은 업무협조시 '집행의 방법'에 대하여만 책임을 진다. 즉, 당해 업무의 관련 법률위반으로 법질서가 문란하게 되었을 경우 항상 본질적 책임은 소관부처에서 진다.

이 기준에 의하면 현재의 협조업무 중 존속가능한 업무는 다음과 같이 질서유지를 위한 경우와 범죄예방을 위한 경우로 두 가지가 될 것이다.

① 질서유지를 위하여 경찰의 직접적 강제력이 필요한 경우로는 조세체납처분 집행 시 입회 및 항거제지, 집달관 강제집행 시 입회 및 항거제지, 무허가건물 철거 시 경비, 불법어로의 단속 등이다.

② 범죄의 예방을 위한 범인성 환경단속의 경우로는 청소년 유해업소 단속, 마약 및 습관성 의약품 단속, 윤락행위단속 등이다. 그리고 협조업무의 소관부처 이관은 관련 특별사법경찰관리의 확충으로 가능하다고 본다.[8]

2) 2013년 경찰관직무집행법을 개정하여 직무범위에 국민의 생명, 신체 및 재산의 보호를 규정하고, 적법한 공무집행에 대한 피해보상 근거를 마련하였다. 집회 및 시위에 관한 법률도 야간집회 금지에 대한 헌법불일치 결정에 따라 사문화되어 그 개정이 의무화 되었다.

---

6) 이 책 p.32 주22) 참조.
7) 한국개발연구원, 앞의 책, pp.109~113.
8) 경찰작용법에 대한 상세한 논의는 이미 1985년 치안본부의 '2000년대를 향한 경찰발전방안'에 법(안)이 제시되었고, 1995년 치안연구소의 '경찰작용법에 관한 연구(남승길)', 1996년 한국법제연구원의 '경찰작용법제의 개선방안(박상희)'에서 독일연방 및 주의 통일경찰법 표준안을 기준으로 심도있게 다루고 있다. 또한, 1997년 치안연구소의 '경찰통합법에 관한 연구(홍준형)'가 있다.

제 14 장 국가경찰과 자치경찰의 조화

1. 외국 경찰제도와 그 운용

경찰제도는 영미법계 국가와 대륙법계 국가의 경찰제도로 나눔이 보통이다. 전자는 사회질서유지가 경찰의 중심기능이고, 경찰조직도 지방분권적인 자치경찰제도를 유지한다.

후자는 사회질서 유지에 국한하지 않고 국가시책의 촉진을 위한 행정까지 경찰개념에 포함시켜 경찰작용의 범위가 넓고 경찰조직도 국가경찰제도로서 중앙집권적 경찰조직을 갖고 있다. 그러나 이러한 분류는 양자의 특성을 강조한 상대적인 구분이고 실제운용상으로는 양자가 절충하여 국가경찰과 자지경찰의 조화를 꾀하는 방향으로 발전해 가고 있다.

프랑스의 경우도 국가경찰을 근간으로 하면서도 자치경찰을 일부 수용하고 있으며, 자치경찰을 골격으로 하는 영국도 국립범죄정보국, 경찰청 같은 국가경찰을 확충하고 있다. 일본 경찰은 국가경찰과 자치경찰의 조화를 지향하는 대표적인 사례다.

2. 자치경찰

자치경찰이란 지방분권의 정치사상에 따라 지방자치단체에 자치권을 부여하고 경찰의 설치운영 책임이 이 자치단체에 위임된 경찰제도를 말한다.[9)]

자치경찰제도는 그 나라의 역사적 배경, 시민의식, 정치제도, 관료조직 등의 여건에 따라 그 형태를 달리하고 나라마다 경찰자치의 정도와 방법도 각양각색이나 그 장단점을 살펴보면 다음과 같다.[10)]

장점의 첫째는, 자치경찰의 주민봉사적 자세이다. 국가경찰은 본질적으로 중앙정부

9) 서기영, 앞의 책, p.438.
10) 서기영, 앞의 책, pp.436~440.
__, 이상안, "자치경찰제가 어려운 이유", 자치공론(1998. 3), pp.45~64.
__, 이황우, "경찰행정학", 법문사, 1998, pp.34~35.
__, 정균환, "자치경찰", 신유영사, 1996, pp.139~235.
__, 한국개발연구원, 앞의 책, pp.377~379.

지향적인 형태를 견지하고 있어서 이를 주민지향적인 형태로 바꾸는 데는 자치경찰제도의 도입이 불가피하다.

둘째로는, 재원과 책임의 분담을 들 수 있다. 자치경찰제도 하에서는 그 운용경비를 원칙적으로 지방자치단체가 부담해야 하기 때문에 경찰 경비의 국고와 지방 간의 분담이 가능해지고, 경찰의 책임도 그 역할에 따른 분담이 이루어져서 국가경찰은 중앙경찰기능에 대해서만 책임질 수 있게 된다. 따라서 소요가 발생해도 파출소 등 자치단체의 자산을 파괴하는 행위는 주민에 의해 저지되는 풍토가 조성될 것이다.

셋째로, 자치경찰제도 아래에서는 지방경찰관제도가 채택되기 때문에 경찰구성원은 그 지역출신의 경찰관이 주류를 이루게 되어 주거안정에 도움이 되고, 부정의 자발적 자제분위기가 조성될 뿐 아니라 친근·봉사자세의 확립도 용이해진다.

넷째로, 자치경찰은 '우리 마을을 우리가 관리하는 분위기'가 조성되는 가운데 지역정보의 다양한 통로가 구축되어 수사력의 향상과 치안유지에 긍정적인 효과를 발휘하게 된다.

지역정보는 비공식 경로(informal information channel)가 오히려 주종이 될 수도 있다.

그러나 자치경찰은 단점도 없지 않다. 첫째로는 광역경찰기능의 약화와 경찰위계질서의 해이를 들 수 있다. 둘째로는 지방경찰관이 특정지방주민계층과 밀착되고, 셋째로는 소신치안의 의사가 약화될 수 있으며, 넷째로는 지역간 경찰인력의 질적 수준의 차이가 문제될 수도 있다.

우리나라에서도 근대적 자치제도의 요소가 없었던 것은 아니다. 일본 강점기 아래 일부 지방자치제도가 중앙집권 위주, 집행부 위주로 운영되어 식민정책에 이용되었다.[11]

자치경찰로는, 미군정하에서 파행적이지만 관구경찰청제도가 시행된 적이 있다.

3. 자치경찰의 도입

(1) 찬·반 논거

전통적으로 국립경찰제도에 익숙한 체제에서는 자치경찰을 인정할 수 없다는 인식이 지배적이지만 시대변화에 따르면서 경찰의 중립성이나 수사권 적정화와 함께 자치경찰을 도입해야 한다는 논거도 설득력이 있다.[12] 이들 논거의 주요 쟁점을 정리하여 대비해 나타내 보면 다음과 같다.

---

11) 노융희, "'90년대를 향한 국가발전과 지방행정의 좌표", 지방행정연구소, 1984, p.8.

12) 정균환, "경찰개혁(하)", 밝은세상, pp.27~43.

표 14-1 자치경찰 도입 찬·반 논거

쟁 점		찬 성 측	반 대 측	비 고
본질	지방자치	민주성	능률성도 필요	
	경찰	봉사성	개별화가 안 됨 (비배재성·비경합성)	
재원		자기 책임으로 당연	상대적 격차로 빈익빈·부익부 초래	분담금 활용
책임		자치체 책임	국가가 소홀히 못함	
주민봉사		실정에 맞춤	범죄 광역화, 긴급시에는 곤란 －큰 편익을 잃음	
경찰관		지역사람으로서 적극봉사	이중구조, 부정 소지	
지역정보		더 원활해짐	지역별 정보하달(국가적 손실)	
정치적 중립성		당연히 확보됨	악용(지역주의)	
수사권 적정화		경찰국가 방지를 위해 더 필요	어려워짐	
외국 사례		대부분 국가가 채택	영·미·일만 일부 자치경찰 채택	스웨덴·스위스·덴마크는 국가경찰로 복귀

(2) 도입방안

1) 우리나라에 자치경찰을 도입하는 방안은 3가지가 있을 수 있다.[13)]

① **미국식 자치경찰제도** : 광역 및 기초자치단체에 상응한 경찰을 자치경찰화함으로써 사실상 자치경찰의 2중 구조가 나타난다. 동시에 중앙에는 FBI 같은 중앙경찰수사본부를 두어 광역경찰기능의 효율적인 수행이 가능토록 하려는 대안이다.

② **시·군단위의 1단계 자치경찰화** : 시(직할시 포함) 및 군 수준의 한 단계에만 자치경찰을 도입하고 광역경찰의 필요성은 일본의 관구경찰제도 같은 광역지방경찰본부를 두어 대처한다.

시·군 중심의 자치경찰은 광역 및 기초자치단체 중에 광역동질성이 강한 1단계에만 자치경찰화 하면서도, 직할시의 경우는 대도시 내에 긴요한 광역성 지역경찰문제도 지역단위로 해결하게 하는 구상이다.

③ **시·도경찰의 이원화** : 현재의 지방경찰청을 전제로 하고, 지방경찰청이 국가경찰기능과 지방경찰기능을 동시에 수행케 하는 이원화 구상이다. 수사(광역 및 중요수사)나 정보(통신포함) 등은 국가경찰기능으로 하고, 교통· 경비·방범·일반수사 등 서비스 분야는 자치경찰기능으로 구분하여 인사·비용부담 등을 달리한다.

13) 한국개발연구원, 앞의 책, pp.384~385.

원칙적으로 국가경찰기능은 국고에서, 자치경찰기능은 지방자치단체에서 그 경비를 분담하도록 하면서, 지방경찰청장은 현행대로 경찰청장이 임명한다. 그리고 일정한 직급 이하에 대하여 지방경찰관제도를 도입하되, 자치경찰기능을 수행하는 부청장을 둔다. 이의 임명은 지방경찰위원회의 동의 또는 협의를 거치게 하는 등 자치경찰 요소를 강화한다.

2) **실현가능성을 보면**, 미국식 자치경찰제도는 주정부보다 시·군 단위 자치경찰이 사실상 광범한 경찰권을 행사하고 있어서 실제로는 시·군단위 1단계 자치경찰과 크게 다르지 않다.

시·군 단위 자치경찰화는 운용방식에 따라 도 같은 광역자치단체 단위에서 업무조정을 할 수 있고, 실제 영국의 경우는 3~4개의 카운티를 병합하여 운영하고 있다.[14)]

마지막으로 시·도경찰의 이원화는 기능별 구분·운영이 어려운데다 국가경찰과 다름이 없을 가능성이 있다. 그러나 본격적인 자치경찰 이전 단계로 활용할 수 있다.

어느 안을 택하든 국민, 주민의 권익과 인권보장을 담보할 수 있도록 보완책을 충분히 강구해야 할 것이다.[15)]

1948년 정부조직법 제정시에 경찰의 정치적 중립을 위한 지방자치화를 논의했으나 국립경찰 형태로 결정됐다. 1955년에는 국무회의에서 자치경찰적 요소를 도입한 경찰법안이 상정됐으나 심의과정에서 폐기된 바 있다.

1960년 장면 정권 시절 국회에서 4·19혁명에 따라 경찰중립화 기초특별위원회를 구성하고 경찰중립화 법안에 기초, 국립경찰과 자치경찰의 이원화 여부를 검토했으나 실현되지 못했다. 노무현 대통령은 후보 시절 자치경찰제도 도입을 대선공약으로 내걸었다.

4. 자치경찰법(안)

(1) 자치경찰의 조직과 업무

2007년 자치경찰법(안)에서, 국가경찰은 수사·정보·외사·보안 등을 담당하고, 자치경찰은 시·군·자치구에 자치경찰기구를 창설하여 지역교통이나 생활안전 등 주민생활 중심의 치안행정을 담당하게 되었다. 즉 국가경찰과 자치경찰은 이원적으로 운용되며, 소요재원은 제도의 정착시까지 지방교부세·국고보조금·범칙금 등으로 확보

14) 정균환, "자치경찰, 경찰위원회 도입 모델", 수사연구, 1998. 4, p.16.

15) 최근 추진되는 자치경찰제도는 일본식과 유사한 광역자치단체의 자치경찰이다. 즉, 시·도 경찰위원회를 설치하고 있다.

하여 국가에서 일정부분 지원한다는 것이다.

이 안에 따른 국가경찰과 지치경찰의 조직을 살펴보면 그림 14-1과 같다.

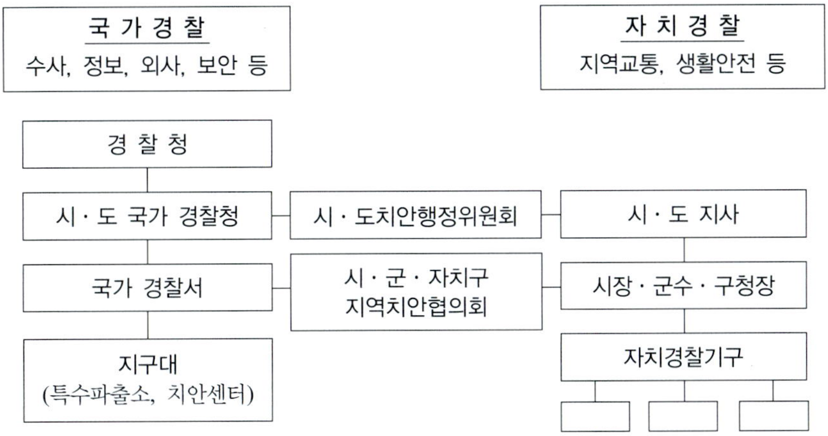

참고 : 안전행정부 자치경찰제 실무추진단,
자치경찰제 추진 중간보고서(2011.9.22)

그림 14-1 국가경찰과 자치경찰의 조직(안)

(2) 자치경찰의 소속

자치경찰의 소속은 기초자치단체인 시·군·구의 부속기관으로 한다. 기초자치단체장에게 인사권을 부여해 자율과 책임이라는 지방자치원칙에 충실하도록 했다.

시·군·구에 소속된 자치경찰은 특정직 지방공무원의 신분이 된다. 인사 교류는 광역자치단위에서 하는 것을 원칙으로 한다.

(3) 자치경찰제로부터 기대효과[16]

1) 자치경찰제는 국가경찰보다 주민의 요구와 필요에 더욱 민감하게 대응할 수 있어 고객만족의 치안 서비스를 받을 수 있다. 지역교통, 생활안전, 경비, 등과 같은 민생치안 서비스 질의 제고와 신속한 대민 서비스가 구축될 수 있다.

2) 자치경찰은 지역에 대한 애향심을 갖게 되고, 중앙의 획일적인 지시에서 탈피하여 치안행정을 지역실정에 맞게 주민과 함께 모색하게 됨으로써 지역주민과 경찰과의 협력이 활성화된다.

16) 박동균, "월간 안동자치", 2000년 5~6월호. 안동자치 홈페이지.

3) 자치경찰제는 경찰의 위법, 부당한 행정처분에 대하여 주민의 감시활동이 활성화될 뿐만 아니라 시정조치 또한 실효성 있게 보장될 수 있기 때문에 비리와 부정을 억제할 수 있다. 또한, 지역단위의 조직이므로 필요한 경우는 조직운영상의 개혁이 용이하게 된다. 따라서 비능률적인 관료주의의 병폐를 해소하고, 경찰공무원의 부패요인을 최소화할 수 있게 된다.

(4) 예상 부작용[17]

1) 국가경찰과 임무가 중복된다.

2) 정치인인 단체장의 권력남용이 우려된다.

3) 주민의 표를 의식해 업무가 소홀해진다.

4) 자치경찰 유지를 위한 보조금과 자립도가 문제된다.

5) 지역간 치안 서비스의 부익부 빈익빈이 심화된다.

5. 자치경찰의 전면시행 촉구

(1) 제주특별자치도 자치경찰

제주특별자치도 설치 및 국제자유도시 조성을 위한 특별법에 의거 2006년 7월부터 제주도에 자치경찰이 전면 실시되었다.

제주특별자치도에는 기획·조정을 담당하는 자치경찰단이, 제주·서귀포 행정시에는 집행기구 성격의 자치경찰대를 설치하여 각각 대장 아래 경찰행정팀, 교통·생활안전1, 2팀, 공항팀, 수사팀을 두고 있다(서귀포에는 2팀 및 공항팀이 없음).

2012년 통합자치경찰단이 출범하였는데, 1단 4과 1지역대, 1센터를 두고 있다.

제주의 성공적 자치경찰에 힘입어 다른 지역에서도 그 실시를 크게 요구하고 있다.

(2) 전면 시행 촉구

현 정부 들어서도 자치경찰의 전면 실시는 공약화되었다.

또 경찰법 제3조는 국가경찰의 임무만 규정하고 있으며 제7장을 신설하여 제25조는 비상사태시 자치경찰에 대한 지휘·명령을 규정하고 있다.

---

17) 신현기, "자치경찰론", 웅보출판사, 2004, pp.360~361.

경찰공무원법도 '경찰청장은 경찰공무원의 능력발전 및 국가경찰과 자치경찰 사무의 연계성을 높이기 위하여 국가경찰과 자치경찰 간에 긴밀한 인사교류가 될 수 있도록 노력하여야 한다.'라고 규정한다.

이는 모두 자치경찰을 상정하고 있는 근거다.

2010년 10월에는 지방행정체제 개편에 관한 특별법이 만들어져 '국가는 지방행정과 치안행정의 연계성을 확보하고 지역특성에 적합한 치안서비스를 제공하기 위하여 자치경찰제를 실시하여야 한다.'고 했다(동법 제40조).

현재 안전행정부에 설치된 자치경찰제 실무추진단에서는 기초자치단체별 자치경찰을 상정하고 다만 광역단체와의 교류상 자치경찰지원관 및 국가경찰인 치안협력관을 광역에 두는 것으로 준비하고 있다.

그간 각 광역시·도 경찰서별로 자치경찰제도를 시험 실시한 결과도 있어 이제 전국 자치단체에서 자치경찰을 요구하고 있다.

특히 서울특별시 의회가 자치경찰제도 도입을 위한 '경찰법' 개정 촉구 건의안을 상정하는 등 전국적인 현상으로 번지고 있다.

> 인천과 경기 등 전국 16개 시·도 자치단체장이 참여하는 '제23차 전국 시·도지사협의회'가 2010년 10월 6일 경남 진주시청에서 개최된다. 이들 자치단체장들은 협의회에서 공동 성명서를 발표하고 중앙정부에 지방세 확충 등을 요구할 예정이다.
>
> 이들 단체장들은 미리 배포한 성명서에서 "중앙정부의 각종 조세 정책으로 올해 지방정부의 세입은 8조원 감소한 반면 세출은 7조5천억 원이 증가했다."며 "지방재정 위기를 해소하기 위해서는 부가가치세의 20%까지 지방소비세로 전환하고 신규 지방세원을 발굴해야 한다."고 밝혔다.
>
> 또 단체장들은 광역지자체 중심의 자치경찰제도를 도입해야 한다는 요구도 했다.
>
> 이들은 "범죄에 효율적으로 대처할 수 있도록 시·도 중심의 자치경찰제를 도입해야 한다."며 "자치경찰제가 도입되면 실질적인 치안 서비스를 높일 수 있다."라고 강조했다(경인일보. 2010. 10. 6).

제 15 장

경찰수사권의 독자성

1. 쟁 점

(1) 수사권과 기소권

수사는 수사기관이 범죄의 혐의가 있다고 인정되는 경우에 공소제기를 결정하거나 공소유지를 위하여 그 혐의의 유무를 조사하는 절차로서 피의자의 발견·보존 및 증거의 발견·수집 보전 등 수사기관의 일체의 활동을 의미한다.

우리나라의 형사소송구조는 영미법계 당사자 주의의 장점을 많이 도입하고 있으나 수사에 관하여는 대륙법계의 직권주의적 전통인 검찰의 기소독점주의와 기소편의주의를 인정하였다. 그래서 기소권을 가진 검찰에게 수사권이 부여됨으로써 사법경찰은 검찰의 보조기관으로서 상명하복의 지위에 두고 있다.[18)]

이러한 경찰수사권의 미비는 법이론적이 아니고 우리의 비정상적 정치 행태에 그 원인이 있다.[19)]

(2) 경찰수사권의 독자성 문제

경찰수사권이 독자성을 가져야 한다는 논의는 경찰의 정치적 중립화 및 자치경찰화와 함께 건국 후 정권이 바뀔 때마다 제기되는 문제였다. 국민의 정부가 공약으로 자치경찰의 도입을 내세우면서도 경찰의 독자적 수사권이 거론되기도 하였다.

경찰수사권의 독자성 문제는 이제 단순히 경찰과 검찰 간의 기관이기주의에 치부하여 물밑에서 경쟁하도록 놓아둘 성질의 것이 아니고, 민주국가에서 국민의 안녕과 인권을 위하여 최적의 국가형벌권을 행사하여야 한다는 국가 경쟁력 논리에서 접근되어야 할 문제가 되었다.

그럼에도 불구하고 지금까지 거론되는 찬·반 이론은 자기 주장만 강하고 쌍방교감이 부족한 일방적인 논리로 일관된 점이 없지 않았다.

---

18) 검찰이 수사·기소유예권·기소권·공소권·재판집행권을 독점하는 것은 검찰 지존(至尊)의 국가체제라고 보며, 국민에 대한 사법 서비스의 낙후만을 초래한다고 한다. 정균환, “경찰개혁(상)”, 밝은세상, 1998, pp.47~48.

19) 한국개발연구원, 앞의 책, pp.114~115.

최근에는 학계와 정계, 일반인은 물론이고 경찰·검찰기관에서도 일련의 준비자세로 이론을 정리하고 있으므로 기대가 되지만 아직도 혼선을 빚고 있는 부분이 많다.

(3) 경찰개념의 정의

위의 쟁점들은 경찰개념의 정의부터가 분명치 못함에 있고,[20] 더욱 중요한 것은 우리 경찰제도가 갑오개혁 이후 일제시대를 통하여 대륙법계에 그 바탕을 둔 데다가 지금도 그때, 특히 일제 강점 시기의 잔재를 그대로 가지고 있음을 반성하지 않고 답습함을 의식하지 못함에 있다.

해방 후, 일본이 인권보장을 위해 영미제도로 국가형벌권을 재편했는데도 우리는 일본 강점 시기의 제도를 그대로 따르고 있으면서 현대 민주국가에 걸맞은 의식구조를 확립하려는 데서 근본적인 괴리가 생기고 있다.

다시 말해서 21세기에는 19세기적 사고인 국가형벌권으로서는 국가발전을 더 이룰 수 없다는 인식이 최근의 규제완화 및 제도의 개혁을 통해 확산되고 있는데도 이를 애써 외면하는 현실에서 논의의 필요성이 더욱 높다고 하겠다.

(4) 수사권 제도

찬·반 이론이 제시하는 논거 자체도 불확실하고 모순되는 정의가 많다. 예를 들어 외국경찰의 수사권제도, 수사 현실에서의 경찰·검찰의 역할, 인권 보장에의 적합성 등에서 현저하다.

이러한 것은 선입견을 가지고 견강부회(牽强附會)식의 논거를 제시하고자 하는 데에 그 이유가 있다고 본다. 우선 행정법과 행정학 전공에서 입장이 다르고, 대륙법계에 익숙한 법조인과 미국행정에 익숙한 계층에서 다르며, 일정한 권력을 가진 경찰과 검찰과의 이해관계자로서 처한 현실과 경찰·검찰기관의 부처이기주의도 작용하는 면이 있다.

2. 외국의 수사권 제도

(1) 영미법계

영미법계에서는, 검사는 원고관으로서 공소를 제기하고 유지하는 권한만을 갖고,

---

20) 경찰은 국가형성과 함께 역사적으로 나타난 고유의 영역이 있어 각국의 정치형태와 관계없이 검찰이란 개념보다 시원적이고 본질적이다.

범죄수사는 사법경찰관리에 의하여 수행되고 있다. 검사는 공소유지상 필요할 때 사법경찰관리에게 조언할 수 있으나 지휘·명령은 할 수 없고, 검사와 사법경찰관리의 관계는 협동적·병렬적 관계를 고수하고 있다.[21] 그러나 영국에서는 1985년부터 검찰이 기소권을 가지며, 미국연방이나 주정부검사도 법상 인정된 범죄에 대해서는 수사권을 갖는다.

(2) 대륙법계

대륙법계인 프랑스에서는 전통적으로 검찰이 기소권 및 수사권과 사법경찰관리에 대한 수사지휘권을 포괄적으로 갖고 있으나, 형사소송법의 운용에 따라 사법경찰도 범죄예비조사를 수행할 수 있는 권한이 부여되어 있다. 그러나 프랑스는 검사가 법원과 함께 법무부에 소속됨으로써 기소는 검사가 하고 수사는 수사판사가 맡으며 재판은 판사가 담당한다. 범죄의 대부분을 차지하는 위경죄는 경찰이 검찰을 대신하고 경죄 역시 수사판사가 기소 여부를 결정한다.[22]

독일에서는 검찰이 수사를 주재하고 경찰은 보조한다. 하지만 경찰도 독자적으로 수사에 착수할 권한과 의무를 가지되, '지체 없이' 검찰에 송부하도록 한다. 그러나 사실상의 수사주도권은 경찰이 가지는데, 이는 '지체 없이'를 넓게 해석하여 수사종결의 단계에 가서 검찰에 송치될 뿐이다.[23]

(3) 일본의 경우

2차대전 전까지는 대륙법계 전통의 영향을 받아 검찰에서 포괄적인 형사사법기능을 행사하였으나, 전후 경찰에게 1차적 수사기관으로서의 지위를 부여하였다. 그러나 공소권은 검사가 계속 가지고 있으며, 검사에게 사법경찰관에 대한 지시권과 지휘권, 그리고 징계발의권 및 해임요구권을 부여하고 있으므로 실질적으로 많은 권한을 아직도 검찰이 보유하고 있다. 즉, 일본의 수사권제도는 대륙법계와 영미법계의 절충 형태를 따르고 있다.

이러한 현상을 볼 때에 영미법계에서는 경찰수사의 한계성을 인식하여 검사의 수사권을 넓히고 있으며, 대륙법계에서는 검사 수사권의 한계를 직시해 경찰의 수사권을 확대하고 있음을 알 수 있다.[24]

---

21) 한국개발연구원, 앞의 책, pp.116~117.
22) 한국형사정책연구원, 앞의 책 p.116 ; 134.
23) 위의 책, pp.76~77.
24) 수사간부연구소, "수사권 독립의 필요성과 선결 문제", 1988, p.11.

3. 경찰수사권의 독자성 주장과 반론

(1) 논의의 진행

이해당사자인 검찰과 규문주의 소송구조에 익숙해 있는 법조계·형사법학계 일각에서는 '시기상조론'으로 일축하고 있으나, 발전지향적 정책·행정학계에서는 대체로 이를 인정하는 추세다. 아래는 정정길 교수의 주장이다.[25)]

수사의 독자성 확보

경찰의 주요 기능 가운데 하나인 수사업무의 경우에는 검찰의 협조가 아니라, 아예 그 지휘·조정·통제를 받게 함으로써 고유업무 영역에서조차 경찰은 정책결정주체로서의 독자성이 훼손되고 있다. 특히, 이 경우에는 정책지침의 내용상 부적합성뿐만 아니라 우선 순위상의 모순·충돌이 일어난다. 지침작성의 제도적 이원화로 전문성을 둘러싼 갈등이 발생하면 조정과 해결이 어려워지고 검찰측의 전문적 판단을 강제할 경우에는 집행요원의 사기저하를 가져온다. 수사분야에 대한 독자적 권한은 부여하지 않은 채 책임만 떠맡길 경우, 경찰의 정치적 중립성 확보는 실현되기 어려울 것이다.

수사업무를 둘러싼 검찰과 경찰의 관계는 지시·복종이 아니라 공정성을 둘러싼 선의의 경쟁·견제 관계로 전환되는 것이 국가경쟁력을 제고하는 길이다.

요컨대 경찰조직이 국민의 신뢰를 확보하기 위해서는 정책결정단계에 참여하는 기회를 확대함으로써 업무수행과정에서 집행지침의 시·공간적 일관성이 확보되도록 해야 하며, 나아가 고유업무인 수사분야에서는 앞으로의 범죄환경 변화양상을 고려할 때 독자성이 보장될 수 있도록 적극 노력해야 한다.

(2) 주장 논거

1) 국민의 편익 저해

실질적으로 제1차적 수사기관인 경찰에게 독자적인 수사권을 인정하지 않아 경찰은 수사의 주체로서의 책임의식이 결여되어 결과적으로 국민들이 가장 큰 피해를 보고 있다. 즉, 경찰작성의 조서증거능력의 제한은 피의자·피해자·참고인 등이 검찰에서 형식적인 재조사를 받아야 하는 문제를 발생시키며, 필연적인 수사의 장기화로 인하여 국민들의 불편과 인권침해를 증가시키고 있다.[26)]

2) 현실과 괴리

사법경찰은 범죄의 발생에서부터 범인의 검거나 증거의 발견 및 보존 등 수사업무의 대부분을 수행하고 있으며, 실제로 검찰송치사건의 대부분은 경찰작성조서에

25) 정정길, '21세기를 대비한 경찰의 신뢰성확보방안', "21세기 한국행정론"(정정길 외 3, 박영사, 1996), pp.647~665.

26) 경찰대학, "경찰학개론", 1998, p.280.

의거하여 사건처리가 이루어지고 있다.[27)]

3) 권한과 책임의 불일치 및 수사요원의 사기 저하

경찰수사권의 미비는 모든 수사상의 책임은 경찰에게, 그리고 모든 권한은 검찰에게 주어지도록 하여 권한과 책임의 불일치 및 경찰 내부지휘권의 혼선을 일으켜 경찰내부의 사기저하 및 경찰행정발전의 저해요인으로 작용하고 있다.[28)]

4) 수사의 효율성

질적으로 지능화되는 현대 범죄에 효율적으로 대처하기 위해서는 고도의 법률지식뿐만 아니라 풍부한 현장경험 및 전문지식을 필요로 한다. 한 기관에서 둘 다 가질 수 있는 능력은 없다.[29)]

5) 권한의 집중 방지

현대 법치국가는 가능한 한 권력을 분산시켜서 균형과 억제를 법치·책임행정의 기조로 삼고 있다. 공소를 가지고 있는 소수의 검사에게 수사권까지 독점시키고 이에 대한 견제장치가 없는 현실에서는 권력남용의 우려가 크다.[30)]

(3) 반대논리

1) 국가형벌권의 효율적 행사

경찰수사는 범죄에 대한 투쟁, 특히 범죄예방에 중점을 두어야 한다. 이에 반하여 검사의 수사지휘권은 범죄수사 자체뿐만 아니라 피의자의 이익과 수사의 법적 한계를 보장하는 기능을 가지고 있다. 이러한 의미에서 검사의 수사지휘권은 수사에 있어서의 인권 보장과 적정절차를 실현하기 위한 법치국가원리의 불가결한 요소가 된다고 할 수 있다.[31)]

또한, 법관과 같은 자격을 가지고 신분이 보장된 검사의 수사지휘권을 인정함에 의하여 수사의 공정성이 담보될 수 있고, 수사의 쟁점을 정리함으로써 신속한

27) 위의 책, p.281.
28) 어떤 일도 책임을 지기 위하여는 그에 상응한 권한이 있어야 한다. :
O. W. Wilson & Roy C. Mclaren, "Police Adminstration", Chicago, Illinois, MaGraw-Hill Book Company, 1963(2nd ed.), p.35.
29) 정균환, "경찰개혁"(상), 밝은세상, pp.32~33.
30) 경찰대학, "경찰학개론", 1998, p.282.
31) 이재상, "형사소송법(5판)", 박영사, 1998, pp.95~96.
__, 한국형사정책연구원, 앞의 책, pp.186~187.
__, 서울고등검찰청, "수사지휘론", 1998, pp.247~248.

수사가 가능하게 된다.

검찰이 실질적으로 수사지휘를 하지 않는 것은 검사의 인력이나 조직의 부족으로 실질적인 수사지휘가 곤란하다. 그러므로 검사의 인력과 조직의 증강으로 해결할 수 있다.

2) 국민의 인권침해와 경찰의 부조리 확대 우려

법률전문가인 검사의 수사지휘권이 배제되면 자백을 얻기 위한 고문 등이 자행될 위험이 있으며, 불법·부당사례에 대한 효과적인 통제장치가 없어 국민의 인권보호에 심각한 지장을 초래할 우려가 있다. 현재 경찰이 검사의 지휘·감독에서 수사권을 행사하고 있으면서도 박종철군 사건이나 성고문 사건 등 고문사건이 다수 발생하고, 각종 비위로 처벌되는 경찰관이 속출하고 있으며, 이에 따라 국민들의 경찰에 대한 불신이 높은 현실을 보면 검찰의 수사지휘가 더욱 필요하다.[32)]

3) 독자적인 수사권 기 행사

검사는 사법경찰관에게 수사권이 있음을 전제로 수사를 지휘할 뿐이고 사법경찰관의 수사활동은 독자적인 부분도 있다. 이 독자성이 있다는 근거로는 형사소송법 제200조의 피의자 출석요구와 진술거부권 고지, 동법 제201조의 구속, 제238조의 고소·고발과 사법경찰관의 조치 등을 든다.

지금까지 경찰은 1차 수사권이든지 어떤 형태의 수사권이든지 법적으로 인정된 권한이 아닌 관례상의 행태에 의존해 옴으로써 마치 경찰수사 자체가 불법으로 행해 온 것처럼 보였지만 문제되지 않았다.

4) 경찰국가의 위험

실무적인 문제로 지방분권이 되지 않고, 즉결심판제도가 있으며, 특히 경찰국가의 위험이 있다.[33)][34)]

만일 수사분야에 관한 검찰의 통제가 배제될 경우에 경찰의 방대한 정보기능과 수사기능이 결합되어 국가최고·최강의 권력기관으로서 권력남용의 심각한 우려가 있다.[35)]

---

32) 서울고등검찰청, 앞의 책, pp.246~247.

33) 이상돈·배종대, "형사소송법", 홍문사, 1997, pp.168~169.

34) 법무부가 국민정부 인수위원위에 보고한 경찰수사권 부여의 부당성 중에 즉결심판사항이 있다(1998년 1월). 즉, 검찰기소사건 수와 비슷한 연 100만 건에 달하는 즉결심판은 일제의 잔재로서 세계에 유래가 없는 제도며, 따라서 경찰서장의 즉결심판청구권은 폐지해야 한다는 것이다. 그러나 이는 즉결청구권과 즉결처분권을 혼동했거나, 민사와 형사 및 행정상 과태료와 형사상 처벌례를 구분하지 않은 논리다.

(4) 기준 제시

1) 이상안 교수는 이에 관한 7대 공준을 차례로 제시하고 있다.[36]

① **헌법상 민주적 기본질서** : 인간으로서의 존엄과 가치 및 행복추구권이 우선한다.

② **권력배분과 기능분리** : 부패방지를 위하여 권력배분이 필요하고, 전문화를 위하여 뢰벤슈타인류의 기능 분리가 필요하다.

여기의 기능분리는 수사기획→검거→증거수집→소추→재판의 소송과정상 기능전문화뿐만 아니라, 죄질상 수사기능 전문화(정치·종교는 검찰, 생활침해는 경찰)도 필요하다.

③ **형사절차상 소송구조** : 검사는 피의자 조사를 주로하는 규문조사보다는 공판에서 피의자와 대등한 법의 적정절차구조가 필요하다. 피의자 인권보장은 수사권한의 분산과 함께 당사자주의 수사구조에서 가능하다.

④ **법집행 경제** : 효율적인 민생치안은 검거·투옥의 가능성계수가 투옥·처벌의 가혹성 계수보다 더 큰 의미를 가진다(베커[Becker]와 에리히[Ehlich]).

⑤ **조직관리 원칙** : 권한 책임의 통합, 지휘체계의 일원화라는 조직관리 원칙을 무시하고 있다.

'명령 통일의 원리'에서 이원화를, '분업의 원리'에서 법률전문가이면서 검거전문가가 되지 못하는 모순을 잉태한다.

⑥ **형사사법 서비스** : 기관할거주의에서 탈피하여 국민편익주의로 서비스를 공급하기 위해서는 당연히 생활근린 서비스 기관이 우선해야 한다.

조서를 이중 작성하는 중첩적 서비스보다 경쟁적 서비스가 필요하며, 특히 공소권 없는 범죄에 대한 불필요한 노력을 없앨 수 있다.

⑦ **수사의 규모경제** : 수사인력과 장비를 경쟁적으로 활용·도입하여 규모경제에 모순되고 있다.

인력의 적재적소 관리로 수사기술 숙련이 가능하고, 관리의 합리화로 인력의 동원, 차량지원 등 노력, 경비가 크게 절약된다.

2) 정균환 의원도 대국민 서비스 강화, 인권침해 방지, 수사상 책임 소재를 명확히 하고, 경찰·검찰·법원이 수사·소추·재판으로 나누며, 소수 검찰의 과중한

35) 서울고등검찰청, 앞의 책, p.246.

36) 이상안, "신 경찰행정학", 대한문화사,1995, pp.592~607.

업무를 줄이기 위해서도 경찰수사권의 독자성 인정이 필요하다고 한다. 또한 수사의 효율성과 98%의 수사를 경찰이 담당하는 수사 현실을 인정하기 위해서도 꼭 성취되어야 한다고 강조한다. 이는 미국법제인 우리 군사법원에서, 군사법경찰관이 독자적으로 수사하는 것과 비교된다.[37)]

3) 특히 인권 보장과 수사 효율성에서, 양측 다 유리한 논거를 제시하나 이는 국가 발전과 미래지향성에서 국민들이 판단해야 할 일이며 이를 위한 공론화가 필요하다.

그보다 경찰수사권의 독자성을 인정한다더라도 그 확보 방안에 따라 판단의 폭이 달라질 수 있다.

4. 독자성 확보 방안

어느 범위까지 인정하느냐, 어떤 법규를 고쳐야 하느냐, 현실적인 상황은 어떠냐를 고찰해 본다.

(1) 범 위

1) 단순 사범

일부 단순한 형사범죄(폭행·상해·과실치사상·절도·강도·교특범 등 모든 범죄사건의 약 57%)에 대한 수사권만을 경찰에 이양하는 것으로 국민의 정부 출범 초기에 이를 검토하였다.[38)]

2) '공소권 없음' 사건

'공소권 없음' 사건의 경찰수사종결권 부여가 거론된다.[39)]

이로 인한 이점은, ① 불필요한 피의자 수의 감소를 통하여 국민들의 인권확보에 큰 기여를 할 수 있으며 ② 수사경찰의 업무경감이 획기적으로 이루어져 업무수행의 효율화를 가져오고 ③ 검찰도 불필요한 시간 및 자원낭비를 방지할 수 있다는 것이다.

3) 민생 사범

날로 폭증하는 각종 범죄수사에 효율적으로 대응하기 위하여 검찰과 경찰은 수사에

37) 정균환, 앞의 책, pp.33~44.
38) 이관희, "민주주의와 경찰수사권의 확보", 수사연구(1998. 6), p.15.
39) 한국개발연구원, 앞의 책, pp.117~118.

대한 분업과 협조체제를 발전시켜 중요범죄에 대하여는 검찰인력을 활용하고 수사상 전문성을 크게 요하지 않는 일반민생범죄에 대하여는 경찰이 담당함으로써 경찰의 책임에 따른 권한을 부여하고 경찰 내부의 지휘권을 체계화할 수 있다.

민생 사범은 '97년 74%에 달하는데, 이에 대해서 우선 검사의 수사지휘권을 제한한다.[40]

한편, 경찰이 검찰과 함께 수사권을 공유하는 것은 경찰권의 비대화와 용의자의 인권침해라는 부작용을 수반할 위험성이 있으므로 경찰수사요원의 질적 향상과 검찰에 의한 경찰수사의 적법심사강화 등 제도적 안전장치를 구비하여 국민의 인권보장에 최우선을 두는 방안이 필요하다.

이를 위하여 현재의 경찰 구속기간 10일은 단축되어야 한다.[41]

(2) 관련 법규

1) 형사소송법 개정

현행법은 검사를 명실상부한 수사의 주체로 하고 범죄수사에 관하여 검사의 경찰에 대한 지휘·감독을 인정하고 있다(형사소송법 제196조, 검찰청법 제4조). 2011년 법이 개정되어 경찰의 수사개시권이 인정되고 경찰의 검사에 대한 복종의무(검찰청법 제53조)는 폐지되었다.[42]

특히 수사지휘에 대한 규정을 종전 법무부령에서 대통령령으로 하여 〈검사의 사법경찰관리에 대한 수사지휘 및 사법경찰관리의 수사준칙에 관한 규정〉이 제정되었다. 이에따라 대검찰청, 경찰청 및 해양경찰청 간 협의회를 두고 있다.

각종 영장청구는 검사만이 할 수 있도록 규정되어 있으며(형사소송법 제200조의2 제1항, 제201조, 제215조), 또한 영장집행은 사법경찰관리가 행하나 이것 역시 검사의 지휘에 의하도록 되어 있다(형사소송법 제81조, 제209조의3 제1항).

형사소송법 제 312조 제2항에 의한 사법경찰관 작성의 피의자 신문조서 증거능력 제한이야말로 세계에서 유일한 불필요한 조항이다. 이로 인해 이중으로 검찰에서 조사받고 구속기간이 장기화되므로 이의 개정이 필요하다.[43]

---

40) 정균환, 앞의 책, pp.51~54. 당시 여당은 도범·폭력·교통사고 등 민생 사범에 대하여 경찰에 수사권을 동시에 부여함을 당론으로 정했다고 한다.

41) 수사간부연구소, "수사권 독립의 필요성과 선결과제", 1998, p.70.

42) 복종의무를 규정하는 입법례는 어디에도 없으며 독일의 경우도 지시권의 법률적 한계와 경찰의 자체계획을 무시할 수 없다는 한계가 있다. 수사간부연구소, 앞의 글, p.56.

43) 위의 글, p.51 : 이문국, "수사권 독립에 관한 고찰", 경찰대학 논문집(제15집), 1988, p.559.

2) 헌법 개정

헌법 제12조에 규정된 '검사 신청에 의한……영장'이 유신헌법 때 추가된 조항으로 그 개정도 거론된다.[44]

1980년 개헌 공청회 때, 이병주 선생의 공술은 명문으로 남아 있다.[45]

> 제가 특히 주장하고 싶은 것은 경찰권의 보장입니다. 법치국가에 있어서 기초적이고 가장 중요한 것이 나는 경찰권이라고 생각합니다. 그런데 오늘날 우리나라의 상황은 경찰이 그 본연의 위신을 갖지 못했을 뿐만 아니라 그 하는 바 직능을 다하고 있는 것 같지도 않습니다. 그것은 주로 제도적인 결함에 있는 것으로 알고, 또 한편 제도적인 결함 때문에 경찰자체의 향상의욕이라든가 자각이라든가 이런 것이 부족한 데에서 오는 대내 대외적인 요건이 있다고 생각합니다.
>
> 간단히 말하면 소속은 내무부로 되어 있고 수사지휘는 법무부로부터 받고 있다는 그런 이상스러운 현상입니다.
>
> 지방행정을 맡고 있는 내무부에 국가 규모의 치안을 담당하고 있는 경찰이 소속되어 있는 것도 일제의 잔재를 그냥 답습한 것이라서 마땅하지 못하거니와, 경찰이 그 자체 충분히 자율할 능력을 가진 조직체인데도 불구하고 타부의 지휘를 받아야만 그 임무를 집행할 수 있다는 것은 이해할 수 없습니다.
>
> 이상적으로 말하면 경찰은 정당에 초월할 수 있는 그런 독립을 가져야 하고 동시에 마땅히 경찰이 수사권을 가져야 한다고 생각합니다. 그리고 검찰은 공소권을 가져도 충분히 그 기능을 다할 수 있으리라고 생각합니다.
>
> 공소권 발동을 위해서는 거기에 따른 수사가 필요할 때 경찰의 협조를 구할 수도 있을 것입니다.
>
> 수사권과 공소권의 분리는, 상호 견제한다는 뜻으로서도 바람직하거니와, 행정상의 모순을 없앤다는 의미에서도 타당하다고 봅니다. 검찰이 수사지휘를 해야 한다는 데는 적지 않은 이유가 있을 것으로 압니다마는 수사권과 공소권을 분리해야 한다는 이유보다는 강력하지 못할 것입니다.
>
> 쌍방의 이유가 꼭 같은 비중이더라도 우리가 자랑할 수 있는 헌법을 만드는 데에 있어서는 떳떳한 원칙을 좇는 방안이 현명하지 않을까 합니다.

세월이 흘러 2008년 국회의장 직속기구인 헌법 연구 자문위원회에서 '검사의 영장 청구권' 규정을 삭제하자는 의견을 제1안으로 채택한 바 있다.

44) 서재근, "공안행정학논총", 진명출판사, 1995, pp.798~799.
45) 국회사무처, "헌법개정심의 특별위원회회의록(제12호)", 1980. 1. 29자, 서울 세종문화회관(대강당).

(3) 현 실

경찰과 검찰이 공식적으로는 자제하고 있음이 역력하나 물밑 대비는 상당한 것으로 알려져 왔다.[46]

이제 정치권도 당론으로 이를 결정하고 여론 추이를 살펴보고 있으며, 자치경찰에 대한 기대와 함께 경찰수사권 확보도 동시에 이뤄질 것으로 보는 입장도 많다.[47] 그러나 법률 개정이 법무부 주관으로 이뤄지고, 또한 국회법사위 소속의원이 법조계 출신 위주이기 때문에 섣불리 거론하지 못하는 현실도 과제다. 고양이 목에 누가 방울을 다느냐가 경찰 내부에서 거론되기도 하며, 자치경찰과 수사권 독자성의 'Big Deal'을 제시하지 못하는 수뇌부를 성토하기도 한다. 경찰의 경건한 믿음은 다음에서 엿볼 수 있다.[48]

> 경찰의 독자적 수사권은 경찰 이념에 따라 인권보호 등 국민을 올바르게 섬기기 위한 것이어야 한다는 점이다. 경찰과 검찰 간의 수사권을 사이에 둔 논의가 일반 국민에게 기관 간의 권한 다툼으로 비쳐지지 않도록 주의하지 않으면 안 된다.
>
> 이를 위해서는 경찰 스스로가 국민의 인권보호를 위해 정확하고 공정하며 신속한 수사 서비스를 제공할 수 있는 전문지식을 갖추어야 한다. 이렇게 될 때 국민은 무엇이 진정으로 국민을 위하는 길인지를 선택할 것이다.

2004년 9월 15일 경찰의 '수사권 독립' 문제를 포함, 수사 시스템 정비를 위한 검찰과 경찰의 '수사권조정협의체'가 정식 출범했다. 대검찰청과 경찰청은 이날 서울 서대문 경찰청사에서 검·경 합동회의를 열어 수사권조정협의체 구성에 합의하고, 공동발표문을 채택했다.

검·경은 발표문에서 "수사 과정에서 인권보장과 효율적인 수사 시스템 구축을 위한 최선의 방안을 도출하도록 양측이 제기한 모든 방안에 대해 제한없이 논의하기로 했다."고 밝혔다.

동년 12월 20일 대검찰청과 경찰청은 수사권조정 문제를 협의하기 위해 외부인사가 포함된 '검·경 수사권조정자문위원회'를 발족했다.

자문위원회 구성은 검찰과 경찰이 각각 6명씩 추천하고 내부인사 2명을 포함하여 14명으로 구성하였는데, 첫날부터 위원장 선출을 두고 신경전이 강했다. 그 기사 내용을 소개하면 다음과 같다.

---

46) 서울고등검찰청의 위 책도 내부용으로만 이용되고 있는데, 경찰측 주장에 대한 반박이 세세하게 제시되어 있다. 뿐만 아니라 현 수사지휘권을 더욱 강화하도록 강조하고 있다.

47) 정균환, "경찰개혁(하)", 밝은세상, 1998, pp.27~43.

48) 경찰대학, 앞의 책, p.286.

검·경 수사권조정 자문위 첫 회의/인권 대신 조직 챙기기 흐를라[49]

경찰의 독립적인 수사권을 인정할 것인지에 대해 논란을 벌이고 있는 검찰과 경찰이 20일 민간자문위원회를 발족하고 첫 회의를 열었다. 그러나 민간자문위원들 역시 첫날부터 팽팽한 기싸움을 벌임으로써 이 기구의 활동이 험난할 것임을 예고했다. 검·경 수사권조정 자문위원회는 이날 오전 7시 30분 서울 양재동 교육문화회관에서 1차 회의를 열었으나, 위원들이 위원장 선정 문제로 1시간 동안 치열한 입씨름을 벌이는 등 신경전이 계속됐다. 이로 인해 위원들에게 위촉장을 주기 위해 현장에 도착한 송광수 검찰총장과 최기문 경찰청장이 밖에서 대기하는 해프닝이 벌어졌다.

검찰과 경찰은 지난 9월 발족한 '검·경 수사권조정협의체'가 석달이 지나도록 합의를 이끌어내지 못하자, 민간의 자문을 구하기 위해 학계·법조계·언론계·시민단체 등 각계 인사 14명으로 자문위원회를 구성했다. 검·경이 각각 6명씩 추천했고, 내부인사 2명도 포함됐다.

이날 회의가 시작되자마자 오창익 인권실천시민연대 사무국장은 "나눠준 자료를 보면 위원장이 1명인데, 그렇게 되면 어느 한쪽의 의견이 일방적으로 관철될 수 있으므로 공동 위원장으로 하는 게 어떠냐?"고 제안했다.

이에 대해 정웅석 서경대 법대 교수는 "공동위원장은 적절치 않다."고 전제한 뒤, "위원장은 고도의 법률적 지식을 갖춘 사람이 해야 한다."며, 김일수 고려대 법대 교수를 추천했다.

조국 서울대 법대 교수는 "이 기구는 결정하는 기구가 아니라 자문기구"라며 "출발부터 지나친 신경전을 벌이고 있다."고 분위기를 바꾸려 했다. 조 교수는 "나는 경찰이 추천했지만 경찰을 대변할 생각이 없다."며 "논의를 통해 한 사람으로 정리하자."고 제안했다.

이에 최영희 매일신문 부회장은 "최고 연장자인 성유보 방송위원회 상임위원을 위원장으로 하면 어떠냐."고 추천했다. 결국 검찰 추천 위원들은 김일수 교수를, 경찰 추천 위원들은 성유보 위원을 미는 형국이 됐다.

특히 정 교수는 "위원 명단을 보면 학계 인사가 가장 많은데, 이는 학계 인사가 가장 객관적이고 공정하다고 보기 때문일 것"이라며 "그런 의미에서 위원장은 학계에서 맡는 게 옳다고 본다."고 말해 논쟁에 불을 질렀다. 그러자 침묵을 지키던 성유보 위원이 "경찰이 먼저 검·경의 관계를 시대에 맞게 수평적 관계로 만들자고 제안해서 이런 자리가 마련된 것 아니냐, 교수들이라고 해서 객관적이고 중립적이라고 보지는 않는다."고 되받았다. 그는 "중요한 것은 시대적 가치가 반영돼야 한다는 것이며, 절대적인 객관이란 있을 수 없다."고 쐐기를 박았다.

이에 따라 "표결로 하자", "제비뽑기로 하자", "위원장 선정을 나중으로 미루자", "부위원장을 뽑으면 되지 않느냐"는 등 백가쟁명식 주장들이 이어졌다. 위원장 후보로 추천된 두 위원이 따로 밖으로 나가 직접 담판을 시도하기도 했으나 역시 실패했다.

분위기는 결국 표결로 이어지는 듯했지만, 첫날부터 표결로 가면 두 편으로 표가 갈리게 됨으로써 앞으로 아무 논의도 할 수 없을 것이라는 우려가 제기됐다. 상황이 극단으로 치닫자 성 위원이 막판에 양보해 김일수 교수가 위원장이 됐다.

김 교수는 위원장으로 선출된 뒤 "내년 1월 중순까지는 결론을 내야 하지 않겠느냐."고 말했다. 그러나 일부 위원들은 이에 반대 의견을 갖고 있어 이마저도 불투명한 상황이다.

49) 한겨레신문, 2004. 12. 21.

한 위원은 "두 기관 모두 국민의 편이라고 얘기하지만 결국 이해관계에 따른 잣대를 가지고 있다."며, "민간 위원들만큼은 어느 것이 국민들의 인권보호와 편의를 위해 바람직한지를 시간이 걸리더라도 천천히 논의해야 한다."고 말했다.

또 다른 위원은 "수사권 조정은 '국민의 사법서비스 편익 증진'이라는 관점에서 논의를 진전시켜야 하며, 조직 이기주의를 버리고 대승적인 차원의 양보와 타협을 이끌어내는 자세가 필요하다."고 충고했다.

결국 이듬해 5월까지 15차례의 회의에도 불구하고 결렬되고 말았다. 당사자간 협의가 결렬되자 정당에서 경쟁적으로 경찰의 수사권 인정 등을 골자로 하는 입법이 발의되었다.

동년 6월 한나라당 이인기 의원 등 18명이, 또 열린우리당 홍미영 의원 등 87명이 유사한 개정안을 발의하였다. 이어 열린우리당은 이러한 내용을 골자로 하는 '기획단 조정안'을 발표하였다. 그러자 검찰의 강력한 반발이 시작되었다. 동년 12월 검찰은 자체에 국가수사개혁단을 발족하고 정부에 정부입법안 마련을 요구했다. 2006년 정초 국무총리실에서 양 기관의 입장을 듣는 등 하는 체하다가 총리 교체로 흐지부지되어버렸다.

2009년 노무현 전 대통령이 검찰의 수사를 받다가 서거하고 정치적 사건의 무리한 검찰 수사 및 무죄가 이슈화되면서 수사권 조정 문제가 다시 대두되었다. 2009년 12월 민주당 김희철 의원 등이 형소법 개정안을 발의하였고[50] 이는 2010년 2월 국회 사법제도개혁 특별위원회로 이관되어 2011년 7월 일부 조항이 개정되었다. 그러나 원안보다 크게 후퇴하여 기존 수사체제는 그대로 유지하고 오히려 내사지휘 등 모든 수사를 검사가 지휘할 수 있는 근거만 남겼다.

5. 쟁점 활성화의 필요

대망의 21세기 지식정보화 사회에서 아직도 국가기틀의 기본인 국가형벌권제도에 대해 확고한 믿음이 없는 것은 불행한 일이다.

인권보장, 형벌권의 적정화, 국가경쟁력 제고 등을 종합하여 국민에게 봉사하는 국가제도를 확립하여야 한다. 따라서, 물밑에서 대치하는 상황을 벗어나 쟁점을 공론화·활성화하여 합당한 결론을 추출하는 일이 중요하다. 이제 관련 당사자는 이론을 무장하고 국민을 설득하는 홍보로 떳떳이 국민 앞에 서야 할 것이다.

---

50) 형소법 개정안 주요 내용

1. 사법경찰관리를 1차적, 본래적 수사 주체로 하고 검사를 2차적, 보충적 수사 주체로 함.
1. 검사와 사법경찰관리는 수사에 관하여 서로 협력하도록 함.
1. 공소유지를 위한 검사의 일반적 수사기준 제정권, 검·경 수사 경합시 협의조정.
1. 체임·징계요구권, 위탁수사 명문화.

한국의 현대사는 언제나 타율적으로 변화에 직면하여 주체성을 잃게 된 경험이 많다. 한말이나 일본 강점기 등 외국에 의한 강압으로 나라를 잃었고, 해방 후 미·소의 분점으로 통일의 기회마저 잃어버렸으며, 최근에는 해외 금융자본에 의해 자존심을 잃어버렸다. 준비되지 않고 타율에 의해 진행된 역사는 언제나 퇴보되고 파행적이지 않을 수 없다.

한국경찰제도도 이러한 과정을 겪어 오늘의 파행적 제도를 잉태하게 되었다. 이제 진정 국민을 위하는 제도를 향한 진지한 연구와 토론을 국민은 기대하고 있다.

참고 문헌

▸ 국내 문헌

강만길 외, “한국사 1~26”, 한길사, 1995
경기지방경찰청, “경기경찰 역사와 지리”, 1994
경우회, “한국경찰사”, 1995
경찰대학, “경찰학개론”, 1996, 1998
_______, “비교경찰론”, 1998, 2004
_______, “한국경찰사, 1988
경찰종합학교, “경찰종합학교 50년사”, 1994
경찰청, “21C 한국경찰의 나아갈 방향”, 2000
_____, “경찰 50년사”, 1995
_____, “경찰백서”, 1990~2010
_____, “사이버경찰청”, 2013
_____, “한국경찰사 Ⅳ”, 1994
국사편찬위원회, “한국사 1~34”, 1997
김덕룡, “한국제도사연구”, 일조각, 1997
김석준, “미군정시대의 국가와 행정”, 이화여대 출판부, 1996
김승무, “포도청에 대하여”, 향토서울 26호, 1966
김운태, “일본제국주의의 한국통치”, 박영사, 1986
김형중, “한국고대경찰사”, 수서원, 1991
_____, “한국중세경찰사”, 수서원, 1998
노융희, “90년대를 향한 국가발전과 지방행정의 좌표”, 지방행정연구소, 1984
노중국, “백제 정치사 연구”, 일지각, 1997
대한경제일보사, “한국경찰의 발자취”, 1989
도진순(주해), “백범일지”, 돌베개, 1997
박동균, “월간 안동자치”, 2000년 5~6월호
박동서, “경찰행정사(행정논총 4)”, 서울대 행정대학원, 1966
박석무 외 1(편역), “다산 논설산집”, 현대실학사, 1996
박윤흔, “최신 행정법강의(하)”, 박영사, 1998
박은식, “한국독립운동지혈사”, 서문당, 1975
박현채 등, “해방전후사의 인식 3”, 한길사, 1987
백상기, “조선조 감사제도 연구”, 영남대학교 출판부, 1990
법무연수원, “범죄백서”, 1992~1997
산청경찰서, “지리산의 포성”, 1989
서기영, “한국경찰행정학”, 법문사, 1976
서울경찰국, “서울경찰연역사”, 1974
서울고등검찰청, “수사지휘론”, 1998

서울시, "서울행정사", 1997
서재근, "경찰행정학", 삼중당, 1963
______, "공안행정학논총", 진명문화사, 1995
______, "화갑기념논문집", 동국대, 1989
수사간부연구소, "수사권 독립의 필요성과 선결과제", 1988
신상준, "미군정기의 남한행정체제", 한국복지행정연구소, 1997
신현기, "자치경찰론", 웅보출판사, 2004
연정열, "한국법제사", 학문사, 1996
오갑균, "조선시대 사법제도", 삼영사, 1995
이관희, "민주주의와 경찰수사권의 확보", 수사연구, 1998. 6
이문국, 수사권독립에 관한 고찰, 경찰대학 논문집(제15집), 1995
이상규, "신판 신행정법론(하)", 법문사, 1996
이상돈, 배종대, "형사소성법", 홍문사, 1997
이상안, "신 경찰행정학", 대한문화사, 1999
______, "자치경찰제가 어려운 이유", 자치공론, 1998. 3
이상원, "한국경찰의 자치경찰화를 위한 소고", 한국공안 행정학회보 제4호, 1995
이상원 외 1역, 도날드 슐츠, "현대경찰 행정학", 진명출판사, 1992
이용하, "태안사 별곡", 1992
이이화, "하층민들은 어떻게 포도청에 맞섰나?", 마당, 1985. 10
이재상, "형사소송법(5판), 박영사, 1998
이정규, "한국법제사", 국학자료원, 1996
이존희, "조선시대의 지방행정제도연구", 일지사, 1990
이현희, "한국경찰사", 덕현각, 1979
______, "한국의 역사 1~20", 학원출판공사, 1988
이황우, "경찰의 수사권 독립", 수사연구, 1985
______, "경찰행정학(제2판)", 법문사, 1998
______, "지방화시대에 따른 자치경찰제 도입모형에 관한 연구", 한국공안행정학회보 제4호, 1995
임창호, "경찰학의 이해", 대왕사, 2004
장경학, "신 법률 춘향전", 법률출판사, 1997
장동희, "정약용의 행정사상", 일지사, 1998
전남지방경찰청, "전남 경찰사", 1992
정균환, "경찰개혁(상, 중, 하)", 밝은세상, 1998
______, "자치경찰, 경찰위원회 도입모델", 수사연구, 1998. 4
______, "자치경찰", 신유영사, 1996

정정길 외 3, "21세기 한국행정론", 박영사, 1996
정진환, "갑오경장기의 근대행정제도 및 문관경찰제도 도입의 행정사적 고찰", "건국대학교 대학원 논문집 7", 건국대 대학원, 1978
______, "경찰행정론", 대영문화사, 1998
______, "미국경찰론", 양영각, 1994
______, "비교경찰제도", 학문사, 1996
______, "주요 국가간 경찰임무와 치안상태의 비교연구", 치안연구소, 1998
제주경찰국, "제주경찰사", 1990
진주경찰서, "무궁화 1~24호", 1987~89
진주시, "진주시사", 1995
차인배, "조선후기 포도청에 관한 연구", 건국대 석사논문, 1997
최무장(편), "발해의 기원과 문화", 예문출판사, 1988
최홍기, "한국호적제도 연구", 서울대 출판부, 1997
충남경찰국, "충남경찰사", 1986
치안국, "경찰 10년사", 백조사, 1958
______, "한국경찰사 Ⅰ", 1972
______, "한국경찰사 Ⅱ", 1973
치안본부, "2000년대를 향한 경찰 발전 방안", 1985
_______, "일본경찰(1987)", "미국경찰(1988)", "서구경찰(1989)"
_______, "한국경찰사 Ⅲ" 1985
치안연구소(남승길), "경찰작용법에 관한 연구", 1995
치안연구소(홍준형), "경찰통합법에 관한 연구", 1997
치안연구소, "치안정책 연구", 제17호, 2003
한국개발연구원(주학중편), "2000년대 경찰행정 발전 방안", 1992
한국법제연구원(박상희), "경찰작용법제의 개산방안", 1995
한국법제연구원, "대전회통연구(병전편)", 1995
_____________, "조선 총독부 법령사료(1)", 1996
_____________, "통감부 법령 체계분석", 1995
한국역사연구회, "고려시대 사람들은 어떻게 살았을까 1", 청년사, 1997
_____________, "조선시대 사람들은 어떻게 살았을까 1", 청년사, 1996
한국형사정책연구원, "각국의 검찰제도", 1998
한상범, "일제잔재 무엇이 문제인가", 법률행정연구원, 1996
해양경찰대, "해양경찰대 30년사", 1984
현규병, "한국경찰제도사", 민주경찰연구회, 1955
홍정선, "행정법 원론(하)", 박영사, 1998

▶ 외국 문헌

大津英男, "警察行政", 良書普級會, 1958
渡邊忠威, "日本警察史 點描", 立花書房, 1978
河上和雄 外, "日本の 警察(第1巻 警察總論), 立花書房, 1996
American Bar Association, "The Urban Ploice Function", American Bar Association, 1973
A. C. German, F. D. Day & R. R. Gallati, "Introduction to Law enforcement", Illinois : Charles C Thomas Publisher, 1996
Bayley, David H, "Forces of Europe", Thomas Publisher, 1973
Becker, Harold K, "Police System of Europe", Thomas Publisher, 1973
Black, D. J., "The Manners and Customs of the Police", Academic Press, 1980
Jemes Cramer, "The World Police", London : Cassell & Co., 1964
E. S. Chein, "Psychological Organization", Prentice Hall, 1970
Fogelson, R., "Big City Police", Harvard University, 1978
G. Berkley, "The Democratic Policeman", Boston Beacon Press, 1969
GHQ Commander-in-Chief, "United States Army Forces", Facific, United States Army Military Government Activities in Korea, No, 10, July 1946
Nakamura, R. T. & Smallwood, F., "The Politics of Policy Implementation", St. Martin's Press, 1980
President's Commission on Law Enforcement and Adminstration of Justice, "The Challenge of Crime in a Free Society", U. S. Government Printing Office, 1967
Stone, Alfred R. and Deluca, Stuart M., "Police Administration", Prentice-Hall Inc., 1994
Sulivan, J. L., "Introduction to Police Science", McGraw-hill Books Co., 1997
Swanson, Charles R. and Territo, L, "Police Administration" : Structures, Processes, and Behavior, Macmillan Publishing Company Inc., 1993
U. S Department of Justice, "FBI Uniform Crime Reports", U. S. Government Printing Pffice, 1990
Walker, S., "Popular Justice", Oxford University Press, 1980
Webster, J. A., "The Realities of Police Work", Kendall/Hunt, 1973
Weston, Paul B. and Fraley, Philip K., "Police Personnel Mangement", Prentice-Hall Inc., 1980
Wilson, O. W. & Mclaren, Roy C., "Police Administration"(2nd ed.), McGraw-Hill Books Co., 1963

찾아보기

한국경찰제도사

2013년 7월 10일 초판 인쇄
2013년 7월 15일 초판 발행

지은이 허 남 오
발행인 주 병 오
발행처 지구문화사 JIGU PUBLISHING Co.

경기도 파주시 화동길 209
파주출판문화정보산업단지

영업팀 (031) 955 − 7566 / 7577
편집팀 (031) 955 − 7731~2
FAX (031) 955 − 7730
등록번호 1979년 7월 13일 제 9 − 57호

ISBN 978-89-7006-639-4 값 20,000원

경찰대학 제29기